Catherine Evtuhov

·

The Cross & the Sickle

Sergei Bulgakov
and the Fate of Russian
Religious Philosophy

Cornell University Press
Ithaca and London
1997

Екатерина Евтухова

Серп и крест

Сергей Булгаков и судьбы русской религиозной философии (1890–1920)

Academic Studies Press

Библиороссика

Бостон / Санкт-Петербург

2021

УДК 1(091)
ББК 87.3(2)
     Е27

Перевод с английского Ирины Буровой

Серийное оформление и оформление обложки Ивана Граве

Евтухова Е.

Е27 Серп и крест: Сергей Булгаков и судьбы русской религиозной философии (1890–1920) / Екатерина Евтухова ; [пер. с англ. И. Буровой]. — Санкт-Петербург : Academic Studies Press / Библиороссика, 2021. — 400 с. : илл. — (Серия «Современная западная русистика» = «Contemporary Western Rusistika»).

ISBN 978-1-6446958-3-8 (Academic Studies Press)
ISBN 978-5-907532-03-8 (Библиороссика)

Книга Екатерины Евтуховой — интеллектуальная биография одного из виднейших религиозных мыслителей России С. Н. Булгакова. Привлекая широкий культурный, исторический и политический контекст, автор рассказывает об эволюции взглядов Булгакова: от марксизма к православному богословию.

УДК 1(091)
ББК 87.3(2)

ISBN 978-1-6446958-3-8
ISBN 978-5-907532-03-8

© Catherine Evtuhov, текст, 1997
© Cornell University Press, 1997
© И. И. Бурова, перевод с английского, 2021
© Academic Studies Press, 2021
© Оформление и макет.
  ООО «Библиороссика», 2021

С. Н. Булгаков с сыновьями Ивашечкой и Федей, 1909.
Воспроизводится с любезного разрешения YMCA Press, Париж

Предисловие к русскому изданию

Предлагаемая читателю книга является своеобразным документом эпохи[1]. Исследование о творческом пути Сергея Булгакова проводилось мною, когда еще существовал Советский Союз и когда, в момент перестройки, только начинали звучать «забытые имена» Серебряного века русской культуры. Сама книга вышла в свет на английском языке уже в 1997 году. Слом эпохи, произошедший с того момента, когда я собирала материалы в Ленинграде, в Москве и в Калифорнии, оказался не менее глубоким, чем слом начала XX века, который описывается в самой работе. Сейчас, конечно, книга была бы другой и в силу доступности материалов, и благодаря далеко продвинувшейся концептуализации предмета за истекшие тридцать лет. Тем не менее полной монографии о «русском периоде» Булгакова все еще не существует на русском языке. Мне хотелось бы кратко отметить, в каких аспектах исторические исследования с тех пор, как вышла книга, расширили рамки нашего понимания того, как пересекались культура и политика в начале XX века в России; а также указать на те моменты, которые, позволяю себе надеяться, все еще составляют некоторый вклад в литературу о Булгакове и о Серебряном веке.

Исследование первоначально было задумано как докторская диссертация в Калифорнийском университете в Беркли под руководством Н. В. Рязановского и М. Малия. Моей целью была попытка осмыслить культуру российского *fin de siècle* в общих

---

[1] Перевод осуществлен по изданию 1997 года без изменений, за исключением настоящего предисловия. — *Примеч. ред.*

европейских рамках, в контексте параллельных движений в литературе, философии, живописи, музыке в Париже, в Вене, в других европейских и даже американских городах. Такие фигуры, как Мережковский, Бердяев, Белый, Блок, Шестов и многие другие, мне представлялись участниками процесса общего культурного брожения и слома начала XX века, каким его описывали такие классики западной исторической литературы, как Х. Стюарт Хьюз, Роджер Шаттак, Карл Шорске[2]. Мне хотелось понять: в какой степени мощный культурный взрыв, намечавшийся в России начиная с 1890-х годов, соответствовал общему европейскому подъему? Имел ли Серебряный век отличительные, специфически русские черты? Я постепенно стала приходить к выводу, что, если сказать вкратце, культурное движение в России в начале века было абсолютно и полностью частью общеевропейских течений. Тем не менее культурный взрыв происходил изнутри. Обращение интеллигенции к вере, к идеалу всеобщего христианства (в частности, в качестве отклика на публичные выступления Владимира Соловьева) стало мощной составляющей, если не сказать интеллектуальным ядром философского и эстетического слома, столь ярко проявившихся на смене веков. И до, и после революции 1905 года религия, культура и политика тесно переплетались; переосмысление православных институтов и православных догматов стало неотъемлемой частью модернизма в России.

На самого Булгакова я вышла почти случайно. Сначала меня заинтриговало, что его фамилия встречалась (в тех немногих произведениях, где она вообще фигурировала) исключительно в составе списков — чаще всего, «Бердяев, Булгаков, Франк, Струве». Кем же был этот загадочный Булгаков? Я стала понимать, что этот человек, сын сельского священника, в юности увлеченный марксизмом и постепенно возвратившийся к церкви, осо-

---

[2] Stuart Hughes H. *Consciousness and Society: The Reorientation of European Social Thought, 1890–1930*. New York, 1958; Shattuck R. *The Banquet Years: The Origins of the Avant-Garde in France, 1885 to World War I*. New York, 1955; Schorske C. *Fin de Siècle Vienna: Politics and Culture*. New York, 1979.

бенно остро чувствовал сдвиги и сломы бурной эпохи, которые находили отражение в его собственном мировоззрении. Я увидела, что эволюцию его взглядов можно понять, только воссоздавая целостный образ многогранного духовного мира 1900-х и 1910-х годов. Понятия «модернизация», «секуляризация», социальный конфликт и революция, в рамках которых историки в течение XX века описывали эти годы, оказывались несостоятельными для объяснения перипетий духовного развития этой сложной фигуры, которая именно сочетала в себе «поворот к вере» и глубокое чувство ответственности за судьбу России, присущее интеллигенции в начале XX века, как и на протяжении XIX века. Булгаков для меня стал призмой, через которую можно рассматривать своеобразное сплетение религии и модернизма в русской культуре начала XX века.

Я позволю себе указать на основные моменты в книге, которые, как мне кажется, продолжают представлять интерес для современного читателя. Первое — это пристальное внимание, уделенное взаимодействию и взаимопроникновению идеализма, политики и религии в годы, предшествовавшие революции 1905 года и сразу после нее. Необходимо помнить, что религиозная философия Булгакова развивалась не в вакууме, не в отрешении от мира, а в процессе живой, бурной политической борьбы. Мы привыкли рассматривать литературные, художественные и философские течения Серебряного века как самостоятельный объект, не имеющий непосредственной связи с общественным движением и революционным процессом. Между тем для самого Булгакова, как и для многих его современников, интеллектуальные поиски, выступления в литературных журналах и на религиозно-философских собраниях тесно сочетались со страстной политической вовлеченностью. Жизненный и духовный путь Булгакова позволяет лучше понять, как разные мировоззрения пересекались с политической деятельностью в парламентскую эпоху истории России. Споры о материализме и идеализме, о значении философии Соловьева имели прямые последствия для сложного политического процесса, который невозможно свести к пресловутой «генеральной репетиции» или описать как прямой вектор, ведущий неизбежно к октябрю 1917-го. Стоит задержаться на продолжительном и насыщенном моменте начала века, пройти вместе с Булгаковым сложный и ломаный путь от марксизма к идеализму и дальше к религиозной философии, разглядывая в процессе тот общественный контекст, в который вписывались сменявшие друг друга целостные мировоззрения. Ни марксизм, ни идеализм, ни участие в освободительном движении, ни христианский социализм не были случайными остановками на пути к богословской системе, которую Булгаков построил в эмигрантские годы. Они заслуживают полноценного внимания не только для понимания биографии Булгакова, но и для попытки осмыслить, чем была Россия в первые десятилетия прошлого столетия.

Второй момент — это само содержание философии Булгакова, о которой, несомненно, следует продолжить разговор. Центральное место в моей книге занимает религиозно-философский и одновременно социально-философский труд, «Философия хозяйства» (1912)[3]. Оценивать значимость произведений Булгакова можно по-разному. С точки зрения социальной философии эта работа выглядит как реакция на его собственное увлечение марксизмом в 1890-е годы; суть этого ответа — сохранение центрального места труда в экономическом процессе, столь оригинально выдвинутое Марксом, при полном отрицании материализма и детерминизма. Для тех, кто видит в Булгакове прежде всего богослова, философию хозяйства можно рассматривать как первую артикуляцию идеи Софии, Премудрости Божией, которая впоследствии стала стержнем его христологических трудов 1930-х годов. Хронологические рамки моей книги сознательно ограничены годами, когда Булгаков жил в России, и «Философия хозяйства» выступает не только как значимый текст Серебряного века, но и как документ, свидетельствующий о важнейших идейных течениях, быть может, даже о некоем интеллектуальном ядре, которое наделяло литературные, худо-

---

[3] См. мой перевод на английский язык: Bulgakov S. *Philosophy of Economy: The World as Household*. Yale University Press, 2000.

жественные и философские произведения эпохи необыкновенной энергией и силой. Ставя вопрос «как возможно хозяйство?», Булгаков переосмысливает романтическую концепцию отношения субъекта и объекта, инкорпорируя опыт позитивизма, принадлежащий экономической мысли XIX века. Вопрос о хозяйстве становится вопросом о жизни[4]. Как это сказано в книге, философия хозяйства «помогает нам осмыслить Серебряный век как период продуктивного взаимодействия неокантианства, романтизма, христианства и традиций русской мысли XIX века, в частности, Соловьева, Федорова, Достоевского... "Дух синтеза", столь обсуждаемый в ту эпоху... представлял собой соединение идей европейского XIX столетия, пропущенных сквозь призму оригинальной русской философской традиции»[5]. В традиции истории идей принято вести разговор об идейных течениях, определяющих основное направление или настроение эпохи. В качестве примеров можно привести знаменитый труд историка XIX века Якова Буркхардта «Die Cultur der Renaissance in Italien. Ein Versuch» (1860) («Культура Италии в эпоху Возрождения» (1876)) или влиятельную книгу историка романтизма Мейера Абрамса «Natural Supernaturalism: Tradition and Revolution in Romantic Literature» («Естественное сверхъестественное») (1971). Философия хозяйства Булгакова, несомненно, вносит вклад в дискуссию о том, что составляло стержень Серебряного века, с его напряженным впитыванием мировой культуры и мощным творческим порывом, породившим необыкновенное богатство произведений во всех сферах культурной деятельности.

Радует, что за четверть столетия с момента появления этой книги на английском языке публикации и научные исследования не только о самом Булгакове, но и о его эпохе стремительно умножаются. Здесь не место приводить исчерпывающий обзор новой литературы, но можно наметить основные линии, по которым она развивается.

---

[4] Подробнее см. гл. 9, в особенности с. 231.
[5] С. 271.

Практически нет смысла упоминать о чисто филологических исследованиях: Серебряным веком литературоведы занимаются давно и с большой интенсивностью. Вокруг символизма, акмеизма, футуризма, а далее формализма и параллельных движений в живописи, музыке и т. д. выстроилась богатая исследовательская литература. Мне же хотелось бы обратить внимание на менее очевидные аспекты истории культуры, истории мысли и церковной истории, изучение которых создает все более многообразный контекст для понимания интеллектуального развития Булгакова.

Прежде всего о самом Булгакове. Будучи поначалу всего лишь «одним из списка», упомянутого мною ранее, Сергей (о. Сергий) Булгаков «вырос» в крупную величину в России, как и на Западе. Издания, переиздания, переводы, сборники пополнили работу, начатую его учеником и первым биографом Львом Зандером[6]. Благодаря российским исследователям архивные и другие документальные материалы о Булгакове стали широкодоступными. Можно упомянуть статьи и публикации М. А. Колерова, А. И. Резниченко, А. П. Козырева и других[7]; а также разработку собственно философской идеи Булгакова С. С. Хоружим[8]. Несомненно, наиболее значительным переводчиком трудов Булгакова, особенно богословских, на английский язык является Борис Яким, которому принадлежит среди прочего блестящий перевод «большой трилогии» «О Богочеловечестве» (2002–2008). Исследовательские группы, уделяющие пристальное внимание Булгакову, образовались в Неймегене в Нидерландах и в Фрибурге в Швейцарии. Для первой Булгаков особенно важен как социальный философ, тогда как вторая, наряду с обширной переводческой деятельностью,

---

[6] Зандер Л. *Бог и мир (миросозерцание отца Сергия Булгакова)*. В 2 т. Париж: YMCA PRESS, 1948.

[7] См., напр.: *С. Н. Булгаков: Религиозно-философский путь: Международная научная конференция, посвященная 130-летию со дня рождения* / науч. ред. А. П. Козырева; сост. М. А. Васильева, А. П. Козырев. М.: Русский путь, 2003.

[8] См., напр.: Хоружий С. С. *О старом и новом*. СПб., 2000; или трилогию в переводе Бориса Якима: *Sergius Bulgakov. The Bride of the Lamb; The Comforter; The Lamb of God*. Eerdmans, 2002, 2004, 2008.

уделяет большое внимание аспекту наследия Булгакова, связанному с проблемами догматического богословия. Первоначальный импульс проекта был задан профессором догматического богословия Барбарой Халленслебен и продолжен Регулой Цвален и другими. Фрибургская группа создала чрезвычайно интересный и быстро растущий сайт[9].

Разработка идей Булгакова-богослова далеко не завершена; но важно отметить, что они привлекли серьезное внимание в высших кругах англиканской и католической церкви. Профессор Халленслебен занимала пост советника папы Иоанна Павла в 2000-е годы; Роуан Вильямс, архиепископ Кентерберийский с 2002 по 2012 год, известен как переводчик и исследователь политической теологии Булгакова[10]. На почве идей Булгакова продолжается экуменический диалог, инициированный самим Булгаковым в эмигрантские годы[11]. Скандал вокруг догматического статуса софиологии, разразившийся в 1930-е годы, отошел на задний план, и ученые, как и церковные деятели, все больше готовы признавать ценность христологических разысканий Булгакова.

Более широкий идейный контекст для восприятия философии Булгакова создается постоянно растущим интересом к русской религиозной философии вообще. Религиозная философия, которая в советское время, казалось, исчезла как живое дело и сохранялась лишь в эмиграции, вновь становится предметом увлечения. Можно назвать только что вышедший объем-

---

[9] URL: https://www.unifr.ch/sergij-bulgakov/de/ (дата обращения: 01.06.2021).

[10] Williams R. *Sergii Bulgakov: Towards a Russian Political Theology.* Bloomsbury, London, 1999. Среди наиболее значимых работ о Булгакове-богослове на европейских языках следует упомянуть: Arjakovsky A. *Essai sur le père Serge Boulgakov (1871–1944).* Paris, 2006; Slesinski R. F. *The Theology of Sergius Bulgakov.* Yonkers: SVS Press, 2017; Valliere P. *Modern Russian Theology: Bukharev, Soloviev, Bulgakov. Orthodox Theology in a New Key.* Grand Rapids: Wm. B. Eerdmans Publishing, 2000.

[11] См., среди прочего, любопытный сборник: Moyse A. J., Kirkland S. A., McDowell J. C. (eds.). *Correlating Sobornost: Conversations between Karl Barth and the Russian Orthodox Tradition.* Minneapolis: Fortress Press, 2016.

ный труд, посвященный русской религиозной мысли, соединивший исследования не менее сорока ученых из разных стран и представляющий религиозно-философские течения от первых веков православия вплоть до богословия XX века[12]. Работы Бердяева, Франка и особенно Соловьева за последние годы переведены на все европейские языки; помимо Неймегена и Фрибурга, возникли группы изучения русской религиозной философии в таких местах, как Гранада в Испании. В России постоянно проходят чтения и конференции, посвященные таким фигурам, как В. С. Соловьев, А. Ф. Лосев, В. И. Иванов и пр., а также публикуются монографии о множестве деятелей «религиозного ренессанса» (Зернов) начала XX века[13].

Философия хозяйства Булгакова больше не висит в пустом пространстве, без контекста и отголосков. Что, однако, остается проблемой: религиозная философия продолжает существовать в своем, отдельном пространстве, тогда как именно неразделимое сочетание религии и модернизма является отличительной чертой российского fin de siècle. В этом отношении настоящая книга может быть полезна: мне именно хотелось показать, что невозможно полностью описать культуру Серебряного века без интеграции религиозной мысли.

Мечта исследователя — стать первооткрывателем, который вводит в оборот исторические события или течения мысли, прежде неведомые историкам и более широкой публике, и определить их место в общем историческом нарративе. Такую редкую в конце 1980-х годов возможность представили материалы Церковного собора 1917–1918 годов, хранящиеся в ЦГИА в Ленинграде, которые находились под запретом до весны 1989 года, когда мне посчастливилось поставить первую подпись в списке

---

[12] Emerson C., Pattison G., Poole R. (eds.). *The Oxford Handbook of Russian Religious Thought*. Oxford UP, 2020.

[13] Zernov N. *The Russian Religious Renaissance of the Twentieth Century*. New York, 1963. Можно особо отметить исследования Е. А. Тахо-Годи об этих и других мыслителях; а в Польше — работы с. Терезы Оболевич, посвященные, в частности, проблемам соотношения веры и науки.

читателей. Еще интереснее было постараться интерпретировать это несомненно крупное историческое событие — первый всероссийский Поместный собор после XVII века — в рамках тогдашнего понимания эпохи, которую привыкли осмыслять как век революции и победы большевистского движения. В книге я предложила рассматривать собор как крупное «не-событие» или «антисобытие», как кульминацию мощного религиозного и реформаторского подъема, которая впоследствии стала частью прошлого, не оставив ощутимых следов. В 2021 году эта интерпретация устарела. Ученые с тех пор не только занялись переизданием Деяний Собора, но и опубликовали материалы Предсоборной комиссии и специальных отделов соборных совещаний[14]. Восстановление значимости Собора имеет место как в России, так и за границей[15]. В более общей перспективе историки перестали рассматривать вторую половину XIX века как эпоху неизбежной и постоянно нарастающий секуляризации. Место церкви в истории постепенно восстанавливается, а вместе с ним нить, связывающая культурное движение начала XX века с древними традициями Русской и Византийской православной церкви.

Относительно новых судеб русской религиозной философии интересно отметить, что современные исследования имеют экуменический и многоязычный характер и продвигаются общими усилиями философов, социологов, историков, богословов и славистов в России и во всех странах Европы и Америки. Тогда как в начале 90-х годов наблюдалась тенденция рассматривать религиозных философов как носителей особой «русской идеи», новые работы ближе следуют направлению, указанному еще Владимиром Соловьевым в его «Чтениях о Богочеловечестве»,

---

[14] Я имею в виду особенно работу группы вокруг А. И. Мраморнова, см. URL: http://sobor.spassdelo.ru/ (дата обращения: 01.06.2021).

[15] Очень важной является публикация на французском и недавно в переводе на английском избранных материалов Собора: Hyacinthe Destivelle. *Le concile de Moscou (1917–1918): la création des institutions conciliaires de "église orthodoxe russe"*. Paris, 2006.

выдвигавших универсальную значимость христианского начала. Общими усилиями сама эпоха Серебряного века занимает присущее ей место во всеобщей картине европейского модернизма.

* * *

Русское издание моей книги стало возможно отчасти благодаря финансовой поддержке Института Гарримана, Колумбийский университет. Мне хочется выразить сердечную благодарность издательству Academic Studies Press — Ксении Тверьянович, Ирине Знаешевой, Марии Вальдеррама. И огромную признательность переводчику, Ирине Буровой, общение с которой составило светлое место в течение осени 2020 года.

Е. Евтухова
Нью-Йорк, май 2021 года

Введение
Серебряный век как историческая эпоха

Русская революция 1917 года разрушила и самодержавный строй, и новое общество, сложившееся после отмены крепостного права; она погрузила Россию в жестокую и кровопролитную Гражданскую войну. Творцы революции, опираясь на утопические идеи социалистов XIX века, а также художников и писателей авангарда XX века, приступили к построению общества будущего, в котором будет жить новый человек. Масштаб этого события в европейской и во всемирной истории, апелляция революции ко всеобщим мечтам и стремлениям человечества и в то же время жестокость и бесчеловечность, которыми она сопровождалась, на протяжении столетия привлекали внимание историков, интеллектуалов, революционеров и обыкновенных людей.

Эта книга, посвященная критическому периоду на рубеже XIX–XX столетий, — не о русской революции. Параллельно с драматическими социальными и экономическими переменами и политическими потрясениями начала XX века Россия пережила мощнейшее духовное и культурное движение — так называемый Серебряный век. В 1900-е годы в национальных и провинциальных столицах России сформировалась сложная система связей, вобравшая в себя журналы, выставки, театры, литературные салоны, философские собрания. Общий творческий настрой, жажда обновления побуждали культурную и интеллектуальную элиты воспринимать всю мировую культуру — от древнегреческой и раннехристианской до восточной философии и современного европейского декаданса — как неиссякаемый источник, из которого они черпали вдохновение для собственных художественных экспериментов.

Сложно отыскать какое-либо созданное в 1870‑е годы в России поэтическое, живописное и даже музыкальное произведение, в котором хотя бы вскользь не упоминалось о «народе» и социальных проблемах; Серебряный век, напротив, поражает разнообразием, отсутствием какой-либо одной общей темы или одержимости одной идеей. Каждый соприкоснувшийся с культурой Серебряного века чувствует ее энергию и напряженность, будь то «жизнетворческие» эксперименты поэтов-символистов, мощные прыжки Вацлава Нижинского, навеки запечатленные в коллективной памяти, или дерзкие призывы футуристов «сбросить» старое искусство с «парохода современности».

Взрыв творческой активности, разразившийся в русской литературе, искусстве, музыке, драматическом театре и балете, вскоре достиг европейской сцены. Серебряный век определялся не только новыми художественными школами и интеллектуальными течениями; не менее важными были самосознание и взаимоотношения тех, кто его создавал, как в России, так и за рубежом. Европейская публика и интеллигенция были очарованы культурой, которая, несомненно, основывалась на тех же музыкальных, литературных и художественных приемах, что и их собственная, но имела оттенок экзотичности благодаря использованию русских народных мотивов, византийских и средневековых православных традиций. Со своей стороны, русская творческая интеллигенция, литераторы и художники, преодолели к этому времени чувство собственной неполноценности по отношению к Западной Европе. Теперь и при самом богатом воображении невозможно было представить, что русская литература, балет или музыка могут считаться отсталыми; новые художественные течения, такие как символизм и футуризм, развивались параллельно в России, Франции, Германии и Италии.

При создании этой книги мною двигало желание осознать этот культурный подъем как цельную историческую эпоху, т. е. осмыслить русский Серебряный век так же, как мы осмысливаем важнейшие моменты культурного творчества в европейской истории — такие как итальянское Возрождение, французское Просвещение или немецкий романтизм. С этой целью мне бы хотелось освободить Серебряный век от длинной тени, брошенной Октябрем 1917-го на всю предшествующую эпоху (ни в коей мере не отрицая силы и безоговорочной победы революции), сосредоточив свое внимание на том бурлящем котле разнообразных идей, образов и моделей поведения, каким можно себе представить Москву, Киев, Санкт-Петербург в начале XX столетия.

Число превосходных исследований, посвященных Серебряному веку, его литературе и истории искусства, постоянно растет. Само название «Серебряный век» было заимствовано из сферы литературы. Оно отсылает к культурным эпохам Древнего Рима. В России этот термин подразумевал ассоциативную связь с золотым веком Пушкина и поэтов начала XIX столетия[1]. Историки, привыкшие считать все аспекты человеческой жизни закономерным предметом своего исследования, почему-то проявили удивительную готовность уступить Серебряный век филологам, ограничив себя искусственно суженной областью социальной или политической истории. В результате, притом что эстетические аспекты данного периода были тщательно изучены, не

---

[1] Термин «Серебряный век» наиболее часто используется применительно к литературе периода примерно с 1890-х по 1920-е годы и иногда распространяется на искусство или даже декоративно-прикладное искусство (Фаберже и т. д.). Однако здесь я поставила себе целью расширить его диапазон: «Серебряный век» используется мной в более широком смысле для описания того комплекса идей, литературы, искусства, философии и политики, которые в совокупности составляли культурный подъем тех лет. В этом названии есть определенные недостатки, а именно: некоторые историки литературы настаивают, что «Серебряный век» не может относиться к чему бы то ни было кроме поэзии; в эмигрантской среде этот термин воспринимался преимущественно ностальгически; наконец, есть искушение думать (несправедливо), что «серебряная» эпоха чем-то уступает «золотой». Мне кажется, что этот широко распространенный в литературоведческих кругах термин можно употребить для именования культурной эпохи в целом.

предпринималось особых усилий, чтобы проследить связи и взаимодействие между культурой и политической и общественной жизнью. Такая задача по силам только историкам. Казалось бы, нет смысла доказывать, что искусство, литература, философия и религия являются такими же компонентами истории, как государственная политика, экономическое развитие, забастовки и восстания; но в случае российского Серебряного века напоминание об этом не только уместно, но и необходимо.

Мне кажется, что даже тогда, когда историки отваживались вторгнуться на территорию Серебряного века, их старания неизменно были затруднены призраком революции 1917 года. Может сложиться мнение, что, совершив революцию, Россия использовала некую квоту на эпохальную историю, из-за чего вплоть до недавнего времени исследователи этого периода чувствовали себя обязанными продемонстрировать, каким образом любые социальные, культурные или политические процессы соотносились с этим всепоглощающим событием. Исследования, в которых деятели Серебряного века изучались с исторической точки зрения, пока малочисленны и редки; даже в лучших из них авторы делали попытку втиснуть свою концепцию этого периода в параметры, установленные специалистами, занимающимися социальной и политической историей[2]. В результате изучаемые ими личности и движения оказывались на периферии «главного течения» истории. Другая тенденция прослеживается у мемуа-

---

[2] На сегодняшний день первостепенную важность имеют следующие исторические исследования: Read Ch. *Religion, Revolution, and the Russian Intelligentsia, 1900–1912: The «Vekhi» Debate and Its Intellectual Background*. London, 1979; Rosenthal B. G. *Dmitri Sergeevich Merezhkovsky and the Silver Age: The Development of a Revolutionary Mentality*. The Hague, 1975; Glatzer Rosenthal B. (ed.). *Nietzsche in Russia*. Princeton, 1986; Putnam G. F. *Russian Alternatives to Marxism*. Knoxville, Tenn., 1977; Scherrer J. *Die Petersburger religiös-philosophische Vereinigungen: Die Entwicklung des religiosen Selbstverständnis ihrer Intelligencija-Mitglieder (1901–1917)*. Berlin, 1973; Scheibert P. *Die Petersburger religiös-philosophischen Zusammenkünfte von 1902 und 1903*. Berlin, 1964; Schlögel K. *Jenseits des Großen Oktober: Das Laboratorium der Moderne, Petersburg 1909–1921*. Berlin, 1988. Мангеймовский подход Шеррер позволил ей избежать того телеологического элемента, который я описала.

ристов, которые сами были деятелями или свидетелями Серебряного века: эти авторы, испытывавшие ностальгию по отношению к эпохе, имели склонность ее идеализировать, оценивая движение, в котором они участвовали, как полный разрыв с прошлым и высший взлет русской культуры, и в то же время как бы подвешивая его в пространстве, не связывая ни с политикой, ни с обществом[3].

В пренебрежении к культуре в исторических исследованиях о начале XX века в России можно видеть крайнюю версию тенденции, просматривающейся в исследованиях общеевропейского *fin de siècle*. Правда, трудно делать подобные обобщения в отношении fin de siècle в целом, поскольку у Вены, Парижа, Берлина и Лондона имеются собственные историографии и мнения об эпохе расходятся. В таких классических работах, как «Вена на рубеже веков» (1979; 2001) Карла Шорске, «Banquet Years» («Годы пиршества») (1955) Роджера Шаттака, «Conciousness and Society» («Сознание и общество») (1958) Х. Стюарта Хьюза и опубликованном примерно двадцать лет спустя «Generation of 1914» («Поколении 1914 года») (1979) Роберта Воля, были избраны принципиально иные подходы, в той или иной степени акцентирующие внимание на модернизации и индустриализации, успехах и неудачах либерализма и независимой от них эволюции искусства и идей. Тем не менее я считаю, что среди историков современной Европы наблюдается растущий интерес к религии и культуре как к самостоятельным факторам, которыми пренебрегали, на протяжении десятилетий увлекаясь социальной

---

[3] Я имею в виду такие классические репрезентации Серебряного века, как данные в: Бердяев Н. *Русская идея*. Париж, 1946; Маковский С. На Парнасе «Серебряного века». Мюнхен, 1962; Зернов Н. Русское религиозное возрождение XX века. Нью-Йорк, 1963. Одним из главных исключений из этого ряда является посвященная Серебряному веку блестящая всеобъемлющая глава 8 «Накануне» в: Флоровский Г. Пути русского богословия. Париж, 1937. Краткий обзор интеллектуальных течений Серебряного века, выполненный Марком Раевым, был опубликован в: Blane A. (ed.). *Georges Florovsky: Russian Intellectual and Orthodox Churchman*. Crestwood, NY, 1993.

и экономической историей⁴. Я надеюсь, что культурные и религиозные факторы перестанут считаться эпифеноменальными и в отношении России. В итоге это изменение фокуса может привести к тому, что фрагменты наших знаний сложатся в новый узор, как в калейдоскопе, выводя на передний план неожиданные аспекты политической и социальной жизни, которые мы, увлекшись исключительно социальными факторами, умудрились упустить из виду.

История Серебряного века как целостной культурной эпохи еще не написана. В идеале портрет эпохи должен был бы включать в себя все: от системы меценатства и появления издательств, театральных трупп и кабаре до участия элитарной и массовой публики, описания специфики и взаимодействия конкретных литературных, языковых и художественных школ и многого другого⁵. Реконструируя идеи марксиста, обратившегося в религиозного философа, Сергея Булгакова, одной из самых выдающихся и в то же время характерных фигур этой эпохи, и просле-

---

⁴ Лично для меня особое значение имели две работы: Nipperdey Th. *Religion im Umbruch: Deutschland, 1870–1914*. München, 1988; и Hilton B. *The Age of Atonement: The Influence of Evangelicalism on Social and Economic Thought, 1795–1863*. Oxford, 1988, несмотря на то, что последняя посвящена более раннему периоду. См. также: Anderson M. L. *Piety and Politics; Recent Work on German Catholicism* // Journal of Modern History. 1991. № 63. December. P. 681–716; и Ford C. *Religion and Popular Culture in Modern Europe* // Journal of Modern History. 1993. № 65. March. P. 152–175.

⁵ Многие из этих тем были исследованы «вторым поколением» Московско-тартуской школы семиотики и истории литературы и культуры. В частности, я имею в виду труды Романа Тименчика, Александра Лаврова, Николая Котрелёва, Альбина Конечного, Константина Азадовского и Юрия Цивьяна, а также Зары Григорьевны Минц и ее учеников. Их публикации представлены в шести томах «Блоковских сборников» (Тарту, 1962–); «Трудах по знаковым системам» (Тарту, в особенности начиная с 1985 года); «Трудах по русской и славянской филологии» (Тарту, в особенности начиная с 1968 года); «Литературном наследстве: А. Блок» (Москва, 1980–1993). См. также: Гаспаров Б., Лотман Ю. *Игровые мотивы в поэме Блока «Двенадцать»* // Тезисы третьей конференции, «Александр Блок и культура его времени». Тарту, 1976.

живая перипетии его интеллектуального и духовного развития, я постоянно мысленно опиралась на предварительный или рабочий эскиз Серебряного века как целого. Разворачивая картину Серебряного века в своем сознании, я стремилась нащупать в нем те узлы или схождения, в которых мир идей, с одной стороны, взаимодействует с литературным или художественным воображением, с другой — вторгается в область практической политики и социальных программ.

Переориентация русской культуры и образование независимой литературно-художественной среды, определявших сущность Серебряного века, началась под занавес XIX столетия. Провозвестником поиска новых направлений выступил Дмитрий Мережковский, а воплощением этого поиска стал богато иллюстрированный журнал «Мир искусства», основанный в 1898 году Александром Бенуа и Сергеем Дягилевым[6]. Как Карамзин веком ранее и Чаадаев в 1830-е годы, Мережковский в 1894 году сетовал на отсутствие литературной культуры в России. По Мережковскому, дело было не в отсутствии отдельных талантов — утверждать подобное в эпоху Толстого и Достоевского было бы сложно; скорее, он стремился создать более широкую литературную среду, с кружками, салонами, журналами и выставками, которая способствовала бы привлечению общества к культуре. «Мир искусства», как и множество пошедших по его стопам красочных журналов и выставок, идеально соответствовал установкам Мережковского: это роскошное двуязычное (на русском и французском) издание объединило русских и зарубежных поэтов, философов и художников в общем стремлении к захватывающему дух блеску. И ламентации Мережковского, и новый журнал были симптоматичны для более масштабных сдвигов в культуре европейского fin de siècle: растущего недовольства позитивизмом XIX века в философии и реализмом в искусстве и литературе, а также страстного поиска новых форм и новых идей.

---

[6] См.: Rosenthal B. G. *Merezhkovsky*; Bowlt J. *The Silver Age: Russian Art of the Early Twentieth Century and the «World of Art» Groups.* Newtonville, Mass., 1979.

Творцы русского Серебряного века чувствовали, что приступают к открытию новых горизонтов, и были убеждены, что порывают с прошлым; ощущение себя новаторами и первопроходцами было существенной составляющей их самосознания. Однако мне кажется, что, если мы хотим найти тот интеллектуальный импульс, который дал первоначальный толчок богатству творческих начинаний эпохи, необходимо выйти за пределы собственно Серебряного века, обратив внимание на его корни среди мощных литературно-философских концепций второй половины предшествующего столетия. Можно увидеть этот исходный импульс или заряд в идеях четырех великих мыслителей 1880-х годов — Владимира Соловьева, Толстого, Достоевского и Николая Федорова. В глазах этих писателей и философов современная Россия, как и вся Европа, представлялась зажатой в железных тисках позитивизма и охваченной культом прогресса и верой в научные законы исторической необходимости. Действуя независимо друг от друга, каждый из них освобождался от господствующей философии и имел смелость задаться самыми основными вопросами человеческого бытия — вопросами, лучше всего обобщенными, пожалуй, Соловьевым (единственным ученым-философом из этой четверки), который в начале предисловия к своему «Оправданию добра» напрямую спросил: «Есть ли у нашей жизни вообще какой-нибудь смысл?»

Идеи Соловьева, Толстого, Достоевского и Федорова не поддаются классификации в рамках академических категорий интеллектуальной истории XIX века[7]. Будучи писателями, Толстой и Достоевский имели право игнорировать доминировавший в философии позитивистский менталитет; стоя в стороне от философии в узком смысле слова, они с необыкновенной энергией прорывались сквозь сковывающий академический дискурс «железного века». Толстой, в годы после создания «Анны Карениной» охваченный религиозным порывом и острым сознанием

---

[7] Интеллектуальные, а не сугубо литературные аспекты произведений Толстого и Достоевского убедительно рассматриваются в работе: Walicki A. *A History of Russian Thought from the Enlightenment to Marxism.* Stanford, 1979.

возложенной на него общественной миссии, и Достоевский, создатель Великого инквизитора, способствовали усилению интеллектуальной неудовлетворенности и брожения, которые стали существенной особенностью Серебряного века[8]. Библиотекарь Румянцевского музея, эксцентричный затворник и неутомимый мыслитель Федоров преодолел позитивизм, доведя его до логического конца: понимание «общей задачи» человечества как упорядочивания природы и космоса в итоге привело его к религиозному видению всеобщего воскресения[9].

Коль скоро речь идет о Серебряном веке, особое место в этом ряду принадлежит Владимиру Соловьеву. Опираясь на несколько туманный антирационализм своих предшественников из числа романтиков и славянофилов, Соловьев повел полномасштабную атаку на западный позитивизм и рационализм еще в 1870-е годы. В итоге он построил откровенно метафизическую философскую систему, краеугольными камнями которой стали целостность и органичность. В восприятии Серебряного века Соловьев выступал во множестве разных измерений; писатели и философы изучали его философию любви, его концепцию искусства как теургии, его увлечение идеей вселенской церкви, его апокалиптические диалоги и даже его юмористические стихи. Мне, однако, представляется особенно важным один из аспектов его мысли, а именно новая постановка проблемы отношения субъекта и объекта, вопрос, бывший предметом дискуссий

---

[8] Здесь я имею в виду не автора «Войны и мира» и «Анны Карениной», которого, разумеется, всегда читали и продолжают читать с удовольствием, но того пророчествующего, беспокойного религиозного философа, которым в 1880-е годы стал Толстой. Специфические религиозные элементы в творчестве Толстого выявляются в: Gustafson R. *Leo Tolstoy, Resident and Stranger: A Study in Fiction and Theology*. Princeton, 1986.

[9] Федоров Н. *Философия общего дела*. М., 1982. О значении Федорова как для своего времени, так и для последующей русской и советской мысли и культуры см.: Hagemeister M. *Nikolaj Fedorov: Studien zu Leben, Werk und Wirkung*. München, 1989; Lukashevich St. *N. F. Fedorov (1828–1903): A Study in Russian Eupsychian and Utopian Thought*. Newark, 1977. О влиянии Федорова на Серебряный век см.: Masing-Delic I. *Abolishing Death: A Salvation Myth of Russian Twentieth-Century Literature*. Stanford, 1992.

у средневековых христианских философов и с новой силой подхваченный романтиками. Поиску пути между «стерильным идеализмом» и «вульгарным материализмом», той точки пересечения, в которой субъект и объект существовали бы в постоянном взаимодействии у Соловьева, суждено было стать важнейшим вопросом для целого поколения русских философов, которые подхватили эту очень старую проблему и сделали ее ключевым пунктом самобытной русской философской традиции. В этом отношении Соловьев, как никакой другой мыслитель, ответствен за создание жизнеспособной и оригинальной русской философии, определившей направление, в русле которого с неизбежностью двигались последующие мыслители[10].

Всех четверых — Соловьева, Толстого, Достоевского, Федорова — объединяло всепоглощающее стремление к постановке проблем морали, метафизики и религии. Эти проблемы сознательно игнорировались «прогрессивной интеллигенцией» на протяжении всей последней части XIX века, до тех пор пока в начале 1900-х годов последующее поколение не «натолкнулось» на них в творчестве этих писателей. Теперь их мощные аргументы попали на благодатную почву; во многих случаях мысль Серебряного века представляла собой прямое продолжение и развитие идей четырех титанов 1880-х годов.

Обращаясь к самому Серебряному веку — комплексу идей, литературы, искусства, философии и политики первых двух десятилетий XX века, — приходится признать, что непросто его описать вкратце[11]. Творцы Серебряного века с одинаковой интенсивностью впитывали идеи не только Соловьева и Достоевского, но и Фридриха Ницше, Карла Маркса и Зигмунда Фрейда, Эрнста

---

[10] Свой вклад в литературу о Соловьеве внесли, в частности, Джудит Дойч Корнблатт (Deutsch Kornblatt J. Soloviev's Androgynous Sophia // Slavic Review. Winter. 1991) и Фредерик Коплстон (Copleston F. Russian Religious Philosophy: Selected Aspects. Kent, 1988), а также А. Ф. Лосев и А. В. Гулыга, подготовившие двухтомное издание его трудов (М., 1988).

[11] Возникает искушение просто отослать читателей к главе Флоровского в «Путях русского богословия», однако он ограничивает свое исследование историей культуры, в основном оставляя в стороне политику и общество.

Маха и Рихарда Авенариуса, Фердинанда де Соссюра, Анри Бергсона, Георга Зиммеля, Эрнста Геккеля, Генриха Риккерта, Эмиля Верхарна и Макса Вебера. Символизм, который доминировал в поэзии и живописи 1900-х годов, в 1910-е уступил место множеству поэтических и художественных школ — акмеизму, кларизму, футуризму, кубизму, лучизму, имажизму, конструктивизму и многим другим. Второе десятилетие века стало свидетелем не только расцвета религиозной философии, но и рождения русского формализма с его литературно-лингвистическими экспериментами, а также формирования энергичных иконоборческих воззрений русского авангарда. Тем временем элита начала века увлекалась экспериментами с браком втроем и гомосексуализмом и вкладывала в устройство собственной жизни столько же творческих усилий и вдохновения, сколько и в создание литературных текстов или нанесение красок на холст. Сложно отыскать закономерности в этом мозаичном, постоянно меняющемся мире, и еще более сложно охватить все его многообразие.

Тем не менее мне бы хотелось предложить интерпретацию Серебряного века как двух параллельных, иногда пересекающихся процессов дифференциации и диверсификации — одного в области культуры, другого — в среде интеллигенции, этой специфической общественной группы XIX столетия. В 1870-е годы история русской культуры и история интеллигенции шли рука об руку, объединенные общей темой «народа». Монолитная природа русского народничества 1870-х годов подтолкнула одного наблюдателя к заключению, что Россией правили сразу два самодержавных режима — один правительственный, а другой леворадикальный. Это утверждение можно счесть поэтическим преувеличением, но поэты, философы и композиторы, которые не были причастны к «гражданственному» направлению в искусстве и литературе эпохи (такие как Афанасий Фет и молодой Владимир Соловьев), и вправду считались белыми воронами или реакционерами, или попросту не стоящими внимания[12]. К 1890–1900-м

---

[12] Безусловно, существовали и подлинные реакционеры, в том числе Николай Данилевский, Михаил Катков и Константин Леонтьев.

годам в радикальных умонастроениях интеллигенции, которые, по мнению многих историков, открыли прямой путь к революции[13], произошли перемены. С одной стороны, русская культура обрела множество новых тем, с другой — интеллигенция Серебряного века, как мне кажется, стала очень разнородной, включив в себя людей разного социального происхождения и весьма далеких идеологических воззрений.

Рассматривая весь этот период в целом, я думаю, что можно выделить четыре общие линии или направления, по которым шло развитие русской культуры на протяжении двух десятков лет после деклараций Мережковского и появления «Мира искусства». Первое из этих направлений определяется обликом, в котором внешнему миру предстал Серебряный век: это был утонченный эстетизм, появившийся на европейских театральных сценах в 1909 году под именем *Ballets russes* Дягилева[14]. Балет лишь экспортировал на парижскую сцену яркие образы, знакомые русским читателям и посетителям музеев благодаря космополитической направленности иллюстрированных журналов («Весы», «Золотое руно», «Аполлон» и др.) и художественных выставок под такими оригинальными названиями, как «Голубая роза», «Бубновый валет», «Ослиный хвост». Нежные голубые и зеленые тона полотен Михаила Врубеля, лазурные закаты в стихах Бальмонта и Брюсова, задумчивые мелодии «Сказок» Николая Метнера пришли на смену гражданственным мотивам, которые разрабатывались предшествующим поколением. Художники,

---

[13] Убедительный аргумент, связывающий утопические воззрения интеллигенции XIX века с революцией 1917 года, выдвинул Ричард Стайтс (Stites R. *Revolutionary Dreams*. Oxford, 1989). Работа Франко Вентури (Venturi F. *Roots of Revolution*. New York, 1960) служит примером менее прямо высказанного предположения о том, что народничество и социализм XIX века привели непосредственно к революции.

[14] Среди работ обобщающего характера, посвященных эстетическому аспекту, главными остаются труды Камиллы Грей (Gray C. *The Russian Experiment in Art, 1863–1922*. New York, 1986) и Джона Боулта (Bowlt J. *The Silver Age*. Newtonville, Massachusetts, 1982). С точки зрения истории данное эстетическое движение рассматривается Уильямом Ричардсоном в: Richardson W. *Zolotoe Runo and Russian Modernism, 1903–1910*. Ann Arbor, 1986.

поэты и композиторы вызывали к жизни таинственные, воображаемые миры. Художники по костюмам, популярные романисты и философы обратились к эротическим мотивам, а поэты слагали гимны во славу «Вечной Женственности» и рассуждали о союзе мужского и женского начала, «Логоса» и «Софии», провозглашенном Соловьевым. Андрей Белый экспериментировал с границей, разделяющей поэзию и прозу, а Вячеслав Иванов облек в слова острое стремление символизма проникнуть в суть вещей сквозь их внешнюю кажимость. Писатели, поэты, живописцы, композиторы, театральные художники были заворожены вагнеровской задачей объединения всех искусств в грандиозном синтетическом символистском действе. Для его создателей новая эстетика была больше, чем просто искусство: речь шла о создании и пересоздании жизни[15]. Символисты, а затем и авангардисты восприняли идею преобразующей миссии искусства, столь ярко и убедительно сформулированную Николаем Чернышевским и поддержанную Соловьевым в его концепции искусства как теургии; в то же время они отвергали гражданственную направленность искусства и поэзии предыдущего поколения, предпочитая мистическое и эстетическое переустройство действительности.

Вторым новым направлением в русской культуре стал так называемый новый идеализм, параметры которого определялись тремя основополагающими сборниками статей: «Проблемы идеализма» (1902), «Вехи» (1909) и «Из глубины» (1918)[16]. В этих

---

[15] См.: Paperno I., Grossman J. (eds.). *Creating Life: The Aesthetic Utopia of Russian Modernism*. Stanford, 1994.

[16] См.: Read Ch. *Religion, Revolution, and the Russian Intelligentsia*; Schapiro L. *«The Vekhi» Group and the Mystique of Revolution* // L. Schapiro. Russian Studies / D. Dahrendorf (ed.). New York, 1987; Poltoratsky N. *«The Vekhi» Dispute and the Significance of «Vekhi»* // Canadian Slavonic Papers. 1967. Spring; Brooks J. *«Vekhi» and the «Vekhi» Dispute* // Survey. 1973. Vol. 96, № 1. Полемика о «Вехах» рассматривается также в: Pipes R. *Struve: Liberal on the Right, 1905–1944*. Cambridge, Mass., 1980; и Zernov N. *Russian Religious Renaissance*. Важнейший вклад внес Модест Колеров, опубликовавший основанную на архивных материалах статью. См.: Колеров М. *Архивная история сборника «Вехи»* // Вестник Московского университета. Сер. 8 (История). 1991. № 4. С. 11–17.

томах некоторые выдающиеся русские мыслители — публицисты, философы и писатели, основное ядро которых составляли Н. И. Бердяев, С. Н. Булгаков, С. Л. Франк и П. Б. Струве, — отметили свою коллективную интеллектуальную эволюцию от позитивизма через неокантианский идеализм к религии и в итоге пришли к осуждению русской революции как метафизической катастрофы. На самом деле, новый идеализм служил общей рамкой для различных связанных с ним идеологических проблем. Одни идеалисты искренне интересовались неокантианской эпистемологией; внимание других было поглощено созданием философских основ либерализма; третьи стремились к возрождению естественного права в качестве основы российской судебной системы (в те времена эта идея была предметом широкой дискуссии). Новый идеализм развивался в тесном взаимодействии с политическим либерализмом. На мой взгляд, этих мыслителей объединяло ощущение того, что «либеральная» социальная философия должна основываться на внутреннем, этическом понятии человеческой души и человеческого достоинства, а не на том, что они рассматривали как внешнее определение гражданских прав и обязанностей. Трудный духовный путь этих мыслителей — их громогласный отказ от свойственной XIX столетию горячей веры в науку и прогресс и окончательное обращение к религии и метафизике — сыграл ключевую роль в смене ориентации русской культуры в начале нового века.

В-третьих, в культуре Серебряного века также сыграла свою роль и политика. В России она стала такой же областью творческой деятельности, как новое искусство и новое мышление. Достаточно упомянуть такие крайние варианты, как мистический анархизм Григория Чулкова. Еще интереснее поддержка, оказывавшаяся Мережковским и его женой Зинаидой Гиппиус начинающему писателю Борису Савинкову, известному эсеру-террористу, который впоследствии стал товарищем военного министра Временного правительства. Савинков написал два символистских романа о терроризме. Среди социал-демократов были создатели социалистических утопий, в том числе марсианских, Александр Богданов и Анатолий Луначарский, которые, несмотря на нетерпимое отношение Ленина, в конечном счете получили возможность осуществить на практике некоторые из своих «богостроительных» экспериментов[17]. Как хорошо видно по той роли, которую Булгаков сыграл в «Союзе освобождения» и в формировании «Союза христианской политики» в Думе второго созыва, даже более умеренные разновидности либерализма содержали в себе радикальный, преобразующий элемент и отражали сломы мировоззрений исповедующих их политиков из интеллигенции.

Наконец, Серебряный век отличался общим религиозным и мистическим настроем в философии, литературе, живописи и музыке. Архитекторы «нового религиозного сознания», которое Ютта Шеррер определяет как «сознание общечеловеческой культуры», стремились возвыситься над «местничеством» русского православия, чтобы внятно изложить принципы универсальной веры, способной объединить восточное и западное христианство[18]. Участники этого движения стремились, поначалу со скромным успехом, донести до церкви свое переосмысление православия в ходе серии религиозно-философских собраний, проводившихся в Петербурге, Москве и Киеве; эти встречи способствовали развитию новых концепций православия в XX столетии. Острая озабоченность религиозными вопросами привела к появлению своеобразной русской школы религиозной философии мирян-богословов, пытавшихся в рамках культуры, которая не имела непосредственного опыта ни схоластики, ни

---

[17] О богоискателях и богостроителях см.: Kolakowski L. *Main Currents of Marxism: in 3 vols.* Oxford, 1978; и Stites R. *Revolutionary Dreams*.

[18] См. в особенности: Флоровский Г. *Пути русского богословия*; Зернов Н. *Русское религиозное возрождение*; Scherrer J. *Petersburger religiös-philosophische Vereinigungen*; а также две существующие истории русской философии: Zenkovsky V. *A History of Russian Philosophy*. New York, 1953; и Lossky N. O. *History of Russian Philosophy*. New York, 1951. См. также: Богачевская-Хомяк М. *Философия, религия и общественность в России в конце XIX и начале XX в.* // Русская религиозно-философская мысль XX века / ред. Н. Полторацкий. Pittsburgh, 1975; и Rosenthal B. G., Bohachevsky-Chomiak M. (eds.). *Introduction to The Revolution of the Spirit: Crisis of Value in Russia, 1890–1924.* New York, 1990.

Реформации, сформулировать принципы православия с помощью строгой философской терминологии. Булгаков, например, характеризовал свои труды как попытку придать жизни и вере православного человека философскую форму. Общая увлеченность религией и мистицизмом окрасила все аспекты художественной жизни и проявилась даже при императорском дворе. Поэзия Белого, музыка Скрябина, картины Врубеля, Кандинского и Малевича были насквозь проникнуты спиритуализмом, прославленным такими яркими личностями, как госпожа Блаватская и Распутин[19].

Взятые вместе, эти новые направления в эволюции русской культуры отражают колорит эпохи в целом. Если мы действительно хотим преодолеть узкое определение Серебряного века как исключительно художественного и литературного явления, нам необходимо рассмотреть эти разнообразные течения в их взаимосвязи.

И для русской культуры 1900-х годов, и для ее создателей характерно большое разнообразие направлений. Культурная и интеллектуальная элита 1900-х годов считала себя наследницей интеллигенции XIX века[20]. «Новые люди» (это определение Белый и Гиппиус заимствовали у Чернышевского) начала века разделяли чувство возложенной на них миссии, им были присущи интеллектуальная энергия, политический радикализм и чувство личной ответственности за судьбы России, которое было характерно для радикалов и народников 1860–70-х годов. Даже беглый

---

[19] Музей искусств округа Лос-Анджелеса провел выставку «Духовное в искусстве, 1890–1985» (Нью-Йорк, 1986), которая выразительно продемонстрировала религиозные и духовные элементы, унаследованные авангардом от религиозного движения начала века.

[20] Характер и значение интеллигенции были предметом интенсивных дискуссий в 1960-е — начале 1970-х годов. К числу наиболее важных работ по этой проблеме относятся: Malia M. *What Is the Intelligentsia?* // Daedalus. 1960. Summer. № 89. P. 441–458; Confino M. *On Intellectuals and Intellectual Traditions in Eighteenth- and Nineteenth-Century Russia* // Daedalus. 1972. Spring. № 101; Pollard A. P. *The Russian Intelligentsia: The Mind of Russia* // California Slavic Studies. 1964. № 5. P. 1–32. См. также: Pipes R. (ed.). *The Russian Intelligentsia*. New York, 1961.

взгляд на поэзию и эссеистику Серебряного века показывает, что авторы отнюдь не отказались полностью, как это принято считать, от проблем, которыми были озабочены народники: отношения интеллигенции и народа продолжали оставаться частыми темами дискуссий. Эти новые «новые люди» обсуждали метрическую структуру стихотворений или спорили о соотношении человеческого и божественного в природе Христа с такой настоятельностью, что можно было подумать, будто от их дискуссий зависело ближайшее будущее мира — или по меньшей мере русского общества. Однако когда речь идет о социальной группе, определяемой в первую очередь ее идеями, вопрос о преемственности всегда сложен. Каждое последующее поколение интеллигенции вписывалось в общество своей эпохи; поколение, стоявшее у истоков Серебряного века, не было исключением. То, что случилось с интеллигенцией в начале XX века, было диверсификацией как ее самоопределений, так и идеологических ориентаций.

Культурная элита 1900-х была далеко не единственной наследницей народников. Обращение к религии, эстетизму и идеализму было лишь частью широкого спектра идеологических позиций. Мыслители, писатели и публицисты, о которых говорится в этой книге, находились в постоянном взаимодействии и споре с марксистами, народниками старого образца и либеральными политиками. Существенные противоречия и разногласия ощущались даже между такими близкими течениями, как новый идеализм и новое религиозное сознание. Кроме того, идеологические мировоззрения менялись и множились по мере того, как они начинали вступать в противоречие с новой сферой партийной политики: представители интеллигенции играли важную роль в партиях эсеров и социал-демократов, а также в «Союзе освобождения». Дело осложняется тем, что некоторые (в том числе Булгаков) с течением времени радикально меняли свои позиции, а значит, меняли и союзников. Одним словом, с понятием «интеллигенция» нельзя ассоциировать какую-либо одну идеологическую позицию или какую-либо группу людей: оно включает в себя и Ленина, и Дягилева.

Социальная принадлежность и идентичность интеллигенции — вопрос, полный загадок. Социальные историки построили картину русского общества позднего периода империи как мира, пришедшего в движение, где жесткие сословные перегородки стали проницаемыми, а социальная принадлежность не поддавалась точному определению[21]. Как мне кажется, такая проницаемость социальных категорий (она наиболее тщательно изучена на примере рабочих — выходцев из крестьян, которые, трудясь на городских фабриках[22], оставались частью деревенского мира) также характеризует и интеллигенцию Серебряного века. Творцы Серебряного века были выходцами из разных социальных слоев: Гиппиус и Мережковский были детьми провинциальных чиновников; декадентство Брюсова уживалось с купеческой роскошью обстановки в его доме и женой, обращавшейся к нему на «вы»[23]; Александр Блок был потомком угасающего дворянского рода; семинарист Булгаков со временем сумел соединить интеллигентский радикализм со священничеством; Белый был бунтующим сыном стоявшего на позициях позитивизма профессора математики; а Бердяев — провинциальным аристократом.

Здесь важно не только разнообразие социального происхождения, но и роль, которую эта идентичность продолжала играть в эволюции их идей: в отличие от радикалов и народников 1860–70-х годов, отрекшихся от социального статуса своих родителей и образовавших закрытую касту, представители интеллигенции Серебряного века сумели сохранить или заново открыть

---

[21] Важнейшие труды, указывающие на сложность приложения четко определенных категорий, касающихся и сословных, и классовых парадигм, к русскому обществу периода поздней империи: Freeze G. *The Soslovie (Estate) Paradigm and Russian Social History* // American Historical Review. 1986. № 1; Haimson L. H. *The Problem of Social Identities in Early Twentieth-Century Russia* // Slavic Review. 1988; а также введение к: Zelnik R. (ed.). *A Radical Worker in Tsarist Russia: The Autobiography of Semen Ivanovich Kanatchikov*. Stanford, 1986.

[22] Zelnik R. *Radical Worker*.

[23] См.: Ходасевич В. *Некрополь*. Brussels, 1939.

для себя чувство собственной родовой социальной принадлежности, даже когда они выкристаллизовались в новую городскую культурную элиту. Такая, во всяком случае, картина вырисовывается по мере того, как мы воссоздаем жизнь Сергея Булгакова. В 1907–1917 годах его социальная идентичность как *интеллигента* XIX века постепенно испарялась по мере возвращения к своим корням, провинциальному духовенству. Булгаков участвовал в церковном соборе 1917 года наряду с сельскими священниками, преподавателями богословия, провинциальными учителями, врачами и т. д., разделявшими его обеспокоенность по поводу политических, социальных и религиозных проблем. С точки зрения культуры Серебряного века растворение интеллигенции как единой общественно-политической силы можно рассматривать как успех «провалившейся» революции 1904–1907 годов: последующая маргинализация интеллигенции в конечном счете освободила отдельных писателей и мыслителей от бремени их общего желания любой ценой избавить Россию от гнета самодержавия. К примеру, Булгаков написал свои важнейшие произведения именно в этот период. Серебряный век достиг своего полного расцвета не во время коллективных зорь 1900 года, а после того, как разошлись пути их участников.

Таким образом, главное, в чем культурная и интеллектуальная элита Серебряного века отошла от интеллигентской традиции, заключалось в ее многоликости. Несмотря на общее чувство возложенной на нее миссии и экзальтированность, речь уже не шла о такой монолитной идеологической ориентации, как в народничестве. В своих лучших проявлениях искусство и литература Серебряного века отражали богатство социального опыта, разнообразные интерпретации истории, религии и сексуальности и разный политический опыт его многочисленных деятелей.

Разумеется, я не пытаюсь затронуть сразу все эти темы. Мне хотелось найти пункты соприкосновения между названными здесь разными сферами деятельности и если не описать, то хотя бы обозначить множество направлений, совокупность которых образует Серебряный век. Моя задача облегчалась разносторонностью деятелей культуры Серебряного века: фактически, они сами связали те четыре направления в культуре, которые я наметила. Мережковский, например, писал символистские стихи, полемизировал с идеалистами, разделял политику эсеров и, вдохновившись в минуту божественного откровения, учредил религиозно-философские собрания в качестве первого шага на пути к созданию вселенской церкви. Интересы других представителей поколения Мережковского были столь же протеистичными. Белый, теоретик символизма par excellence, читал Канта с новыми идеалистами, а Ницше с богостроителями и то сближался, то отдалялся от движения за обновление церкви, остановившись в своем окончательном выборе на не столь ограничительной антропософии Рудольфа Штайнера. Булгаков общался с литераторами в «Башне» Вячеслава Иванова и на «средах» Павла Астрова, возглавил переход «от марксизма к идеализму», привнес идеализм и религию в политику 1905 года и в конце концов включил в свою религиозную философию символистскую идею о Софии, Премудрости Божией.

Меня особенно заинтриговала настойчивость, с которой религиозная тема утверждалась в поэзии, философии, искусстве и даже политике того времени. Когда я прослеживаю путь одной из ключевых фигур Серебряного века, Сергея Булгакова, который вступил в жизнь как сын сельского священника, стал марксистом, затем идеалистом и религиозным философом, а в конце жизни православным богословом, его религиозные прозрения и религиозный опыт представляются важными для понимания эпохи в целом. Какая роль принадлежала религиозному импульсу в культурном расцвете начала века? Что побудило ранее светскую и позитивистски настроенную интеллигенцию внезапно обратиться к религии? Почему в России христианство стало столь заметной частью модернизма, хотя мы склонны считать модернистскую культуру светской?

Изначально Сергей Булгаков привлек меня потому, что его религиозная философия и интеллектуальная эволюция казались мне охватывающими различные сферы культуры и политики Серебряного века. Мне хотелось понять причину или причины, способные вызвать такое бурное и стремительное обновление стольких аспектов культуры; мне показалось возможным поставить эту проблему, обратившись к анализу идей одного из главных участников интеллектуальной и культурной жизни эпохи. Спокойная убежденность, с которой Булгаков принял одно за другим ряд взаимоисключающих мировоззрений, говорит о глубине и серьезности, с которыми он относился к жизни: в эпоху, которая постоянно стремилась к самоопределению, он в полной мере переживал каждый поворот и перемены в общественном сознании. Одним словом, он жил своим веком и судьбой России[24]. Если есть лейтмотив, проходящий через все его идеи и биографию, то это, вне всякого сомнения, творческое начало. В подходе к экономике, в подходе к религии и церкви он в первую очередь заботился о творческом потенциале людей как хозяев и как верующих. Он рассматривал и светскую, и церковную жизнь как непрерывный творческий процесс, в котором правила не устанавливаются раз и навсегда, а сообразуются с жизнью и убеждениями людей. Его собственная жизнь — с первого момента религиозного откровения, посетившего его, убежденного марксиста 24 лет, в предгорьях Кавказа, вплоть до рукоположения в сан священника в 1918 году — шла по пути творческого возвращения в церковь: возвращения, означавшего не отказ от философских и политических начинаний, а их встраивание в живое, динамичное христианство.

В моем понимании главным вкладом Булгакова в историю идей является теория, которую он называл «софийность хозяйства», представленная и разработанная им в «Философии хозяйства» (1912). Это прежде всего христианская концепция. Христианство Булгакова, однако, имеет глубокие корни в интеллектуальных, политических и экономических проблемах его времени. Хотя личные и психологические аспекты религии могут и не входить в сферу интересов историка, к ней, безусловно, относятся те

---

[24] Роднянская И. Б. *Булгаков, Сергей Николаевич* // Русские писатели, 1800–1917: Биографический словарь. Т. 1. М., 1989. С. 343–346; *Сергей Николаевич Булгаков* // Литературная газета. 1989. № 39. 27 сент. С. 6.

стороны религии, которые связаны с обществом и культурой. Булгаков был полностью погружен в светскую культуру 1890–1900-х годов, и его возвращение к присущей романтизму озабоченности существованием мира, внешнего по отношению к субъекту, в сочетании с его собственным глубоким позитивистским опытом (в форме марксизма) в итоге привели его к постановке религиозного вопроса. Его «Как возможно хозяйство?» было всего лишь выраженным иначе вопросом о смысле жизни, которым задавался Соловьев. Мне представляется важным то, как слияние неоромантизма с опытом позитивизма подводит человека к религии: намного позднее оно проявляется, например, у Томаса Манна. Продуктивное взаимодействие неокантианства, неоромантизма, христианства и русской философской традиции в мысли Булгакова выступает в качестве своего рода призмы, с помощью которой в конечном итоге можно организовать и другие идеи того времени. Неожиданный синкретизм этих элементов имеет принципиальное значение для данной эпохи.

В процессе исследования Булгакова и его мира мне, естественно, приходилось размышлять о некоторых более широких контекстах, в которые вписывается его мысль и жизнь. Эти размышления привели к двум наблюдениям. Во-первых, в период fin de siècle Россия и другие европейские страны принадлежали к единому культурному пространству (к которому, кстати, принадлежали и США), которому свойствен международный обмен идеями и внимание к общим интеллектуальным проблемам. Марксизм Булгакова, его идеализм, его христианский социализм — все это формировалось в условиях постоянной вовлеченности в современные ему дискуссии, имевшие место в Европе (особенно в Германии). Первоначально увлекавшийся Зиммелем и Карлом Каутскими, он впоследствии переключился на Макса Вебера (и активно писал для его «Archiv für Sozialwissenschaft» («Архива социальной науки»)) и на модные в то время исследования, посвященные исторической личности Иисуса и истории христианской церкви. Его доктрина христианского социализма, в основном опиравшаяся на христианскую политику Соловьева, складывалась параллельно с возникновением (гораздо более успешных) христианских социалистических партий в Австрии и Германии. Наиболее важно, что религиозная философия Булгакова стала оригинальным вкладом в общеевропейскую интеллектуальную революцию, которую историки обобщенно именуют «восстанием против позитивизма»[25]. Булгаков подошел к политэкономии и статистике с таким же пониманием сущностных причин и взаимосвязей, как Фрейд к человеческим эмоциям, а Соссюр — к языку, вытащив дискуссии о сельском хозяйстве из бескрайней трясины практических деталей и перенеся в них акцент на творчество. Работая в условиях своеобразной российской действительности и опираясь на своеобразную русскую философскую традицию, Булгаков абсолютно в духе своего времени перенес фокус размышлений об обществе с «объективных» и четко видимых форм на внутреннее содержание, или «дух», общества. Безусловно, убедительная картина европейской интеллектуальной жизни начала века должна была бы включать в себя сдвиг сознания, произошедший в русской мысли, а не только дискуссии о психологии, языке, физике и философии, более известные в западных странах.

Во-вторых, культура Серебряного века была тесно связана с современными ей политическими и социальными процессами. Русскую интеллигенцию часто обвиняли в том, что в критический период 1905–1917 годов она сознательно держалась в стороне от кризиса, искала прибежища в религии, мистицизме, уходе в себя. Мне кажется, что такое восприятие вызвано скорее нашей неспособностью понять язык, посредством которого она выражала свои идеи, чем неспособностью интеллигенции участвовать в политической жизни. Булгаковская софийная философия хозяйства формировалась в постоянном взаимодействии с политическими событиями и экономической политикой своего времени и была оригинальной реакцией на них; по этой причине она может быть полезна для нас, когда мы пытаемся понять отноше-

---

[25] Hughes H. St. *Consciousness and Society: The Reorientation of European Social Thought, 1890–1930.*

ния между властью и обществом в период столыпинских реформ. В целом, Булгаков и его современники были активно вовлечены в могучее интеллектуальное и общественное движение, кульминация которого — созывы церковного собора и Учредительного собрания — так и осталась возможным, робким предзнаменованием того, что могло бы случиться, если бы не произошла революция. Написание истории того, что могло произойти, но не произошло, может показаться делом бесперспективным; однако культурный расцвет на рубеже веков и общественное движение, которым он сопровождался, были настолько мощными и вовлекли так много людей, что игнорировать их означает создавать опасность серьезного искажения истории России 1890–1920-х годов. Полагаю, что в процессе описания этого движения мы сталкиваемся с образом русского дореволюционного общества, совершенно отличным от того, к которому мы привыкли. Учет того, что не произошло, наряду с тем, что имело место, может оказаться наиболее продуктивным подходом к характеристике данного периода истории России.

Часть I

СОЦИАЛЬНЫЙ ПРОФИЛЬ ПОКОЛЕНИЯ

Глава первая
Сын провинциального священника

Рождение Сергея Николаевича Булгакова в 1871 году в небольшом городке Ливны Орловской губернии совпало по времени с намечающимся подъемом в экономической, политической и культурной жизни провинциальной России. Наглядным результатом Великих реформ 1860-х годов — создания института земств, введения муниципального самоуправления (в 1870 году), построения судебной системы — стало освобождение российских губерний от безраздельного административного контроля со стороны центральной власти. В Орловской губернии, как и повсеместно, оно проявилось в стремительном развитии губернской прессы, живом интересе к местным и государственным структурам, расцвете театральной и музыкальной жизни, экономическом подъеме. В 1870 году экономика Ливен была преимущественно аграрной, к 1894 году в городе насчитывалось восемнадцать фабрик, совокупный валовый доход которых превышал 300 000 рублей. К тому времени в Ливнах также было шесть школ (из них три — приходские), несколько благотворительных обществ, два банка, две гостиницы, аптеки, книжные магазины, фотоателье и лечебница. По скрупулезным подсчетам, приведенным в издававшейся в те времена энциклопедии Брокгауза и Ефрона, ежегодный прирост городского населения составлял 3641 человека. Булгаков вспоминал, что в 1870 году в городе было 12 000 жителей; к 1894 году их число выросло более чем вдвое и составило 25 000 человек.

Воспоминания Булгакова о Ливнах его детства не отличаются нежностью. Даже в самые ностальгические моменты своей дальнейшей жизни Булгаков признавал, что его родина обладала худшими чертами двух миров: Ливнам не хватало одновременно сезонной упорядоченности жизни в сельской местности и культурной привлекательности, присущей городам. Однообразие пейзажа скрашивала река Сосна (приток Дона), но семья, как правило, совершала прогулки не по ее берегам, а вдоль близлежащих железнодорожных путей. До стремительного рывка в индустриальном развитии, совершенного во второй половине столетия, Ливны, как и большинство российских провинциальных городов, существовали в своем замкнутом пространстве и были связаны с внешним миром лишь благодаря скромной ярмарке.

Активизация провинциальной жизни сопровождалась ростом местного самосознания и увлечением местной историей. С учреждением губернских ученых архивных комиссий — Орловская ГУАК была создана в 1889 году — сотни историков, этнографов и специалистов по статистике занялись сбором и систематизацией материалов о богатом и разнообразном прошлом многочисленных регионов России. Прошлое Ливен было главным образом связано с историей защиты от вторжений и с восстаниями. Основанные в XII веке, то есть в конце киевского периода русской истории, Ливны были разрушены во время монгольского нашествия, но восстановлены в конце XVI века для защиты от набегов крымских татар. Город стал одним из центров восстания Болотникова и притягивал к себе всевозможных разбойников и бунтарей; кстати сказать, в Смутное время соседний Елец поддерживал и первого, и второго Самозванца. После создания Белгородской черты в середине XVII веке военное значение Ливен ослабело. Статус города они получили в 1708 году, а уездного города — в 1778-м. Единственным, но впечатляющим напоминанием о прошлом города в период детства Булгакова были остатки монастыря и крепости, сохранившиеся со времен монгольского нашествия, а также прилегающее к ним кладбище, на котором были похоронены воины того времени. В. О. Ключевский начал свой курс русской истории с замечания о том, что само наличие римских руин устанавливало связь Западной Европы с древней цивилизацией, тогда как Россия такой связью не обладала; аналогичным образом лесостепная полоса в центре европейской части России на границе с черноземной зоной должна была вызывать у ее жителей сильное чувство причастности к религиозному противостоянию и борьбе со степными народами, вторгавшимися в средневековую Московию с востока и юга.

По рождению Булгаков принадлежал к одному из сословий, наиболее затронутых переменами, произошедшими после отмены крепостного права. В семье Булгаковых было по крайней мере шесть поколений священнослужителей, начиная со времен Ивана Грозного — примерно того времени, когда была построена Ливенская крепость. На протяжении пореформенного десятилетия провинциальное духовенство играло все более активную роль в деревенской жизни, обучении крестьянских детей, а впоследствии в создании приходских школ, сборе статистических и метеорологических данных для научных организаций; его связи с прихожанами упрочивались. В 1860-е годы в сельских местностях появились епархиальные ведомости, которые не только распространяли и собирали новости, но и призывали своих читателей-священников больше проповедовать и больше общаться с прихожанами за пределами церкви.

Булгаков изображает фигуру отца несколько жалкой: пассивный по своей природе Николай Булгаков, как и сам город Ливны, застрял на полпути между деревенской и городской жизнью. Не имея собственного прихода, он был протоиереем местной кладбищенской церкви. Во многих отношениях Булгаков нарисовал портрет типичного сельского священника XIX века[1]. Николай, получивший образование еще до реформы семинарий, проведенной параллельно с Великими реформами 1860-х годов, хорошо учился, что почти по определению являлось знаком отсутствия «особых умственных запросов» и «всякой трагики в характере» —

---

[1] См.: Freeze G. L. *The Parish Clergy in Nineteenth-Century Russia: Crisis, Reform, Counter-Reform.* Princeton, 1983.

то, что Сергей Николаевич отмечал в своем отце. Развитое чувство ответственности сочеталось в нем с угрюмостью, которую Сергей Николаевич замечал и в себе и приписывал влиянию татарской крови. Николай грешил и свойственным сельскому духовенству алкоголизмом. Этим пороком страдали не только священник и дьякон большой городской церкви, но и все братья Сергея; Булгаков признавался, что сам лишь чудом избежал той же участи.

Его мать происходила из тех же кругов, но с примесью дворянской крови; дом, в котором вырос Булгаков, принадлежал ее семье. Естественно, в детстве Булгаков острее ощущал присутствие матери, чем отца. Он отзывается о ней как об obsédée, чересчур нервной, говорит, что она никогда не спала и не ела, а только беспокоилась и курила. Она «вообще являла в себе тип какого-то неуравновешенного и несколько дегенеративного (фантастическая бессонница) аристократизма»[2]. Слабость характера сочеталась в ней с врожденным деспотизмом: даже на старости лет Сергей Николаевич все еще негодовал, вспоминая о ее одержимости накрахмаленными рубашками и о той нервической настойчивости, с которой она стремилась разбудить детей раньше, чем требовалось для присутствия на церковном богослужении.

Первое десятилетие своей жизни Булгаков провел в атмосфере глубокой религиозности — он описывает дом родителей как похожий на церковь — в сочетании с дисгармонией, порожденной бедностью и пьянством. Неудивительно, что жизнь семьи Булгаковых была сосредоточена вокруг церкви. Центром религиозной жизни города была Сергиевская церковь (а не маленький кладбищенский храм, где служил отец). Вся жизнь семьи определялась церковным календарем. Впоследствии Булгаков изобразил религиозную жизнь своей семьи как сосредоточенную на обрядности, а не на следовании интеллектуальным или этическим правилам: такой образ контрастирует со стереотипным представлением, например, о семейной жизни протестантского проповедника. Ежедневная литургия, опасения, как бы красивый голос дьякона не стал хриплым из-за выпитого спиртного, ощущение особой

---

[2] Булгаков С. Н. *Автобиографические заметки*. Париж, 1991. С. 19.

красоты пасхальных молитв — подобные вещи производили более глубокое впечатление, чем богословские дискуссии, которым, вероятно, не было места в повседневной жизни. Происхождение из духовного сословия, а также ничтожно малое значение, придаваемое православной церковью индивидуальному утверждению веры, не давали повода задавать вопросы о том, как истовое благочестие может уживаться с общей распущенностью в быту. Щедрость, с которой мать распоряжалась несуществующими деньгами, часто становилась причиной семейных ссор. Булгаков вспоминал о доме как о месте, где проходили многочисленные похороны — умирали его братья и сестры, а также другие родственники, — а не свадьбы; смерть была постоянным спутником семейного быта. В родительском доме не уделяли внимания ни светской музыке, ни искусству; в доме, где все стены были увешаны иконами и лампадами, всякое эстетическое чувство сосредоточивалось на религии.

Всепроникающее ощущение, будто он пойман в некоем «промежуточном» пространстве, отразилось и на раннем социальном самосознании Булгакова. Из-за скудости семейного быта близлежащие владения местных помещиков представлялись ему мифической страной красоты и изобилия: «Вероятно, были красоты в "имениях" "помещиков", полумифических аристократов, приезжавших на тройках, но эти угодья представлялись сказкою нам, бедным поповичам. Красой природы для нас были тихие, иногда глубокие речки, с возможностью рыбной ловли». Но чувство непринадлежности к сказочному миру богатства и красоты уравновешивалось чувством вины за превосходство своего общественного положения по отношению к крестьянам, приходившим в городскую церковь. Это ощущение крепло на Пасху, когда новые праздничные одежды Булгаковых выделяли их из народа. «И психология "кающегося интеллигента", которую он не умеет отличить от христианского покаяния, вместе с его "народничеством" зародилась именно здесь»[3]. Именно этот опыт изначально побудил Булгакова охарактеризовать себя как разно-

---

[3] Там же. С. 11, 15.

чинца и тем самым вписаться в традицию мыслителей недворянского происхождения, таких как Н. А. Полевой, М. П. Погодин, В. Г. Белинский и Н. Г. Чернышевский. Как впоследствии казалось Булгакову, это неопределенное, промежуточное положение между богатыми и бедными нашло свое разрешение в церкви:

> Вместе с церковью я воспринял в душу и народ русский, не вне, как какой-то объект почитания или вразумления, но из нутра, как свое собственное существо, *одно* со мною. Нет более народной и, так сказать, народящей, онародивающей стихии, нежели церковь, именно потому, что здесь — *нет* — «народа», а есть только церковь, единая для всех и всех единящая[4].

В 14 лет, окончив три класса ливенской приходской школы, Булгаков поступил в семинарию в городе Орле. Семинарии появились в результате петровских реформ в начале XVIII века; однако ко времени Булгакова эти учебные заведения оказались сильно переполненными, так как сыновья священнослужителей не имели права менять сословие. На протяжении XVIII века духовенство превратилось из сословия чуть ли не в касту; свою роль в этом процессе сыграла и закрытая сфера семинарского образования. Реформы 1867 года были направлены на исправление печально известного неудовлетворительного состояния семинарского образования путем реорганизации управления этими учебными заведениями, с тем чтобы сократить число учащихся и, как следствие, покончить с перепроизводством священников. Ряд реформ, проведенных в 1830-е годы, был направлен на секуляризацию учебной программы; теперь, несмотря на сохранение латинского ядра, она была приближена к программе светской гимназии, чтобы преодолеть замкнутость церковного сословия и обеспечить возможность социальной мобильности. По сравнению с временами, когда в семинариях получали образование Чернышевский и Добролюбов, в 1860-е годы система духовного образования претерпела перестройку. Время учебы Булгакова

---

[4] Там же. С. 14.

в семинарии пришлось на период смены управления и учебной программы. Реформы 1867 года были полностью осуществлены только в 1879 году; обер-прокурор Дмитрий Толстой оценил их результаты оптимистично, но проблемы остались. В 1888 году Булгаков покинул семинарию, чтобы поступить в светскую гимназию: к этому времени он утратил личную веру, сравнивая это с опытом, побудившим Добролюбова написать следующие строки: «Гимнов божественных пение стройное — память минувшего будит во мне. ... детскими чувствами вновь я горю, — но уста уже не шепчут моления, — но рукой я креста не творю»[5]. Его все больше и больше раздражало принужденное благочестие: бесконечные акафисты, ночные бдения, ритуальное благочестие больше не удовлетворяли его, и он перестал воспринимать их мистическую сторону. Позднее Булгаков объяснит свою утрату веры несоответствием «между тем образом религиозной жизни, как она определялась для меня тогда в мысли и культуре, и моими личными запросами, отречься от которых я не мог и не хотел, во имя правды, как я ее тогда понимал»[6].

С этого момента, по словам Булгакова, началось его превращение в интеллигента.

> Здесь вступила в действие еще новая сила — *интеллигентщина*, — судьба и проклятие нашей родины, искушение от нигилизма, надолго оторвавшее меня от почвы. Естественно и почти без борьбы, потеряв религиозную веру, я сделался *«интеллигентом»* как в положительном, так и отрицательном смысле: *интеллигентности* в само собою разумеющемся соединении с нигилизмом[7].

Этому отказу от веры, которой его семья жила на протяжении трех столетий, и зарождающемуся нигилизму суждено было определить главное направление развития Булгакова в последующее десятилетие.

---

[5] Там же. С. 27.
[6] Там же. С. 26.
[7] Там же. С. 27.

> Здесь я сразу и всецело стал на сторону революции с ее борьбой против «царизма» и «самодержавия». Это явилось совершенно естественным, что с утратой религиозной веры идея священной царской власти с особым почитанием помазанника Божия для меня испарилась и, хуже того, получила отвратительный, невыносимый привкус казенщины, лицемерия, раболепства[8].

Впоследствии Булгаков говорил о случившемся с ним не как об утрате, но как о новом обращении в веру — о переходе «не от веры к неверию, но с одной своей веры к другой, чужой и пустой, но все-таки вере, имеющей для себя свои собственные святыни»[9].

Подобно Чернышевскому и Добролюбову, утратившим веру после прочтения Людвига Фейербаха, Булгаков утратил ее в сравнительно раннем возрасте. Главное отличие состоит в том, что, вопреки утверждениям правых политиков, число настоящих революционеров, вышедших из семинарий в 1860-е годы, было невелико. Булгаков следовал более распространенному образцу. В годы, последовавшие за реформами 1867 года, в церковных начальных школах возросло число учеников, бросавших учебу; в некоторых местах только 41 % поступивших завершали полный курс обучения. Отмечался и соответствующий рост числа бросивших семинарию, так как сближение образовательных программ облегчало переход в светскую школу. В то же время Булгаков, всегда подавлявший братьев своими выдающимися способностями, придерживался и другого аспекта общей тенденции: как писал архиепископ Савва, «все наиболее способные и одаренные ученики покинули семинарию до ее окончания», тогда как полный курс семинарии оканчивают «более слабые, менее способные ученики, составляющие основной контингент кандидатов в священнослужители». Кроме того, церковные чины жаловались на зараженность остающихся учеников новым мирским духом семинарии, где «все по западн.[ым] богословам учат», в результате чего «выходят молодые люди из семинарии невера-

---

[8] Там же. С. 28.
[9] Там же. С. 31.

ми». Другие вторили этому обвинению: «Надеяться на прекращение исхода семинаристов в светские школы можно будет только тогда, когда обучение в семинарии будет нацелено на нравственное развитие (а не только академическое)»[10]. Безусловно, вероотступничество Булгакова было связано с внутренним кризисом, но в тот период такой кризис переживали многие. К 1870-м годам семинаристы составляли около 17 % арестованных за революционную деятельность и привлекали особое внимание Третьего отделения.

Это стало главнейшей из проблем, подтолкнувших Константина Победоносцева к тому, чтобы в 1880 году, сразу же после вступления в должность обер-прокурора, заняться контрреформированием семинарий. Он категорически возражал против программы обучения, утверждая, что ее «главной целью является открытость мирскому, а не богословская подготовка»[11]. Новая учебная программа ограничивала классическое обучение и дополнялась библейской историей, сравнительным богословием и изучением раскола; одновременно укреплялся авторитет архиереев и руководства школ. В некоторых случаях эти меры приводили к обратному эффекту: похоже, что, наблюдая, как тают возможности реформирования общества посредством церковного служения, некоторые священники действительно подталкивали своих сыновей на иную стезю. Нововведения застали Булгакова на втором году обучения, когда его вера уже начала ослабевать. В 1888 году он поступил в светскую гимназию в Ельце, чтобы подготовиться к поступлению на юридический факультет Московского университета, куда и был зачислен два года спустя.

В первые два десятилетия жизни Булгакова был заложен тот прочный фундамент, на который ему суждено было опереться после напряженного периода исканий 1900–1918 годов. В ранние

---

[10] РГИА. Ф. 797. Оп. 50. Отд. 3. Ст. 5. Д. 182. Гл. 2. Л. 59–60 (отчет 1880 г.); Савва [Тихомиров И. М.]. *Хроника моей жизни: Автобиографические записки высокопреосвященного Саввы, архиепископа Тверского и Кашинского: в 9 т.* Т. 6. Сергиев Посад: 2-я тип. А. И. Снегиревой, 1906. С. 123–124.

[11] Freeze G. L. *Parish Clergy*. P. 433.

годы выработались те черты Сергея Николаевича, которым на протяжении всей его жизни суждено было определять его интеллектуальную деятельность и личные поступки, даже при том, что сам он на словах отвергал значимость своего детства. Он совершенно спокойно изъяснялся на языке семинаристов с его цитатами из Священного Писания и назидательностью, а вернувшись впоследствии в лоно церкви, сумел избежать той театральности, в которую окрасил свое обращение в православие Мережковский. В церкви он чувствовал себя как дома. В то же время детский и отроческий опыт Булгакова тесно совпадал с опытом его современников. В частности, он разделял с другими активными участниками культурной и интеллектуальной жизни начала XX века ощущение промежуточности своего социального положения и память о детстве, проведенном в русской глубинке. Наконец, его переход в то, что он потом называл интеллигентщиной, предопределил основные события последующего периода его жизни.

Глава вторая
Университет и марксизм

Булгаков поступил в Московский университет в 1890 году: самое время, чтобы принять участие в оживлении политической деятельности, последовавшем за великим голодом 1891 года. Следуя примеру своего прославленного предшественника Александра Герцена, Булгаков решил изучать политэкономию и право, поскольку, как он утверждал много лет спустя, эти науки казались более полезными для спасения страны, чем литература и философия, к которым он питал естественную склонность[1]. Его старания увенчались значительным успехом: окончив университет в 1894 году, он поступил в аспирантуру, два года преподавал в Московском коммерческом институте и опубликовал свои первые статьи[2]. Подобно многим представителям своего поколения, Булгаков учился у экономиста Александра Чупрова, который также был выходцем из духовного сословия. Известный работами по экономике железных дорог и блестящими лекциями, Чупров считал, что в российских условиях общинное землепользование более жизнеспособно, чем капиталистическое сельское хозяйство. В 1897 году совместно с А. С. Посниковым Чупров опубликовал полемическую статью, в которой доказывал, что низкие цены на зерно на самом деле выгодны крестьянам, поскольку большая часть зерна потребляется, не выходя на рынок[3].

---

[1] Прот. Булгаков С. Н. *Автобиографические заметки. Посмертное издание.* Paris, YMCA Press, 1946/1991.

[2] Первой из них была опубликованная в «Русской мысли» в 1895 году рецензия на третий том «Капитала» Маркса.

[3] Подробнее об учителях Булгакова, университетской программе обучения и его участии в политической жизни см. в: Гришина З. В. *С. Н. Булгаков и Московский университет начала 90-х годов XIX в.* // Вестник Московского университета. Сер. 8 (История). 1994. № 2. С. 9–26.

Из-за голода 1891 года и нового импульса, данного развитию промышленности Сергеем Витте, основными темами для обсуждения в 1890-е годы стали состояние российского сельского хозяйства, цены на зерно, потенциальная или реальная роль капитализма в России, значение рынков (внешних и внутренних) для его развития. По существу, преобладали две основные точки зрения: одни полагали, что невозможно миновать необходимые этапы исторического развития и что капитализм в России неизбежен; другие, в основном народники, считали, что капиталистическую стадию можно пропустить и пойти «особым путем», опираясь на крестьянскую общину[4]. Вторая точка зрения основывалась на непростом сочетании позитивизма с «субъективизмом» в социологии; первая концепция представляла собой несколько более прямолинейный вариант экономического материализма.

Позиция Булгакова в этот период рассматривается в историографии преимущественно в контексте полемики марксистов с народниками. Его именуют «легальным марксистом», используя ленинский термин для обозначения «мягких» марксистов, с которыми он предлагал временно объединиться против народников. В этом нет ошибки, но мне представляется более продуктивным вписать Булгакова в более широкий контекст современного ему европейского марксизма: хотя в конечном итоге он и стремился приложить марксизм к русским условиям, теоретические взгляды Булгакова развивались в том же русле, что и взгляды немецкой и австрийской интеллигенции, и, похоже, оформились не как реакция на специфические для России вопросы. Более того, объединяющий термин «легальные марксисты» не совсем адекватен, поскольку Булгаков, Туган-Барановский, Бердяев, Струве, Франк не составляли какую бы то ни было группу: их общение в основном сводилось к яростной полемике, в которой каждый из них отстаивал свои личные убеждения.

---

[4] Одним из наиболее энергичных защитников второй точки зрения был Николай Михайловский. Позиции участников дискуссии подробно описываются в: Mendel A. *Dilemmas of Progress in Tsarist Russia*. Cambridge, Mass., 1961, а также в: Kolakowski L. *Main Currents of Marxism* / Trans. P. Falla. Oxford, 1978. Vol. 2.

Университетские годы Булгакова совпали с расцветом деятельности Второго Интернационала — периодом, который называют «золотым веком марксизма»[5], — когда казалось, что марксизм обладает бесконечным потенциалом для осуществления социального анализа и социальных перемен. По времени интеллектуальная эволюция Булгакова в 1890-е годы приблизительно соответствует интеллектуальной эволюции его в то время менее знаменитого современника Владимира Ульянова (1870–1924), который в 1890 году открыл для себя марксизм, в 1895–1897 годах написал первые полемические статьи, посвященные вопросу внутренних рынков, а к 1900 году опубликовал свою первую крупную работу о капитализме. Однако подходы этих двух приверженцев Маркса с самого начала были разными. Лешек Колаковский предположил, что в этот период марксисты принадлежали к одной из двух групп — той, которая «считала, что марксизм — это теория общественного развития, в первую очередь, капиталистического общества и его неизбежного краха, что эта теория может быть непротиворечиво дополнена и обогащена философскими доктринами, позаимствованными из других источников, в частности, из кантианства и позитивизма», или «ортодоксальному большинству», которое выводило все свои взгляды из самого учения Маркса, дополненного только трудами Фридриха Энгельса[6]. К этой второй группе принадлежали Каутский, Плеханов и Ленин; в первой я бы без всяких сомнений поставила на первое место Булгакова.

Булгаков вступил в полемику в 1896 году, опубликовав в «Вопросах философии и психологии» статью «О закономерности социальных явлений». В этом тщательно продуманном тексте, исполненном энтузиазма и самоуверенности 25-летнего молодого человека, Булгаков, явно наслаждаясь виртуозным умением

---

[5] Термин Колаковского. «Марксистская доктрина уже достаточно четко определилась, став узнаваемой школой мысли, но она еще не была так жестко кодифицирована или подчинена догматической ортодоксии, чтобы исключить дискуссию или отстаивание конкурирующих подходов к проблемам теоретического и тактического характера». См.: Kolakowski L. *Main Currents*. Vol. 2. P. 1.

[6] Там же. P. 3.

приводить длинные цитаты на немецком языке (и даже используя несколько латинских фраз), изложил основные положения своих марксистских взглядов в критическом разборе «Хозяйство и право с точки зрения материалистического понимания истории» («Wirtschaft und Recht nach der materialistischen Geschichtsauffassung») (1906; 1907) Рудольфа Штаммлера[7]. Почему следует признать исторический материализм? По Булгакову, причин, пусть даже связанных между собой, было несколько. Во-первых, исторический материализм был единственной теорией, которая «...вносит единство и закономерность в хаос постоянно сменяющихся явлений социальной истории»[8]. Постулируя конечную зависимость всех общественных форм от способа производства и принцип причинности в истории, исторический материализм делал историческую реальность полностью понятной: можно было четко увидеть, как одно событие становится причиной другого. Во-вторых, не менее притягательным был фундаментальный «монизм» исторического материализма — этот принцип казался весьма привлекательным молодому Булгакову. Твердо опиравшийся на принцип каузальности, исторический материализм избежал двух моментов, внутренне присущих антиматериалистической теории Штаммлера. В отличие от последней, у него не было необходимости различать телеологию — осознание конечной цели в истории, которое могло бы направлять наши нынешние действия, — и причинно-следственную связь, которая устанавливала закономерность событий прошлого. Булгаков счел чрезвычайно обнадеживающим тот факт, что индивидуальная свобода воли была отнесена исключительно к психологии — независимо от сделанного человеком «выбора», его поступок в конце концов окажется «правильным», поскольку он явился

---

[7] Критический разбор этой книги был широко распространенным способом выражения собственных взглядов: пространные (и не оставляющие камня на камне) комментарии к ней писали не только Булгаков и Струве, но также Плеханов и Макс Вебер. См., напр.: Weber M. *Critique of Stammler* / Trans. G. Oakes. New York, 1977.

[8] Булгаков С. Н. *О закономерности социальных явлений* // С. Н. Булгаков. От марксизма к идеализму. СПб., 1903. С. 6.

необходимым в более широком масштабе истории[9]. Однако верховным авторитетом в этой дискуссии оказывался… Кант, чье требование трансцендентального единства не было удовлетворено ни одной теорией, кроме исторического материализма. «Требуя единства закона, которое соответствует единству предмета, в свою очередь обусловленного единством пространства и времени, оно идет в полном согласии с критикой познания Канта, установившего эти единства как постулаты нашего разума». Для Булгакова решающим аргументом в пользу марксизма стали его тотальная и «монистическая» способность предоставлять объяснения, пренебрежение альтернативными точками зрения и, следовательно, полное соответствие требованию Канта: *«Единство трансцендентального сознания не выносит двух непримиримых и в то же время равноправных точек зрения»*[10].

Булгаковский марксизм, получивший дальнейшее развитие в двух последующих статьях[11], обладал рядом отличительных черт. Если говорить о предложенной им интерпретации как таковой, то наиболее важными были полное принятие исторической необходимости (позиция совершенно ортодоксальная) и убежденность в том, что наша задача сводится к как можно лучшему пониманию объективных сил, действующих в текущий момент истории, и поступкам, согласованным с ними. Марксизм вооружал «железным законом» исторического развития, который, будучи постигнутым, мог стать ключом к политическим мерам и социальной политике. Булгакова это привлекало. Не менее примечателен и его взгляд на марксизм как на теорию исторического развития, имеющую *универсальный* смысл[12], который мог

---

[9] Эта мысль ясно и четко выражена во второй статье Булгакова, относящейся к этому периоду и посвященной соотношению каузальности и свободы. См.: Булгаков С. Н. *Закон причинности и свобода человеческих действий* // С. Н. Булгаков. От марксизма к идеализму. С. 35–52.

[10] Булгаков С. Н. *О закономерности социальных явлений*. С. 7, 23; курсив Булгакова.

[11] Булгаков С. Н. *Закон причинности; Хозяйство и право* // С. Н. Булгаков. От марксизма к идеализму.

[12] Булгаков С. Н. *Закон причинности*. С. 51–52.

бы позволить человечеству привести науку и жизнь в почти идеальную гармонию. Иными словами, складывается впечатление, что Булгаков попросту пренебрег определенными аспектами марксизма — прежде всего, его пропагандой пролетарской революции. Наконец, Булгаков не только не видел противоречия в соединении Маркса с Кантом, но и воспринимал обе эти фигуры как идеально совместимые, как единственные несомненные и непререкаемые авторитеты во всех вопросах.

С нашей точки зрения, эти представления могут показаться странными и наивными, однако на рубеже веков в теоретической позиции Булгакова не было ничего необыкновенного. В ней не было ничего собственно русского; спокойный симбиоз Маркса и Канта был довольно распространен, особенно среди австрийских марксистов. Лишь через некоторое время после того, как Булгаков отказался от своих юношеских теорий причинности и истории, появилась их более зрелая и тщательно разработанная версия, выдвинутая Карлом Адлером, вероятно, наиболее близким Булгакову философом марксистского толка: в работе «Kausalität und Teleologie im Streite um die Wissenschaft» («Каузальность и телеология в споре о руководстве») (1904) Адлер, опираясь на неокантианство Вильгельма Виндельбанда и Генриха Риккерта, предпринял попытку оправдать претензии исторического материализма[13].

В 1897 году Булгаков защищал и развивал свои взгляды, внося вклад в популярную тогда дискуссию о рынках[14] и в полемику со Струве о свободе воли и необходимости. Книга «О рынках при капиталистическом производстве» вывела его на острие политической дискуссии и закрепила за ним репутацию одного из ведущих русских легальных марксистов. В этой работе Булгаков утверждал, что развитие капитализма возможно даже без внешних рынков. Иными словами, Россия могла бы достигнуть полноценного капитализма исключительно на основе внутреннего рынка, хотя в европейских странах с уже сложившейся капиталистической экономикой подобного не наблюдалось. Внешние

---

[13] О кантианском марксизме см.: Kolakowski L. *Main Currents*. Vol. 2. Chap. 12.

[14] Этой проблеме была посвящена и первая (неопубликованная) статья Ленина.

рынки были необходимы только тем странам, которые не располагали достаточными ресурсами для стимулирования дальнейшего развития; условия для расширения производства определялись инвестициями, а не потреблением. Это, разумеется, было аргументом против «особого пути» народников: отличия России от капиталистических обществ были несущественными и при правильном распоряжении ресурсами могли быть преодолены относительно легко. Россия должна была пройти неизбежную стадию капиталистического производства.

Последствия этого, казалось бы, простого тезиса были огромны. Как ни странно, уже в этой ранней работе, написанной так легко и в таком несомненно марксистском ключе, Булгаков начал подкапываться под положения, на которых она основывалась. Если Булгаков был прав и в России богатые природные ресурсы и высокоразвитая внутренняя торговля могли стать основой для быстрого экономического роста, то под сомнение ставился целый ряд общепринятых истин, причем исповедуемых не только марксистами, но и русской интеллигенцией в целом. Прежде всего, была ли Россия действительно такой отсталой, как утверждали марксисты и народники? Неужели ее природные богатства, ее бескрайние и богатые имперские просторы, оживленные рынки и связывающие Восток и Запад торговые пути не могли стать очевидным преимуществом, компенсирующим явное отставание во внешней торговле и промышленном развитии?

В то же время Булгаков получил возможность отстаивать свою теоретическую позицию в широко освещавшейся полемике с Петром Струве, критиковавшим булгаковскую интерпретацию Штаммлера[15]. Как было отмечено выше, Штаммлер ставил перед собой своеобразную, но широко распространенную задачу «исправить» Маркса, апеллируя к Канту. Смысл разграничения каузальности и того, что он назвал «телеологией», заключался в том, чтобы сохранить в историческом процессе место для свободы воли и планируемых действий. В споре со Струве Бул-

---

[15] О позиции Струве в этой дискуссии см.: Pipes R. *Struve: Liberal on the Left, 1870–1905.* Cambridge, Mass., 1970. P. 184–189.

гаков предстал защитником исторического материализма: в конечном счете материализм в достаточной мере учитывал свободу человеческих действий и не требовал никаких корректировок со стороны. Канта можно было встроить в Маркса без ущерба для свободы человека. Таким образом, Булгаков твердо придерживался своих философских и теоретических убеждений; результаты его конкретного экономического исследования рыночных механизмов также производили впечатление полезного дополнения к анализу капитализма, предложенному Марксом.

В последующие годы, оглядываясь на этот этап своего развития, Булгаков отмечал, что его приверженность марксизму носила религиозный характер: все больше осознавая несовершенство отдельных аспектов марксистской теории[16], он всегда стремился оправдать систему в целом. Два основных труда его марксистского периода — «О рынках» и «Капитализм и земледелие» — явились попыткой доработать те вопросы, которые теория экономического материализма оставила без должного внимания.

В 1898 году, на гребне успеха, Булгаков отправился в Западную Европу, чтобы приступить к работе над диссертацией. Результат его трудов, объемистый трактат о капитализме и земледелии, опубликованный по возвращении в Россию два года спустя, оказался разочаровывающим: этот неудобочитаемый, перенасыщенный информацией том трудно назвать успешным как с точки зрения марксизма, так и с точки зрения науки. Эта работа характеризовалась неуверенной интонацией, составлявшей резкий контраст с воинственностью Булгакова-студента; она сочетала в себе благоговение перед Марксом с полной сомнений, но порой проницательной критикой «великого экономиста» и некоторыми

---

[16] Как отмечает Ричард Киндерсли, даже в его первой статье о третьем томе «Капитала» содержалась критика неспособности Маркса разрешить противоречия в теории стоимости. См.: Kindersley R. *The First Russian Revisionists: A Study of «Legal Marxism» in Russia*. Oxford, 1962. P. 62. Первые признаки ослабления догматизма — такого неприкрытого и даже переливающегося через край в его критическом разборе Штаммлера — появляются у Булгакова в расплывчатой, туманной статье «Хозяйство и право» (1898).

поразительно наивными высказываниями по поводу сельского хозяйства, капитализма, Америки и других вопросов. В некоторой степени диссертация предвосхищала будущие философские и экономические интересы ее автора.

В изначально задуманной в марксистском ключе диссертации Булгаков предполагал рассмотреть возможность и границы применения содержания незавершенного третьего тома «Капитала» Маркса к сельскому хозяйству: действовали ли в этой области те же объективные исторические законы, что и в промышленности? Серьезно отнесясь к довольно безапелляционным замечаниям Маркса по этому поводу, Булгаков приступил к изучению всей истории сельского хозяйства в Англии, Германии, Франции, Ирландии и США, уделяя особое внимание капиталистическому XIX столетию. Поскольку в целом он ориентировался на Европу, то в своем исследовании явно избегал говорить о России. Диссертация завершалась выводом о неприменимости марксистской теории к сельскому хозяйству и, следовательно, невозможности сколько-нибудь полного описания капиталистического общества. Закон концентрации капитала, в соответствии с которым капитал постепенно сосредоточивался в руках немногих состоятельных собственников, создавая лишенный собственности пролетариат, попросту не распространялся на сельскую экономику. Более того, сельское хозяйство тяготело к децентрализации. Если Маркс предсказывал усиление противоречий между богатыми капиталистами и неимущим пролетариатом, то в действительности развитие промышленности вело к усилению общественного контроля над производством, а в сельском хозяйстве крепкие мелкие крестьянские хозяйства начинали преобладать над крупными. В международном плане концепция Маркса оказывалась совершенно неприменимой к сформировавшемуся мировому рынку; представление о союзе «русских мужиков, англичан, негров и зулусов» выглядело совершенно абсурдным[17].

Очевидный недостаток выводов Булгакова заключается в том, что они были ошибочными. Несмотря на стремление изучать

---

[17] Булгаков С. Н. *Капитализм и земледелие*. СПб., 1900. Т. 2. С. 456–457.

аграрную систему каждой страны с учетом ее специфики, в каждом случае ему удавалось прийти к одному и тому же выводу, согласно которому в конце XIX века общеевропейский «аграрный кризис» близился к завершению, предвещая возврат к мелким сельским хозяйствам и возврат к превалированию внутренних рынков над внешними. Иными словами, получалось, что интенсивная международная торговля сельскохозяйственными товарами была счастливой случайностью, выпавшей на этот конкретный исторический период, и вскоре ей на смену должна прийти более здоровая внутренняя торговля. Хотя в исследовании Булгакова Россия не рассматривалась, подобное утверждение позволяет заподозрить, что ключом к будущей мировой экономике он видел экономическую структуру России. Оказалось, что это не так.

Тем не менее булгаковская критика, или ревизия, Маркса заслуживает нашего внимания. Во-первых, все рассуждения Булгакова опирались на его представление о фундаментальном различии между промышленностью и сельским хозяйством. Его основная посылка состояла в том, что существование ренты (помимо капитала и труда) в сельском хозяйстве кардинально меняет условия производства. Особенности почвы, основные характеристики которой определялись независимо от человеческого труда и способов ее обработки, и имеющая отдельную значимость метафизическая зависимость человека от природы — в отличие от промышленности, где он мог в полной мере чувствовать себя хозяином, — в конечном счете препятствовали полномасштабному действию законов усиления концентрации капитала. Такая не слишком оригинальная критика (примерно в то же время в этом духе высказывались Эдуард Давид и другие немецкие ревизионисты) привела Булгакова к некоторым довольно абсурдным выводам. Он настаивал на бессмысленности механизации сельского хозяйства и считал, что те, кто предвидел успехи фермеров Небраски и Дакоты, заблуждаются. Похоже, что американские методы ведения сельского хозяйства вызывали у него раздражение: «Развитие машинизма является тут не техническим прогрессом, а варварским способом выпахивания девственной почвы, и едва ли пример этот заслуживает подражания, даже если бы оно было мыслимо»[18]. Тем не менее метафизическое понимание Булгаковым сущностной зависимости человечества от природы, выраженное, например, в законе убывающего плодородия почв, сохранило фундаментальное значение для его личного философского развития. Противоречия марксистского мировоззрения он сумел преодолеть лишь десятилетие спустя в своем следующем крупном труде, «Философии хозяйства».

Во-вторых, Булгаков проявил замечательное здравомыслие, с решимостью отвергнув универсальность представленного Марксом анализа английской экономики. Он указал на то, что специфическая структура английского сельского хозяйства с его землевладельцами, капиталистическими фермерами и классом наемных работников была уникальна, вследствие чего Англию едва ли можно было считать «классической страной капиталистического способа производства в сельском хозяйстве», как называл ее Маркс. Каждая конкретная система сельского хозяйства требовала независимого анализа. Булгаков пришел к выводу, что в других странах законы капиталистического развития сельского хозяйства не работали, а Англия, где их можно было увидеть в действии, не только представляла собой исключение, но и впоследствии оказалась в глубоком кризисе, ввиду чего никак не могла служить примером для подражания. Признание этих различий ставило под сомнение притязания марксизма на универсальность и подрывало классическую модель экономического развития, в соответствии с которой Франция, Германия и Россия отличаются от Англии лишь фазой своего капиталистического развития и соответствующей ролью, которую играло в нем государство[19]. Теория Маркса не работала ни в условиях помещичьего / юнкерского хозяйства, ни, что более важно, применительно к независимым крестьянским хозяйствам.

Третьим — и наиболее важным — направлением критики Булгакова было отношение Маркса к крестьянскому земледелию. Булгакову пришлось сделать вывод о том, что уравнение Маркса,

---

[18] Там же. С. 49.

[19] Впоследствии эта базовая модель популяризировалась в «теории модернизации».

определяющее стоимость продукта рентой, капиталом и трудом, неприменимо к крестьянским хозяйствам, ориентированным не на извлечение прибыли, а на простое натуральное производство. Маркс просто не брал в расчет независимого крестьянина-собственника, который работал на себя и не был ни эксплуататором, ни пролетарием. Он не смог объяснить, каким образом цены на продукты, производимые такими мелкими производителями, определяются их взаимодействием с капиталистическими производителями, потому что рассматривал мелкие крестьянские хозяйства как пережиток прошлого и предвидел их окончательное отмирание. В модели Маркса независимым крестьянским товаропроизводителям не было места рядом с капиталистами, хотя и через 33 года после публикации «Капитала» («Das Kapital») Булгаков повсеместно наблюдал их сосуществование. Булгаков проницательно отметил, что Маркс фактически ненавидел крестьян:

> ...вместо того, чтобы... вывести учение и критику из этой формы хозяйства, Маркс предпочитает проэцировать на крестьянское хозяйство понятия капиталистического; в результате критика сводится к порицанию крестьянского хозяйства за то, что оно не таково, как капиталистическое[20].

Складывается впечатление, что увлечение Булгакова независимым крестьянином-собственником — который в итоге оказался в центре его экономической теории — впервые проявилось именно в ходе этого исследования.

Тем не менее ни сам Булгаков, ни его оппоненты не были удовлетворены ни объемом и глубиной проведенного им анализа, ни тонкими замечаниями, время от времени встречающимися в его работе. В итоге диссертация получилась слабой и неубедительной: Булгаков выявил ряд недостатков теории Маркса, но мало что предложил взамен. Для личной эволюции Булгакова ее главный итог был скорее негативным: проведенные им обширные исследования навсегда подорвали его веру в обоснованность и привлекательность незыблемых и универсальных законов историческо-

---

[20] Булгаков С. Н. *Капитализм и земледелие*. С. 157.

го развития. В конце этого труда звучит своего рода предостережение: важно признать существование пределов обществоведения, а также понять, что некоторые вопросы не могут быть решены методами политэкономии[21]. То, что задумывалось как magnum opus, который предложил бы всеобъемлющий анализ сельского хозяйства и мог бы досрочно принести Булгакову докторскую степень, увенчалось лишь получением обычной степени магистра. Однако и она позволила ему приступить к преподаванию в университете. «Развитие капитализма в России», главная марксистская работа о капитализме, потребовавшая от автора меньшей учености и исследовательской работы, но обладавшая большей последовательностью, была опубликована Лениным в 1899 году.

Был ли Булгаков «настоящим» марксистом? С самоопределением Булгакова как марксиста на последнем этапе (1898–1900) Ленин был не согласен. Рецензия Булгакова на «Аграрный вопрос» («Agrarfrage») Каутского, написанная в духе его собственных представлений о капитализме в сельском хозяйстве, спровоцировала поток ядовитых высказываний пламенного революционера и фактически ознаменовала его решительный отказ от тактики единого социал-демократического фронта[22]. Однако в самом вопросе содержится анахронизм: в период, предшествовавший закреплению ленинской ортодоксии в качестве высшей истины, марксизм, как и любую другую теорию, можно было интерпретировать, подправлять, принимать только отчасти, модифицировать. Искренность кантианского марксизма Булгакова, его приверженность марксистской характеристике капиталистического общества, его вера в то, что идеи Маркса указывают человечеству путь к лучшему будущему, не подлежат сомнению; иными словами, марксизм Булгакова по меньшей мере не хуже других его вариантов. Когда основы этого всеобъемлющего мировоззрения зашатались, интеллектуальные метания Булгакова усугубились глубоким личным кризисом.

---

[21] Там же. С. 457.
[22] См.: Pipes R. *Struve: Liberal on the Left*.

«Миги»
Откровения и развенчание иллюзий

> К тебе, Кавказ, к твоим сединам,
> К твоим суровым крутизнам,
> К твоим ущельям и долинам,
> К твоим потокам и рекам,
> Из края льдов — на луг желанный,
> В тепло и свет — из мглы сырой
> Я, как к земле обетованной,
> Спешил усталый и больной.
>
> Я забывался: предо мною
> Сливалась с истиной мечта...
> Давила мысль мою собою
> Твоя немая красота...
> Горели очи, кровь стучала
> В виски, а бурной ночи мгла
> И угрожала, и ласкала,
> И опьяняла, и звала...
>
> И что же? Чудо возрожденья
> Свершилось с чуткою душой,
> И гений грез и вдохновенья
> Склонился тихо надо мной.
> Но не тоской, не злобой жгучей,
> Как прежде песнь его полна,
> А жизнью, вольной и могучей,
> Как ты, Кавказ, кипит она...
>
> *С. Я. Надсон. В горах (1879)*

Около 1895 года, на пике бурной, целеустремленной активности студенческих дней, Булгаков пережил краткий миг озарения — свою первую «встречу с верой»:

> Вечерело. Ехали южною степью, овеянные благоуханием медовых трав и сена, озолоченные багрянцем благостного заката. Вдали синели уже ближние Кавказские горы. Впервые видел я их. И, впиряя жадные взоры в открывавшиеся горы, впивая в себя свет и воздух, внимал я откровению природы. Душа давно привыкла с тупою, молчаливою болью в природе видеть лишь мертвую пустыню под покрывалом красоты, как под обманчивой маской; помимо собственного сознания, она не мирилась с природой без Бога. И вдруг в тот час заволновалась, зарадовалась, задрожала душа: а если есть... если не пустыня, не ложь, не маска, не смерть, но Он, благой и любящий Отец, Его риза, Его любовь... Сердце колотилось под звуки стучавшего поезда, и мы неслись к этому догоравшему золоту и к этим сизым горам[1].

В «Прелюдии» Уильяма Вордсворта такие моменты озарений названы «места времени» (spots of time). Это мгновения, когда, по словам историка идей Н. В. Рязановского, поэт «сливается со своим видением и входит в вечность», мгновения, которые «сначала вызывают удивление и страх, а под конец погружают в неземную благодать»[2]. Путешествуя по предгорьям Кавказа и наслаждаясь красотой степи и заката, Булгаков испытал именно такой отрыв от повседневной действительности: внезапно его охватило сильнейшее беспокойство при мысли о том, что в природе и в самом деле может воцариться засуха и земля превратится в пустыню, как он столь легкомысленно предполагал в своих экономических исследованиях, и тут его смущенный, испуганный разум озарило божественное откровение.

Разумеется, в тот миг Булгаков не в полной мере осознавал значение посетившего его мимолетного видения: он пишет, что вскоре забыл о нем и вновь погрузился в академическую и политическую деятельность. Однако видение не отпускало его, всплывая в неожиданные моменты и в обновленном виде. Три года спустя он отправился в Берлин — в свою первую заграничную поездку, — чтобы посвятить два года научной работе, ре-

---

[1] Булгаков С. Н. *Автобиографические заметки*. С. 61–62.
[2] Riasanovsky N. V. *The Emergence of Romanticism*. Oxford, 1992. P. 15, 17.

зультатом которой стала диссертация, «Капитализм и земледелие». Он отправлялся в путешествие, охваченный энтузиазмом: наконец-то он воочию увидит Германию, которая уже давно была его идеалом, страну «культуры», уюта и социал-демократии! Однако два года спустя он напишет: «Я возвратился на родину из заграницы потерявшим почву и уже с надломленной верой в свои идеалы. Земля ползла подо мной неудержимо. Я упорно работал головой, ставя "проблему" за "проблемой", но внутренне мне становилось уже нечем верить, нечем жить, нечем любить»[3].

Столь глубокий кризис невозможно объяснить одним только разочарованием в собственных научных результатах. Что же произошло с Булгаковым за границей, вызвав трещины в самых основах его мировоззрения?

Разочарование Булгакова проще всего объяснить, конечно же, пережитым в Германии столкновением мечты с реальностью. Он познакомился с вождями немецкого и австрийского социал-демократического движения — Карлом Каутским, Августом Бебелем, Генрихом Брауном, Виктором Адлером — и с энтузиазмом наблюдал закулисье немецкой радикальной политики. В отличие от Ленина, впервые встретившегося с европейскими революционными лидерами во время заграничной поездки в 1895 году, Булгаков вовсе не был вдохновлен этим знакомством. Он поделился некоторыми впечатлениями в письмах к своему другу Михаилу Гершензону. Его поразил «положительно недостаточный» уровень немецкой политической литературы, который он оценил как намного уступающий, например, русскому «Новому слову», в то время как уровень рабочих масс был несомненно выше. Он был совершенно ошеломлен «поразительной энергией», с которой вели предвыборную агитацию «такие старики, как Либкнехт, да и Бебель», и отмечал, что «все здесь работают страшно». Даже знакомство с такими уважаемыми учеными, как Штаммлер и Зиммель, не произвело на Булгакова особого впечатления. Штаммлер, который «говорит целыми страницами из своей книги», «произвел на меня самое гадкое впечатление, —

---

[3] Булгаков С. Н. *Автобиографические заметки*. С. 63, 64.

такая рабская жажда похвалы, такое самобожие, что просто тошнит»; у Зиммеля, ворчливо признавал Булгаков, те же черты хотя бы отчасти скрашивались чувством юмора[4].

Удивление и разочарование Булгакова в Германии были вызваны не только социал-демократией и политикой. Он с неудовольствием пишет о «силе католицизма» на юге страны:

> Уж не г[ово]ря о невероятном обилии распятий, мадонн и т. д. на улицах, на стенах, в домах, — обилии, о к[ото]ром мы в России не имеем никакого понятия, достаточно зайти в церковь, чтобы увидать, какую здесь силу имеет католицизм. Не нужно, впрочем, забывать, что здесь страна мелкого крестьянства, след[овательно] наиболее «варварской» части населения, но, г[ово]рят, и в промышленных округах на Рейне не лучше. Теперь и в промышленном Krefeld'е заседает съезд католиков, к[ото]рый не стесняясь высказывает пожелание об издании законов против свободы науки, критики и т. д. Насколько вообще север выше юга, а протестантизм (если уж выбирать) католичества![5]

Вдобавок ко всему, европейский опыт Булгакова, по-видимому, совпал с довольно сложным периодом в его личной жизни; впрочем, сложно утверждать это наверняка из-за свойственной ему неохоты делиться подробностями семейных обстоятельств. 14 января 1898 года, в Крыму, незадолго до отъезда в Европу, Булгаков женился на Елене Токмаковой. Он мало говорит о своем браке, но позднее опишет его духовную значимость, вспомнив опыт, пережитый им в предгорьях Кавказа.

> Но то, о чем говорили мне в торжественном сиянии горы, вскоре снова узнал я в робком и тихом девичьем взоре, у иных берегов, под иными горами. Тот же свет светился

---

[4] Сергей Булгаков М. О. Гершензону, 5 (17) июля и 16 (28) августа 1898 г., в: Колеров М. *В ожидании Палестины: 17 писем С. Н. Булгакова к М. О. Гершензону и его жене, 1897–1925 гг.* // Неизвестная Россия. XX век. Кн. 2. М., 1992. С. 120, 123.

[5] Булгаков Гершензону, 28 (16) августа 1898 г. Там же. С. 122.

в доверчивых, испуганных и кротких, полудетских глазах, полных святыни страдания. Откровения любви говорили о ином мире, мною утраченном[6].

Тон писем Булгакова к Гершензону, однако, подразумевает, что по крайней мере в первые два года брака семья была для него скорее источником забот, а не радостей. Почти сразу же по приезде в Берлин Нелли, как он ласково называл жену, заболела плевритом. В результате врачи заставили супругов покинуть дом на Клопшток-штрассе и переехать — сначала во Фридрихроду, затем в Оберхоф (курорты с минеральными водами, о которых Гершензон, как заметил Булгаков, и слыхом не слыхивал). Он с таким нетерпением ожидал выборов в Германии, но с горечью сообщал, что «перед глазами прошли выборы, хотя горячка избирательной агитации была уловима только по газетам, п. ч. главной частью пришлась на болезнь Нелли». К августу тон его писем стал еще более отчаянным: теперь он надеялся если не на возвращение в любимый Берлин, то хотя бы на возможность остаться в Грюневальде: «Нечего г[ово]рить, насколько это во всех отношениях неприятно и неудобно. ... Нечего г[ово]рить, что кроме поганых Kurgast'ов здесь ничего нет». Бедный Булгаков даже предпринял попытку работать в лесу, где по настоянию врачей они должны были находиться в дневное время и где «не так удобно заниматься, как в комнате». Безуспешно пытаясь сохранять хорошее расположение духа в столь затруднительном положении, он утверждал: «Заниматься здесь и удобно и неудобно. Удобно потому, что нет отвлекающих впечатлений, а неудобно потому, что в этом медвежьем углу, конечно, нет библиотек». По всей видимости, Нелли не поехала с ним в Париж, город, который он возненавидел: местные газеты были забиты сплетнями и «банальностями», такими как скачки и дело Дрейфуса. С рождением дочери ситуация не улучшилась: мало напоминая гордого отца, Булгаков ограничил свои сообщения о ребенке лишь замечанием о том, что ее развитие, кажется, идет очень

---

[6] Булгаков С. Н. *Автобиографические заметки*. С. 63.

медленно, хотя его искренне забавляет, как она «повернулась по воззрениям в сторону отца и кричит а-ве-ве, выражая очевидно признание заслуг известного экономиста (В. В.)»[7].

Устроив жену и дочь в Москве, Булгаков провел последний этап своего европейского турне в Лондоне, который, на удивление, ему по-настоящему понравился. Здесь он собрал основную часть материала для диссертации и в целом нашел эту поездку «поучительной и освободительной». Если в Германии он чувствовал, что его мировоззрение «расползается по швам», то теперь отказ от прежних взглядов стал восприниматься в положительном ключе, поскольку он радостно «стряхнул с себя окончательно ветхого социал-демократического ч[еловека]» и откровенно признал свое стремление обратиться к социальной философии или даже к философии как таковой[8].

Между тем духовный кризис у Булгакова был связан не только с личным опытом европейской жизни или проблемами брака и семьи; для понимания изменений, произошедших в мировоззрении Булгакова в эти годы, необходимо также обратиться к культурной традиции, в которую вписываются подробности его повседневной жизни. К концу XIX века зарубежный опыт русского интеллигента составлял культурную парадигму, предполагающую богатый багаж литературных и исторических аллюзий, от Пушкина и Гоголя до Герцена, Толстого и Достоевского. Юбилейная лекция Ключевского «Евгений Онегин и его предки» состоялась в 1887 году, а «Былое и думы» Герцена увековечили явное разочарование автора в Западе в период революций 1848 года, хотя для русской публики книга по-прежнему оставалась доступной только нелегально и в лондонском издании. Реакция Булгакова на Европу вписывалась в эту традицию: его восторги и разочарования, дифирамбы Европе и одновременно

---

[7] Булгаков Гершензону, 5 (17) июля 1898 г.; 28 (16) августа 1898 г.; 3 мая 1899 г.; 20 апреля 1900 г.; 11 июня 1899 г., см. все в: Колеров М. *В ожидании Палестины*. С. 120, 122, 124, 126, 128. «В. В.» — псевдоним земского врача и экономиста Василия Павловича Воронцова (1847–1918).

[8] Булгаков Гершензону, 20 апреля 1900 г. Там же. С. 126–127.

национальная гордость русского человека вольно или невольно отражали и развивали опыт его литературных предшественников и современников.

В личном разочаровании и духовных исканиях Булгакова получает отражение любопытный и лишь отчасти осознаваемый им сплав идей Герцена, Толстого и Глеба Успенского. На первого из них пространно намекает сам Булгаков в первой ссылке в очерке «Душевная драма Герцена» (1902), одной из его первых работ, посвященных литературе. Европейский опыт Герцена, утверждает Булгаков, типичен как переход от «религиозной» веры в Запад к глубокому разочарованию в нем, к блужданию «в потемках неверия» и, наконец, к новой вере, на сей раз — в будущее России[9]. Такие переходы можно считать типичными для русской интеллигенции:

> Увлечение Западом, доходящее до отрицания всего русского, охлаждение к Западу, не уничтожающее однако полного признания его культурной мощи, вера в будущее России и работа для этого будущего, эта история развития Герцена дает как бы схему нормального развития русской интеллигентной души, и в последовательности этих фазисов есть глубокая нравственная необходимость[10].

В любом случае это точное и выразительное описание духовного пути самого Булгакова.

Опыт в духе Герцена у Булгакова, очевидно, соединился с образами рассказа Толстого «Люцерн», в котором описаны попытки русского путешественника (Нехлюдова), который стал неловко угощать уличного певца шампанским — в одинокой попытке противостоять холодности и бездушности европейского бомонда. Пророссийские (уже не просто антиевропейские) элементы в сознании Булгакова начали проявляться в Париже. Он прочитал «Воскресение» и был потрясен описанием Пасхи, что было

---

[9] Булгаков С. Н. *Душевная драма Герцена* // С. Н. Булгаков. От марксизма к идеализму. СПб., 1903. С. 170, 162.

[10] Там же. С. 184.

нехарактерно для него в марксистский период, а также рассказом о любви Нехлюдова и Катюши:

> Относит[ельно] Воскресенья, кажется, мы разойдемся. У меня было начало складываться впечатление вроде Вашего от всех деталей (как «ямочки на руках священника» и под[обных] Leitmotiv'ов), к[ото]рыми Толстой злоупотребляет так, как нигде, и к[ото]рые положительно мешают читать и просятся быть зачеркнутыми; р[авным] обр[азом], морализирующие тенденции, к[ото]рые то здесь, то там мешают художнику. Но когда на днях прочел описание Пасхи, молодой любви Неклюдова к Катюше, так у меня дух захватило. Кто же еще во всем мире может так писать! И откуда этот старик с потухающею жизнью мог взять эту поэзию, эту свежесть?[11]

Одно особенно яркое личное впечатление Булгакова впоследствии стало символическим выражением его европейского путешествия. В начале поездки, весной 1898 года, Булгаков посетил Дрезденскую галерею Цвингер. Он честно признает, что в то время вообще ничего не понимал в искусстве, считал галерею лишь обязательной для посещения туристической достопримечательностью, но вместо этого она оказалась для него местом нового духовного озарения, перекликающегося с кавказским: перед полотном Сикстинской Мадонны убежденный марксист залился слезами и стал молиться[12]. От взгляда Мадонны, от глубины его «чистоты и прозорливой жертвенности» у него закружилась голова, «на сердце таял лед, и разрешался какой-то жизненный узел»[13].

---

[11] Булгаков Гершензону, 3 мая 1899 г. // М. Колеров. *В ожидании Палестины*. С. 124. Булгаков также упоминает о том, что цензоры исключили из романа Толстого целые эпизоды и что он должен добыть его лондонское издание.

[12] Булгаков С. Н. *Автобиографические заметки*. С. 63–64. Булгаков кратко, но выразительно сообщает Гершензону: «Мне посчастливилось быть в Дрездене и испытать небесное счастье перед Сикстинской мадонной» (Булгаков Гершензону, 5/17 июля 1898 // М. Колеров. *В ожидании Палестины*. С. 121).

[13] Булгаков С. Н. *Автобиографические заметки*. С. 64.

Менее возвышенной по сравнению с Герценом или Толстым, но по крайней мере столь же важной в качестве культурного ориентира и столь же естественной для Булгакова как человека из провинции оказалась скромная персона Тяпушкина из рассказа Глеба Успенского «Выпрямила». Встреча Булгакова с «Сикстинской Мадонной» больше всего напоминает о значительно более вульгарной ситуации встречи Тяпушкина с другим великим произведением искусства и любимицей русских народников — Венерой Милосской. Реакция Тяпушкина тоже выходила за рамки эстетического:

> Что-то, чего я понять не мог, дунуло в глубину моего скомканного, искалеченного, измученного существа и выпрямило меня, мурашками оживающего тела пробежало там, где уже, казалось, не было чувствительности, заставило всего «хрустнуть» именно так, когда человек растет, заставило также бодро проснуться, не ощущая даже признаков недавнего сна, и наполнило расширившуюся грудь, весь выросший организм свежестью и светом[14].

Похоже, слова Успенского настолько глубоко запечатлелись в подсознании Булгакова, что он использовал практически ту же фразу для описания собственного поведения: его посещение Цвингера начиналось так же, как посещение Тяпушкиным Лувра, утром, когда там еще никого не было[15]; и подобно Тяпушкину, он молился и плакал перед образом Богоматери.

Первое знакомство с чужой культурой, особенно если она уже давно вызывает интерес и даже преклонение, вполне может стать трансформирующим опытом. Реакция Булгакова на Европу была, конечно, личной. Но в то же время он был не одинок. То, как до него переживали знакомство с Европой другие — Герцен, кото-

---

[14] Успенский Г. *Выпрямила* // Соч. Глеба Успенского, ред. Н. Михайловский: в 2 т. СПб., 1896–1897. С. 1134.

[15] Точные слова Булгакова: «пока там еще никого не было»: Булгаков С. Н. *Автобиографические заметки*. С. 64; слова Тяпушкина: «когда еще никого там не было»: Успенский Г. *Выпрямила*. С. 266.

рый, разочаровавшись в ней, обратился к русской крестьянской общине и увидел в ней основу для специфически русского социализма; Толстой с его чувством вины и вселенской совестью; Тяпушкин, погрузившийся в «темную массу народа» после встречи с Венерой Милосской, — помогло Булгакову по возвращении в Россию с новым багажом определиться в дальнейших поступках и чувствах.

Эволюция Булгакова протекала с резкими сдвигами в мировоззрении, радикальными разворотами: от марксизма он перешел к идеализму, от идеализма — к религиозной философии, далее обратился к собственно церкви, а затем — к богословию. Закономерность пережитых им кризисов и переломов подчеркивается испытанными им в молодости на Кавказе и в Дрездене озарениями: каждый такой переход предварялся мимолетным видением, ниспосланным свыше осенением, благодаря которому у него рождался новый подход к миру. Пережитые Булгаковым «миги» также были вписаны в мощную христианскую традицию, которую подхватили и развили поэты-романтики. Моменты откровений были описаны христианами от св. Павла до Лютера и от Лютера до тех, кто «родился заново» в наши дни; такие мгновения включают в себя мгновенный контакт с «мирами иными», лежащими за пределами окружающей реальности, краткий выход за пределы бытия, «внезапное озарение, когда время останавливается», когда повседневная реальность исчезает, вытесняемая силой творческого видения[16]. Этому трансцендентному опыту, этому осознанию другой, высшей реальности суждено было стать центральной категорией сознания Серебряного века. Наконец, такие мгновения имели чисто религиозный смысл. Позднее Булгаков будет утверждать, что подобные «личные опыты встречи с Божеством» на самом деле составляют суть нашей жизни в Боге, являясь «единственным источником рели-

---

[16] Abrams M. H. *Natural Supernaturalism.* New York, 1971. P. 419. Более подробно романтические и модернистские «мгновения» рассматриваются Абрамсом на с. 385–390, 418–427.

гии». «Религия зарождается в переживании Бога... и как бы ни кичилась мудрость века сего, бессильная понять религию за отсутствием нужного опыта, за религиозной своей бездарностью и умертвением, те, которые однажды узрели Бога в сердце своем, обладают совершенно достоверным знанием о Нем»[17].

В 1900 году Булгаков вернулся в Россию в состоянии духовного кризиса. Основы его марксистского мировоззрения рушились, но случайные мгновения откровений не открыли ему никакой положительной альтернативы. Так начинался его долгий, исполненный глубоких размышлений путь к созданию собственной философии.

---

[17] Булгаков С. *Свет невечерний*. М., 1917. С. 10–11; цитируется в: Булгаков С. Н. *Автобиографические заметки*. С. 62, примеч.

Часть II

ВСТРЕЧА ИДЕАЛИЗМА С ПРАКТИКОЙ: ФИЛОСОФИЯ И РЕВОЛЮЦИОННАЯ ПОЛИТИКА, 1901–1907

Глава третья
Идеализм в философии: зори

21 ноября 1901 года в Киеве Сергей Булгаков прочитал в университетской аудитории лекцию «Иван Карамазов как философский тип». Она имела огромный резонанс, о ней много писали в газетах, а слухи о ней долетели до Москвы и Петербурга. Оглядываясь назад, надо признать, что успех этой лекции не удивителен. Стиль ее был смелым и убедительным, а обращение одного из выдающихся марксистов страны к совершенно новой теме, конечно же, поражало. Более того, молодой профессор (Булгаков только что получил должность профессора политэкономии в Киевском политехническом институте, а также стал приват-доцентом в университете) обратился к таким оригинальным и важным проблемам, что не мог не привлечь внимания слушателей, привыкших с большим интересом внимать лекциям о ценах на хлеб. Главной заслугой лекции стало выдвижение на первый план проблем нравственного, этического свойства, давно не выносившихся в публичное обсуждение. В лекции о Карамазове были подняты *проклятые вопросы* о добре и зле, смысле человеческого бытия, а также конечных целей прогресса, вопросы, которые уже остро ставились предыдущим поколением народников и якобы имели особую значимость для русского народа.

Не трудно себе представить произведенный выступлением Булгакова эффект: тон лекции разительно отличался его неуверенных, туманных, а порой и противоречивых высказываний, характерных для него в последние годы приверженности марксизму. Вернувшись в Россию из поездки по Европе, он тотчас же уловил настрой общества. Отбросив в сторону незыблемые законы исторического развития и теории ценообразования, Булгаков вместо этого заговорил о борьбе Ивана Карамазова с собственной совестью и обратился к своим собратьям-интеллигентам с горячим призывом не успокаиваться до тех пор, пока несчастные дети, столь выразительно изображенные в беседе Ивана с братом, не будут сыты, согреты и счастливы. При этом Булгаков, открывший для себя Достоевского — писателя, к которому в кругах «прогрессивной» интеллигенции вплоть до рубежа веков относились с презрением и которого редко читали, поделился своим открытием с публикой, столь же разочарованной ответами, которые давал марксизм, и не только готовой, но и жаждущей получить новые.

Блестящий портрет русского Серебряного века, созданный Георгием Флоровским, открывается замечанием о том, что «В те годы многим вдруг открывается, что ч е л о в е к есть с у щ е с т в о м е т а ф и з и ч е с к о е»[1]. В самом деле, выступление Булгакова означало гораздо больше, чем личный успех: то, как он ярко показал борьбу человека с собственной совестью, его призыв возложить на себя ответственность, свидетельствовало о значительных сдвигах, произошедших в сознании его поколения. «Открытие» Булгаковым проблем этики и разочарование в марксизме, которым он увлекался на протяжении десятилетия, совпали с разочарованием в старых формах и поисками новых перспектив среди влиятельной части русской интеллигенции. В первые годы нового века эти социальные мыслители, писатели, поэты и публицисты, у каждого из которых обретение новых взглядов сопровождалось нелегкой внутренней борьбой, начали находить друг друга. Эволюция Булгакова была неразрывно переплетена с эволюцией современных ему мыслителей и писателей; настроение fin de siècle требует нашего внимания, если мы намерены оценить вклад Булгакова в формирование этих веяний и созвучность им его лекции о Карамазове.

---

[1] Флоровский Г. *Пути русского богословия*. С. 452.

Ощущение разрыва с прошлым и постановка новых вопросов в булгаковской лекции о Карамазове отразили общеевропейскую тенденцию конца века. 1890-е годы стали временем перемен в культурной жизни всей Европы. В литературе и искусстве в моду вошли символизм и декаданс; иррационализм, инстинкт, интуиция все больше привлекали не только писателей и философов, но и их современников, которые невиданными ранее толпами стекались в кабаре и рестораны Belle Epoque. Многоликое эстетическое бурление в европейских столицах сопровождалось ростом всеобщего скепсиса по отношению к позитивизму XIX века. Фридрих Ницше насмехался над самим понятием высшей истины или высшего знания, к которому с такой решимостью и самонадеянностью стремились ученые и философы.

Интенсивность поисков новых ответов в конце века соответствовала интенсивности увлечения наукой и прогрессом в XIX столетии. Если совсем недавно казалось, что эмпирический научный подход вот-вот откроет объяснение всем существующим явлениям, то теперь из-за ряда возникших проблем долгожданная кульминация оказывалась под вопросом. В одних областях научной деятельности (например, в физике) все более очевидной становилась неспособность существующих теорий объяснять результаты новых экспериментов; в других (например, в сравнительном изучении индоевропейских языков) накопилось обилие несистематизированных данных, добытых позитивистскими методами и требовавших упорядочивания и, следовательно, новых концепций; в третьих областях привлекательность самих научных методов побуждала исследователей применять позитивистские принципы в таких сферах, как человеческая душа и социальные отношения, ранее считавшихся непостижимыми для науки. Охвативший в начале нового столетия весь континент кризис позитивизма и появление разнообразных новых методов исследований и философии науки предполагали переоценку также и фундаментальных философских принципов; позитивизм Конта уступил место неокантианскому идеализму, мистицизму, прагматизму, а в случае Англии — крайнему позитивизму. Не имевшая аналогов по размаху и глубине с XVII столетия, новая научная революция породила такие разнородные достижения, как теория относительности Эйнштейна, открытие сферы бессознательного Фрейдом, концепция языка как структуры, выдвинутая Соссюром, философия символических форм Эрнста Кассирера, новые принципы познания, сформулированные Людвигом Витгенштейном. Брожение умов сказалось и на области общественных наук: социология Макса Вебера во многом складывалась как часть этой общей тенденции и формировалась под влиянием немецкого неокантианства[2].

Возвращаясь к Булгакову: энергичная защита этики и личной ответственности обеспечила ему место среди русских интеллигентов, которых Андрей Белый называл (намекая на Чернышевского) «новыми людьми»; эти люди понимали друг друга, хотя, возможно, еще не осознавали, что именно было у них общего. По мере приближения конца века в России, как и в остальной Европе, ширилось недовольство старыми формами и категориями мысли. И если большинство университетских профессоров и ученых — здесь можно вспомнить Н. В. Бугаева, К. А. Тимирязева, Л. М. Лопатина, С. Ф. Платонова — продолжали работать в духе позитивизма, то молодое поколение все сильнее увлекалось новыми течениями: мистицизмом, неокантианством и эстетизмом. В своих воспоминаниях о Блоке Белый описывает атмосферу последних лет XIX столетия как «муть сознания». Многие представители интеллигенции искали новые идеи и формы выражения, которые преодолели бы ощущение поразившего культурную жизнь застоя, хотя пока что не слишком понимали, в каком направлении следует вести поиски. И искания этих мыслителей и писателей породили то культурное и интеллектуальное движение, которое известно нам как Серебряный век. Их встречи и взаимное признание в первые годы столетия, их полемика на страницах журналов, публичные лекции и общение в салонном духе сформировали новое культурное движение.

---

[2] В смене парадигмы в общественной мысли также участвовали Вильфредо Парето, Бенедетто Кроче и др. См.: Hughes H. St. *Consciousness and Society: The Reorientation of European Social Thought, 1890–1930*.

Глава третья. Идеализм в философии: зори

1901 год поразительно выделяется как год, когда «новые люди» начали обретать друг друга. Именно его Белый называет «годом зорь», «узловым пунктом, стягивающим противоречивые устремления, пересекающим отвлеченные порывы с конкретною биографией»[3]. Сигнал, прозвучавший в лекции Булгакова о Карамазове, был созвучен совпавшим по времени и независимым друг от друга призыву Дмитрия Мережковского и Зинаиды Гиппиус к объединению традиционно светской интеллигенции с иерархами православной церкви в «новом религиозном сознании»; неоромантическим рассуждениям Александра Блока и Андрея Белого о Вечной Женственности; попыткам Василия Розанова (который учительствовал в Ельцах в школьные годы Булгакова) дополнить православие сексуальностью; ницшеанским мечтам Вячеслава Иванова о мистическом коллективизме; совместному провозглашению «идеалистического» кредо Гершензоном, Франком, Бердяевым, Булгаковым, Струве во влиятельном сборнике «Проблемы идеализма».

Первым, кто четко выразил смутное недовольство интеллигенции старыми формами, был Мережковский, возможно, потому, что был немного старше других. Согласно воспоминаниям Гиппиус, стремление ее мужа сблизить интеллигенцию и церковь, а также участвовать в реформировании церкви как в отношении вероучения, так и в отношении институциональности, зародилось в 1899 году в результате посетившего его озарения.

> И вот, помню, раз, летом 1899 года, когда я писала что-то о «плоти и крови» в евангельских словах Христа, Д. С. пришел в мою комнату и быстро сказал: «Конечно, настоящая церковь Христа должна быть единая и вселенская. И не из соединения существующих она может родиться, и не из соглашения их, со временными уступками, а совсем новая, хотя, может быть, из них же выросшая. Но тут много еще чего, что нам надо знать...»[4].

---

[3] Белый А. *Начало века*. М., 1990. С. 20.
[4] Гиппиус З. *Дмитрий Мережковский*. Paris, 1951. С. 77.

Пораженная грандиозностью и важностью этот заявления, пишет Гиппиус, она посоветовала Мережковскому до времени ни с кем не делиться этими мыслями. Одной из центральных идей Серебряного века стала идея преобразования церкви, восходящая к дискуссии 1870-х годов о вселенской церкви, которая объединила бы восточную и западную. Ее главным пропагандистом выступил Соловьев, но она также занимала заметное место в сочинениях Толстого и Достоевского. Преобразование церкви, по Мережковскому, предполагало и преображение общества.

К 1901 году Гиппиус и Мережковский стали влиятельными фигурами в литературных кругах Петербурга, играя роль культурных арбитров[5]. Белый с большим трепетом говорит о том, что был принят и признан этими авторитетными законодателями культурных веяний. Одним из самых сенсационных событий литературной жизни в 1900–1901 годы стала публикация в выпусках «Мира искусства» объемного труда Мережковского о Толстом и Достоевском. Отменив вынесенный им шестью годами ранее обвинительный приговор русской литературе, теперь Мережковский заговорил о «всемирно-историческом» значении русской литературы, воплощением которой были Пушкин, Толстой и Достоевский. Задав тон последующим дискуссиям в литературных и интеллектуальных кругах, введение к «Толстому и Достоевскому» утверждало принципиальное противоположение западной и русской культуры, в котором последняя выступала уже не как скромная подражательница, но фактически несла в себе оригинальную идею, которую Мережковский, вслед за Достоевским и Соловьевым, назвал «богочеловечеством». Иными словами, Запад поддерживал ницшеанское, воинствующее самопрославление человека, его веру в свою божественность, «человекобожие», тогда как Россия была носительницей христианского духа благодати. В то же время русские были одновременно и европейцами, наследниками европейской культуры, и на них была возложена священная миссия — разрешить современный

---

[5] Ср. с описанием их «тоталитаризма» в: Matich O. *The Religious Poetry of Zinaida Gippius*. Munich, 1972. P. 21–23.

конфликт между Востоком и Западом, между милосердием и воинственностью и духом благодати, Богочеловеком и человекобожием. В этом произведении Мережковский изложил «религиозное понимание общечеловеческой культуры», которому суждено было стать характерным для интеллигенции Серебряного века[6]; эссе «Толстой и Достоевский» выходило далеко за рамки литературоведческого анализа, это был призыв к действию, призыв к преобразованию жизни и сознания посредством синтеза плоти и духа.

В том же году смутные религиозные чаяния Гиппиус и Мережковского подтолкнули их к созданию петербургского «Религиозно-философского общества», стремившегося к сближению интеллигенции и церкви. Со скрипом получив от Победоносцева разрешение на проведение собраний, общество открыло заседания 29 ноября 1901 года; до 5 апреля 1903 года, вплоть до запрета, состоялись 22 встречи. Среди участвовавших в них представителей духовенства и интеллигенции были Василий Розанов, Дмитрий Философов, Николай Минский, Валентин Тернавцев, Николай Бердяев, Александр Блок, Валерий Брюсов, Сергей Маковский, М. А. Новоселов, Струве и Эрн. Обсуждались такие темы, как взаимоотношения церкви и интеллигенции, Толстого и церкви, церкви и государства, свобода совести, церковь и культура, таинство брака, христология, роль духовенства[7]. Хотя такие встречи в первую очередь выявили отсутствие общего языка у светской интеллигенции и настроенного на реформирование церкви духовенства, эта первая попытка их сближения продемонстрировала серьезность намерений осуществить преобразование церкви и общества и заложила основу для успешного в конечном счете созыва церковного собора с участием мирян

---

[6] Такая формулировка была предложена в: Scherrer J. *Die Petersburger religiös-philosophischen Vereinigungen: Die Entwicklung des religiösen Selbstverständnisses ihrer Intelligencija-Mitglieder (1901–1917)*. Berlin, 1973.

[7] О петербургском обществе см. подробнее: Ibid., а также Scheibert P. *Die Petersburger religiös-philosophischen Zusammenkünfte von 1902 und 1903*. Berlin, 1964.

в августе 1917 года. По словам Белого, было высказано общее мнение, что «реформации русской... не избежать», а Мережковский выступил как «русский Лютер». Мережковский возглавлял «синод», состоявший из Д. В. Философова, Антона Карташёва, президента общества, и трех сестер Гиппиус — Таты, Наты и Зинаиды[8].

Тем же годом помечена дневниковая запись Блока, в которой он говорит о том понимании мистического, которое он разделял с другими «новыми людьми»:

> Когда родное сталкивается в веках, всегда происходит мистическое. <...> Так и истинно христианствующие, когда встречаются с Христом — Достоевский в учениях старца Зосимы (и все Карамазовы!). Здесь тайна есть, ибо истинно родное сошлось в веках, и, как тучи сошедшиеся, произвело молнию. *Есть миры иные*[9].

Встреча с Христом — это встреча с собой, с тем, что знакомо, даже если давно забыто; а Достоевский для Блока, как и для Мережковского, — это путь возвращения к Христу. Повторяя вместе с другими представителями своего поколения слова старца Зосимы, Блок говорил о существовании миров, отличных от того, который мы воспринимаем непосредственно опытом.

Чуть раньше Блок записал свой сон, в котором «что-то порвалось во времени, и ясно явилась мне она, иначе ко мне обращенная, — и раскрылось тайное». Важнейшим событием для русских символистов стала его встреча с Вечной Женственностью романтической поэзии. Как выразился Белый в своей поздней, написанной в стилистике советского периода автобиографии:

> Подчеркиваю: в январе 1901 года заложена опасная в нас «мистическая» петарда, породившая столькие кривотолки о «Прекрасной Даме»; корень ее в том, что в январе 1901 года Боря Бугаев и Сережа Соловьев, влюбленные в светскую

---

[8] Белый А. *Начало века*. С. 193, 196.
[9] Блок А. *Собр. соч.*: в 6 т. Т. 6. М., 1971. С. 99.

львицу и в арсеньевскую гимназистку, плюс Саша Блок, влюбленный в дочь Менделеева, записали «мистические» стихи и почувствовали интерес к любовной поэзии Гете, Лермонтова, Петрарки, Данте...[10]

Открытие заново романтической Вечной Женственности в поэзии Владимира Соловьева ознаменовало революцию в русской литературе. В 1901 году под влиянием своего видения Блок начинает работу над циклом «Стихи о Прекрасной Даме», с которым в русский литературный мир ворвался неоромантизм. Зара Минц называет стихи, посвященные Прекрасной Даме, «*наиболее художественно адекватным* воплощением творческих устремлений "нового искусства" начала ХХ в.» и указывает на Вечную Женственность, сходную с мировой душой (*Weltseele*) Шеллинга, Вечной Женственностью (*ewige Weiblichkeit*) Гёте и Софией Соловьева, как на доминирующую и определяющую идею эстетики символизма[11]. В стихах Блока говорится о его мистической любовной связи с Софией из поэмы Соловьева «Три свидания»; он и его друзья настаивали на том, что этот цикл является наиболее значимым из его произведений. В то же время Белый открыл для себя Софию, Откровение Женской Ипостаси, как фокус «экстатического ожидания апокалипсиса», пришествие которой должно было «преобразить жизнь»[12]. В 1901 году Белый окончательно отказался от изучения естествознания и «обратился» в символизм; в 1900 году была написана его первая «Симфония».

Появление мотива Вечной Женственности в литературе, где до этого преобладал реализм со спорадическими примесями сентиментализма, ознаменовало новый интерес к проблемам романтического сознания и метафизики. Запись в дневнике Блока, относящаяся к 1902 году, звучала как манифест неоромантизма:

---

[10] Белый А. *Начало века*. С. 25.
[11] Минц З. Г. *Блок и русский Символизм* // А. Блок: новые материалы и исследования. Литературное наследство. Т. 92. М., 1980. Кн. 1. С. 100; 120.
[12] Mirsky D. S. *A History of Russian Literature*. 2d ed. New York, 1949. P. 465.

> Близость между Богом, которому поклоняются, и духом, который поклоняется, становится очевидной в нашей недавней поэзии. Тоскование всегда предполагает желание соединения — какую-то неудовлетворенную отделенность, порывание или непрерывное стремление воссоединиться; одним из великих парадоксов, которым живут ищущие, можно считать то, что нет большей тоски, чем наибольшая радость[13].

Шла ли речь об одном и том же, когда Блок говорил о мистической тоске, Мережковский — о новой церкви, а Булгаков — о внутренней борьбе совести? Что на самом деле объединяло поэта-символиста, оракула литературного мира, бывшего легального марксиста и других, кто каким-то образом ощущал себя причастным к новым начинаниям, подразумевавшим стремительный и полный разрыв с прошлым? Прежде всего можно сказать, что эта часть интеллигенции, будучи частью общеевропейского сдвига в сознании, разделяла острое ощущение неправильности, или скорее неприменимости, существующей эпистемологической установки в новых условиях начала века. У каждого из участников были свои причины, заставлявшие их считать, что позитивизм и реализм XIX столетия не подходят для решения стоявших перед ними конкретных интеллектуальных и эстетических задач; в первую очередь, их объединял поиск новых альтернатив. Однако этих мыслителей можно охарактеризовать не только через их отказ от позитивизма; их объединяла и положительная идея, состоявшая в постулировании сверхопытного мира за пределами эмпирического, соприсутствие которого они считали важным фактором, определяющим земные дела. Внеопытные знания, «иные миры», метафизическая реальность — эти унаследованные от Достоевского и Соловьева выражения стали часто употребляться в среде интеллектуального авангарда рубежа веков. Это еще не была религия в полном смысле слова, но адепты новых веяний постоянно балансировали на краю веры

---

[13] Блок А. *Собр. соч.* Т. 6. С. 107.

в еще безымянного Бога. В большинстве своем эти люди не очень четко формулировали свои идеи. Скорее, их объединял общий подход или настрой, находивший выражение в ходе путаной публичной полемики в статьях, лекциях, дискуссиях на страницах журналов, но еще не получивший последовательного изложения в книгах. В ходе подобных споров их участники нашли способ преодолеть кризис позитивизма в философии и реализма в искусстве и литературе путем выработки метафизического мировоззрения. Результатом явился взрывной рост творческой активности, вдохновлявшейся обращением к самым разнообразным источникам, от дохристианского язычества до Достоевского с Соловьевым, и от античной философии до современной европейской культуры. Именно этот коллективный творческий поиск, это «общее дело»[14] с его почти религиозным метафизическим импульсом стали определяющими для раннего этапа русского модернистского движения.

Именно в контексте этих разнообразных «новых веяний» 1901 года, с их притязаниями на разрыв с прошлым, их повышенным интересом к мирам, лежащим за пределами собственно физической реальности, их повторным открытием литературного романтизма, следует рассматривать более узкое движение, к которому принадлежал Булгаков и для которого он создал выражение «от марксизма к идеализму». Ближайшими интеллектуальными союзниками Булгакова в этом конкретном варианте восстания против позитивизма были Николай Бердяев и Петр Струве; если брать шире, то к движению, известному как русский идеализм, или неоидеализм, в качестве последователей и сочувствующих ему можно отнести С. Л. Франка, П. И. Новгородцева, С. А. Аскольдова, Б. А. Кистяковского и С. Н. Трубецкого. Позднее некоторые из этих личностей сыграли важную роль в публикации эпохальных «Вех» (1909); интеллектуальный слой, который

---

[14] Использовано выражение Николая Федорова, чья «Философия общего дела» оказала исключительное влияние на русский Серебряный век.

позднее ознаменовался критикой радикальной интеллигенции в «Вехах», на самом деле произошел в 1900–1901 годах. Он явился неотъемлемой составляющей европейского отказа от позитивизма и обращения к этике, метафизике и даже религии. К этому направлению, многие представители которого в 1890-е годы придерживались марксистских взглядов, принадлежали Булгаков, Бердяев и Струве.

Идеализм вбирал в себя множество самых разнообразных интеллектуальных позиций, выражавших себя с разной степенью философской компетентности. Оплотом новой интеллектуальной ориентации стало Московское психологическое общество, издававшее крупный и влиятельный журнал «Вопросы философии и психологии», однако близкие новому идеализму идеи обсуждались и в университетах[15]. Лекции профессора Санкт-Петербургского университета Александра Введенского, наиболее выдающегося ученого-неокантианца, пробудили интерес к идеалистической философии у нового поколения студентов. Характер движения, в котором Булгаков играл самую активную роль, отразился в «Проблемах идеализма» (1903), публикация которых была спонсирована Московским психологическим обществом, но при этом предварялась осторожным указанием на то, что оно не несет ответственности за ее содержание. В эту книгу вошли работы группы интеллектуалов-единомышленников, объединившихся, чтобы изложить идеалистическую точку зрения на такие разнообразные предметы, как право, история, ницшеанство, естественные и общественные науки. Их союз был кратковременным и просуществовал примерно с 1901 по 1903 год; однако этого времени было достаточно для выработки совместной позиции[16]. Как отметил в предисловии к сборнику Гершензон, авторов объединяла новая ориентация, которая,

---

[15] О русском идеализме и его связи с Московским психологическим обществом см: Randall Poole R. *The Moscow Psychological Society, 1885–1922: Neo-Idealism and the Search for Philosophic Consciousness in Russia's Silver Age*: Ph.D. diss., University of Notre Dame, 1995.

[16] См.: Кудринский М. А. *Архивная история сборника «Проблемы идеализма» (1902)* // Вопросы философии. 1993. № 4. С.157–165.

> ...являясь выражением некоторой великой потребности духа, в то же самое время возникает в связи с глубоким процессом жизни, с общим стремлением к нравственному обновлению. Новые формы жизни, — пишет далее Гершензон, — представляются теперь уже не простым требованием целесообразности, а категорическим велением нравственности, которая ставит во главу угла начало безусловного значения личности[17].

Для Булгакова идеализм был промежуточным этапом, в рамках которого его голос звучал и не слишком оригинально, и не очень самостоятельно. И все же именно поэтому программное заявление Булгакова по поводу идеализма («Проблемы идеализма» открывались его статьей) является особенно показательным для движения в целом; его способность представлять идеи в простой и лаконичной форме и выражать то смутное беспокойство, которым были охвачены его читатели, делает это заявление идеальным отражением типичных колебаний интеллигенции. И если другие — Лопатин, С. Н. Трубецкой, Новгородцев — вырабатывали сугубо философский ответ на позитивистский «редукционизм», более неопределенное, но упорное отстаивание Булгаковым примата этики, метафизики и человеческого достоинства точнее отражало тот смысл, который большая часть интеллигенции вкладывала в понятие «идеализм». Идеализм для Булгакова был не столько конкретной философской позицией, сколько отношением к миру. Помимо всего прочего, «идеализм» означал эксплицитное признание этических проблем и принятие нравственной позиции, как личной, так и общественной. Если позитивистская вера в прогресс добровольно жертвовала настоящим во имя будущего, то идеализм утверждал священность и достоинство человека вне зависимости от конечных целей истории.

В статье, написанной для «Проблем идеализма», Булгаков особо остановился на критике выработанной в XIX веке «теории прогресса» с ее линейной концепцией исторического развития. Булгаков оспаривал выдвинутый Контом «закон трех состояний»

---

[17] *Гершензон М. Предисловие к «Проблемам идеализма»*. М., 1902. С. ix.

(*loi des trois états*), который постулировал развитие человечества от метафизики к религии и от религии к науке. Вторя «Кризису западной философии» (1874) Владимира Соловьева, Булгаков утверждал, что странно рассматривать научный этап как «высший» по сравнению с «предшествующими» метафизическим и религиозным. В самом деле, люди никогда не могли жить только наукой, потому что у них была потребность в метафизике и религии. Позитивизм уже превратился в нечто большее, чем научная теория, теория прогресса стала теодицеей, оправданием нынешних страданий будущим благополучием; наука поглотила религию и метафизику, присвоив себе права обеих. Вместо славного избавления от суеверий, задуманного Контом, наука де-факто перестала быть наукой, превратившись в псевдорелигию и жалкую замену подлинной веры. Субъектом этой новой «религии» стало человечество, подвергшееся обожествлению; целью религии прогресса было благо грядущих поколений, и она требовала жертв от поколения ныне живущих.

В этой секулярной религии прогресса, основанной на твердой вере в неотвратимость наступления золотого века и благополучие будущих поколений (то, что Макс Вебер называл «этикой конечных целей»), желаемый конечный результат рисовался по-разному: как эвдемоническое стремление к величайшему счастью максимально возможного числа людей; или как экономическая цель создания богатства; или как счастье будущих поколений; или — наиболее привлекательно — как совершенствование человечества (Конт), свободное развитие отдельной личности (Фихте); или как представление, согласно которому то, что *есть*, то и *должно* быть. Булгаков предложил определять и рассматривать то, что ему представлялось «потайными» целями теории прогресса — нравственную свободу личности и абсолютную ценность человеческой души, а также «нравственный миропорядок или царство нравственных целей, «добро не только как субъективное представление, но и объективное и мощное начало»[18], — непосредственно в пределах метафизики, к которой они

---

[18] Булгаков С. Н. *Основные проблемы теории прогресса* // С. Н. Булгаков. От марксизма к идеализму. М., 1903. С. 147.

по праву принадлежат. В будущем философия должна заниматься вопросами метафизики и вопросами жизни.

С чисто философской точки зрения рассуждения Булгакова не были оригинальными. Они повторяли критическую оценку Конта, данную Соловьевым тремя десятилетиями ранее, и опирались на (гораздо более энергичное) утверждение Соловьева о том, что «в своем внутреннем опыте мы находим действительно сущее»[19]. «Открытие» Булгаковым этики и метафизики скорее заслуживает внимания как феномен, характерный для «зорь», переживавшихся многими из тех, кто ранее исповедовал секуляризм и позитивизм; иными словами, оно было частью более распространенного *общественного* явления. В изложении Булгакова доводы Соловьева вышли за пределы чисто философской критики, превратившись в призыв к оружию, в адресованное собратьям воззвание отказаться от косной концепции исторического прогресса и спросить себя, что необходимо сделать для блага человечества.

Динамика последовательных стадий, пройденных Булгаковым в его восстании против позитивизма, соответствовала общей модели сдвига сознания среди интеллигенции. Булгаков не мыслил абстрактными философскими понятиями, он мыслил категориями смены мировоззрения. С одной стороны, разочарование Булгакова в экономической теории марксизма имело чисто интеллектуальную природу: пытаясь приложить марксистские принципы к системе сельского хозяйства при капитализме, он пришел к выводу, что эта теория не годится для решения проблем аграрного общества. Интеллектуальная эволюция, стимулом для которой послужила неспособность существующей теории объяснять новые факты, отражала знакомую динамику, характерную для многих современных ему мыслителей в Западной Европе. С другой стороны, стимулом для Булгакова явились сомнения в истинности самого мировоззрения, лежавшего в основе экономической теории марксизма. Он не просто отверг одну научную

---

[19] Соловьев В. *Кризис западной философии (1874)* // В. Соловьев. Соч. / Ред. А. Ф. Лосев и А. В. Гулыга. М., 1988. С. 49.

теорию в пользу другой, что впоследствии историки идей охарактеризуют как отказ от позитивизма; скорее, он вполне сознательно сформулировал свое понимание марксизма, рассматривая его как относящийся к конкретной метафизической системе, именуемой позитивизмом, которую именно было необходимо целиком подвергнуть переоценке и критике.

Переход Булгакова «от марксизма к идеализму» побуждает нас вернуться к лекции о Карамазове. Булгаков переживал сдвиг в сознании, влияние которого выходило за пределы абстрактных спекуляций; в конечном итоге в самой жизни идеализм мог стать источником вдохновения и путеводной звездой.

В 30-летнем возрасте Булгаков был глубоко поглощен преподаванием в университете и Политехническом институте, и почти все, что было им написано в этот период, изначально представляло собой лекции для студентов. В перегретой накануне 1905 года атмосфере университета Булгаков смог сформулировать прочитанное им у Соловьева и Достоевского так, чтобы вдохновить и направить своих учеников. Не важно, насколько его пересказ следовал литературному и философскому содержанию разбираемых им сочинений; важнее было, чтобы студенты поняли, что у этих мыслителей можно почерпнуть убеждения, способные заменить переставшие их удовлетворять материализм и слепую веру в незыблемые законы прогресса.

Идея была ясна, хотя и не столь дидактична, как законы марксизма в студенческие годы самого Булгакова. В интеллектуальный мир, где студенты и преподаватели в равной степени страдали, попадая в нескончаемые тупики исторического материализма, и постоянных споров о том, каким образом личные действия могут вписываться в объективно детерминированный поступательный ход истории, Булгаков вбросил мысль о том, что главный вопрос во все времена остается неизменным: «Как надо жить?» Булгаков утверждал, что озабоченный вопросами «метафизического» свойства Иван Карамазов, с его любовью к жизни (*клейким листочкам*), сочетающейся с постоянными размышлениями о самоубийстве, с его склонностью верить, что некоторым просвещенным («сверхчеловеческим») личностям дозволено все, — в действительности обращался к «самому главному, действительно *первому* по важности вопросу философии» — проблеме критерия добра и зла. «Думается, что в наши дни из всех философских проблем этическая проблема выдвигается на первое место — и оказывает определяющее влияние на все развитие философской мысли»[20]. Позитивизм дал ложный ответ на этот важнейший вопрос, предложил легкий рецепт поведения, избавляющий от необходимости личного выбора. Вместо этого Булгаков объяснял своим ученикам, что цель человеческого бытия заключается в укреплении и развитии духа. Волшебным словом была «свобода». Избежать крайностей накопления капитала и толстовского аскетизма позволял только личный нравственный выбор, работающий на истинный экономический идеал — повышение экономического благосостояния каждого при сохранении прав личности — и на истинный общественный идеал, основанный на свободе и определяемый естественным правом, социальной справедливостью, человеческим достоинством и личной свободой[21].

Вопросы этического оправдания и нравственного выбора личности в идеализме Булгакова были тесно связаны с пониманием истории. Выбор между добром и злом, перед которым был поставлен Иван Карамазов, в переводе на социально-значимые понятия был для Булгакова аналогичен той же фундаментальной проблеме, которая кроется за теорией прогресса. В данном случае Булгаков использовал текст Достоевского для выражения собственных взглядов. Он утверждал, что позитивизм как кодекс общественной морали обеспечивает телеологическое понимание истории как прогресса на пути к совершенному земному обществу, который требует жертвовать нынешним поколением во имя грядущих. В ходе беседы Алеши и Ивана в трактире, во время которой Иван рассказывает о страданиях невинных детей, воз-

---

[20] Булгаков С. Н. *Иван Карамазов как философский тип* // С. Н. Булгаков. От марксизма к идеализму. С. 91.

[21] См.: Булгаков С. Н. *Об экономическом идеале; Об общественном идеале* // С. Н. Булгаков. От марксизма к идеализму. С. 263–287; 288–317.

никает проблема оправдания страданий, объяснения существования и происхождения зла, одним словом, теодицеи. Для Булгакова этот «мировой вопрос», эта «проблема всемирно-исторического развития человечества, или, что то же, проблема демократии и социализма» является социальным эквивалентом вопроса о личности, поставленного в «Легенде о Великом инквизиторе». Таким образом, согласно Булгакову, Иван фактически бунтовал против теории прогресса (несомненно, Достоевский был бы удивлен подобной интерпретацией).

> Все проблемы, которые ставит Иван... как легко убедиться, находятся в органической связи между собою. Они касаются самых существенных сторон миросозерцания XIX века. Основная вера этого века — вера в бесконечный прогресс человечества; в этой вере сходятся все теории прогресса, как бы различны они ни были. Прогресс этот является сам себе целью, нет какого-либо внешнего императива, который бы эту цель оправдывал или превращал в средство для иной высшей цели[22].

Прогресс рассматривался не только как цель, но и как несомненное нравственное благо. Булгаков призвал своих слушателей отказаться от такого линейного, детерминированного и чисто поверхностного восприятия истории и обратиться к своему внутреннему «я», разобраться с собственной совестью, а не слепо идти к светлому будущему.

Поворот Булгакова к идеализму стал вехой и в другом отношении: он означал не только признание первостепенного значения этических проблем, но имплицитно сопровождался повышением исторической значимости народа — именно русского, — который, по утверждению Булгакова, традиционно с особенной остротой ощущал вопросы этики и морали. Таким образом, идеализм также был связан с особым отношением к русской культуре и проблеме национальной идентичности. Вероятно, успех лекции о «Братьях Карамазовых» хотя бы отчасти можно объяснить тем,

---

[22] Булгаков С. Н. *Иван Карамазов*. С. 98, 105.

как в ней преподносились характер и миссия русского народа в целом, и в особенности интеллигенции. Лекция об Иване Карамазове, возможно, впервые нарушила традицию последовательного принижения достижений русской словесности и мысли, утверждая ценность философской традиции в русской литературе. Булгаков считал, что Иван Карамазов — персонаж, имеющий общечеловеческое значение, а проблемы, которые он ставит, не являются специфически русскими, поскольку важны для всех людей. Большая часть его анализа строилась как смелое сопоставление Ивана с Фаустом; герою Достоевского Булгаков приписал не менее значимую роль в истории идей. Для Булгакова оба персонажа были скорее духовными сущностями, нежели людьми из плоти и крови; по сути, каждый из них представлял собой определенный этап в развитии европейской культуры. Если Фауст Гёте «символизирует собой европейскую мысль, освободившуюся от опеки богословия, пытающуюся стоять на собственных ногах и впервые отдающую себе отчет в своих силах» и тем самым олицетворяет муки и сомнения XVIII столетия, то сомнения Ивана «образуют в своей совокупности *проблему социализма,* не в экономическом смысле... но в смысле нравственного миросозерцания, как ставит его современная философия, в особенности Ницше, следовательно, не его теория, но его религия». Если Фауст выражает сомнения, присущие индивидуалистическому мировоззрению, то Иван Карамазов выступает как «скептический сын эпохи социализма»[23]. В этом кроется мировое значение образа Ивана Карамазова; Достоевский сделал для XIX столетия то, что Гёте сделал для XVIII в.

Между тем Иван выражал и особенности русского национального характера.

> Непосредственное впечатление говорит вполне определенно, что Фауст, оставаясь мировым образом, есть в то же время немец с ног до головы, от которого порой даже попахивает филистерством; также несомненно, что Иван Карамазов есть вполне русский человек, с которым каждый из

---

[23] Там же. С. 107–109.

> нас не может не чувствовать кровного родства. Говоря определеннее, Иван есть русский интеллигент, с головы до ног, с его пристрастием к мировым вопросам, с его склонностью к затяжным разговорам, с постоянным самоанализом, с его больной, измученной совестью. В последнем признаке я вижу самую яркую и характерную черту русской интеллигенции, черту, много раз отмеченную в литературе[24].

Русская интеллигенция отличается от западноевропейской именно больной совестью; более того, эта особенность откладывает отпечаток на русскую культуру и все ее философское развитие. По этой причине этическая проблематика вызывает особый интерес у российской интеллигенции и образует ядро русской философии. «Иван Карамазов является настоящим русским именно в том, что он всецело занят этической проблемой; поразительно равнодушие этого сильного философского ума ко всем остальным проблемам философии, например, теории познания». Характерные для русской интеллигенции терзания муками совести и приоритетное внимание к проблемам этики порождались колоссальным разрывом, существовавшим в русской жизни между идеалом и действительностью, между требованиями совести и разума и жизнью.

> И вся эта нравственная скорбь от этого несоответствия в сознании интеллигенции выражается в чувстве нравственной ответственности перед народом, полному и плодотворному соединению с которым мешают тупые, но пока еще не побежденные силы[25].

Истоки величия русской интеллигенции коренились именно в ее страданиях, остром осознании того, какой отвратительной и ущербной является русская жизнь. Таким образом, в изложении Булгакова переживания из-за оторванности от народа, ставшего главным предметом забот интеллигенции XIX века, превратились в добро-

---

[24] Там же. С. 110.
[25] Там же. С. 110, 111.

детель. То, что для народников было источником боли и подталкивало их к социальным выступлениям, трансформировалось в ключевую характеристику русской интеллигенции, определяющую ее национальное сознание и придающую ей то универсальное значение, которого не было ни у кого из западноевропейских народов. По существу, русская интеллигенция представляла и выражала ту философскую проблему, которая имеет наибольшее значение для современной европейской культуры, — проблему этическую. Ее больная совесть, переставшая быть прямым выражением чувства неполноценности и простым отражением социальной несправедливости, превратилась в ее отличительную особенность, а поставленная ею проблема общественной нравственности определила вклад, внесенный ею в культуру Европы.

Подобно Мережковскому и Блоку, Булгаков в 1901 году еще лишь смутно подозревал, что русский национальный дух имеет религиозный характер. В статье, опубликованной в 1902 году в сборнике «Литературное дело», он сравнил Васнецова, Достоевского, Соловьева и Толстого и пришел к выводу, что все они были выразителями одного и того же религиозного чувства. Он воспринимал русскую духовность как «христианское религиозное настроение, определяющее характер и философии, и искусства»[26]. Даже русский атеизм был по существу религиозен по силе своих убеждений. Религиозная идея и религиозная страсть определяли творчество русского художника, а философская система Соловьева не просто уступала место христианству, но сама по себе была христианской философией. Общее понимание центрального смысла христианства придало русской национальной идентичности космополитическую значимость.

Современная западная историческая литература склонна концентрироваться на вопросе о личности и свободе личности, видя в них центральную тему интеллигентских дебатов, открыв-

---

[26] Булгаков С. Н. *Васнецов, Достоевский, Вл. Соловьев, Толстой (параллели)* // Литературное дело. СПб., 1902. С. 138.

шихся «Проблемами идеализма», продолжившихся в «Вехах» (1909) и завершившихся постреволюционным сборником «Из глубины» (1918). Вероятно, такая точка зрения сформировалась в результате особого интереса к Бердяеву, который с исключительной четкостью высказался по этому аспекту дискуссии. Однако новый идеализм — по крайней мере, в его булгаковском варианте — не был просто экзальтированным «индивидуализмом» и не интересовался определением таких понятий, как «права личности» по отношению к обществу. Скорее, Булгаков заботился о том, чтобы обеспечить прочное нравственное основание для того, что впоследствии философ Семен Франк назовет «душой человека», — для личного выбора и личных поступков, и тем самым заложить нравственные ориентиры для социальной миссии нового поколения. Именно понятия человеческого достоинства и ответственности составляли ядро идеализма Булгакова.

Отмеченные выше основные положения, характеризующие идеалистическую позицию, получили признание в ходе разгоревшихся в 1902 году жарких споров по поводу манифеста идеалистов; в большинстве откликов на «Проблемы идеализма» в центре внимания оказывались идеи Булгакова и Бердяева, коль скоро они перекликались с булгаковскими. В начале десятилетия Бердяев неоднократно озвучивал идеи, высказанные ранее и в более доступной форме Булгаковым, излагая их, пожалуй, с большей философской последовательностью. Так, статья Бердяева «О новом русском идеализме», опубликованная в «Вопросах философии и психологии» в 1904 году, подвела итог этому движению в выражениях, изначально принадлежавших Булгакову:

> Выводы получились следующие: наше идеалистическое движение вполне национально и самобытно; оно пытается решить на почве традиций, завещанных нам историей философской мысли, проблему личности и проблему прогресса и приводит к философии свободы и освобождения[27].

---

[27] Бердяев Н. *О новом русском идеализме (1904)* // Н. Бердяев. Sub specie aeternitatis. СПб., 1907. С. 189–190.

Бердяев также считал идеалистическое движение выражением своеобразной русской формы романтизма, тесно связанной с современным освободительным движением.

Под вывеской идеализма группировались многочисленные вариации философской мысли; со временем некоторые из них превратились в тщательно разработанные философские системы (в особенности у Франка), другие ответвились в теорию права (Новгородцев), третьи вписались в злободневную европейскую дискуссию о методологии общественных наук (Кистяковский). Однако все они ставили во главу угла вопросы и личной, и общественной нравственности и видели значение и общечеловеческое содержание русской культуры именно в том, что она задавалась этими вопросами; иными словами, они дали голос новому национализму, который осознавался одновременно и русским, и космополитичным.

Глава четвертая
Отклики: панорама общественной мысли накануне 1905 года

Несмотря на смелость и новизну отказа от позитивизма и попытки использовать в качестве руководства к действию не науку, но этику, Булгаков не собирался отрекаться от важнейших установок, которые в свое время сделали его марксистом. В России отказ от позитивизма и выработка новых идеалов протекали в результате коллективных усилий, в ходе полемики мыслителей, которые, несмотря на разногласия по всевозможным идеологическим вопросам, разделяли обеспокоенность судьбой России и оставались верны радикализму российских шестидесятников и народников. Булгаков отмечал:

> В общем и целом представители идеализма разделяют ту программу, которая в своих принципиальных основаниях была искони общепринята в передовых слоях русской интеллигенции. В своем общественно-политическом мировоззрении идеализм, следовательно, не отличается от существующих настроений передовой части русского общества, стремясь только под старые идеалы подвести новое теоретическое основание[1].

Верный интеллигентской традиции, Булгаков не отмежевывался от вопросов социальной реформы; как и другие представите-

---

[1] Булгаков С. *О реалистическом мировоззрении* // Вопросы философии и психологии. 1904. № 73. С. 382.

ли интеллигенции, он жил проблемами России, и его личная судьба оставалась неразрывно связанной с судьбой страны.

Принятие им основных идеалов интеллигенции нашло выражение и в его отношении к Чернышевскому, который оставался властителем дум новых идеалистов. В 15-ю годовщину смерти Чернышевского Булгаков отозвался о нем как об идеологическом попутчике, отметив лишь, что конкретные цели Чернышевского, чуждые ему самому, определялись временем, когда тот творил. И все же дух Чернышевского был жив и чужд догматического окостенения и омертвения.

> Вот почему и за что мы благоговейно чтим память Чернышевского и считаем его себе близким и родным не только в качестве представителя демократизма и гуманитаризма, но и как живую мыслящую душу, которая, мы убеждены, способна была бы в дальнейшем развитии оставить далеко позади ступень, первоначально указанную ей историей[2].

Хотя Булгаков категорически отвергал позитивистские идеалы, которые отстаивал Чернышевский, оба они одинаково тревожились за Россию и ощущали свою ответственность за ее судьбу, что оставалось типичной чертой русской интеллигенции. Чувство принадлежности к интеллигенции и вера в ее идеалы глубоко укоренились в душе Булгакова. А. В. Карташёв, познакомившийся с Булгаковым в 1904 году, описал его как человека с «*типично-интеллигентской* наружностью»[3]. В общих чертах молодой Булгаков с поразительной точностью повторил путь, пройденный Чернышевским, Добролюбовым, Афанасием Щаповым и другими «шестидесятниками».

Объявив себя подлинными наследниками интеллигентских традиций[4], идеалисты с их «мирами иными» и трансцендент-

---

[2] Булгаков С. Н. *Литературные заметки. Н. Г. Чернышевский* // Новый путь. 1904. № 11. Ноябрь. С. 320.

[3] Карташев А. В. *Мои ранние встречи с о. Сергием* // Православная мысль. Paris, 1957. № 8. С. 47.

[4] Бердяев Н. *Sub specie aeternitatis*.

ными переживаниями спровоцировали возмущенную реакцию со стороны других претендентов на это звание. Уклон в мистицизм и абстрактное теоретизирование сами по себе могли пройти незамеченными; бурную реакцию вызвало радикальное утверждение о том, что метафизика ставит перед русской интеллигенцией новую и иную задачу. Хотя нравственная философия, предлагавшаяся идеализмом, в отличие от народничества и марксизма, не содержала очевидных, конкретных рецептов организации общества, со временем она воплотилась в последовательную социальную программу. В процессе выработки этой программы оппоненты идеалистов постоянно обрушивались на нее с критикой. Именно эти полемические выпады окончательно оформили булгаковский идеализм как социальную программу и философскую позицию.

Полемика, вызванная поворотом к идеализму, была жаркой и продолжительной; ее участники зачастую превращались в карикатуры на самих себя по мере укрепления собственных позиций и демонстрировали поразительную готовность раскалываться на противоположные друг другу лагеря. По всей видимости, самыми яростными критиками были те, кто открыто именовали себя позитивистами, в том числе Луначарский и Богданов, провозглашавшие себя поборниками марксизма в форме «исторического монизма» (по их собственному определению). Критика раздавалась и из стана народников старого закала (также с гордостью называвших себя позитивистами), несколько менее определенной группы «реалистов» (в 1904 г. выпустивших сборник статей «Очерки реалистического мировоззрения), и, наконец, со стороны писателей религиозно-мистического толка, которые соглашались с идеалистами в том, что касалось отрицания позитивизма, но не поддерживали их положительную программу. В политическом плане все эти группировки были в той или иной степени левыми; некоторые даже обвиняли идеалистов в реакционности.

Общественно-политические позиции всех этих групп оформились в процессе интенсивного диалога. Утопическое видение, ставшее впоследствии неотъемлемой составляющей советской культуры, формировалось по мере того, как его сторонники, в частности Луначарский и Богданов, отвечали на вызов, порожденный новым идеализмом. Советские мечты 1920–30-х годов о покорении природы и преодолении смерти впервые были высказаны в дискуссиях начала века.

В целом, реакция позитивистов на новый идеализм способствовала озвучиванию убеждений, которые ранее просто не произносили вслух. Пытаясь дать отпор идеалистам, позитивисты перешли от описаний научного метода к утверждению своей веры. Новый позитивизм оказался едва ли не пародией на старый, поскольку он превратил надежду и допущение — веру в прогресс и науку — в абсолютную цель. В своих нападках на идеализм Луначарский и Богданов категорически отрицали необходимость метафизики для человеческой души, которую утверждал Булгаков, а также универсальное значение вопросов морали. Богданов доказывал, что научная теория прогресса не содержит в себе элементов метафизики и не нуждается в них. Если идеалисты утверждали, что в марксистской концепции непрерывного прогресса на пути к идеальному обществу сокрыт элемент квазирелигиозной веры, то позитивисты настаивали на исключительно научном характере теории прогресса, к которой вопросы метафизики не имеют никакого отношения; они считали, что идеалисты создали собственную метафизическую интерпретацию теории прогресса, а затем принялись утверждать, что метафизический элемент присущ самой теории. Богданов также отказался признать универсальность так называемых «острых вопросов», которые в булгаковской лекции о Карамазове были представлены как русский вклад в мировую культуру; по его словам, позитивисты не нуждаются в постановке подобных вопросов. Луначарский, предложивший, пожалуй, наиболее последовательное изложение точки зрения позитивистов, писал, что метафизические вопросы бессмысленны, поскольку гипотетическая метафизическая сфера не предоставляет возможности избавить человечество от страданий. По его словам, человек с чувствительной душой видит, что жизнь исполнена страданий и зла.

> Отсюда на первый взгляд есть только два выхода; умереть или, приняв жизнь такой, как она есть, стремиться исправить ее по мере сил. Ограниченному позитивисту представляются возможными лишь эти два выхода.
>
> Но метафизик находит третий: создать особый мир сверх-опытных сущностей и целей с таким расчетом, чтобы в связи с миром опытным все целое получило характер добра.
>
> Смерть побеждается простым постулированием бессмертия[5].

Одним словом, Луначарский обвинял идеалистов в попытках выдать желаемое за действительное и рассматривал метафизику как бегство от реальности. Отстаивая «исторический монизм», которому они так и не дали внятного определения, Луначарский и Богданов, вероятно, подразумевали под ним интерпретацию марксизма с позиций детерминизма, что, по их мнению, позволяло ясно увидеть реальные возможности общественных перемен и достижения общественного идеала. В качестве положительной альтернативы идеализму Богданов выдвигал следующие тезисы:

> Мы нашли, что прогресс означает возрастание полноты и гармонии человеческой жизни, что идеализм выражает победу в душе человека настроений более социальных над менее социальными, что прогрессивный идеал есть отражение общественно-прогрессивной тенденции в идеалистической психике. Мы признали, что таково единственно возможное объяснение этих идей[6].

Вероятно, самым интересным в этом выступлении в защиту позитивизма является то, что и Луначарский, и Богданов приняли постановку проблемы в том виде, как ее выдвинули идеалисты. Они высказывали позицию, полярно противоположную той, что отстаивали Булгаков и его коллеги, при этом выдавая за свою

---

[5] Луначарский А. В. *Идеалист и позитивист, как психологические типы* // А. В. Луначарский. Этюды критические и полемические. М., 1905. С. 261.

[6] Богданов А. *Что такое идеализм* // А. Богданов. Из психологии общества. СПб., 1906. С. 35.

довольно плоскую версию теории прогресса, какой она предстала в критике Булгакова, защищая ее и отрицая значимость поставленных идеалистами нравственных проблем. Альтернативной целостной картины мира они не предлагали.

Отстаивание теории прогресса сопровождалось утверждением об отсталости России. Откликнувшись на лекцию Булгакова о Карамазове, Луначарский подверг критике сравнение Ивана Карамазова Достоевского с Фаустом Гёте.

> И резюмируя мы скажем: «русский Фауст» по значительности и реальной ценности своей внутренней драмы бесконечно ниже немецкого; русскому моралисту можно было бы многому научиться у немецкого аморалиста [Ницше]; и нам надо много учиться, вдумчиво читать и, стремясь возвеличить «свое», внимательно следить за тем, не искажаем ли мы «чужого»[7].

Луначарский говорил, что «универсальные ценности», которые, по словам Булгакова, отстаивает Иван Карамазов, на самом деле не являются ни универсальными, ни ценными. «Болезнь есть болезнь, а больная совесть — болезнь гибельная, сопровождающаяся страшной растратой сил <...> Но г-ну Булгакову нравится эта изнурительная болезнь. Люди с ума сходят, близки к самоубийству — ничего! зато лицо одухотвореннее!»[8] Больная совесть не может быть добродетелью, она — болезнь. В очередной раз мы возвращаемся к представлению о неполноценности русской культуры, в данном случае выраженному через превосходство Ницше над Достоевским.

Луначарскому принадлежит и другое, возможно, наиболее интересное и при этом относительно независимое критическое суждение, вынесенное с позиций позитивизма. Отношения человека и природы глубоко волновали русских народников, а Луначарский в полемике с идеалистами адаптировал эту проблему

---

[7] Луначарский А. В. *Русский Фауст* // А. В. Луначарский. Этюды критические и полемические. С. 190.
[8] Там же. С. 187.

к собственным нуждам[9]. Увлекаясь приложением дарвинизма и теории эволюции к человеческому обществу, русские народники 1870-х годов стремились учитывать в поведении людей субъективные факторы, способствующие осуществлению свободы воли. Согласно концепции Николая Михайловского, естественное развитие земли шло своим чередом, путем постоянного прогресса в природе, который, однако, противоречил целям человека. «Естественный ход вещей» был нарушен появлением человека, новой силы, с неизбежностью вмешивающейся и препятствующей ему во имя достижения собственных целей. Признание человеческой воли — субъективного фактора в истории — равносильно признанию этого фундаментального разлада. «Земля оказалась скорее мачехой, чем заботливой матерью человека». И, разумеется, человек редко бывает доволен естественным ходом вещей.

> Он разделяет то, что природа соединяет, и наоборот; он перебрасывает мосты через реки и прорывает каналы; перевозит естественные произведения одной страны в другую, где они, пожалуй, неестественны; объединяет естественные группы — народы общими верованиями и разделяет народ на классы; проводит воду туда, где, по естественным условиям, она скопиться не могла, и осушает болота; развивает в животных и растениях такие формы и особенности, которые противны естественному ходу вещей, и т. д., и т. д.[10]

Человек постоянно проявляет *активность* по отношению к природе, неизменно пытаясь направить ее в угодное ему русло. Человек противостоит природе и активно борется с ней. В своем раннем очерке, посвященном Михайловскому, молодой Бердяев предложил именно такой механистический подход к силам природы; Луначарский вторил Бердяеву, обвиняя идеалистов в неправильном восприятии природы:

---

[9] Эта тема занимала Луначарского в течение всего периода его пребывания на посту наркома просвещения и стала важной основой для советских проектов, нацеленных на преобразование природы.

[10] Михайловский Н. К. *Полн. собр. соч.: в 7 т.* Т. 1. СПб., 1911. С. 331.

> Что собственно за манипуляцию производят с природой г-да метафизики, когда они озаряют ее бенгальским огнем теодицеи? Они придают ей такое освещение, что она получает *человеческий* смысл или смысл в глазах оценивающего человека. Другими словами, они путем фантазии антропоморфизируют природу, как *natura naturans*, придавая ей не только разум, но и самые превосходные намерения[11].

Для Луначарского природа существовала для того, чтобы быть покоренной человеком; в этом он видел прямое следствие своего отрицания «долга» как такового. Никакого морального долга не существует; человек руководствуется исключительно соображениями выгоды и чувствами. Идеальной являлась бы та природа, которая наиболее эффективно обеспечивала бы жизнь самого могущественного человека, наиболее яркого представителя рода человеческого.

> Такова цель. Не антропоморфизировать природу, предполагая за кулисами ее режиссера, который приведет все к доброму концу, а *насильно гуманизировать* ее, подчиняя ее своему человеческому гению. Гуманизация природы происходит двумя путями, из которых первый, имея и самостоятельное значение, служит также необходимой опорой второму. Первое — это познание природы, второй — техника в самом широком смысле слова[12].

В подобных рассуждениях Луначарского старые представления народников о природе дополнялись элементами, заимствованными у Ницше; Луначарский повторил и укрепил убеждение народников XIX столетия в том, что отношения человека и природы должны быть отношениями победителя и побежденной[13].

---

[11] Луначарский А. В. *Идеалист и позитивист*. С. 271. См. последний ответ Булгакова на эту критику в: Булгаков С. Н. *Философия хозяйства*. М., 1912.

[12] Луначарский А. В. *Идеалист и позитивист*. С. 273.

[13] Такая позиция характерна и для Михайловского, и для ученых-естествоиспытателей Василия Докучаева и Ильи Мечникова, которые развивали идею «преобразования природы» как в научных трудах, так и на практике.

Луначарский также обвинял идеалистов в ложном понимании смерти. Он признавал существование проблемы смерти, но утверждал, что идеалисты пытаются решить ее простым отрицанием смертности. В 1890-е годы Николай Федоров гиперболизировал усилия народников, направленные на преодоление железных законов прогресса, предложив человечеству прекратить размножаться и вместо этого заняться воскрешением предков; тем самым мы могли бы победить смерть и вернуть себе власть над природой[14]. В другой версии доведенного до крайности воинственного настроя народничества Луначарский утверждал, что позитивисты предложили два решения проблемы смерти. Во-первых, они боролись со смертью, уповая на развитие медицины; во-вторых, они признавали ограниченные возможности медицины и адаптировали ее устремления к реальности возможного. В очередной раз идеалисты оказались повинны в бегстве от жизни. «Если вам не может помочь врач, то обратитесь к идеалистам и церкви, если можете»[15]. Идеалистам, по словам Луначарского, попросту не хватило смелости довести свои рассуждения до логического конца и принять смерть как освобождение от тягот земной жизни.

Заключительный аргумент Луначарского против идеалистов относился не к тому, что они думали, а к тому, кем они были: всего лишь буржуазными декадентами, которые даже в марксистских фазах своего развития не способны понять Маркса. Их интерпретация марксизма и теории прогресса была ошибочной, поскольку монополией на истину обладал пролетариат. Даже ревизионизм Эдуарда Бернштейна не смог подорвать реальные основы марксистского мировоззрения.

> Что такое марксистское мировоззрение? По общему своему миросозерцанию марксисты примыкают к научному позитивизму, специально же марксистскими догмами являются: во-1) теория зависимости всех форм социальной жизни от

---

[14] Ср. Федоров Н. *Философия общего дела*. М., 1982.
[15] Луначарский А. В. *Идеалист и позитивист*. С. 277, 279.

данного общества и 2) как вывод из этого общего положения и анализа истории — теория борьбы классов, как формы, в которой протекала до сих пор история культурных обществ[16].

Всякая точка зрения, не поддерживавшая эти фундаментальные положения марксистской теории, с неизбежностью объявлялась заблуждением. Особенно это относилось к «буржуазным квази-марксистам», чей марксизм сводился лишь к пересказу буржуазных теорий, разбавленному комментариями, касающимися наиболее общих и наименее острых аспектов марксистского подхода. Производительные силы, борьба классов и историческая миссия пролетариата вполне объясняли ход истории и служили руководством к действию; для этого по определению не требовались ни идеи, ни мораль, ни русская культура.

Критические высказывания самозванных «позитивистов» подхватывали социал-демократы, народники старого закала и другие. Позиция Любови Аксельрод, изложенная в «О проблемах идеализма», наиболее близка к последнему аргументу Луначарского и компании. В этой работе она без обиняков называет идеалистов декадентами:

> Наши «идеалисты», писатели с «нагими душами» fin de siècle. Нервные и чрезмерно восприимчивые, они всосали все декадентские, модные формы, усвоили несколько общеупотребительных философских терминов и, щеголяя тем и другим с бестактностью настоящих parvenus, стараются всячески возбуждать нервы читателя[17].

В то же время Аксельрод признавала, что несколькими годами ранее статьи, опубликованные в сборнике «Проблемы идеализма», не произвели бы такого же эффекта; на момент написания

---

[16] Луначарский А. В. *Метаморфоза одного мыслителя* // А. Луначарский. Этюды критические и полемические. С. 310.
[17] Ортодокс (Аксельрод Л.). *О проблемах идеализма* // Ортодокс (Л. Аксельрод). О проблемах идеализма. Одесса, 1905. С. 5.

ее труда идеализм и в самом деле был одной из «новых тенденций». В своем анализе Аксельрод оказывается весьма проницательной; наиболее важным представляется ее упор на то, что в основу нравственной системы идеалистов положен сверхопытный мир. Они приняли дуализм Канта и делали выводы о нравственности поступков с опорой на нормы, установленные в области, лежащей за пределами реальности. При этом особенность рассуждений Аксельрод заключается в ее склонности сочетать аргументы позитивистов с доводами идеалистов; она считала, что идеалистическая мораль на самом деле была чем-то вроде высшей степени эгоизма (в действительности это относилось к Луначарскому) и что «человекобог» и «богочеловек» — это одно и то же, аналог сверхчеловека Ницше. В конечном счете ее в первую очередь интересовало политическое значение идеализма. «Нетрудно видеть, что из всей этой схоластики вытекает то простое практическое заключение, что бог "философского идеализма" выступает a priori против прямого избирательного права». Идеализм в конечном счете выливался в эвдемонистическую защиту буржуазных привилегий: «Короче, земное благо нравственно, когда им пользуются привилегированные, праздные классы; земное благо безнравственно, когда к нему стремятся неимущие, трудящиеся массы»[18]. Идеализм был идеологией привилегированных, основанной на предположении о том, что в этом мире счастье может быть уделом только немногих.

Каждый, даже самый убежденный материалист, был вынужден занять какую-нибудь нравственную позицию по отношению к идеалистам, определить собственное отношение к поднятым ими вопросам, вопросам, которые игнорировались позитивистами XIX столетия. Яркий образец реакции философа-народника старого закала продемонстрировал А. В. Пешехонов. Основываясь на своей многолетней практической деятельности народника, он последовательно и с явной гордостью отвергал какую бы то ни было правомочность метафизики; при этом он считал, что поднятая идеалистами «волна» обрела серьезную социальную

---

[18] Там же. С. 23, 48.

направленность и он обязан отреагировать на нее. Его ответом стало весьма неожиданное изложение позитивистского кредо, гордая защита убеждений, которых, возможно, сами того не осознавая, придерживались позитивисты XIX века, но от которых, безусловно, отреклись бы, если бы они были озвучены.

> Позитивная наука не теряет <...> надежды проложить путь между ними [космическим, физическим и химическим мирами, с одной стороны, и биологическим, духовным и социальным, с другой], и то, что ею уже сделано для этого, ставит эту надежду вне сомнений. На всем протяжении сущего и должного эволюционная теория уже поставила свои вехи. Вне этого огромного пространства, охваченного позитивной наукой, лежат лишь первоначальная причина и конечная цель бытия. Вся жизнь, все сложные вопросы жизни, какие могут встать перед человечеством, находятся в этих пределах, за ними же начинается недоступное нашему пониманию небытие. Умножить вехи эволюционной теории, найти нить развития жизни от атома до высших проявлений человеческого духа, связать цепью причинности все явления мира, продолжить эту нить и эту цепь в будущее до самых отдаленных и высоких целей, — такова благородная и благодарная задача, которая стоит перед человеческой мыслью. Эта задача всецело лежит в мире эмпирии, и метафизика тут не поможет[19].

В известном смысле ответом этого народника на идеализм явилась политика малых дел; как бы там ни было, он, как и марксисты, явно отрицал всякую необходимость метафизики. Когда-нибудь наука, движущаяся от освоения неорганического мира к освоению мира органического, доберется и до человеческого духа и решит проблемы человеческого общества.

В отзыве о «Проблемах идеализма» Д. В. Философов отметил, что метафизический уклон сборника, скорее всего, будет отождествляться с реакционностью, а весьма пресная идеология

---

[19] Пешехонов А. В. *Проблемы совести и чести в учении новейших метафизиков* // А. В. Пешехонов. На очередные темы: материалы для характеристики общественных отношений в России. СПб., 1904. С. 408.

идеалистов не отличается ни подлинной религиозностью, ни подлинным мистицизмом (которые были характерны для Соловьева, Розанова и Мережковского). Таким образом, значение идеалистов было чисто отрицательным, поскольку они, вслед за мистиками, отвергали позитивизм, но при этом следовали ошибочно воспринятым позитивистским курсом[20].

Булгаков в своем отклике на сборник определил конкретные экономические и политические цели идеалистов через их сравнение с целями позитивистов, народников и марксистов. Если сказать одним словом, то идеалисты не снимали с себя ответственности перед обществом; они просто отрицали возможность постулирования законов исторического развития, а вместо этого предлагали конкретные решения конкретных проблем. Кроме того, Булгаков подчеркнул тот факт, что теперь все вынуждены обращаться к проблеме морали. Идеалисты не уклонялись от вопросов, традиционно волновавших русскую интеллигенцию. Нападки «реалистов» вызывались 1) отрицанием метафизики, 2) предполагаемой антинаучностью идеализма и 3) припиской ему квиетизма и эскапизма. В конце статьи Булгаков утверждал, что идеализм глубоко реалистичен[21].

В жаркой и временами запутанной полемике по поводу позиции идеалистов прослеживаются две особенности. Во-первых, она действительно вывела проблему морали на острие общественной дискуссии и вынудила каждого определить собственное отношение к ней. Идеалисты взяли на себя инициативу и определили параметры дискуссии. Во-вторых, русская интеллигенция перегруппировалась, чтобы решить центральную проблему, долгое время служившую причиной разногласий: если в 1890-е годы доминировали разногласия между марксистами и народниками, то теперь бывшие противники объединились против новой фракции, отрицавшей исторический прогресс, а вместе с ним и отсталость России. В ходе дебатов было поднято столько ин-

---

[20] Философов Д. *Проповедь идеализма* // Новый путь. 1903. № 10. Окт. С. 183–184.

[21] Булгаков С. Н. *О реалистическом мировоззрении*.

тересных вопросов о русском марксизме, что идеалистам пришлось выйти за пределы метафизики, чтобы выработать более или менее последовательный подход к социальным проблемам. В 1900-е годы выяснилось, что русские марксисты и русские народники, по сути, придерживались одних и тех же убеждений: прогресс существует, Россия отстала, и требуются героические усилия, чтобы сокрушить все препятствия и преодолеть ее отсталость. Отрицание этого и увлечение областью сверхопытного, неэмпирического вплотную приблизило идеализм к религии. Идеалисты еще не дали полного ответа на выдвинутые позитивистами тезисы о прогрессе и антагонизме человека и природы; однако в ходе полемики необходимость такого ответа была осознана в полном объеме[22].

Идеализм как конкретная общественная позиция и интеллектуальное кредо окончательно сформировался именно в ходе этой жаркой дискуссии. Социальная программа идеалистов была изложена Булгаковым в серии статей, опубликованных в 1904 году. В изложении Булгакова оформившаяся в ходе трехлетних дебатов концепция превратилась в манифест политического либерализма. Ранее он утверждал, что идеализм не может ставить перед собой конкретные общественные задачи. Выбор общественной цели должен определяться осознанием нравственных и метафизических вопросов; после этого решением конкретных задач должна заниматься политэкономия. Например, решение встать на путь индустриализации может быть принято в плоскости морали, а ее конкретные механизмы должны определяться экономистами. Теперь же Булгаков повторял, что идеалисты разделяют цели традиционной прогрессивной интеллигенции. Однако вместо выработки целостного мировоззрения, которое отвечало бы на все вопросы и определяло бы общественные задачи, они формулировали общественные задачи независимо от собственной идеологической позиции. Таким образом, перенос этических принципов идеализма в политику привел к утвержде-

---

[22] Как мы убедимся, позднее Булгаков решил эту задачу в «Философии хозяйства» и «Свете невечернем» (М., 1917).

нию суверенитета личности. «Свобода личности, вот программа всех программ, выше которой нет ничего, общее которой нет ничего, священнее которой нет также ничего»[23]. Как правило, историки подчеркивают именно этот аспект идеалистического движения. В этом нет ошибки, но важно помнить, что первоначальный импульс был задан философским вопросом об этике и что сосредоточенность на личности была скорее политическим выражением моральной позиции идеалистов.

Если говорить конкретно, то Булгаков предложил политическую программу, основанную на естественных правах: полные гражданские права для отдельных лиц и установление правового государства. Необходимым компонентом являлось всеобщее участие населения в законотворчестве. Булгаков особо подчеркивал такие принципы, как свобода совести, свобода слова и *гласность*, а также национальное самоопределение. Национальность Булгаков понимал гораздо шире, чем простой биологический и исторический факт; он видел в ней священную ценность, выражение национальной миссии, реализованной в национальной культуре. В этом он перекликается с Вебером, который также видел в национальности нечто большее, чем принадлежность к одной стране. Все эти ценности должны поддерживаться и защищаться господством права. Что касается социально-экономических вопросов, то идеалисты стремились добиться «освобождения от ига природы, от постыдной и унизительной зависимости от вещей, от объектов материального мира, от ига нищеты и бедности»[24]. Две ключевые социальные проблемы, которые предстояло решить, касались рабочего класса и крестьянства.

Вырабатывая социальную программу идеалистов, Булгаков вступал в конфликт с другой группой, корни которой также уходили в народничество. Она объединяла всевозрастающее

---

[23] Булгаков С. Н. *Без плана; «Идеализм» и общественные программы* // Новый путь. 1904. № 10. Окт. С. 276.

[24] Там же. № 11. Нояб. С. 351.

число представителей интеллигенции, которые увлекались религиозным мистицизмом и присоединялись к популярным религиозно-философским обществам; в нашем изложении они будут представлены Мережковским. Эти люди видели свой долг в спасении России, чувствовали свою огромную ответственность перед лицом проблем, с которыми столкнулась их страна, и в этом отношении нисколько не уступали идеалистам. Если Булгаков видел выход в политическом либерализме, то последователи Мережковского искали способ спасти общество за счет внесения изменений в православное вероучение. В обществе, в повседневной жизни которого важная роль принадлежит церкви, как это было в России начала века, тезис об оторванности религиозно-мистического мировоззрения от социальных и политических проблем не может быть принят как нечто само собой разумеющееся. Новое религиозное сознание было общественным движением, а не отступлением в мистицизм. Дискутируя по поводу Вечной Женственности и относительной важности плотского и духовного, участники религиозно-философских собраний никогда не забывали о том, что для них было главным: о судьбе и миссии России в современном мире.

Наиболее ярким представителем этой группы «новых людей» стал Мережковский. Его кружок предложил наиболее серьезную, альтернативную либеральной модели Булгакова социальную интерпретацию «новых начинаний». Мережковский был одержим идеей дуализма плоти и духа и полагал, что самая насущная задача, стоящая перед современным человечеством, заключается в том, чтобы достигнуть их синтеза. Эта идея, которую он в какой-то степени разделял с Василием Розановым и другими участниками религиозно-философских собраний, стала для него главной, обусловила фирменный стиль и красной нитью прошла через его сочинения.

Глубокий интерес к этой проблеме, предвосхищенный в эссе «Толстой и Достоевский», в полной мере проявился в главном произведении Мережковского этого периода, «Христос и Антихрист». В своей трилогии он коснулся трех моментов мировой истории: отречение от христианства при Юлиане Отступнике, повторное открытие язычества в эпоху Возрождения и Петр Великий как Антихрист. По мнению многих критиков, Мережковский был посредственным писателем. В его сочинениях мы сталкиваемся с отсутствием тесной связи между формой и содержанием; то он в лоб декларирует свои идеи, то погружается в рассказ, забывая о его идейной стороне. В своей монументальной трилогии Мережковский предложил рассматривать историю как разворачивающуюся борьбу двух начал, которые он назвал Христом и Антихристом; Христово сможет восторжествовать только тогда, когда христианство вберет в себя некоторые языческие или земные ценности. Новое и могущественное христианство возникнет, если перестанет увлекаться аскетизмом и признает чувственную сторону человеческой природы.

Язычники осознали, что религия требует чувственной составляющей; новые христиане должны учиться у них. Когда практически в начале первого тома трилогии юный Юлиан приходит к статуе Афродиты, она оживает и дарит мальчику откровенно чувственную ласку.

> Он задремал; но и сквозь сон чувствовал ее присутствие: она опускалась к нему ближе и ближе; тонкие, белые руки обвились вокруг его шеи. Ребенок отдавался с бесстрастной улыбкой бесстрастным объятиям. До глубины сердца проникал холод белого мрамора[25].

Эта исполненная сексуальности, но лишенная страсти первая встреча привела к тому, что Юлиан посвятил всю жизнь Афродите, которую после ночи, проведенной у ее ног, поклялся любить вечно.

Статуя Афродиты, символ Вечной Женственности, чувственности, язычества и античности, вновь появляется во втором и третьем томах, но в позднейшей истории пленительная чувственность античности утрачивает свою живую силу. Глубоко сексуальная природа Афродиты с разной степенью неполноты

---

[25] Мережковский Д. *Христос и Антихрист* (1906). Т. 1. М., 1989. С. 34.

воплощается в женских персонажах романов — Арсиное, Кассандре, Афроське[26].

Мережковский заигрывал с идеей Христа-гермафродита как способом включения женского начала в наше восприятие Бога. Увлечение Мережковского вопросом о природе Христа и Троицы разделялось многими поэтами и мыслителями Серебряного века; этой темой пронизана поэзия Блока и Вячеслава Иванова[27]. В одной из своих наиболее четких формулировок сущности нового христианства Мережковский писал:

> Доныне казалось нам, что быть христианином значит любить небо, только небо, отрекаясь от земли, ненавидя землю. Но вот христианство — не как отречение от земли, не как измена земле, а как новая, еще небывалая «верность земле», новая любовь к земле, новое «целование земли». Оказывается, что не только можно любить небо и землю вместе, но что иначе и нельзя их любить как вместе, нельзя их любить раздельно по учению Христа[28].

Заимствовав многие мотивы славянской мифологии, где отношения между небом и землей, в частности дождь, несут сильную сексуальную коннотацию, Мережковский выдвинул идею синтетической религии, которая объединила бы в себе и плотское, и духовное, земное и небесное и тем самым преодолела бы аскетизм исторического христианства. Развивая эту мысль, он предположил, что любовь к земному в ее крайнем проявлении в итоге ведет к небесам и наоборот;

---

[26] Афроська / Афродита.

[27] Христологические вопросы, которые находились в центре внимания первых экуменических соборов, вновь были подняты в России начала XX века. Важную роль в развертывании этой дискуссии сыграло «Учение о Логосе» (М., 1906) Сергея Трубецкого. Впоследствии вопросу о природе Христа суждено было сыграть решающую роль в противостоянии акмеизма и символизма. Он также имел большое значение для русских формалистов.

[28] Цитируется Бердяевым в: Бердяев Н. А. *О новом религиозном сознании (1905)* // Н. А. Бердяев. Sub specie aeternitatis. С. 347–348.

и тогда мы поймем, что это не две, а одна любовь, что небо сходит на землю, обнимает землю, как любящий обнимает любимую (две половины, два *пола* мира), и земля отдается небу, открывается небу: и тайна земная, по выражению Достоевского, «соприкасается с тайною звездною»; в этом-то «соприкосновении», соединении и заключается сущность, если не исторического христианства, то самого учения Христова.

Новая религия будет основываться на единении неба и земли, в котором будут «новая земля и новое небо», или небесная земля и земные небеса. Это окончательное соитие — «древо жизни уходит не только в невинное голубое небо весенними клейкими листочками, но и в темное, вечно-рождающее, вечно сладострастное чрево матери сырой земли корнями своими» — приводит к рождению совершенно нового мира[29].

Каковы были социальные последствия этой дискуссии, носившей, по-видимому, скорее теоретический характер? Начиная со времен Киевской Руси и до Февральской революции, семейно-брачные отношения в России находились в исключительной компетенции православной церкви и регулировалась церковным правом. Исторически церковь контролировала две основные области повседневной жизни, образование и брак. При таком положении дел не приходится удивляться обсуждению сексуальных вопросов в рамках церковной жизни; сколько-нибудь значимые изменения в области сексуальных отношений должны были быть обусловлены изменениями в церковном праве. Те социальные перемены, которые Мережковский и его коллеги считали необходимыми, могли быть осуществлены как часть реформирования православной церкви.

Гиппиус и Мережковский продвигали свои идеи в журнале «Новый путь», основанном ими в 1902 году. В январе того же года Брюсов в письме Константину Бальмонту охарактеризовал этот издательский проект как

---

[29] Там же. С. 347–348. Примечательно упоминание «клейких листочков», о которых говорил Иван.

богословско-литературный журнал. <...> Мне поручено просить у Вас всего — много стихов, статей, переводов, заметок. <...> Будут печататься там протоколы религиозно-философского общества (Вы о нем все знаете?), статьи о католичестве, Синоде, преосуществлении и т. д., много стихов, мало рассказов, очень много статей. Распоряжаться и деспотствовать будет Мережковский...[30]

Журнал задумывался с целью соединить вопросы культуры с новым религиозным сознанием. На его страницах публиковалось и большинство выдающихся представителей символизма, и участники социально-религиозного движения. «Новый путь» стал воплощением давнего желания Гиппиус и Мережковского иметь печатное издание, непосредственно направленное на вопросы религиозного обновления, которому они стремились способствовать. Журнал был нацелен на осуществление реформы, которая разрешила бы конфликт между личностью и обществом и продемонстрировала бы прогрессивный потенциал христианства[31].

Попытка осуществить социальную реформу путем реформирования церкви наложила отпечаток и на восприятие Мережковским русской истории. С наибольшей очевидностью его концепция была выражена в третьем томе трилогии, «Петр и Алексей». Как отмечали критики, многое в сочинениях Мережковского кажется искусственным и надуманным, поэтому его рассуждения иногда вовсе не убедительны. Однако роман «Петр и Алексей» поражает страстностью и искренностью выраженных в нем эмоций: невозможно усомниться в том, что ненависть к самодержавию, которой дышит эта книга, была глубокой и искренней. Интересно, что главным обвинением Мережковского в адрес Петра было не то, что царь-реформатор подавлял лич-

---

[30] Цит. по: «*Новый путь*», «*Вопросы жизни*» // Литературный процесс и русская журналистика конца XIX — начала XX века, 1890–1904: буржуазно-либеральные и модернистские издания / Ред. Б. А. Бялик и др. М., 1982. С. 179.

[31] О «Новом пути» и «Вопросах жизни» см. подробно: Там же. Т. 2. С. 179–233; см. также: Максимов В. Е. «*Новый путь*» // В. Евгеньев-Максимов, Д. Е. Максимов. Из прошлого русской журналистики: статьи и материалы. Л., 1930. С. 129–254.

ность и демократические принципы или ввел западные формы правления; Мережковский презирал Петра прежде всего за то, что тот подчинил церковь государству и тем самым ввел «цезарепапизм». Петр разделил религиозную и светскую этику, долг перед церковью и долг перед государством. В результате каждый русский человек постоянно испытывал необходимость выбирать между верностью религиозному образу жизни (санкционированному церковью) и верностью образу жизни светскому (санкционированному государством). Тем самым Петр лишил церковь принадлежавшей ей функции универсальной упорядочивающей основы общества; именно в результате этого шага царя возникли народные легенды, в которых Петр отождествлялся с Антихристом. Хотя на более раннем этапе своего интеллектуального развития Мережковский верил в священную связь самодержавия и православия, исследования, посвященные Петру, породили в нем презрительное отношение к самодержавию как к виновнику порабощения русской церкви. Этим можно объяснить то, что в 1900-е годы Мережковский увлекся старообрядчеством: в известном смысле старообрядцы были представителями ничем не ограниченного православия, православия, каким оно было до вмешательства государства. Отношение Мережковского к государству было обусловлено тем, как он воспринимал потребности церкви; церковь постоянна, а государство должно приспосабливаться к тому, что соответствует запросам церкви.

В видении Мережковского, которое возникает при чтении его сочинений и изучении общественной деятельности, главной общественной силой, оказывающей наибольшее влияние на жизнь народа в настоящем и будущем, на самом деле является церковь, а не правительство. Церковное право и общественное бытие неразрывно связаны друг с другом; если требуется изменить повседневную жизнь, в первую очередь необходимо провести реформу церкви. Выдвигая этот тезис, Мережковский, при всем своем декадентстве, склонности к модернизму и европеизированности, в качестве основополагающей аксиомы выбирает старую русскую идею о церкви как организующем начале общественной и повседневной жизни.

Нетрудно понять, почему публикация статьи Булгакова о социальных целях идеализма на страницах «Нового пути» послужила причиной его конфликта с редактором. Хотя в понимании самого главного между ними было много общего, Булгаков и Мережковский разошлись во мнениях по поводу того, каким образом должна была осуществляться социальная реформа в России. Булгаков утверждал, что до упразднения самодержавия бессмысленно даже обсуждать перемены в церкви; Мережковский же рассматривал реформу православной церкви как путь к созданию нового общества. Это были радикально расходящиеся мировоззрения. Булгаков видел общество светским и полагал, что его организация должна быть приведена в соответствие с западноевропейскими принципами; примерно такой же позиции придерживался и Бердяев. По мнению Мережковского, напротив, общество в конечном счете было организовано по религиозным принципам, а русская история с петровских времен стала отступлением от этих истинных принципов. Требовалось вернуться к этим началам, и в этом могли бы помочь старообрядцы. Любопытно отметить, что либерализм Булгакова не обязательно противоречил вниманию к церкви и важности ее реформирования.

Конфликт с Мережковским с очевидностью обозначился в ранней статье Булгакова «Самодержавие и православие» (1902), опубликованной в журнале освободительного движения «Освобождение». В ней Булгаков рассматривает религиозную проблему в первую очередь как политическую и обвиняет Мережковского и других участников религиозно-философских собраний в том, что они заняты обсуждением религиозных вопросов, тогда как насущной задачей является политическое освобождение. Религиозная свобода — самая основная из всех свобод. Самодержавие не притесняет те старообрядческие секты, которые не представляют политической опасности и не определяют себя по отношению к социальным вопросам. И тем не менее русская революция должна (и будет) сопровождаться русской реформацией.

> Таким образом, религиозный вопрос в России есть прежде всего вопрос о положении православной церкви в самодержавном государстве. Всякая церковная организация — и в частности православная церковь — должна быть свободна и автономна в своей внутренней жизни и распорядке.

Цезарепапизм русской церкви — первое зло, с которым надлежит справиться. Одним словом, Булгаков постулирует связь религиозной и политической свободы; религиозная свобода — это вопрос *политический*; «час победы над самодержавием и будет часом торжества религиозной свободы в России»[32].

К 1904 году вера Булгакова в политику достаточно четко оформилась в социальную программу, побудившую его расстаться с Мережковским. В конце 1904 года Булгаков и Бердяев отошли от «Нового пути», чтобы участвовать в создании нового журнала «Вопросы жизни». Однако, несмотря на идейные расхождения, в 1901–1904 годах эти мыслители были попутчиками. Их объединяли не только отказ от позитивизма и переход на позиции метафизики; они также разделяли веру в необходимость социальной реформы и сопутствующей ей религиозной реформы. «Новые люди» считали, что для будущего России необходимо преобразование церкви, будь то путем политического освобождения или путем изменения христианского вероучения.

«Новое начинание» 1901–1904 годов оказалось неубедительным: никто не смог предложить четкую альтернативу вере в прогресс, науку XIX века и необходимость насильственного покорения природы. Тем не менее последствия жарких споров об идеализме и метафизике, а также возрождение романтизма в литературе и новый виток внимания к церковному вероучению и церковным институтам оказали свое воздействие. Так и не придя к окончательным выводам, участники коллективного обновления начала 1900-х годов решающим образом изменили параметры культур-

---

[32] Булгаков С. Н. *Самодержавие и православие* // Освобождение. 1902. № 4. С. 59; №. 5. С. 73.

ных и интеллектуальных дебатов. Безоговорочному признанию «прогресса», которое влекло за собой согласие относительно исторической отсталости России со стороны марксистов и народников, они противопоставили картину сверхопытных миров; они вынесли на повестку дня важнейшие богословские вопросы, которые в дальнейшем определили обсуждение вероучения на церковном соборе 1917–1918 годов, и придали духовное измерение русскому авангарду; они обратили внимание образованного общества на первостепенное значение реформ и в церковной, и в светской областях жизни, предвидя, пусть и в самых общих чертах, преобразование русского общества через преобразование русской церкви. Культурный сдвиг 1900–1901 годов поставил вопросы, которые на протяжении последующих двух десятилетий предстояло решать политике, философии, искусству и общественной деятельности.

Глава пятая
Идеализм в политике: революция

Вслед за Кровавым воскресеньем по России прокатились волны массовых забастовок и крестьянских восстаний. Открытие несколькими поэтами и художниками «миров иных», казалось бы, должно было утратить значение в новой обстановке. Крестьянские и рабочие восстания 1905 года были спонтанными и, несмотря на влияние проповедей радикальной интеллигенции на протяжении предыдущих десятилетий, не имели непосредственной связи с тщательно разработанными политическими теориями марксистов, народников или либералов. Мы привыкли считать короткий период с 1904 по 1907 год каким-то исключительным временем, когда устои русской политической жизни внезапно пришли в движение и была заложена основа парламентской системы в «европейском стиле»[1]. В этом контексте Сергей Булгаков представляется относительно незначительной фигурой. Будучи малоизвестным депутатом Думы второго созыва от Орловской губернии, он не относился к числу лидеров какой-либо крупной партии, более того, вообще не имел явной партийной принадлежности и был избран как «примыкающий к партии к. д.»[2].

---

[1] Такова картина, представленная Теренсом Эммонзом во введении к его монографии. См.: Emmons T. Introduction to *The Formation of Political Parties and the First National Elections in Russia.* Cambridge, Mass., 1983.

[2] Краткая автобиография, представленная Булгаковым С. А. Венгерову для его биографического словаря в 1913 году, дает редкую возможность оценить личность Булгакова и его самовосприятие. См. Институт русской литературы (Пушкинский Дом). СПб. Ф. 377.

Тем не менее в ходе реконструкции жизненного пути Булгакова постепенно возникает другой контекст, скорее дополняющий, чем противоречащий нашей картине революции и начинающегося перехода к парламентаризму. В те годы мировоззрение играло не менее, а то и более важную роль, чем практическая политическая деятельность; внепарламентские каналы выражения политических импульсов, которые переживались активной общественностью, оказывались так же важны, как выборные кампании и партийная тактика. В число этих каналов входили тайные организации, «толстые журналы», научные общества, не говоря о литературе и театре. Это время также отмечено подчинением Церкви железному правлению Победоносцева, несвободой и коррумпированностью духовенства, что ощущалось левой интеллигенцией как симптом неблагополучной ситуации в стране. В сознании этой части общества все подчинялось одной главной задаче — освобождению российского общества от гнета самодержавия. Делая Булгакова центральной фигурой нашего исследования, мы получаем возможность увидеть этот период в новом свете: наряду с такими новыми элементами, как выборы и конституция, мы начинаем замечать упорство, с каким вожди формирующихся партий цеплялись за старые модели квазиполитической и революционной деятельности; такие личности, как Струве и Милюков, были в равной степени и *интеллигентами*, и партийными лидерами. Кроме того, участие в освободительном движении обратившихся в идеализм марксистов и представителей нового религиозного сознания, как нам предстоит убедиться, указывает на радикальные, революционные аспекты общественного движения начала века, скрывавшиеся за его либерально-конституционным фасадом. История интеллектуальных убеждений и взглядов отдельных представителей интеллигенции, пытавшихся соотнести свое чувство ответственности за судьбу России с требованиями практической политики, образует контрапункт к политической истории революции 1905 года и первых двух Дум.

Готового рецепта преобразования интеллектуального импульса начала века в политические позиции не было. Широта спектра революционных, либеральных, консервативных и мистических убеждений (каждое из которых объединяло в себе необычайно разнообразные политико-философские позиции) среди представителей интеллигенции в ходе первых предвыборных кампаний поражала воображение. Обсуждалось множество вопросов, затрагивающих онтологические основы политического процесса: что такое демократическая и парламентская политика? Что означают партии, выборы, представительство, гражданство? Какова роль религии и образования в политике? Для Александра Блока и философа Льва Шестова переход к «настоящей» политике ознаменовался долгожданным освобождением литературы и философии от политики и идеологии. Блок писал, что слабо разбирается в современной ситуации и не испытывает особого желания участвовать в ней, и в 1906 году создал свое лучшее стихотворение о Вечной Женственности, «Незнакомку»; Шестов несколько иронично, с примесью зависти, отзывался о своих более политически активных современниках. Направление политических инстинктов непосредственно в «настоящую» политику способствовало развитию некоторой автономии культурной жизни по отношению к социальным вопросам, что дало ей возможность следовать логике внутреннего развития. Однако в 1905 году большинство мыслителей и писателей, как и страна в целом, поддались всеобщей политизации. Обращенные в идеализм марксисты — Булгаков, Бердяев, Франк, Струве — примкнули к различным течениям либерализма. Политическим выражением их идеологической позиции стал «Союз освобождения», зонтичная организация, которая вначале также вбирала в себя многих оппонентов идеалистов из числа народников. Мережковский и Гиппиус присягнули на верность социалистам-революционерам (эсерам) и стали наставниками террориста Бориса Савинкова, автора посвященного терроризму символистского романа «Конь бледный». Убежденные марксисты-позитивисты, разумеется, относились к лагерю социал-демократов (эсдекам), а чисто литературные круги породили такие доктрины, как мистический анархизм (Георгий Чулков, Вячеслав Иванов). Ежедневно в самых известных газетах страны публиковались статьи Розанова, Белого, Мережковского и других ключевых деятелей Серебряного века, представлявших все эти идеи широкой читательской аудитории. В консервативной газете «Новое время» начало Русско-японской войны в 1904 году последовательно обсуждалось как симптом надвигающегося панмонголизма, предсказанного Владимиром Соловьевым в «Трех разговорах о войне, прогрессе и конце всемирной истории». Культурная полемика начала века разворачивалась не в кабинетах философов и не на страницах толстых журналов, но в постоянном взаимодействии с миром реальной политики.

История Булгакова одновременно и очень индивидуальна, и типична. Для самого Булгакова личностные, религиозно-метафизические и политические вопросы были неразрывно связаны. Он видел задачу освободительного движения в реформировании церкви и общества. В то же время интеллектуальное и политическое развитие Булгакова было типичным для процесса политического самоопределения интеллигенции, в особенности тех ее представителей, которые, стремясь реализовать свою жажду свободы через политические действия, в той или иной мере позиционировали себя как либералов. Павел Милюков, вскоре ставший лидером партии кадетов, вспоминал о трудностях самоопределения, когда он поспешно возвращался из Америки после получения известия о революции. Еще в апреле 1905 года проблема конкретной политической принадлежности не была решена им ни в Союзе писателей, ни в Вольном экономическом обществе, ни в «Союзе освобождения»[3]. Историки склонны фокусировать внимание на тех чертах эпохи, которые были новыми для России, но привычными на Западе, а именно, на началах конституционной и демократической политики. История Булгакова выявляет те часто парадоксальные и противоречивые особенности русской общественной жизни, которые в равной степени были характерны и для периода в целом. После первой ре-

---

[3] Потрясающий рассказ Милюкова о трудностях его политического самоопределения см. в: Милюков П. *Воспоминания (1859–1917)*. New York, 1955; М., 1990. С. 272–284.

волюции наступило время выборов, парламента и либеральной политики, сопровождавшихся традиционно русскими публичными дискуссиями; предметом сомнений и обсуждений был не просто выбор партии, за которую следует голосовать, но сама природа демократической политики. История Булгакова в этот период позволяет почувствовать переплетения нарождающегося парламентаризма с более традиционными формами русского квазиполитического дискурса; программы новых политических партий были укоренены в лежащих в их основе литературно-философских воззрениях.

Сергей Булгаков по своей природе не был политиком. Однако в 1890-е и в начале 1900-х годов все обстоятельства его общественной деятельности привели его к молчаливому противостоянию властям в силу того, что позиции, которых он придерживался, имели политическую подоплеку. В этом смысле Булгаков был активным участником характерных для российской политической жизни конца XIX века идейных столкновений между правительством и интеллигенцией. Открытые конфликты случались редко, но острое взаимное недоверие и подозрительность проявлялись во всем. В 1892 году, почти сразу после приезда Булгакова в Москву, московское Охранное отделение завело на него секретное досье, а в 1901 году рекомендовало Департаменту полиции расследовать его деятельность[4]. Охрана сочла его «политически неблагонадежным»[5] не из-за связей с европейскими социал-демократами или «Союзом освобождения»; дело было в менее очевидных контактах. Его будущая жена Елена Токмакова состояла в родстве с известным и политически активным марксистом В. В. Водовозовым; студенческая организация

---

[4] ГАРФ. Ф. 63. 1901. Д. 285.

[5] О смысле этого определения см.: *Политический смысл религиозного брожения в России* // Освобождение. Штутгарт. 1903. № 13 (17). С. 219. «Та интеллигенция, которая справедливо видит в "неблагонадежности" свою высокую нравственную обязанность и свою историческую миссию, не считает православную церковь опасным врагом...»

Глава пятая. Идеализм в политике: революция

«Елецкое землячество», в которую входил Булгаков, характеризовалось как «не чуждая политике», и полиция установила за ней слежку; он также являлся членом Московского общества распространения технических знаний, по заданию которого распространял техническую литературу в провинциальных городах. Булгаков также привлек внимание своими популярными лекциями: особо была выделена лекция «Разделение труда в современном обществе», пять раз прочитанная им в 1901 году. В ноябре у него возникли проблемы с получением разрешения на помещение для лекции о Карамазове. Разумеется, подозрение вызывали и марксистские взгляды Булгакова, и его связь с радикальными политиками[6]. Будучи не в состоянии следить за всеми перипетиями интеллектуальной жизни, в 1914 году Охрана оставила следующий комментарий по поводу Булгакова:

> БУЛГАКОВ Сергей Николаевич, профессор, состоя студентом Московского университета, входил в состав членов «Елецкого землячества», к числу его знакомых в то же время принадлежали лица, состоявшие под гласным надзором полиции.
> Во время студенческой забастовки, бывшей в начале 1911 года, Булгаков в числе некоторых других приват-доцентов Московского университета подал (демонстративно) прошение о сложении с него звания приват-доцента. Кроме того, Булгаков известен как ревностный последователь марксизма[7].

Атмосфера напряженности и скрытого конфликта, отразившаяся в столь мелочной придирке, порождала у интеллигенции постоянное чувство разочарованности и раздражения. Тем, кто не были революционерами, сложно было найти выход для этих смутных ощущений. Как марксист Булгаков никогда не разделял полностью политику социал-демократов и не вступал в их пар-

---

[6] ГАРФ. Ф. 63. 1892. Д. 488; 1897. Д. 616; 1901. Д. 285. В его деле содержится письмо Федору Дану по поводу ленинской «Искры».
[7] ГАРФ. Ф. 63. 1914. Д. 33. Л. 128.

тию, хотя и признавался, что «близко стоял к некоторым эмигрантам». Однако, обратившись к идеализму, он впервые и единственный раз в жизни смог безоговорочно отнести себя к конкретной политической группировке, «Союзу освобождения». В своем жизнеописании, составленном в 1913 году для биографического словаря С. А. Венгерова, Булгаков твердо и уверенно характеризует собственную политическую деятельность только в краткий период между 1903 и 1905 годами. О своих политических пристрастиях он, как правило, высказывался весьма нерешительно и расплывчато, но в этом случае как бы невзначай сообщает, что «был сотрудником "Освобождения" и членом "Союза Освобождения" с момента его учреждения (лето 1903 г.), был членом центрального совета С. О. от Киевской группы и присутствовал на всех съездах и совещаниях»[8].

«Союз освобождения», одним из членов-основателей которого был Булгаков, наконец-то предоставил площадку для выражения общего недовольства, поскольку стремился объединить людей различных политических ориентаций в «национальной борьбе за политическое освобождение»[9]. Антипатия Булгакова к правительству нашла подходящее выражение в центральной цели союза — упразднении самодержавия. Со своей стороны «Освобождение», печатный орган Союза, и его редактор Петр Струве всячески стремились охватить те околополитические движения, в которых участвовал Булгаков и которые составляли суть оппозиции режиму. К этим движениям относились идеологический переход от марксизма к идеализму, новое религиозное сознание, университетская политика, научные исследования в области политэкономии, особенно связанные с аграрным вопросом.

Философский поворот к идеализму, предполагающий отказ от позитивизма при сохранении оппозиционности, присущей интеллигенции XIX века, вскоре оказался неразрывно связанным

---

[8] ИРЛИ. Ф. 377.

[9] См.: Freeze G. L. A *National Liberation Movement and the Shift in Russian Liberalism, 1901–1903* // Slavic Review. 1969. Vol. 28, № 1. P. 81–91.

с политикой освободительного движения. Когда в 1903 году «радикально-конституционное ядро» движения[10] собралось в Шафхаузене, чтобы основать «Союз освобождения», в числе 19 участников встречи были Булгаков, Бердяев, Франк и Струве, авторы центральных статей в сборнике «Проблемы идеализма», все уже прошедшие путь от марксизма к идеализму; такой же путь проделал и Богдан Кистяковский, которому в будущем предстояло принять участие в сборнике «Вехи» (1909). В. Я. Богучарскому, Е. Д. Кусковой и С. Н. Прокоповичу, также марксистам не социал-демократического толка, были близки идеологические дебаты начала века. Программа «Союза» стала политическим выражением проблем, вызывавших обеспокоенность идеалистов. Когда в конце 1904 года Булгаков разработал политическую программу идеализма, включавшую в себя требования свободы совести, свободы слова, национального самоопределения и правового государства и предлагавшую способы решения рабочего и крестьянского вопросов, выдвинутые им предложения в точности совпали с программой освободительного движения. В качестве редактора «Освобождения» Струве приветствовал выход в свет «Проблем идеализма», заявив, что его авторы разделяют цели и идеи движения, которые в более прямой форме выражаются на страницах журнала. Струве заявлял, что «"Проблемы идеализма" знаменуют собой укрепление и расширение того союза между идеализмом философским и идеализмом практически-политическим, начало которому положил своей блестящей публицистической деятельностью Владимир Соловьев», и настаивал на взаимосвязи философской мысли и дела освобождения. «Для русской идеалистической философии дело ее самопознания и чести — быть на стороне свободы и права; для русского освободительного движения тоже дело его самопознания и чести — возвести себя к высшим и непререкаемым идеям, отказаться от которых означало бы для человечества открыть двери звероподобию». В своем заключении он полно-

---

[10] Термин Шмуэля Галая. См.: Galai Sh. *The Liberation Movement in Russia, 1900–1905*. Cambridge, 1973. P. 177.

стью отождествил освободительное движение с поборниками идеализма[11].

Не все члены Союза были приверженцами именно нового идеализма — многие, особенно среди представителей земства, ими не были, — но они все-таки придерживались той или иной формы антипозитивизма и подчеркивали значение этики. Так, лидер земского движения Д. Н. Шипов оправдывал свою умеренную политику, утверждая, что с «позитивно-рациональной» точки зрения социальная жизнь — это постоянный конфликт между различными членами общества, а движущей силой истории является личный или групповой интерес. Напротив, с «этико-социальной» точки зрения общественная жизнь регулируется богоустановленным законом; «гражданские идеалы всегда быть должны органически связаны с идеалами нравственными, а право должно всегда являться выражением сознания религиозно-моральной ответственности, лежащей на отдельных людях и на обществе». И если многие считали, что социальные и экономические перемены являются способами улучшения земной жизни, то существовало и альтернативное мнение, согласно которому невозможно «...достижение благополучия всех людей помимо внутреннего, духовного устроения личности и уяснения людьми смысла своей личной и общественной жизни в связи с жизнью всего человечества и всего мира»[12].

«Союз освобождения» отражал новые тенденции начала века в их симбиозе с философским идеализмом, но в то же время его структура и риторика, как и у идеалистов, были унаследованы от «хождения в народ» 1870-х годов. «Союз» выстраивал себя как национально-освободительное движение, осененное традицией народничества, в котором под единым руководством объединились приверженцы многих различных идей. Борьба за свободу

---

[11] Струве П. *О чем думает одна книга?* // Освобождение. 1903. № 18. С. 311–312.

[12] Шипов Д. Н. *Воспоминания и думы о пережитом.* М., 1918. С. 267–268. Эммонс в «Образовании политических партий» признает роль философского мировоззрения Шипова в принятии им окончательного решения выйти из партии кадетов и создать партию октябристов.

всегда велась во имя угнетенного русского народа, страдавшего от постоянного полицейского надзора; даже рабочее движение, которое «Союз» поддерживал, он рассматривал не с точки зрения марксизма или теории капитализма, а скорее как непосредственного, но более успешного преемника раннего народничества. При любой возможности «Освобождение» ритуально ссылалось на «нужды народа, угнетенного полицейским государством». В программной статье, которой открывался первый выпуск журнала, Струве выразился следующим образом:

> Но самодержавная бюрократия, желающая быть благим провидением страны, а на самом деле являющаяся ее злым духом, безсильна пробудить живые силы молодого народа. Она их боится и потому держит скованными. Между тем эти силы растут и своим ростом они неизбежно разорвут чиновничьи оковы[13].

Еще более удивительной, чем гармония между движением идеалистов и «Союзом освобождения», была готовность Союза принять в свои ряды сторонников нового религиозного сознания, среди которых одной из самых заметных фигур был Булгаков. Для него «Союз освобождения» стал трибуной для оглашения его политизированной версии обращения к религии и осуждения позиции Мережковского как изменнической и раболепствующей перед самодержавием. В рубрике «Письма из России» Булгаков опубликовал классический перечень жалоб на православную церковь, доказывая, что ее обновление является важной составляющей программы освобождения. Кроме того, недостатком церкви было полное отсутствие социальной активности. Настаивая на этом близком ему положении, Булгаков утверждал, что цезарепапизм сводит функции церкви к отправлению ритуалов и поддержанию созданного 18 веков назад вероучения, не позволяя ей реализовать свой потенциал церковной демократии. Ее превращение в живую, активную церковь, которая преодолела

---

[13] Струве П. *От редактора* // Освобождение. 1902. № 1 (18 июня / 1 июля). С. 3–4.

бы религиозное безразличие образованного общества, Булгаков воспринимал прежде всего как политическую задачу, требующую упразднения самодержавия. В классической для «освобожденцев» преамбуле Булгаков утверждал, что «искреннее православие таким образом возлагает на своих сынов обязанность соединиться со всеми протестующими — православными и неправославными, религиозными и атеистическими — противниками самодержавия, борцами за свободу». Булгаков призывал религиозно-философскую интеллигенцию отказаться от своих санкционированных Победоносцевым петербургских собраний и примкнуть к делу освобождения. Преамбула завершалась призывом к реформации: «Из характера отношений между православием и самодержавием следует, что политический переворот в России явится вместе с тем и коренной церковной реформой — революция одновременно будет и реформацией»[14].

Опубликованная в конце 1903 года под псевдонимом статья Булгакова повторяла призыв к реформации, подтверждая, что подлинное религиозное возрождение невозможно без радикальных политических перемен. В отличие от Мережковского и Минского, идеалисты, писал «К. Т.-н», не могут предложить никакой позитивной религии, ибо «небесный утилитаризм» не лучше «земного утилитаризма» власти. Преобразование церкви, а вместе с ней и общества, может произойти только в условиях политической свободы[15].

Хотя Струве осторожно избегал прямой ассоциации с конкретными религиозно-философскими идеями, высказываемыми авторами статей, язык нового религиозного сознания проник и в его собственные программные заявления. В первом выпуске «Освобождения» он провозгласил, что только слепые могут не заметить признаки религиозных изменений, ведущих к новой системе социальных отношений — едва ли отличаясь в этом от любого

---

[14] Булгаков С. *Самодержавие и православие* // Освобождение. 1902. № 6. С. 86–87.

[15] Т-н К. *Политический смысл религиозного брожения в России* // Освобождение. 1904. 25 дек. 1903 / 7 янв. 1904. С. 244–245.

другого члена религиозно-философского общества. «Кто не видит, что за последнее время с особенной силой в русском народе заговорили высшие, чисто духовные запросы? В нем к новой жизни пробудилось религиозное сознание»[16]. Это новое, свободное религиозное сознание вступило в противоречие с реакционными силами государственной церкви; при этом сам конфликт способствовал обострению естественного религиозного чувства народа. Существовала насущная потребность в новом православии, которое, подобно католицизму, крепло бы в полемике и столкновениях с другими вероисповеданиями. «Если православие вообще может воскреснуть к новой жизни, то для этого ему нужно прежде всего признать право на существование за своим духовным противником, за новым религиозным сознанием»[17]. Повторяя призыв стремиться к православию, приспособленному к современной достойной жизни, Струве утверждал программу освободительного движения, используя стилистику нового религиозного сознания.

Революционная риторика религиозного возрождения проникла и в политический язык освобожденцев. В письме «российских конституционалистов» их политическая задача описывается чуть ли не в апокалиптических тонах:

> Эта культурная борьба не есть — как хотят ее тенденциозно представить — какая-то двойственная, не то полезная, не то вредная работа, лишенная прямой связи с великой исторической задачей современности. По нашему глубокому убеждению, эта деятельность мирных, но передовых элементов общества и в сознании ее участников, и по существу дела стоит в самой тесной связи с грядущим великим переворотом русской жизни[18].

«Роковые моменты», «исторические задачи», «общее дело» — такова была риторика освободительного движения.

---

[16] Струве П. *От редактора* // Освобождение. 1902. № 1. С. 2.
[17] Там же. С. 3.
[18] Там же. С. 4–5.

Радикализм религиозных реформаторов иногда подвергал испытанию даже практически безграничную терпимость Струве; однако он все равно счел себя обязанным опубликовать 6 / 19 июля 1905 года три манифеста только что созданного «Христианского братства борьбы», осторожно представив их как «документы эти имеют выдающееся симптоматическое значение для современного политического и социального брожения в России»[19]. Числившее Булгакова в своих рядах Братство считало ложным принцип внутреннего возрождения и личного спасения, лежавший в основе исторического христианства, и утверждало, что проповедь Христа следует понимать как призыв не к индивидуальному, но к социальному преобразованию. Споря в равной мере и с Толстым, и с исторической церковью, религиозные радикалы настаивали на том, что социальные, экономические и политические отношения должны подчиняться христианскому началу; Царство Божие, основанное на благодати, «должно победить и преобразить всю злую природную жизнь, во всех ее проявлениях от сферы индивидуального сознания и человеческих отношений до космического зла, царящего в природе»[20]. Они призывали всех христиан присоединиться к крестовому походу против самодержавия, против пассивной современной церкви, против социального и экономического неравенства.

«Союз Освобождения» был привлекателен для Булгакова не только с точки зрения его философских интересов: его программа соответствовала также целям студенческого движения и университетской политики, в которой Булгаков принимал деятельное участие. Киевский политехнический институт, в котором он был профессором до 1906 года, неоднократно оказывался в центре внимания общественности из-за своей «независимости от местной администрации и сравнительно гуманного

---

[19] Булгаков С. Н. *Вероучение против самодержавия* // Освобождение. 1905. № 73. С. 386.

[20] Там же. В этом высказывании ощущаются зачатки языка «Философии хозяйства» Булгакова.

отношения к студентам»[21]. В январе 1904 года разразился скандал по поводу напечатанной в «Юго-Западной неделе» статьи Булгакова «С новым годом!», которая была сочтена несовместимой с его преподавательской деятельностью и носила признаки «вредного влияния», оказываемого некоторыми профессорами института[22]. Провинившийся журнал закрыли, а в лекциях Булгакова обнаружили нежелательные тенденции. Министр финансов Владимир Коковцев счел дело достойным своего внимания и направил бумагу, в которой предлагал уволить Булгакова:

> По моему личному убеждению, принимая на себя звание «профессора высшего учебного заведения», каждый ученый должен почитать себя обязанным не только заботиться о преподавании избранного им предмета, но и стремиться к охранению спокойного течения академической жизни, которое, между прочим, достигается тщательным устранением всех элементов, могущих иметь нежелательное воздействие на молодые пылкие умы студентов, и поддерживать в них уважение к труду, к порядку, воспитывая в них примером и словом любовь к родине и уважение к сложившемуся веками строю государственной и общественной жизни[23].

Шесть месяцев спустя, во время проведения земского конгресса, не устрашенный такой «банальностью» либеральный совет институтского факультета призвал к полной трансформации российского общества с целью обеспечить свободу и равноправие всех граждан: по мнению его членов, только так можно было решить «студенческий вопрос» и улучшить ситуацию в универ-

---

[21] *Ген.-губ. Клейгельс и киевский Политехникум* // Освобождение. 1904. № 50. С. 8.

[22] Между прочим, в переработанном виде эта статья была опубликована в «Вопросах жизни», где ее, видимо, не сочли вредной.

[23] Письмо Коковцева от 28 апреля 1904 г. Цит. в статье *Ген.-губ. Клейгельс...* // Освобождение. 1904. № 50. С. 9. «Освобождение» сообщает, что Булгаков был уволен, но шесть месяцев спустя его подпись как члена совета факультета появляется на одном из документов.

ситетах[24]. Еще через некоторое время, в 1905 году, совет призвал отменить принятый 16 апреля закон, по которому преподаватели подлежали увольнению за участие в политической деятельности, а студенты — исключению из университетов; ввести право выбирать не только деканов, но и ректора; перед началом учебного года проводить собрание выборных представителей преподавательского состава. «Союз освобождения» не только поддержал, но и предоставил площадку для обсуждения этих и других проблем университетской политики и студенческого движения.

Наконец, деятельность Булгакова в «Союзе освобождения» отразила его научные интересы. Именно Булгаков составил аграрную программу Союза, которая впоследствии стала основой аграрной программы партии кадетов. Этот документ примечательным образом показывает переход Булгакова от марксизма к идеализму, выводы, к которым он пришел в «Капитализме и земледелии», а также сочувствие крестьянству в народническом духе. Освобожденцы, подобно эсдекам и эсерам, восприняли как должное неадекватность и незавершенность реформ 1860-х годов, оставивших крестьян с недостаточными земельными наделами. Предлагая решение этой проблемы, Булгаков указывал на две формы землевладения в сельской местности: крупные дворянские усадьбы и мелкие крестьянские хозяйства. Интересы обеих сторон с неизбежностью были противоположны, поскольку крупным землевладельцам было выгодно иметь в своем распоряжении безземельный сельскохозяйственный пролетариат. В марксистский период Булгаков считал, что сельское хозяйство подчиняется тем же законам капиталистического развития, что и промышленность, и поэтому возрастающая концентрация земель и сосредоточение сельскохозяйственного производства в руках немногих богатых землевладельцев неотвратимо влекут

---

[24] Кроме Булгакова декларацию подписали М. Коновалов, К. Дементьев, Н. Чирвинский, Н. Салтыков, А. Нечаев, Е. Вотчаль, С. Иванов, Ю. Вагнер, Д. Рузский, В. Тимофеев, А. Ключарев, В. Бажаев, А. Радциг, В. Шапошников, М. Тихвинский, Н. Артемьев, К. Шиндлер, Ю. Ломоносов, Ф. Чехович, В. Ижевский, В. Ермаков, П. Ерченко, В. Перминов и П. Слезкин.

за собой пролетаризацию крестьянства (в сущности, эта логика побудила социал-демократов требовать полной экспроприации земель, принадлежавших дворянству, и их перераспределения). Однако как идеалист Булгаков уже не верил в неизбежность этого процесса. Не следовало сидеть сложа руки и наблюдать за всенарастающим разорением крестьян; вместо этого, опираясь на свободную волю, можно было помочь им за счет землевладельцев, поощряя мелких производителей и в случае необходимости осуществляя ограниченное перераспределение. Освобожденцы прекрасно понимали, что такое «идеалистическое» решение было не менее революционным, чем радикальная перераспределительная политика социал-демократов. Дворянство было социальной опорой самодержавия, и поэтому оно отвергало переход от усадебно-аристократической политики к крестьянско-демократической; следовательно, «умеренное» решение проблемы виделось в смещении правительства и установлении режима, который с большим сочувствием относился бы к средним слоям общества. Земельный вопрос был прежде всего вопросом политическим[25].

---

[25] Булгаков, поддержанный Струве и «друзьями "Освобождения"», стремился «вставить аграрный вопрос в общую политическую перспективу и тем органически ввести его в программу русского освободительного движения» (Булгаков С. Н. *К аграрному вопросу* // Освобождение. 1903 № 9 (33). С. 156), а также сформулировать определенные «аксиомы», общие для членов «Союза освобождения». По определению Булгакова, «либерализм» союза не был «буржуазным либерализмом», но означал стремление к политической свободе, т. е. упразднению самодержавия, и обязательно должен был сочетаться с политикой социально-экономической демократизации: социальное равенство и политическая свобода были неразрывно связаны между собой. Он выступал за признание крестьян полноправными гражданами, чтобы они могли свободно передвигаться и решать, где им жить и какой работой заниматься. Суть программы Булгакова заключалась в преобразовании общины в добровольное объединение и самостоятельную правовую единицу, из которой крестьяне могли выйти в любое время. Булгаков также хотел упразднить Дворянский земельный банк и тем самым положить конец привилегированному положению дворянства во всех финансовых вопросах; он признавал возможность экспроприации земли в некоторых случаях. Подробно о земельной программе Булгакова см.: Galai Sh. *Liberation Movement in Russia*. P. 180–182, 185–187.

«Союз освобождения» задумывался как организация единомышленников, способная договариваться с разношерстной на первый взгляд оппозицией и обращать ее в свою веру. Как мы видели на примере Булгакова, эта способность основывалась на готовности Союза предоставить возможность для выражения разнообразных, но не имеющих явной политической подоплеки оппозиционных настроений, включая идеализм и новое религиозное сознание. Такое самовосприятие Союза получило выражение в преобладании риторики единства, порой напоминающей об общем деле, о котором говорил философ Николай Федоров. Эта риторика использовалась в опубликованной в первом выпуске «Освобождения» статье «От русских конституционалистов»:

> Сила моментов, подобных настоящему, в том и состоит, что *все*, решительно все активные элементы общества начинают хотеть чего-нибудь одного, и этого одного хотят напряженно, к этому одному стремятся неудержимо». Русское общество уже переживало такой момент, когда были освобождены крепостные крестьяне, момент, имеющий «глубокий смысл» и «великое значение[26].

Теперь оно вновь оказалось перед моментом такой же значимости. «*Все* общество требует от власти в один голос — серьезной политической реформы, и "Освобождение" рассматривает себя как орган этого единогласного настойчивого общественного мнения». От других эмигрантских изданий журнал отличался тем, что стремился мобилизовать общественное мнение вне сословных и классовых барьеров, с тем чтобы дать высказаться всему русскому обществу, которое находилось в оппозиции к режиму, но было безгласным и не могло заявить об этом в открытую. Дело освобождения придавало новый смысл даже культурно-просветительской работе, не имевшей прямого отношения к политике.

Риторика единства не ослабла и с началом войны с Японией и революции; скорее наоборот, она стала более настойчивой; например, Струве порицал работников почты и телеграфа за само-

---

[26] Струве П. Б. *От редактора* // Освобождение. 1902. № 1. С. 5.

чинную забастовку, которая затруднила связь между деятелями революции из интеллигенции[27]. Однако все чаще такой дискурс скрывал под собой все более фрагментированную и разобщенную действительность. Левые революционные партии возникли около 1900 года (эсдеки в 1898 году, эсеры в 1901 году), но кадеты стали реальной политической партией только тогда, когда революция 1905 года привела к необходимости бороться за места в Думе. Но и тогда партия конституционных демократов участвовала в выборах 1906 и 1907 годов, по сути, как отколовшаяся часть «Союза освобождения». Самая большая и влиятельная часть тех, кто остался, стала неославянофильской партией октябристов; другие видные члены союза отвергли оба варианта и искали иные возможности для продолжения политической деятельности.

Симбиоз, в котором мировоззрение Булгакова и программа «Союза освобождения» совпадали, усиливая друг друга, начал разрушаться в 1904 году: 27 октября он написал открытое письмо Струве, подписавшись своим обычным псевдонимом Nemo. В этом послании Булгаков сетовал на то, что у Союза отсутствует конкретная программа в отношении тех направлений общественной жизни, которые его напрямую затрагивали, в частности, студенческого движения и идеализма. Струве не понял суть претензии, истолковав письмо как утверждение об отсутствии у Союза какой бы то ни было программы и обвинив Nemo в утрате связи с реальностью[28].

Их пути окончательно разошлись весной 1906 года, когда Булгаков представил в редакцию издаваемого Струве журнала «Полярная звезда» (впоследствии «Свобода и культура») небольшую статью под названием «Религия и политика». Хорошо понимая, какова будет реакция издателей на эту его работу, Булгаков писал, что хочет, «пользуясь гостеприимством и широкой терпимостью редакции "Полярной звезды"», выразить свое мнение по поводу вопроса об отношении религии и политики, имеющего важнейшее значение для партийной организации.

---

[27] Полярная звезда. 1906. № 1.
[28] Освобождение. 1904. № 58. С. 131.

Булгаков утверждал, что, по большому счету, существуют два пути партийного единения. «В одном случае оно происходит на почве общего мировоззрения, так сказать, на программе-максимум или, иначе, основывается на единоверии, не только политическом, но и идеологическом, религиозном». Обе социалистические партии относились к такому типу; они были в равной мере и религиозными сектами, и политическими партиями. К этому типу также относились Католическая партия центра в Германии, христианские социалисты в разных странах, русские старообрядцы и черносотенцы. Второй тип, к которому Булгаков отнес новообразованную конституционно-демократическую партию, основывался на «практическом единогласии, признании очередных исторических требований, формулируемых в программе партии». Единство в партиях такого типа основывалось на согласии в отношении сугубо практических мер и предложений. Религиозные воззрения и идеологические позиции отдельных членов не брались в расчет, отсутствовало подлинное стремление к идеологическому единству. Однако, за отсутствием лучшей альтернативы, Булгаков призывал единомышленников в любом случае оказать поддержку кадетам. В своем собственном видении организационных принципов партии Булгаков основывался на ранней риторике Союза: по его словам, Партия национального единства «должна представлять собой единый духовный организм, иметь общую душу, общую мысль, общую волю, должна представлять собой сверхиндивидуальный коллективный организм»[29].

Идея Булгакова отсылает нас к главному спору политически активной интеллигенции накануне первых выборов. Весной 1905 года основной проблемой для лидеров движения стало не свержение самодержавия, а сдерживание и управление «революционными массами». Едва ли можно было допустить, чтобы «народ» осуществил революцию по-своему: его нужно было заставить уважать интеллигенцию и подчиняться ее просвещенно-

---

[29] Булгаков С. Н. *Религия и политика: к вопросу об образовании политических партий* // Полярная звезда. 1906. № 13. Март. С. 120–121.

му руководству[30]. Как заслужить преданность народа? Союз раскололся по линиям, соответствующим спектру ответов на этот вопрос.

Вопрос о том, как установить связь с народом, не был новым. Конкретное предложение Булгакова опиралось на модель *воспитательной* политики, известной со времен народников середины века. Петр Лавров продвигал идею «критически мыслящих личностей», культурного меньшинства, задача которого заключалась в искуплении грехов привилегированных классов путем улучшения положения масс. Эти люди должны были сказать: «Я сниму с себя ответственность за кровавую цену своего развития, если употреблю это самое развитие на то, чтобы уменьшить зло в настоящем и в будущем»[31]. От этой теоретической формулировки оставалось сделать всего лишь один короткий шаг до ее применения на практике: подчеркивая различие между мыслящей интеллигенцией и массами, народничество выдвинуло классическую модель общественного движения под руководством образованной и подготовленной элиты. «Революционная» энергия народа не имела конкретной направленности; и до, и после отмены крепостного права восстания не преследовали конкретных социальных или политических целей. Представители элиты могли бы наставлять массы и направлять их энергию в нужное русло. Интеллигенция должна была пробудить сознание народа и помочь ему добиться свободы.

Обновленный вариант этого подхода у Булгакова предполагал, что костяк партии, как он ее себе представлял, должны были составить политические лидеры, которые выработали бы идеологию, способную увлечь массы. Недостаточно, чтобы руководство движения было согласно относительно основных целей; организация должна превратиться в подлинно массовое движение, в котором активная и позитивная роль принадлежала бы народу. Совсем недавно риторика религиозной реформы призы-

---

[30] Ср.: *Освободительные задачи русской интеллигенции* // Освобождение. 1903. № 11. С. 388.

[31] Лавров П. *Исторические письма*. СПб., 1870. С. 81.

вала к совершению революции; теперь она стала ответом Булгакова на вопрос о наставлении и воспитании народа, который, как он утверждал, жаждал именно такого религиозного наставничества, каковое ему не желали и не могли обеспечить кадеты.

> Но раз нужно выходить за пределы гостиных и идти к народу, интеллигентский индивидуализм обессиливает и вредит, атомистическая совокупность должна превратиться в более полную, истинную соборность, имеющую одну душу и одну проповедь, ибо к народу нужна проповедь. ... И если победа в рабочих массах пока остается все-таки не на первой, а на второй стороне, то это объясняется, конечно, не тем, чтобы реальная политика к.-д. меньше обещала действительным «интересам» рабочих, но совсем другим. Проповедь в народных массах, в которых живо еще чувство соборности, «кафоличности», утраченное индивидуалистической, «уединившейся» интеллигенцией, должна быть религиозна, если только рассчитывает захватить народную душу в лице наиболее пылких представителей народа, а не уловлять только «умеренных и аккуратных», «хозяйственных мужичков», рассудительных скопидомов[32].

Перелагая традиционно волновавшие народников проблемы на язык нового религиозного сознания, Булгаков предлагал контролировать и направлять революционное движение с помощью просвещенной элиты, которая будет обучать массы, проповедовать им и руководить ими не силой, но устремляя их инстинктивные религиозные чувства в нужное русло. Воспитанные таким образом люди из народа могли бы играть активную роль в политическом процессе. Модель Булгакова в точности повторяла изначальный манифест «Союза освобождения».

Предложенная Булгаковым концепция новой «демократической партии» была одной из нескольких, сложившихся около 1905 года. Вопрос о контроле над революцией был остро поставлен в ходе майской дискуссии, которую можно было бы назвать прениями о «неотложной задаче». Как писал «У-в», перед демо-

---

[32] Булгаков С. Н. *Религия и политика*. С. 121–122.

кратическим движением стояла «неотложная задача»: «найти прямой доступ к массам».

> Но не будем обманываться: не покажутся ли деревне наши обещания бледными и неинтересными сравнительно с обещаниями социалистов-революционеров, обещаниями, сводящимися к общей конфискации земли в пользу крестьянства? Не предпочтут ли рабочие тех, кто им даст уверение в предстоящем наступлении диктатуры пролетариата?[33]

Привлекательность левых партий была настолько велика, что либералам оставалось только ждать, когда они наконец восторжествуют в более далекой исторической перспективе.

> Вероятно, завтрашний день не принадлежит нам; он принадлежит или правительству, опирающемуся на своих новых друзей, или силам дезорганизующим. Но я убежден, что наши принципы настолько несомненны, настолько за них стоит разум истории, что для нас настанет послезавтрашний день, когда нам придется строить на развалинах. Я даже льщу себя надеждой, что в эту минуту на долю конституционно-демократической партии выпадет великая миссия, которую мы выполним с честью. Но как дожить до этого послезавтрашнего дня, не потеряв себя?[34]

Струве не соглашался. Наибольший шанс понравиться народным массам имели как раз умеренные партии — и сегодня в большей степени, чем в каком-то неопределенном будущем. «Этот метод политического воспитания, а не метод революционного оглушения крайними требованиями действительно открывает доступ к народным массам и создает основы для сближения с ними». Хотя в 1870-е годы абстрактные принципы социализма оказались неясными для масс, каждый понимал и поддерживал конкретные предложения кадетов — их требование участия в политической жизни, их аграрную программу, их нереволюци-

---

[33] У-в. *Как не потерять себя?* // Освобождение. 1905. № 69–70. С. 333.
[34] У-в. *Как не потерять себя?* // Освобождение. 1905. № 69–70. С. 338.

онную тактику. Самой срочной, самой необходимой задачей, которую требовалось решить безотлагательно, было «пропитывание масс идеями демократического преобразования»[35].

Несмотря на свой образ «западника», Струве во многих отношениях мыслил в том же направлении, что и Булгаков. В гневном отклике на «Религию и политику» Струве нападал не на «воспитательную» модель Булгакова как таковую, но на ее специфически православное наполнение. Он принял булгаковские критерии правильной политики, утверждая лишь, что Булгаков не видит, что конституционно-демократическая партия на деле представляет собой глубоко религиозную организацию; какой бы нерелигиозной она ни казалась, она, как и вся «глубокая и искренняя политика», «по существу близка к глубочайшей внутренней субъективной религиозности»[36].

В другой вариации на народническую тему косвенный вклад в обсуждение «неотложной задачи» был внесен Лениным еще в работе «Что делать?» (1902). Возможно, рассуждения Ленина были ближе к позиции другого теоретика народничества, Петра Ткачева, пользовавшегося репутацией якобинца, или *бланкиста*, среди народников. Ткачев отстаивал идею заговора профессиональных революционеров, чья первостепенная задача должна заключаться в захвате власти. Ткачев считал, что массы неспособны освободиться собственными силами. Разумеется, революции была необходима их поддержка, но решающая роль должна принадлежать сильному руководству и хорошо организованному революционному авангарду, которые знали бы, как воспользоваться хаосом, вызванным народным восстанием. Ленин принял и усовершенствовал этот подход. Он утверждал, что успех революции зависит от «теоретического сознания» революционеров и что от рабочих нельзя ожидать проявления такого сознания в ходе стихийного восстания. «Без революционной теории не может быть и революционного движения». Ленин чуть ли не цитирует Ткачева, когда настаивает:

---

[35] Струве П. Б. *Как найти себя?* // Освобождение. 1905. № 71. С. 337–343.

[36] Струве П. Б. *Несколько слов по поводу статьи С. Н. Булгакова* // Полярная звезда. 1906. № 13. С. 129.

> Мы сказали, что социал-демократического сознания у рабочих и не могло быть. Оно могло быть принесено только извне. История всех стран свидетельствует, что исключительно своими собственными силами рабочий класс в состоянии выработать лишь сознание тред-юнионистское, т. е. убеждение в необходимости объединяться в союзы, вести борьбу с хозяевами, добиваться от правительства издания тех или иных необходимых для рабочих законов и т. п. Учение же социализма выросло из тех философских, исторических, экономических теорий, которые разрабатывались образованными представителями имущих классов, интеллигенцией[37].

В концепции Ленина рабочие сами по себе представляли стихийность, которую требовалось упорядочивать и направлять сознательностью профессиональной революционной элиты.

Булгаков порвал с «Союзом освобождения», перестав чувствовать себя комфортно в организации, мировоззрение которой не полностью совпадало с его собственным. На самом деле порвали с ним многие — Трубецкой, Шипов и др., что привело к расколу Союза на разрозненные группы. Одной из таких групп стала партия кадетов. Параметры дискуссий перед первыми в России выборами оставались такими же, как во времена народничества: на примере полемики Булгакова со Струве и другими мы видим, что в том, как крупные политические деятели осмысливали революционное движение и нарождающуюся парламентскую систему, определяющую роль играло их мировоззрение. Даже предвыборная кампания кадетов была не просто борьбой за голоса независимого электората, но носила на себе отпечатки «наставительных» пропагандистских кампаний, которые проводили ее предшественники-народники[38]. Политические позиции Булгакова, Струве и Ленина в равной мере были частью глубоко продуманных представлений об управляемой мобилизации масс.

---

[37] Ленин В. И. *Что делать? Наболевшие вопросы нашего движения* // В. И. Ленин. ПСС: 5-е изд. Т. 6. М., 1963. С. 30.

[38] См.: Emmons T. Introduction to *The Formation of Political Parties and the First National Elections in Russia*.

Струве и Булгаков предлагали их воспитывать: Струве — привлекая конкретными мерами и при этом прививая демократические идеи, Булгаков — развивая религиозность; более механическая модель Ленина опиралась на сознательную революционную элиту для управления неконтролируемыми в противном случае стихийными силами революционных масс.

Октябрьский манифест ни в коем случае не положил конец этой полемике. Битва концепций, глубоко разработанных за три десятка лет идеологических дебатов, повлияла даже на основополагающие процессы формирования партий и партийной принадлежности. Страницы либеральных и радикальных журналов, публиковавшихся в 1906–1907 годах, полны тем, что современными читателями воспринимается как неумеренное увлечение философскими абстракциями в то время, когда стали возможны и необходимы действия. Привыкшие к идеологической полемике интеллигенты-политики очень серьезно относились не только к политическим программам, но и к мировоззрению. Значение философских позиций для интеллигенции, не ослабевшее и после 1905 года, поддерживалось политическим процессом, который развивался по традиционной схеме, хотя теперь она и была санкционирована властью: вожди-интеллектуалы вырабатывали философско-политическую позицию, а затем проповедовали ее среди избирателей. Булгаков полностью поддерживал идеи кадетов о вовлеченности в политическую деятельность и социальном равенстве (в конце концов, аграрная программа была создана им самим), но не принимал ни философскую позицию партии, ни принцип ее организации. В марте 1906 года он расстался со своими прежними соратниками по «Союзу освобождения», чтобы создать собственную политическую группировку.

Глава шестая
Христианский социализм

«Союз христианской политики», возглавленный Булгаковым, начинался как группа, отколовшаяся от освободительного движения. В сентябре 1905 года — через три месяца после того, как «У-в» разжег жаркие дебаты о том, как быть услышанными народом, — Булгаков написал статью «Неотложная задача», само название которой свидетельствовало о его намерении внести свой вклад в развернувшуюся дискуссию. Эта публикация также явилась программным изложением новой идеологии христианского социализма. В ней Булгаков набросал программу не партии, но политической группировки, которую он назвал «Союзом христианской политики». Этот союз, как любое другое общество, должен был проводить открытые собрания, собирать членские взносы и иметь свой административный аппарат; ему предстояло создать христианский печатный орган, в котором общественная жизнь надлежащим образом освещалась бы с христианской точки зрения; он должен был организовывать кружки и общества по распространению своих идей в массы, в особенности для рабочих и крестьян. Перед Союзом ставились пять основных задач: воспитывать христианское общество, объединять всех христиан, независимо от их вероисповедания, добиваться политического и экономического раскрепощения личности, противостоять черносотенцам и организовать пропагандистскую кампанию. Разделяя обеспокоенность своих коллег-либералов по поводу потенциально большей популярности левых радикальных партий, Булгаков предложил кооптировать их программу, наполнив ее иной философией.

Христианский социализм вырос из тех христианско-политических организаций, которые сначала нашли пристанище под крылом «Союза освобождения», но впоследствии обнаружили, что их религиозный радикализм вступил в противоречие с более светской ориентацией кадетов Струве и Милюкова. Идеализм у Булгакова кристаллизовался в христианский социализм благодаря его членству в двух организациях: в кружке, который сложился в начале столетия вокруг философа М. А. Новоселова и занял более радикальную позицию по вопросу о религиозной революции, чем официально разрешенные религиозно-философские общества, и в «Христианском братстве борьбы», которое, как уже было отмечено, открыто призывало к полному религиозному преобразованию общества.

В самом широком смысле программа булгаковского «Союза христианской политики» перекликается с программой европейского христианского социализма середины века. Подобно французским, британским и немецким христианским социалистам, Булгаков воспринимал христианство как потенциальный инструмент трансформации общества, апеллируя к дням 1848 года и таким личностям, как Ламенне и Чарльз Кингсли. Преподобный Мориц Кауфманн, представитель британского христианского социализма, сформулировал его цель как «превращение общества в идеальную общину, построенную по христианской модели», «реализованную благодаря живительному влиянию духа христианского равенства как новой силы или формы социальной кристаллизации». Наиболее важным, вероятно, является то, что булгаковский христианский социализм был озабочен необходимостью обеспечить народ нравственным руководством. Глубокая убежденность Булгакова в том, что «реформация необходима не только в официальной церкви, но и в душе народа», перекликается с чаяниями Кингсли относительно «тотального изменения состояния [народа] посредством полной трансформации нравов и возрождения человеческого сердца»[1].

---

[1] Kaufmann M. *Christian Socialism*. London, 1888. P. 22, 21, 72, цитируется «Олтон Локк» Кингсли.

При общем сходстве, своеобразие русского варианта христианского социализма определялось его корнями, уходящими в религиозно-идеалистические течения начала XX века, а также в революционные тенденции освободительного движения. По мнению Булгакова, общество столкнулось с необходимостью радикального выбора — выбора, уже знакомого нам по попыткам Мережковского изобразить его в литературе как борьбу Христа и Антихриста. Булгаков представил ее как борьбу двух противоположных начал, развертывающуюся на двух уровнях: как философское противостояние «безбожного гуманизма» и «христианской политики» и как соответствующее противостояние социальных программ социал-демократии и христианского социализма.

«Безбожный гуманизм», который, по его мнению, проник не только в социал-демократию, но и в общественное движение в целом, Булгаков приписывал Людвигу Фейербаху; Карл Маркс, по его словам, был лишь его учеником. Булгаков утверждал, что в рамках безбожного гуманизма Фейербах построил новую религию, основанную на обожествлении человечества; для Булгакова философия Фейербаха сводилась к одной фразе: «Homo homini deus est». Эта формулировка была ядром «значительнейшего религиозного создания нового времени» и представляла собой религиозно-философский аналог прославления человека в теории прогресса Конта. Однако отдельный человек казался недостаточным объектом для почитания, и Фейербах (опять же, в интерпретации Булгакова) предпочел обожествить человеческий род в целом: «вид есть бог для индивида». Несмотря на несовершенство личности, род олицетворял собой истину, добро и красоту; в своей совокупности люди компенсировали личные недостатки, и человечество в целом оказывалось совершенным[2].

Таким образом, исходя из своего понимания философии Фейербаха, Булгаков критиковал его за то, что тот попытался

---

[2] Булгаков С. Н. *Религия человекобожия и Л. Фейербах* // С. Н. Булгаков. Два града: в 2 т. Т. 1. М., 1911. С. 14, 17. Булгаков выдвинул этот довод и в «Карле Марксе как религиозном типе» (см. Там же). Эта работа была переведена на многие языки и получила известность в качестве одной из ранних попыток интерпретировать марксизм как религиозное убеждение.

превратить христианство, религию Богочеловечества, в религию человекобожия. Булгаков соглашался с двумя тезисами Фейербаха: о том, что человечество имеет безусловное религиозное значение, и о том, что человечество — это единое целое, организм, состоящий из отдельных людей, но он не мог принять вытекавший из этого косвенный вывод о том, что Бога нет и, следовательно, человек должен занять Его место. Отрицая существование Бога, Фейербах пытался сохранить святыню. Поскольку оба этих тезиса строились на ложном основании, они стали опасными: первый — потому что он заменял Бога как Абсолютное Существо обожествленным человечеством, которое на самом деле было лишь абсолютным становящимся («Становление приравнено было законченному бытию и обожествляемость — обожествленности»)[3]; второй — потому что он не мог привести достаточно убедительного доказательства единства человечества, которое на самом деле может быть едино только во Христе, достигшем этого единства принятием на Себя грехов всего человечества.

Эта ошибочная философия атеистического гуманизма — если до конца следовать за Булгаковым — была усвоена эпигонами Фейербаха Марксом и Энгельсом настолько прочно, что стала душой и сутью марксизма. Маркс был последователем не Гегеля, как он утверждал, а Фейербаха; «Святое семейство», «К критике гегелевской философии права». «К еврейскому вопросу» («Die Heilige Familie», «Zur Kritik des Hegelschen Rechtsphilosophie» и «Zur Judenfrage») Маркса и «Положение в Англии» («Die Lage Englands») Энгельса явились прямыми результатами приверженности обоих учению Фейербаха.

> Атеистический гуманизм Фейербаха составляет душу марксистского социализма и характерен для него не меньше, нежели политико-экономическая доктрина самого Маркса, которая может быть совместима и с принципиально противоположным общим миросозерцанием. Имея в виду эту философскую генерацию идей, мы смело можем выставить парадоксальное на первый взгляд положение, что Фейербах

---

[3] Булгаков С. Н. Там же. С. 50.

в гораздо большей степени является духовным отцом марксизма, нежели сам Маркс, который дал только плоть для идей Фейербаха, и потому, если углубить теперешний социал-демократизм до его общефилософских оснований, то в фундаменте его окажутся идеи Фейербаха[4].

Это атеистическое религиозно-философское ядро марксизма, по утверждению Булгакова, было едва ли не более важным, чем его социалистический пафос: сущность марксизма заключалась не столько в социализме или даже экономическом материализме, сколько в религиозно-философском учении Фейербаха.

В качестве радикальной альтернативы атеистическому гуманизму или «человекобожию» Фейербаха, Конта и Маркса Булгаков предложил политическую философию, основанную на христианской вере. Потенциальную основу для такой философии он усматривал в идеях Владимира Соловьева, который, по его утверждению, признал важнейшее значение христианского понятия Богочеловечества и тем самым указал единый центр, вокруг которого должна выстраиваться христианская теория общества, достаточно убедительная, чтобы противостоять учению Фейербаха. Философия Соловьева была противоположна атеистическому гуманизму в том, что признавала Христа. Еще в 1903 году Булгаков подчеркивал, что в философии Соловьева центральное место принадлежит христианской концепции двойственной, человеческой и божественной, природы Христа[5]. Двумя годами позднее он отметил, что Соловьев рассматривал основную проблему христианства как вопрос христологии[6]. Современные мыслители упускали это из виду и стремились подменить более фундаментальный вопрос о природе Христа моралью. Философия Соловьева представляла собой исключение, так как предлагала «...стройный и гармоничный синтез современной мысли и знания, цельное миросозерцание, в котором приняты во вни-

---

[4] Там же. С. 6–7.
[5] Булгаков С. Н. *Что дает современному сознанию философия Вл. Соловьева?* // С. Н. Булгаков. От марксизма к идеализму. СПб., 1903.
[6] Булгаков С. Н. *Без плана* // Вопросы жизни. 1905. № 3. Март. С. 389.

мание и согласованы и запросы критической философии, и метафизического творчества, и естествознания», основанный в конечном счете на христианстве и его признании Богочеловеческой природы Христа. Философия Соловьева строилась вокруг христианского ядра, которого Булгаков не находил у Фейербаха: «В доктрине Соловьева Христос есть единящее начало универсального организма, положительного *все*». Соловьев посвятил много внимания христологическому вопросу, придя в итоге к выводу о том, что в Христе неразрывно слиты две половины: творческое, активное мужское начало Логос и сотворенное, пассивное женское начало София. Этот органический синтез Логоса и Софии, активного и пассивного начал, и стал тем центром, вокруг которого построено учение Соловьева.

> Таким образом, основною особенностью, проникающею насквозь всю систему Соловьева и характеризующею ее в истории философии, является идея *Богочеловечества*; она есть его логический и нравственный центр, к ней сходятся все нити аргументации и ее нельзя удалить, не разрушив всего здания[7].

Признание Соловьевым центральной философской роли Христа трансформировало представление Фейербаха о человечестве как о носителе духовного начала и о человечестве как совокупном организме. Обе эти идеи были перенесены на христианскую основу. Формулируя свои личные религиозные убеждения, Булгаков заключил, что высшая ценность человечества заключается в сотворенности человека «по образу и подобию» Бога.

> Человек и человечество есть высшее откровение Божества, ради которого создан этот мир, которое является посредствующим между Творцом и творением, душой мира. Только человек имеет способность свободного и сознательного усвоения божественного содержания, только в нем абсолютное находит свое другое, свой образ и свое подобие. В силу

---

[7] Булгаков С. Н. *Что дает современному сознанию философия Вл. Соловьева?* С. 238.

этого человечество и обладает потенцией бесконечного развития, способностью к истинному прогрессу, ведущему к действительному перерастанию самого себя, не к одним только пустым и напыщенным претензиям на сверхчеловечество[8].

Человечество есть творческий образ Божий в становлении («становящееся абсолютное»); это, а не какие-либо претензии на собственную божественность, определяет особое положение человека между сотворенным миром и Творцом[9]. В понимании Фейербаха, человечество было целостным организмом; однако эта целостность может быть основана только на христианстве:

> Только на религиозной почве, где высшее проявление индивидуальности роднит и объединяет всех в сверх-индивидуальной любви и общей жизни, только соединение людей через Христа в Боге, т. е. *церковь,* личный и вместе сверхличный союз, способен преодолеть эту трудность и, утверждая индивидуальность, сохранить целое[10].

Кроме того, Булгаков считал, что преимущество философии Соловьева заключается в ее связи с жизнью, с действием, она не пряталась от мира в стенах кабинета философа. Христианство должно было стать основой жизни общества, а не темой философских дискуссий. Соловьев понимал, что

> ...философия имеет в сущности только одну задачу, только один вопрос, — о смысле индивидуальной и общечеловеческой жизни, ставит загадку о человеке и его отношении к миру и обосновывающему этот последний началу, — материи, силе, механизму, божеству[11].

---

[8] Булгаков С. Н. *Религия человекобожия*. С. 47.

[9] Соловьев разрабатывает эту христианскую идею в «Оправдании добра» (1897). См.: Соловьев В. *Соч.* / Ред. А. Ф. Лосев, А. В. Гулыга. М., 1988. Представление о человеке как о творческом существе, находящемся в процессе становления, в дальнейшем легло в основу понятия софийности хозяйства Булгакова.

[10] Булгаков С. Н. *Карл Маркс как религиозный тип*. С. 94.

[11] Булгаков С. Н. *Без плана*. С. 389.

Современное сознание жаждало целостной, всеобъемлющей картины мира, и философия Соловьева предлагала ему «целостное и последовательно развитое христианское миросозерцание», включающее в себя естественные науки, красоту, религию и гражданское сознание и отвечающее их потребностям. Христианский социализм Булгакова явился приложением христологической концепции Соловьева к общественной жизни; Булгаков стремился познакомить «общественность» с соловьевской идеей христианской политики и предлагал руководствоваться ею в общественной деятельности.

> Первое и самое важное из сказанного им здесь сводится к тому, что христианство, если оно есть действительно вселенская истина, должно быть осуществляемо в собирательной жизни человечества и давать высший критерий при оценке всех явлений и запросов текущей жизни. Словом, обязательна *христианская политика*[12].

Христианство должно быть социальным, должно находить применение в этом мире, а не просто нести весть о существовании загробного мира. «*Религиозно-философское движение должно быть насквозь пропитано общественностью, быть органически связано с общественно-историческими задачами времени*»[13].

Христианский социализм должен быть воплощением идеи Богочеловечества.

> Соловьев именно учил, что исторический процесс есть процесс богочеловеческий, в котором устрояется и организуется совокупное человечество в единый собирательный организм. С этой точки зрения, общественные стремления современного человечества к торжеству демократии и социализма соответствуют требованиям и христианства, — не

---

[12] Булгаков С. Н. *Что дает современному сознанию философия Вл. Соловьева?* С. 262, 241.

[13] Булгаков С. Н. *Без плана*. С. 401.

по своему теоретическому — позитивно-материалистическому — обоснованию, которое противоречиво, фальшиво и убого, — но по своему нравственному содержанию[14].

Христианство должно быть активным; оно должно стать учением об освобождении.

Идеи Соловьева стали главной философской базой христианского социализма, но Булгаков опирался и на других мыслителей-предшественников. Пожалуй, наиболее сильное влияние оказал на него Федоров. В посвященном ему кратком очерке Булгаков подчеркивал, что Федоров и Соловьев разделяли идею *активного* христианства и что в этом отношении первый оказал влияние на последнего. Для упорядочения природы требовался труд: «По убеждению Федорова, Бог создал не наилучший, законченный уже мир, а лишь *потенциально* наилучший, который *может стать* наилучшим, но при участии человеческого труда»[15]. Большое значение имела также философия Сергея Трубецкого с ее характерным для русских мыслителей синтезом научного, философского, политического и академического. Еще одной отправной точкой для христианского социализма явилась социология Джона Рёскина, у которого Булгаков для собственного учения позаимствовал религиозно-этическое понимание политических и социальных вопросов, представление об иерархическом устройстве общества и веру в значение отдельной личности[16].

Выбор между философиями атеистического гуманизма и христианской политики обернулся выбором между социал-демократией и христианским социализмом. Булгаков очень серьезно отнесся к социалистическим аспектам своей программы, неоднократно настаивая на том, что «требования коллективизма

---

[14] Там же.

[15] Булгаков С. Н. *Загадочный мыслитель* // С. Н. Булгаков. Два града. Т. 2. С. 275. Большое значение, которое Булгаков придавал труду, принесло важные философские плоды в его «Философии хозяйства».

[16] Булгаков С. Н. *Социальное мировоззрение Джона Рескина* // Вопросы философии и психологии. 1909. № 100. С. 395–436.

должны быть поэтому целиком включены в задачи христианской политики». Социальная программа христианского социализма совпадала с требованиями по «рабочему вопросу», выдвигаемыми и кадетами, и левыми партиями; в качестве шагов на пути к достижению конечной цели Булгаков поддерживал развитие социального законодательства, организацию рабочими самопомощи в форме банков, профсоюзов и кооперативов, а также создание политических и образовательных организаций. К финансовому вопросу Булгаков подходил не менее прямолинейно: он призывал перераспределить налоговое бремя, переложив его с бедных на богатых путем перехода от косвенного налогообложения к прямому. Далее, он предлагал ввести прогрессивный подоходный налог с максимальным не облагаемым прожиточным минимумом и увеличить налог на наследство. Наконец, он примыкал ко всем остальным партиям, занимая достаточно радикальную позицию по аграрному вопросу и утверждая, что социализм является «нормальной формой аграрного устройства»[17]. Пока что, однако, Булгаков был готов поддерживать аграрную программу кадетской партии и земств: увеличение земельных ресурсов крестьян, разрешение на покупку участков, находящихся в частной, государственной и монастырской собственности. Одним словом, как это ни странно, социальная программа христианского социализма могла бы быть названа пошаговым радикальным коллективизмом: полная экспроприация собственности дворянства должна была проводиться поэтапно.

Чем же эта программа отличалась от программ левых партий? Если говорить о Булгакове, то по духу его социализм резко отличался от социал-демократического: он использовал социализм как вывеску, как подручное средство для реализации заповеданного Христом принципа любви к ближним в условиях современного общества[18]. Подобно ряду его европейских предшественников, Булгаков исходил из того, что демократия не является безусловным благом и имеет не только сильные, но и слабые стороны.

---

[17] Булгаков С. Н. *Неотложная задача* // Вопросы жизни. 1905. № 9. С. 343, 347.
[18] Там же. С. 344.

Осознание этого факта привело британских христианских социалистов к созданию программы нравственного воспитания:

> Сейчас мы продолжаем рассматривать христианство как фактор социальной динамики, способный воспитать человека, особенно человека труда, сформировать его характер и привычки, являющиеся важнейшими предпосылками общественного прогресса[19].

Христианский социализм Булгакова основывался на аналогичной убежденности в том, что христианство способно наделить демократию положительными качествами.

> В демократии, как и во всех человеческих делах, возможны два аспекта, два пути, два направления: вверх и вниз. Вверх ведет сознание солидарности, высшего единства вселенского человечества и общности богочеловеческого дела, в котором, хотя «звезда от звезды и разнствует во славе» и есть рядовые и офицеры, есть чернорабочие и герои, но все они нужны и одинаково незаменимы для универсального всечеловеческого и богочеловеческого дела, создания царствия Божия, совместного служения высшему идеалу. Этому противоположна тенденция нивелирования, сведения под один ранжир, признания за правомерное только того, что в равной мере доступно и разделяется всеми, бессознательного стремления к приведению всего не к высшему, а к низшему уровню[20].

Опасность демократии состояла в том, что она могла потянуть не только вверх, но и вниз; ее возможным результатом мог бы стать культ посредственности, как в нравственном, так и в интеллектуальном отношении. Социал-демократия, достойным примером которой, по утверждению Булгакова, была социал-демократическая партия Германии (СДПГ), в качестве арбитра общественной деятельности признавала только человечество.

---

[19] Kaufmann M. *Christian Socialism*. P. 10.
[20] Булгаков С. *Религия человекобожия*. С. 51–52.

Без Бога такая политика легко вела к слепому поклонению толпе, обожествлению масс.

Выбор между поклонением Христу и поклонением человечеству означал выбор между атеистической, фейербаховской социал-демократией и истинной демократией во Христе. Булгаков утверждал, что социалистическое обожествление человека оборачивается не демократией, а демагогией. Поскольку СДПГ была наследницей Фейербаха, она выбрала худший из двух возможных политических путей по отношению к массам. В то же время практическое применение представления Фейербаха о человечестве как едином целом без Христа вызывало у Булгакова те же сомнения, из-за которых он отверг контовскую теорию прогресса: «прогресс», о котором говорила социал-демократия, являл собой эвфемизм, подразумевающий благо лишь для будущих поколений. Без Бога нет ничего, что объединяло бы нас с нашими потомками; при этом единственным спасением от смерти является вера в то, что человеческая деятельность имеет значение для всего человечества, жившего ранее и живущего сейчас.

> Но это воззрение возможно только при принятии христианской веры в «будущий век» и всеобщее воскресение, с которым только и может быть связана вера в прогресс, в историческое творчество *человечества*, а не отдельных чередующихся поколений. Иначе оно превращается в бессмыслицу, в воплощенную иронию: неужели же нужны были многовековые страдания всего человечества, чтобы доставить благополучие неведомым избранникам на короткое время их жизни? Торжествует только одна победительница — смерть[21].

Без христианской веры во всеобщее воскрешение прогресс был бы бессмысленным. Следовательно, демократическое движение было поставлено перед выбором: средневековая вера в Богочеловеческую природу Христа и пренебрежительное отношение к человеку были ниспровергнуты гуманизмом эпохи Возрождения,

---

[21] Булгаков С. *Карл Маркс как религиозный тип*. С. 61.

а теперь и современное общество переживало не менее драматичный переломный момент. Гуманизм, прежде сыгравший прогрессивную роль, в России оказался на перепутье. Те, кто боролся за демократию, в особенности за ее социалистическое проявление, должны были сделать выбор между Христом и Антихристом, между мнимым прогрессом и самообожествлением, предлагаемыми марксизмом, и истинным всеединством во Христе.

Задача христианских социалистов теперь состояла в том, чтобы донести необходимость выбора между Христом и Антихристом до народа в целом. Булгаков взялся за эту работу сразу после своего окончательного размежевания с кадетами в марте 1906 года: на пасхальной неделе они с А. С. Глинкой-Волжским выпустили в Киеве первый номер «ежедневной религиозно-общественной газеты» под соответствующим названием «Народ», которая должна была «распространять идеи христианской общественности [и объединять] лиц, разделяющих идеи союза, как в городах, так и в деревнях, как в интеллигентном обществе, так и в народе»[22]. Газета «Народ» продолжила традиции издававшегося Кингсли журнала «Политика и народ» («Politics and the People»), а также прокламаций и пропаганды движения «хождения в народ» Николая Чайковского 1873–1875 годов. Газета «Народ» стала одним их многочисленных периодических изданий, появившихся в начале столетия, в период всплеска активности, который предшествовал первым выборам в Думу, и продолживших давнюю традицию «приобщения народа к политике».

У Булгакова хватило средств только на выпуск семи номеров «Народа», однако за краткое время своего существования газета сумела поднять те вопросы, которые многие представители интеллигенции считали наиболее важными накануне первых в истории страны общегосударственных выборов. В первом номере пояснялось, что мировоззренческая позиция газеты выстроена на «идеалах вселенского христианства» и «вместе с Влад. Соловьевым» исходит из того, что «христианская правда должна проникать не только в личную жизнь, но и в область общественных отноше-

---

[22] Булгаков С. Н. *Неотложная задача*. С. 359–360.

ний». Во имя этих идей газета намеревалась «отстаивать народную свободу, раскрывать неправду капиталистической эксплоатации и современных земельных отношений, а также настойчиво бороться против национальной вражды». Поскольку издатели понимали важность современной духовной жизни русского народа, газета также собиралась уделять значительное внимание церковным вопросам и задачам, «связанным с предстоящим церковным собором»[23]. Булгаков и его коллеги ясно дали понять, что рассматривают усилия, направленные на проведение социальной, аграрной и церковной реформ, как звенья одной цепи.

Христианско-социалистический дух «Народа» основывался на своеобразном, но могучем сочетании экзальтации, страха и прагматизма. Если говорить об экзальтации, то в пасхальный период, когда выходила газета, одной из постоянных тем публикуемых в ней материалов стало воскресение как метафора политического возрождения России. В написанной Булгаковым передовице «Пасхальные думы» подчеркивалась связь современности с событиями на Голгофе:

> Совершается и назревает в истории что-то неслыханное, что-то великое. Мы живём в атмосфере великих предчувствий, в атмосфере надвигающегося чуда... Мы переживаем и канун своего национального воскресения. Совершится, рано или поздно, это воскресение, преобразив внешние и внутренние формы народа. Победит же, наконец, русский народ своего действительного «внутреннего» врага, разобьет свою темницу, пробудит своё зачарованное, сонное царство, исполнятся давнишние, свободолюбивые и человеколюбивые мечты. <...>.
>
> Воскресни же, Христос, в Твоём народе, осияй правдой Твоей тьму злобной вражды человека к человеку, племени к племени, расточи врагов дела Твоего, испепели нашу дряблость и холодное равнодушие, воспламени и сожги сердца наши огнём Твоим.
>
> Ей, гряди, Господи Иисусе![24]

---

[23] *От редакции* // Народ (Киев). 1906. 2 (15) апр. С. 1.
[24] Булгаков С. Н. *Пасхальные думы* // Народ (Киев). 1906. 2 (15) апр. С. 1.

Газета «Народ» походила на «Освобождение» не только своей риторикой, но и призывом к упразднению самодержавия. Недавние победы партии народной свободы опровергли утвердившийся во влиятельных кругах миф о том, что люди не могут жить без кнута, паспортной системы и тирании земского начальника. Теперь, утверждал Булгаков, стало ясно, что народ — причем не только его интеллектуальная элита, которой исключительно приписывались революционные намерения, — отверг самодержавие; правительству надлежало признать это до того, как грянет народная буря. «Мы стоим над разверзнувшейся бездной; Везувий народного гнева только начинает действовать. Близится землетрясение. Спасайте пока не поздно»[25].

Такая апокалиптическая риторика сопровождалась неожиданным чувством угрозы со стороны того самого народа, который она должна была побудить к действию. Русскому народу еще предстояло дождаться того часа, когда он скажет свое пока еще неизвестное слово, которое спасет мир; но для того, чтобы выполнить эту историческую миссию, народ сначала должен преобразиться, превратившись из «этого погромного хулигана звериного образа, погрязающего в смрадном грехе», в «народ-богоносец», о котором говорили Достоевский и Соловьев и который «имеет свою важную и определенную задачу в мировой истории, в плане мирового спасения»[26]. Христианский социализм с его воодушевляющим видением человека как образа и подобия Бога стремился апеллировать к религиозному чувству этого темного и пугающего народа, ставя перед собой цель добиться того, чтобы демократия, когда она будет достигнута, была проникнута подлинно христианским духом.

Рассуждения Э. П. Томпсона о влиянии евангельской проповеди на формирование сознания рабочего класса предоставляют любопытную возможность сравнения этого влияния с тем, как обращался к массам русский христианский социализм[27]. Вместо

---

[25] Булгаков С. Н. *На грозном распутьи* // Народ (Киев). 1906. 8 (21) апр. С. 1.
[26] Булгаков С. *Пасхальные думы* // Народ (Киев). 1906. 2 (15) апр. С. 1.
[27] Thompson E. P. *The Making of the English Working Class*. New York, 1964.

того чтобы прививать трудовую этику, кодекс морального поведения, модель организационной тактики, российские «проповедники Благой вести» стремились донести до народа радикальную картину мира, сложившуюся под влиянием философии. Они ратовали за полную религиозную и социальную трансформацию посредством «христианской политики», настаивали на невозможности среднего пути и на принципиально дуалистической картине мира, в котором можно быть либо с Христом и его нынешними апостолами, либо против них.

При этом редакция «Народа» ограничилась тем, что отвела колонку для обсуждения перспектив христианского общества и сетований по поводу современной религиозной жизни[28]. В конечном счете издатели поддержали программу партии кадетов как лучший из возможных компромиссов.

Как движение христианский социализм с его христианской философией, радикальной, коллективистской и демократической социальной программой и непродолжительной попыткой «хождения в народ» завершился явным провалом. Причины его очевидны: если социальный католицизм в Германии, Австрии или даже Франции являлся внутрицерковным движением, а иногда и орудием церкви в борьбе с государством за свои права, то российские религиозные радикалы выступали против всех властных институтов страны. Вероятно, энциклика «Rerum novarum» Льва XIII была вдохновлена не столько либерализмом, сколько признанием неотвратимой необходимости определить свою позицию по отношению к социальным проблемам. В России же из-за абсолютной неспособности Победоносцева осознать острую потребность в социальном законодательстве и привлечь церковь к решению социальных проблем подобные декларации были просто невозможны. С одной стороны, христианский социализм был направлен против Победоносцева и, следовательно, официального «церковного позитивизма», у которого в представлениях о социальной гармонии не нашлось места ни для восьмичасового рабочего дня, ни для аграрной реформы, и, с другой

---

[28] *Христианская общественность* // Народ. 1906. 2 (15) апр. С. 4–5.

стороны, — против социал-демократии, опиравшейся на материализм XIX века и философский позитивизм. Он оказался в оппозиции и к третьей силе — толстовской светской проповеди личного спасения вместо социальных перемен. Наконец, Булгаков и его сторонники разошлись даже с Мережковским и Гиппиус, разделявшими их наиболее общие цели; каждая сторона обвиняла другую в правом уклоне и переходе на сторону режима[29].

Однако поскольку христианский социализм зародился в рамках освободительного движения, а его вождь продолжал поддерживать партию кадетов, история этого направления проливает свет на парадоксы либеральной политики в период 1904–1907 годов. Хотя религиозную программу Булгакова и можно назвать радикальной, он никогда не считал, что она противоречит этическому идеализму, сформулированному им ранее. Соответственно, третий из пяти пунктов, в которых он кратко изложил задачи христианского социализма, содержал следующее примечательное утверждение:

> Союз христианской политики ставит себе в качестве основной и общей задачи внешнее, т.-е. политическое и экономическое освобождение личности. *В логическом развитии этой задачи он может остановиться только на идеалах анархического коммунизма, который мы и находим в первых христианских общинах; в качестве же практической программы он не может не принять требований радикально-демократического и коллективистического характера, которые воодушевляют теперь существующие демократические и социалистические партии*[30] (курсив мой. — *Е. Е.*).

В России начала века приоритетное внимание к личности, которое в современной политической теории часто отождествляется с либеральной позицией, могло уживаться с социализ-

---

[29] Мережковский заявлял, что Булгаков свернул вправо, а Булгаков критиковал петербургские религиозно-философские собрания за то, что они проводятся по разрешению Победоносцева.

[30] Булгаков С. *Неотложная задача*. С. 359.

мом и коллективизмом, не порождая явной дисгармонии и не требуя объяснений. В этом смысле христианский социализм представлял собой вариант либерализма, которого придерживались кадеты: он разделял демократические цели движения, но предлагал добиваться их осуществления путем просветительской религиозной кампании в среде русского народа.

Парадоксальное эмоциональное наполнение доктрины, более того, подчеркивание темы Воскресения в сочетании с глубоким страхом перед «народом-богоносцем» также было характерно не только для приверженцев христианского социализма, но и для предвыборных настроений российских либералов. Дилемма христианских социалистов была и дилеммой демократической интеллигенции в целом: самодержавие должно быть упразднено, народ должен взять власть в свои руки; однако эта революционная цель должна быть достигнута умеренными средствами, чтобы избежать очевидных опасностей народного правления. Христианский социализм представлял собой одно из возможных решений той проблемы, с которой в 1905 году столкнулось освободительное движение. Октябристы предпочли отказаться от своих революционных целей, чтобы не рисковать достигнутым благодаря Октябрьскому манифесту. Кадеты отнеслись к участию в работе Думы как к наилучшей промежуточной альтернативе на пути к окончательному свержению правительства. Христианские социалисты Булгакова сотрудничали с кадетами и шли в ногу с освободительным движением до тех пор, пока это было возможно, параллельно вырабатывая социальную программу, похожую на программу социал-демократии, но существенно отличавшуюся от нее идеей глубочайшей христианизации новой народной власти.

Каковы бы ни были практические достижения и неудачи христианского социализма, он, бесспорно, явился важным этапом в развитии Булгакова как мыслителя. В ходе дискуссии в «Христианском братстве борьбы» и в попытках создать «Союз христианской политики» Булгаков впервые начал мыслить об обществе как о христианском хозяйстве, и несколько лет спустя именно это представление позволило ему создать работу, которая стала наиболее важным его вкладом в историю идей. Центральное место, отведенное мотиву Воскресения, повышенное внимание к особой роли человека как сотворенного по образу и подобию Бога, принятие философии Владимира Соловьева в качестве путеводной звезды — все это оформилось в процессе самоопределения Булгакова в перипетиях революционной борьбы. Эти темы не имели успеха на политическом поприще, но последующие годы жизни Булгаков посвятил их разработке как социальной философии.

Джон Бойер показал, что гораздо более успешная австрийская партия христианских социалистов, руководимая Карлом Люгером, была скорее наследницей либерализма и буржуазной политики XIX века, чем прообразом фашизма XX столетия; еще более очевидна связь с либеральной мыслью немецкого христианского социализма, особенно его варианта, предложенного Фридрихом Науманом и поддержанного Максом Вебером[31]. Если бы политический процесс оказался менее насыщенным и не столь сжатым по времени, некоторые группы населения России — в особенности тот промежуточный слой, общественное положение которого соответствовало европейской буржуазии, — могли бы быть поставлены перед выбором — принимать или не принимать идеи Булгакова. В любом случае, хотя сам Булгаков быстро разочаровался в политических перспективах христианского социализма, он не расстался с надеждой перестроить общество на религиозной основе.

---

[31] Boyer J. W. *Political Radicalism in Late Imperial Vienna: Origins of the Christian Social Movement, 1848–1897.* Chicago, 1981. Набольший интерес представляет идея о Наумане, высказанная немецким политиком Теодором Хойсом. См.: Heuss Th. *Friedrich Naumann: Der Mann, das Werk, die Zeit.* Stuttgart, 1937.

Глава седьмая
Конституционная политика или религиозная реформация? Вторая Дума

Когда вслед за началом войны с Японией страну охватили забастовки, демонстрации и бунты, сложилось впечатление, что вот-вот сбудутся надежды и, возможно, опасения идеалистов и сторонников церковной реформы, творцов «зорь» начала столетия. Для интеллигенции, чья активность неуклонно набирала обороты вплоть до весны 1907 года, когда была созвана Вторая Дума, народная революция 1905 года ознаменовала собой самое начало революционного процесса. Христианско-социалистическое движение было лишь одной составляющей той кипучей деятельности, которую развил Булгаков с началом долгожданных забастовок и выступлений 1905 года, после поражения, понесенного Россией в войне, и в связи с обещанной конституцией. В первые месяцы революции интеллигенция естественным образом воспользовалась теми органами и институтами, которые долгое время предоставляли ей трибуны для выражения социально-политических идей. В «дни свободы»[1] резко активизировались и общество, и толстые журналы, оживились интеллектуальные дискуссии.

---

[1] Хью Ситон-Уотсон заимствует это выражение у либералов. См.: Seton-Watson H. *The Russian Empire, 1801–1917*. Oxford, 1967.

Примечательно, что в первые тревожные дни революции Булгаков первым делом вступил в Вольное экономическое общество (ВЭО)[2]. Этому обществу и в самом деле предстояло сыграть интересную роль в революционном процессе. Со времен его учреждения Екатериной Великой Общество стало выразителем идей прогрессивно мыслящих землевладельцев, а впоследствии и земской интеллигенции. Несмотря на жесткие ограничения, которым подверглась его деятельность при Николае II (декретом 1900 года Обществу было запрещено заниматься чем-либо, кроме «научной» деятельности), ВЭО сохранило репутацию площадки для обсуждения политических вопросов, и в первые месяцы революции интеллигенция потянулась в его петербургскую штаб-квартиру. 9 января 1905 года в доме Общества на Литейном проспекте, где, как вспоминает Зинаида Гиппиус, «все» собрались без предварительной договоренности, появился отец Гапон[3]. Одновременно с Булгаковым в Общество вступили И. И. Петрункевич, В. В. Водовозов, С. Л. Франк, Н. И. Бердяев и другие видные общественные деятели[4]. В том же году к нему присоединились Н. В. Тесленко и Милютин, а в 1906 году и Л. Я. Гуревич (известный литературный деятель, редактор и издатель «Северного вестника»). Общество, которое еще совсем недавно вынужденно ограничивало свои обсуждения применением статистических методов к сельскому хозяйству (в результате чего эти обсуждения стали и более углубленными, и сильно политизированными), стало площадкой, где прогрессивная интеллигенция представляла и разрабатывала свои предложения по преобразованию российского общества. Подробнейшим образом обсуждались планы введения равного, прямого избирательного права, вопрос о созыве земского собора (сугубо консультативного органа, который не имел особой притягательности в глазах в целом более радикально настроенных членов Общест-

---

[2] Труды Императорского вольного экономического общества (ТИВЭО). 1905. СПб., 1906. Т. 1. С. 77.
[3] См.: Гиппиус З. *Дмитрий Мережковский*. С. 243.
[4] ТИВЭО. 1905. Т. 1. С. 77.

ва). На одном из собраний члены Общества составили целый план структуры нового правительства, которое бы включало и национальное собрание; по мере того как революция набирала силу, ВЭО направило свои усилия в области статистики на составление отчета о крестьянских восстаниях 1905 года.

Организации, подобные ВЭО, не утратили своего значения и после разрешения на созыв представительного собрания; напротив, новые обстоятельства наделяли эти организации новой функцией. Когда в апреле 1906 года была созвана Первая Дума, Вольное экономическое общество превратилось в своего рода ее подкомитет по сельскому хозяйству, в котором регулярно собирались думские депутаты, чтобы обсудить проблемы помощи голодающим, перераспределения земли и улучшения крестьянского земледелия в рамках подготовки к парламентским дебатам по этим вопросам[5]. Отношения между правительством и депутатами не ограничивались только прениями в стенах Думы. Когда Первая Дума была распущена в результате конфликта по вопросу о перераспределении земли, власть озаботилась также и тем, чтобы распустить этот «подкомитет». Полиция все чаще вмешивалась в дела ВЭО, пока его деятельность не оказалась практически парализованной вследствие все более жесткого применения недавно принятого закона, ограничивавшего свободу собраний. В течение этого периода почти каждое собрание заканчивалось стычкой с полицией, которая разгоняла собрания, не желая внимать никаким ссылкам на екатерининский устав (основная претензия заключалась в том, что на собраниях Общества присутствовали посторонние лица). После созыва Второй Думы постоянный надзор не позволил Обществу выступать в роли ее неофициального помощника. Как показывает пример ВЭО, во время революции участились разнообразные мелкие конфликты между интеллигенцией и правительством, похожие на те, которые ранее побудили Булгакова вступить в «Союз освобождения».

---

[5] См. материалы ВЭО за 1906 г., в частности: *Отчет о деятельности Совета Общества за время от 28-го февраля по 15-е сентября 1906 года* // ТИВЭО. 1906. СПб., 1907. Т. 2, кн. 6. С. 40–43.

Скрытый антагонизм между государством и прогрессивной интеллигенцией продолжал проявляться даже в периоды работы обеих первых Дум, хотя не в столь открыто политизированной форме.

В это время Булгаков выступил как главный инициатор институционально-социальной реформы церкви. В январе 1905 года он перенял роль редактора «Нового пути» у Мережковского; теперь этот журнал назывался «Вопросы жизни» и изменил свою ориентацию. Журнал, изначально задуманный как «литературно-богословское» издание, превратился в «церковно-реформационный», проводя идеи борьбы за реформы церкви и общества[6]. Выбирая, по своему обыкновению, название, которое привлекло бы внимание современников (в 1904 году Победоносцев опубликовал сборник статей «Вопросы жизни»), Булгаков заявлял о четырех основных задачах нового журнала и движения, рупором которого ему предстояло стать. Решение совокупности этих задач: политического раскрепощения, экономического возрождения, культурного ренессанса и религиозных реформ — должно было привести к «истинному духовному воскресению русского народа»[7]. Безотносительно к ее практическим результатам, эта программа получила громкий резонанс в литературной среде. «Вопросы жизни» превратились в одно из наиболее значительных изданий Серебряного века; на их страницах состоялись первые публикации таких знаковых произведений этого периода, как «Мелкий бес» Сологуба, стихотворение Соловьева «Панмонголизм», выполненный Брюсовым перевод «Ворона» По, «Нечаянная радость» Блока и «Пруд» Ремизова. В соответствии с провозглашенными целями журнал печатал не только символистскую поэзию, переводы прозы и литературно-критические статьи, но и размышления видных политических мыслителей по таким вопросам, как гражданские права (Кистяковский) и природа власти (Франк). Планы политико-экономической реформы, обсуждение злободневного вопроса о земском соборе, а также

---

[6] РГАЛИ. Ф. 142. Глинка (Волжский). Оп. 1. Ед. хр. 230. 17.VIII.1905. Л. 1.
[7] Булгаков С. Н. *Без плана* // Вопросы жизни. 1905. № 2. Февр. С. 358.

постоянный обзор текущих вопросов и событий перемежались с хроникой церковной жизни и сообщениями о взаимодействии церкви и общества.

Булгаков и его коллеги по «Вопросам жизни» разделяли и укрепляли ощущение «новых начинаний», которые так остро чувствовали «новые люди» 1900 года. У них было общее видение новой России, в которой формула XIX века «православие, самодержавие и народность» перестанет существовать, а на смену ей придут свободная церковь в свободном государстве[8], светское гражданское общество, основанное на верховенстве права и живом, созидательном религиозном чувстве и народа, и духовенства. Одновременно они стремились избавить православие от связи с реакцией и антисемитизмом и вернуть в религиозную жизнь терпимость и свободу совести.

Эти привлекательные, хотя труднореализуемые идеалы вскоре нашли выражение в широко распространившемся призыве к созданию новой институциональной структуры. Новыми органами власти должны были стать, с одной стороны, светские выборные учреждения, а с другой — представительный совет православной церкви, который придет на смену петровскому Синоду и, возможно, будет возглавлен патриархом. Тесная связь представлений о религиозной реформации и политическом преобразовании затруднила разграничение религиозного и политического значения новых институтов, появившихся после того, как правительство неохотно издало Октябрьский манифест. Нежелание власти серьезно относиться к требованиям общества в сочетании с открытым противостоянием Первой Думе и кровавым подавлением народных выступлений, последовавших за ее роспуском, ужесточили позицию поборников свободы, усилив их стремление преобразовать государственное устройство России[9].

---

[8] Формулировка Булгакова. См.: Булгаков С. Н. *Политическое освобождение и церковная реформа* // Вопросы жизни. 1905. № 4–5. Апр.-май. С. 491–522.

[9] О полном отсутствии понимания между многими членами представительных учреждений и самодержавием см., напр.: Pipes R. *The Russian Revolution*. New York, 1991.

Линия противостояния четко обозначилась к концу февраля 1907 года, когда была созвана Вторая Дума. Вторую Думу историки часто изображают как «политический конституционный эксперимент»[10]; в действительности же она стала кульминацией революционного движения, всерьез начавшегося в 1904 году с момента объявления войны Японии[11]. Освобожденцы со своим лозунгом «сохранения Думы» увидели в ней свой последний шанс добиться желаемых радикальных перемен на государственном уровне. Булгаков был избран как сочувствующий Партии народной свободы (он солидаризировался с ней «по вопросам очередной политики и парламентской тактики» и по ее поручениям занимался церковным и рабочим вопросами)[12]. Накануне выборов он рассматривал Вторую Думу как продолжение и кульминацию реформационного движения, а не как более прозаичный конституционный орган. Выборы в эту Думу приобрели чуть ли не апокалиптическую окраску, что следует из статьи, адресованной Булгаковым российскому духовенству:

> Приближается важный исторический момент, новый этап в истории освободительного движения, вторые выборы в Государственную Думу. Волки, переодетые в овечьи шкуры, а то даже не переодетые, стремятся сделать вас орудием своих нечистых целей и, тем самым, врагами своего народа, своей паствы, бедной, голодной, беспомощной. Члены погромно-террористической организации «союза русского народа», будут заваливать вас (да и заваливают уже) замас-

---

[10] См., напр.: Ibid.; см. также: Hosking G. *The Russian Constitutional Experiment.* Cambridge, 1973, хотя Хоскинг справедливо сосредоточивает внимание на III и IV Думах.

[11] Такая хронология событий предлагается в: Маклаков В. *Вторая Государственная Дума.* Paris, б. г. [1939]. Обе первые Думы относятся к революционному периоду также в: Rogger H. *Russia in the Age of Modernization and Revolution, 1881–1917.* London; New York, 1983; Seton-Watson H. *Russian Empire.*

[12] Речь. 1907. Янв. Булгаков направил сердитое письмо, возражая против того, что кадетская газета отождествила его партию с мирнообновленцами (партией Е. Н. Трубецкого), и призывая читателей ознакомиться с его трудами и тем самым — с его религиозно-социальными воззрениями.

кированными или прямыми увещаниями, чтобы вы сами шли и вели за собою свою паству в «союз русского народа». Не верьте им, как бы высоко они ни были поставлены, ибо говорит в них «князь мира сего»[13].

В «Народе» Булгаков еще более энергично выразил свои чаяния по поводу думских выборов. Он писал о причинах извращенного патриотизма, пропасти, разделяющей интеллигенцию и народ, цензуре, негласной слежке, недоверии, репрессиях, административных мерах.

> Итак, причина теперешнего исторического кризиса в том, что мы отвергли путь правды, который есть и путь права, что мы попрали те нравственные и правовые начала, на которых основано современное государство, что мы, считая себя государством христианским, вступили на путь политического ислама и турецкого деспотизма.

Правительство должно отказаться от беззакония: «Иначе пред нами разверзается бездна, иначе мы стоим пред началом такой революции, подобной которой не знает еще история и перед которой ужасы французской революции и до сих пор у нас бывшее окажется только предвестниками грядущих зол»[14]. Булгаков выражал то острое ощущение приближающегося зла, апокалипсиса, сползания в пропасть, которое в то время испытывала либеральная интеллигенция.

Перед Думой, продолжал рассуждать Булгаков, стояла героическая задача. Обычно делегаты выборного органа выполняют рутинные обязанности по формулировке и принятию законов.

> Вот и все. А нашим народным представителям предстоит спасать Россию, быть голосом народа, страны, обращенным к упорствующей бюрократии. По-настоящему, у нас должна быть, да и есть, только одна партия русских патриотов, не

---

[13] Булгаков С. Н. *Горе русского пастыря* // Новь. 1906. 29 дек.

[14] Булгаков С. Н. *О задачах народного представительства* // Народ. 1906. 6 (19) апр. С. 1.

тех истинно-русских, профессионально-русских, бутафорски-русских людей, которые губят русское имя, но тех, кто приносит всякие жертвы ради свободы, кто хочет не успеха партии или кружку, но стремится спасти Россию, дать ей право и правду[15].

Ввиду этой особой ситуации Булгаков полагал, что, по сравнению с большинством представительных учреждений, перед нынешней Думой стоит гораздо более серьезная задача.

> Поэтому наши представители пойдут в государственную думу не как в почетное, обеспеченное, всеми уважаемое учреждение, как немец идет в свой рейхстаг, англичане в парламент, но как на арену борьбы, как на тяжелый подвиг, на котором их встретят, быть может, штыки и жерла пушек с одной стороны и враждебное недоверие с другой. Народные представители наши должны быть готовы к самоотвержению, к добровольному жертвоприношению на алтарь родины. Требования эти велики и тяжки, может быть мало найдется людей, способных им удовлетворить, но только на таких и могут основываться надежды России. В государственной думе произойдет последний торг между народом и бюрократией, последний бой за право, после которого или победит право, или же начнется война всех против всех[16].

Затем Булгаков набросал грандиозный план действий представительного собрания. Важнее всего было добиться построения правового государства и гражданских прав. Булгаков возражал против действующего избирательного права: несправедливо, когда крестьяне избирают одного депутата на тысячу человек, а землевладельцы из дворян одного депутата на сто человек. Избирательное право должно быть всеобщим, прямым, тайным и равным («четырехчленная» формула). Реформированию подлежали не только избирательное право, но и система представи-

---

[15] Там же.
[16] Там же. Как отмечает Шмуэль Галай, слово «бюрократия» часто использовалось в качестве эвфемизма «самодержавия». См.: Galai Sh. *Liberation Movement in Russia, 1900–1905*.

тельного правительства. Можно было бы согласиться с двухпалатной структурой, но вторая палата в форме существующего Государственного совета неприемлема, так как все его члены являются высокопоставленными чиновниками.

По плану Булгакова, первоочередной задачей Думы должна была стать политическая амнистия для тех, кто был осужден за участие в беспорядках 1905 года; затем следовало исключить повторение подобной несправедливости в будущем. Требовалось обеспечить ряд основных прав: гарантировать неприкосновенность личности, запрет ночных обысков; свободу вероисповедания и отделение церкви от государства; свободу слова и прессы, собраний и объединений. Программа предусматривала равноправие для евреев и право на национальное самоопределение. Самым сложным вопросом Булгаков считал национальный вопрос — вопрос о Кавказе, Польше, Литве.

Думе вполне хватило бы этих задач. Но оставались и другие острые проблемы: во-первых, аграрный вопрос, в рамках которого Булгаков считал необходимым передать крестьянам больше земли; во-вторых, рабочий вопрос, в связи с которым надо было уделить особое внимание финансовым аспектам, в том числе новым налогам. Завершил Булгаков броским риторическим ходом. К Думе можно относиться по-разному: с одной стороны, как к механизму осуществления малых дел, а с другой — как к органу, перед которым стоит историческая задача бороться за свободу народа. Дума была призвана спасти Россию, если ее можно было спасти.

Ожидания, что Дума сыграет всемирно-историческую роль, отразились и в неподписанной заметке, которой открывался один из выпусков «Народа»: «В политической атмосфере зловещая, выжидательная тишина, затишье перед грозой. Все ждут, что будет с государственной думой. Никто не сомневается относительно того, что она заявит»[17].

Булгаков был одним из многих, кто призывал к созыву Собора православной церкви в дополнение к новому светскому предста-

---

[17] Народ. 1906. 8 (21) апр. С. 1.

вительному органу. В 1905 году «Христианское братство борьбы» обратилось к епископам с призывом: провести Собор, который занял бы политическую позицию, независимую от светской власти; путем реформирования приходов восстановить в церкви канонический чин, в том числе местные выборы священников и самоуправление; включить в число участников Собора представителей и мирян, и духовенства[18]. В мае того же года Мережковский призывал созвать Церковный собор «теперь или никогда». Он рассматривал Собор как институциональное воплощение союза плоти и духа, церкви и общества, убеждал церковь присоединиться к освободительному движению, утверждая, что Собор означал бы возврат к внутренней свободе церкви, разрыв ее отношений со светским самодержавным государством[19]. В том же месяце Булгаков заявил о банкротстве государственной церкви; в соответствии с принципом отделенности церкви от государства, он утверждал, что параллельно светскому представительному органу, будь то Учредительное собрание или Земский собор, необходимо на основе свободных выборов созвать и Церковный собор. В очередной раз он призывал к реформированию церковной и мирской жизни и подчеркивал всемирно-историческое значение текущего момента, утверждая, что религиозные задачи не уступают по важности задачам политическим, а содержание нынешней ситуации, в отличие, например, от Великой французской революции, отнюдь не исчерпывается одной лишь политикой[20].

Булгаков связывал с созывом Первой Думы определенные надежды на освобождение православной церкви от государственного контроля и, что еще более важно, освобождение религии от принудительной связи с самодержавием и народностью. Говоря о проекте закона о свободе совести, Булгаков заявил, что

---

[18] *Епископам русской церкви* // Верующие против самодержавия. Освобождение. 1905. № 73. С. 387–390.

[19] Мережковский Д. С. *Теперь или никогда (О церковном соборе)* // Вопросы жизни. 1905. № 4–5. С. 295–319.

[20] Булгаков С. Н. *Религиозно-общественная хроника* // Вопросы жизни. 1905. № 4–5. С. 491–522.

создание такого закона является по-настоящему освободительной, поистине христианской задачей, способной осуществить «мечтания лучших русских людей» — Владимира Соловьева, славянофилов и других; возможно, этот день наконец настанет, когда церковь обретет свободу.

> День полного освобождения русской религиозной совести будет величайшим праздником русской церкви и русского народа, только для клерикальной бюрократии, для представителей инквизиторских вожделений, для «православных миссионеров» будет это черный день... Пусть они помнят, что дни бюрократии, светской и церковной, все равно сочтены. Русский народ будет свободен, и русская церковь станет свободна, и тогда все отличат подлинный голос церкви от голосов клерикальных узурпаторов[21].

Институциональная реформа в виде Собора, восстанавливающего традиции Московский Руси, должна была сопровождаться духовным возрождением церкви, охватывающим и духовенство, и мирян. В русском обществе начала XX века, в котором светская сфера тесно переплеталась с религиозной, а жизнь людей по-прежнему определялась как церковными законами и обрядами, так и светскими установлениями, вошедшие в поговорку сомнительная нравственность и жадность священнослужителей стали символом слабости не только самой церкви, но и общества в целом; Булгаков полагал, что в новом обществе должна состояться реабилитация духовенства и его приобщение к общественной жизни. Он представлял духовенство как потенциальную сеть революционеров. Возмущаясь положением духовенства, скованного официальным лозунгом «Православие, самодержавие, народность», который становился причиной преследований его политически и социально активной части, Булгаков видел в служителях церкви инструмент распространения христианского социализма в народной среде. Он напоминал своим читателям о подлинно революционном потенциале христианства, приводя

---

[21] Булгаков С. Н. *Апофеоз ведомства православного исповедания* // Московский еженедельник. 1906. № 12. С. 369–371.

в пример средневековые коммунистические еретические движения и английскую буржуазную революцию XVII века, и утверждал, что опирающийся на христианство социализм мог бы стать эффективным средством реализации учения Христа в современном мире. Булгаков полагал, что в нынешней ситуации священнослужители должны приобретать знания в области политэкономии, чтобы давать советы рабочим и крестьянам относительно таких вещей, как забастовки и выборы; им следует изучать антирелигиозную социологию и разбираться в ней, чтобы адекватно реагировать на связанную с ней реальную опасность. Подтверждая основные принципы своего христианского социализма, Булгаков призывал обратиться к христианству как к средству коллективного, а не личного спасения, и вновь утверждал важность христианского начала для политической экономии, юриспруденции и политики[22].

Переход Булгакова от идеализма к христианству совершился почти незаметно. После философского идеализма христианство в эпистемологии явилось необходимым следующим шагом и философским средством осуществления реформации.

> В новейшее время половинчатые попытки реставрации идеализма стремятся воскресить старые традиции и былые времена, но пока безуспешно вследствие своего внутреннего бессилия. Христианская философия способна, несомненно, выполнить то дело, которое не под силу реставрированному «субъективному идеализму» Канта, союз богословия, философии и юриспруденции был бы самым плодотворным для общей теории права[23].

Призывы к осуществлению реформы раздавались и изнутри церкви. Проведенный в 1905 году опрос епископов подтвердил мнение церкви о необходимости преобразований[24]. Булгаков

---

[22] Булгаков С. Н. *О необходимости ведения общественных наук в программу духовной школы* // Богословский вестник. 1906. № 2. Февр. Т. 1. С. 345–356.

[23] Там же. С. 353.

[24] Meyendorff J. The Russian Bishops and Church Reform // Russian Orthodoxy under the Old Regime / R. L. Nichols, T. G. Stavrou (eds.). Minneapolis, 1978. P. 170–182.

внимательно относился и к мнениям рядовых священнослужителей. Весной 1906 года он опубликовал письмо от священника дворянского происхождения, которое он оценил как документ исторической важности, поскольку в нем получило отражение текущее состояние русской церкви; священник описал гонения, которым подвергся за участие в освободительном движении и попытках воспитывать в людях общественную сознательность[25]. Позднее в том же году Булгаков протестовал против тюремного заключения священника, осужденного за то, что объявил себя социалистом, тогда как принадлежать к «Союзу русского народа» священнослужителям не возбранялось[26]. В «Вопросах жизни» он с гордостью опубликовал открытое письмо священника, который признавал недостатки священнослужителей, но объяснял их молчание скорее давлением со стороны властей, чем внутренним нежеланием способствовать переменам в обществе; по его предположению, это молчаливое большинство священнослужителей могло бы и было бы радо служить народу, если бы только им предоставили подобную возможность[27].

Как депутат Второй Думы Булгаков выступил всего несколько раз. Его коллеги депутаты, в особенности левого и центристского толка, весьма сочувственно относились к его высказываниям. Они всегда отличались продуманностью, не были подстрекательскими и часто касались организационных и процедурных вопросов[28]. Однако за этой внешней мягкостью скрывался его радикальный, преобразовательный настрой, проявившийся, например, в осуждении введенных Столыпиным военно-полевых судов[29]. С самого своего бесславного начала, ознаменовавшегося обрушением потолка в зале заседаний накануне первой сессии

---

[25] *Три письма сельского священника* // Народ. 1906. 5 (18) апр. С. 2.

[26] Булгаков С. Н. *Духовенство и политика* // Товарищ. 1906. 6 дек.

[27] Н. С., свящ. *Открытое письмо С. Н. Булгакову* // Вопросы жизни. 1905. № 8.

[28] *Государственная Дума. Второй созыв: Стенографический отчет*. СПб., 1907. С. 210–212, 281–284, 398–401, 546–548, 577–580, 749–753, 1245–1249.

[29] Там же. С. 749–753.

(что многими делегатами было воспринято как показатель отношения со стороны правительства), и до ее окончательного разгона под предлогом того, что ее депутаты социал-демократы занимаются нелегальной деятельностью, Вторая Дума занималась вещами по преимуществу незначительными. Действительно, одним из многих процессов, развернувшихся в Думе второго созыва, стало открытое столкновение между сторонниками двух «революционных» концепций: выдвинутой премьер-министром Столыпиным идеи «революции сверху», по размаху напоминавшей петровские реформы, и идеи преобразований, как их видели такие депутаты, как Булгаков. По версии Столыпина, покорная Дума, построенная по модели совещательного Земского собора Ивана IV, должна была выразить одобрение обширной программы, предусматривавшей земельную реформу, установление свободы вероисповедания, гражданского равенства, страхования работников, реформу подоходного налогообложения, реформу образования, реформу земства и т. д. Дума же, вопреки ожиданиям, продемонстрировала, что воспринимает себя как высшее воплощение освободительного движения снизу, чьи не менее радикальные планы перемен основывались на упразднении самодержавия. На ряд чрезвычайно конкретных предложений министров, касающихся административной и иных мелких реформ, Дума отвечала возмущением военно-полевыми судами, введенными позорной статьей 87, и требованием ввести меры по борьбе с голодом в деревне.

Апокалиптическая аура, которой была окружена Вторая Дума, обусловила разочарование в результатах ее реальной деятельности. От нее ожидали, что она будет функционировать как храм, но надежды на это не оправдались. Булгаков сетовал, что с трибуны почти не слышно голоса церкви[30], Дума явила собой закономерный исторический итог, результат церковного застоя. Многие депутаты считали, что Дума провалилась не из-за «реакционного» переворота, совершенного Столыпиным в июне

---

[30] Булгаков С. Н. *К вопросу о церковном соборе* // Московский еженедельник. 1906. № 13. С. 187–389.

1907 года, который заблокировал попытки осуществления «либерально-конституционной» реформы, но из-за того, что ее задачи прямо противоречили самодержавному строю.

Реформы, которые произошли в церковной жизни на протяжении этого периода, также рассматривались как неполноценные. В 1906 году Предсоборное присутствие подготовило шесть томов тщательно изученных и организованных подготовительных материалов, которые впоследствии были использованы при фактическом созыве собора в 1917–1918 годах. Были поставлены и обсуждены все насущные вопросы современности, такие как реформа епархиального управления, отношения церкви с государством, вопросы брака и развода, светское и духовное образование[31]. Однако для Булгакова и его единомышленников из числа интеллигентов этого было недостаточно. Казалось, что все, кроме небольшой горстки интеллектуалов, рассматривали церковный собор как средство осуществления институциональных или административных, но не социальных реформ. Собственно, церковные реформы регулировали отношения церкви с государством, не затрагивая основ существующего порядка, не изменяя границ, в пределах которых на жизнь людей оказывалось светское и духовное влияние; мирянам не разрешалось участвовать в дискуссиях, предшествовавших созыву Собора, самодержавие сохранялось, а административные реформы и реформы, коснувшиеся таких сфер, как брак и образование, оказались весьма ограниченными.

Освободительное движение и последующий радикальный настрой Первой и Второй Думы были порождены не только недовольством и политической активностью общества: меняющиеся философские мировоззрения депутатов во многом наложили отпечаток на их особый характер, на тот оттенок максимализма, в который были окрашены программы даже считавшихся «умеренными» и «сознательными» кадетов. Предложения, касающие-

---

[31] О попытке созыва собора см.: Cunningham J. *A Vanquished Hope: The Movement for Church Reform in 1905–1906*. Crestwood, NY, 1981.

ся политических перемен, формулировались на языке религиозного реформирования общества; поддержка «умеренными» партиями экспроприации помещичьих земель свидетельствовала о прошлых радикальных взглядах депутатов. Институциональные изменения, последовавшие за народными выступлениями 1905 года, — призывы к созыву Думы и Церковного собора — оказались вписанными в более широкое стремление к религиозной реформе, полному изменению общественного устройства и упразднению самодержавия с последующим освобождением православия из-под власти государства.

Роспуск Второй Думы в июне 1907 года ознаменовал конец эпохи. Объединивший интеллигенцию и представителей духовенства мощный порыв, направленный на проведение социальных и религиозных реформ, оказался безрезультатным. Это историческое поражение обернулось сильным разочарованием, но для тех, кто вступил на новый путь, возврата к прошлому не было. Следующее десятилетие стало свидетелем того, как могучий политический порыв начала века нашел выражение в других сферах — литературе, философии, религии, искусстве. В 1904–1907 годах программа преобразования общества приобрела внешнюю форму классической либеральной мечты о парламентаризме, отделении церкви от государства и упразднении самодержавия. Однако «глубинная структура» социального конфликта предполагала борьбу мировоззрений, которая с неизбежностью вела к столкновению «общества» и государства. В 1907 году государство, обладая монополией на рычаги власти, одержало победу, вынудив интеллигенцию перегруппироваться и перенаправить свои силы.

«Миги»
Смерть Ивашечки

> Doch als du gingst, da brach in diese Bühne
> ein Streifen Wirklichkeit durch jenen Spalt
> durch den du hingingst: Grün wirklicher Grüne,
> wirklicher Sonnenschein, wirklicher Wald.
> *Rainer Maria Rilke. Todes-Erfahrung (1907)*
>
> *Но ты ушла, и к нам одновременно*
> *проник луч подлинности в ту же щель,*
> *в которой ты исчезла с нашей сцены:*
> *луч яви, нам неведомый досель.*
> *[Пер. К. П. Богатырева[1]]*
> *Райнер Мария Рильке. Познание смерти (1907)*

Возвращение Булгакова в лоно церкви, получившее искру в «мигах» на Кавказе и в Дрездене и оформившееся в процессе политической борьбы, заняло все последующее десятилетие. Оно проходило в характерной для него манере, медленно, и требовало глубоких размышлений и творческого настроя, поскольку вбирало в себя нити его многообразной интеллектуальной, духовной и политической деятельности. В конце концов все это разнообразие идей и проектов слилось в современное христианское мировидение, что и стало важнейшим вкладом Булгакова в историю идей.

Столыпинская «революция сверху» вызвала у Булгакова глубокое личное разочарование. Роспуск Второй Думы был воспринят им как нечто большее, нежели просто политическое пораже-

---

[1] См.: Рильке Р. М. *Новые стихотворения*. М.: Наука, 1977. Сер. «Литературные памятники». С. 60. 543 с.

ние, став для него сигналом о тщетности политики в целом; он не находил себе места в том мире политики, который сложился после 1907 года и в котором, как ему казалось, разворачивался откровенный конфликт между «реакционным черносотенством» и «интеллигентской психологией левых партий»[2]. Он голосовал на выборах в Думу в Орловской губернии, но отказался выдвинуть свою кандидатуру. Впоследствии он вспоминал об этом периоде с тихой грустью, если не со смирением. В 1913 году, сообщая Венгерову о своем разочаровании в политике, он отмечал: «Полагаю, что Россию спасут не новые партии, но новые люди, к. должны прийти на смену переходной эпохе. Вообще далек от оптимизма и склонен к глубокой тревоге о судьбе России. <...> Но верю в великое призвание и великую будущность России»[3].

Чувство утраты и растерянности пронизывает все стороны жизни Булгакова, и это в полной мере относится к его интеллектуальному развитию. Христианский социализм формировался на пике напряженности борьбы за политическое освобождение и связанных с ней сильных переживаний; вне этого контекста те же самые элементы, которые годом ранее вызывали столь бурные эмоции, — апелляция к сущностной религиозности русского народа, повышенный интерес к теме воскресения Христа, апокалиптический выбор между Христом и Антихристом — теперь не находили отклика. Статьи и доклады, написанные Булгаковым в этот период (в те годы он не написал ничего более крупного), не содержали новых мыслей; они, как правило, довольно вяло повторяли в различных сочетаниях и пересказывали те идеи, которые он разработал в период могучего философского и политического подъема начала века. Булгаков продолжал возглавлять Московское религиозно-философское общество, и прочитанные на его заседаниях доклады легли в основу ряда его наиболее значительных статей. Его сочинения были по преимуществу посвя-

---

[2] Цит. по: Колеров М. А. *От марксизма к идеализму и церкви.* (Булгаков С. Н. Автобиографическое письмо С. А. Венгерову (1913)). М.: Изд. книжного магазина «Циолковский», 2017. С. 148.

[3] ИРЛИ. Ф. 377. Оп. 7. С. 4.

щены социальной интерпретации христианства: связи между христианством и социализмом, организации раннехристианских общин, религиозной личности и экономической структуре, осмыслению воскресения Христа в современном сознании и т. д.

Хотя политическое значение христианского социализма было сведено к нулю, Булгаков продолжал утверждать, что социализм в его марксистском и социал-демократическом вариантах пронизан теорией прогресса и, соответственно, верой в человекобожие, тогда как христианство остается универсальным, вечным, доступным здесь и сейчас и способным дарить радость. Вопреки моде сравнивать современный социализм с ранним христианством и называть и то и другое движениями угнетенных нижних слоев общества, Булгаков обнаружил, что эти движения диаметрально противоположны по духу. Именно христианство, а не социализм в его современном воплощении, связывает нынешнее человечество с целостностью и духовностью Средневековья и ранних христиан[4]. Однако эти идеи, которые и первоначально не выстраивались как сугубо философские, лишившись породившего их политического контекста, звучали малоинтересно.

В некоторой степени разброд и колебания ощутимы и в чисто академической деятельности Булгакова. В 1906 году, после неприятностей в институте, Булгаков перевез семью из Киева в Москву; в 1907 году он получил должность профессора в недавно основанном Московском коммерческом институте и одновременно занял должность приват-доцента политической экономии Московского университета[5]. Коммерческий институт был создан по инициативе местного купечества и находился под относительно необременительным контролем Министерства торговли и промышленности (а не более жестким контролем Министер-

---

[4] Булгаков С. Н. *Размышления о национальности* // С. Н. Булгаков. Два града. Т. 2. М., 1911. С. 299, 287.

[5] Булгаков был в числе тех примерно 300 профессоров Московского университета, которые в 1911 году подали в отставку в знак протеста против упразднения университетской автономии. На непродолжительное время он восстановился в этой должности только после Февральской революции.

ства народного просвещения). Этот институт, возглавляемый П. И. Новгородцевым, приобрел репутацию пристанища либеральной мысли. Булгаков преподавал и в университете Шанявского, единственном в России частном высшем учебном заведении. Дитя 1905 года, этот вуз был создан с целью распространения «высшего научного образования и привлечения симпатии народа к науке и знанию»[6].

Однако лекции Булгакова — он читал курсы по истории политической экономии, аграрному вопросу и истории общественной мысли XIX века — поначалу были такими же расплывчатыми и неопределенными, как и его публикации в прессе. Например, в 1908 году, обсуждая аграрный вопрос, Булгаков по-прежнему исходил из зависимости человека от природы, хотя восемь лет назад это положение заставило его осознать неприменимость марксистских законов капиталистического развития к сельскому хозяйству; на этой ранней стадии столыпинские реформы вызвали у него недовольство и замешательство. Разочарование Булгакова, дополненное невысказанными и нечетко определенными устремлениями, было характерно для настроений образованных слоев общества непосредственно после событий 1907 года. Его общее недовольство инициированным Столыпиным роспуском Думы, его разочарование и неспособность принять законодательные акты, появившиеся в этой новой обстановке, разделяли и политики, и те специалисты по сельскому хозяйству, которые были самым тесным образом связаны с жизнью русской деревни.

Между тем и в этот период затишья Булгаков время от времени подвергался новым энергичным влияниям. В 1905 году в «Христианском братстве борьбы» он познакомился с Павлом Флоренским, и в его сочинениях немедленно появились признаки влияния идей более молодого мыслителя[7]. Христианская

---

[6] Университет // *Энциклопедический словарь Гранат*. 7-е изд. М., б. д. Т. 42. Ст. 362.

[7] Роднянская И. *С. Н. Булгаков и П. А. Флоренский: к философии дружбы* // Новая Европа. 1993. № 4. С. 101–111.

мысль Булгакова была по-прежнему глубоко связана с социальной проблематикой, но порой его взгляд на общество окрашивался в более радикальные тона, что, возможно, объяснялось воздействием Флоренского. Флоренский уже начал работать над концепцией всеединства, идеей вселенной как священного пространства, которые в конце концов стали главными в его трудах; его влияние безошибочно различается в статье Булгакова «Церковь и культура» (1906), нехарактерной для человека, который ратовал за «свободную церковь в свободном государстве». В этой работе Булгаков развивал идею «сакрализации культуры», в точности следуя за мыслью Флоренского:

> Раскол жизни на «светскую» и церковную, внецерковность и внерелигиозность (отчасти же и антицерковность и антирелигиозность) современной культуры и внекультурность (отчасти же и антикультурность) современной церкви вносят разлад и двойную бухгалтерию даже в души тех, кто сознает всю историческую относительность и внутреннюю ненормальность этого раздвоения. Создать подлинно христианскую, церковную культуру и возбудить жизнь в церковной ограде, внутренне победить эту противоположность церковного и светского — такова историческая задача для духовного творчества современной церкви и современного человечества[8].

Религия и общество должны идти рука об руку; все культурное пространство должно быть подвержено духовному влиянию христианства. «Не должно быть ничего, принципиально "светского", не должно быть никакой нейтральной зоны, которая была бы религиозно индифферентна, не имела бы того или иного религиозного коэффициента»[9]. Лев Шестов с иронией приветствовал религиозный пыл Булгакова в этот период, язвительно отмечая, что он был единственным относительно

---

[8] Булгаков С. Н. *Церковь и культура* // С. Н. Булгаков. Два града. Т. 2. С. 308.
[9] Там же. С. 309.

сносным представителем «религиозной интеллигенции», поскольку произносил имя Христа с той же страстью, что и имя Маркса минутой ранее[10].

Булгаков продолжал черпать вдохновение и в идеях своих немецких современников. Большинство его статей, посвященных религии и обществу, написаны в рамках модной в те времена дискуссии по поводу раннего христианства, истории церкви и исторической личности Христа, которые велись в немецких (и в меньшей степени — во французских) академических кругах. Труды Адольфа фон Гарнака, Эрнста Трёльча и Альберта Швейцера ознаменовали кульминацию этого направления, к которому принадлежали десятки ученых (и такие политики, как Карл Каутский и Фридрих Науман) и в которое с головой погрузился Булгаков, хотя в его работах так и не нашла четкого выражения его личная позиция, как не было дано и последовательного объяснения взаимосвязи духовной и светской областей жизни.

Впрочем, среди всей этой неопределенности, проявившейся в его сочинениях, начинали появляться намеки на понятие сакрализации культуры. Повторяя ранее сказанное им по этому поводу, в 1907 году Булгаков писал:

> Религиозная общественность, религиозная культура, внутреннее единство в проявленной множественности — вот тот плод, который зреет в истории, хотя, может быть, окончательное его созревание лежит уже вне ее пределов, под «новым небом» и на «новой земле»[11].

Два года спустя он начал говорить о религиозных основах не только культуры или общества, но и экономики: «Религия, как фактор экономического развития, поскольку она есть фактор в образовании личности, вводится таким образом в круг изучения

---

[10] Лев Шестов — Алексею Ремизову, 25 апреля 1906 года. РНБ. Отдел рукописей. Ф. 634. Д. 240. Л. 34.

[11] Булгаков С. Н. *Средневековый идеал и новейшая культура* // С. Н. Булгаков. Два града. Т. 1. С. 176.

экономической жизни»¹². Однако подобные мысли являются просто отдельными замечаниями; за ними не стоит какая-либо обобщающая идея.

Нашумевший сборник статей «Вехи», увидевший свет в марте 1909 года, выразил настроения самоанализа, осознания собственной вины и упорную, хотя и смутно выраженную тягу к общественной деятельности, которые соответствовали личным чувствам Булгакова. Инициатором создания сборника осенью 1908 года выступил Гершензон. Свое эффектное название сборник получил после того, как авторы вошедших в него статей отклонили варианты «Интеллигенты об интеллигенции» (предложено Гершензоном), «На гору!» (предложено Струве), «Московские размышления», «Русской интеллигенции» и «Русскому обществу» (варианты Булгакова), «Межи и вехи» (предложение Франка). Авторов сборника объединяло то, что все они пережили страстное увлечение марксизмом, были членами «Союза освобождения» и принимали участие в революции 1905 года, после которой испытали разочарование в социализме и политическом конституционализме в узком смысле слова.

В этом окружении, как отмечает М. Колеров, «...аполитизм и асоциальность Гершензона вызвали к жизни и систематизации богатый опыт одухотворенной политики и социальности других авторов "Вех"»¹³. «Вехи» не столько представляли единую программу, сколько выражали идеи авторов статей «в отрицательной форме критики интеллигентского миросозерцания»¹⁴.

Интеллектуальный тон «Вех» был задан Бердяевым, Булгаковым и Гершензоном. Несчастный Струве был настолько разочарован в западном конституционализме, что его собственная статья стала слабым и робким отражением мыслей других, более уверенных в себе авторов сборника. В предисловии Гершензон написал:

---

[12] Булгаков С. Н. *Народное хозяйство и религиозная личность*. Там же. С. 183.

[13] Колеров М. А. *Архивная история сборника «Вехи»* // Вестник Московского ун-та. Сер. 8 (История). 1991. № 4. С. 13.

[14] Франк С. *Биография П. Б. Струве*. New York, 1956. С. 87.

> Их общей платформой является признание теоретического и практического первенства духовной жизни над внешними формами общежития, в том смысле, что внутренняя жизнь личности есть единственная творческая сила человеческого бытия и что она, а не самодовлеющие начала политического порядка, является единственно прочным базисом для всякого общественного строительства. С этой точки зрения идеология русской интеллигенции, всецело покоящаяся на противоположном принципе — на признании безусловного примата общественных форм, — представляется участникам книги внутренно-ошибочной, т. е. противоречащей естеству человеческого духа, и практически-бесплодной, т. е. неспособной привести к той цели, которую ставила себе сама интеллигенция, — к освобождению народа[15].

Тему сборника — неспособность добиться реформирования общества средствами политики — кратко сформулировал Гершензон. Как и его соавторы, в качестве новой сферы осуществления реформы он рассматривал не светскую, но духовную жизнь русского народа.

Критикуя высокомерие интеллигенции, Булгаков высказал предположение, что главная причина ее постоянного расхождения и даже конфликта с народом заключается в том, что она придерживается радикально иных убеждений. За все годы «хождения в народ» интеллигенция на деле разрушила присущую народу врожденную веру; она преуспела только в том, что сумела сбить народ с векового, интуитивно понятного традиционного пути. Уничтожая веру народа, она тем самым уничтожала его душу.

Как и практически все остальные авторы «Вех», Булгаков полагал, что все дело заключается в религиозном сознании интеллигенции.

> Церковная интеллигенция, которая подлинное христианство соединяла бы с просвещенным и ясным пониманием культурных и исторических задач (чего так часто недостает

---

[15] Гершензон М. *Предисловие* // Вехи. Сборник статей о русской интеллигенции. М., 1909. С. 8.

современным церковным деятелям), если бы таковая народилась, ответила бы насущной исторической и национальной необходимости. И даже если бы ей и на этой череде пришлось подвергнуться преследованиям и гонениям, которых интеллигенция столько претерпевает во имя своих атеистических идеалов, то это имело бы огромное историческое и религиозно-нравственное значение и совершенно особенным образом отозвалось бы в душе народной[16].

Интеллигенция должна осознать, что ей надо учиться у народа в не меньшей степени, чем народу учиться у нее, а не считать себя выше остальной части нации по причине более высокого уровня образования. У Гершензона эта мысль приобретает чуть ли не мистический подтекст, когда он говорит о «слиянии с народом»: «и не будет в нем раздвоения между "я" и "мы", но всякое объективное благо станет для него личной потребностью»[17].

Как и Булгаков, который усомнился в возможностях политики, но при этом укрепился в вере в «великое призвание» России, авторы «Вех» вновь подтвердили, что их конечной целью является «освобождение народа». Для всех этих авторов социальные преобразования оставались конечной целью «обращения внутрь», в котором они видели основную особенность «Вех»: поворот в сторону религии ни в коей мере не означал отказ от конечной цели преобразования общества. Идея заключалась в том, чтобы использовать обращение в религию отдельного человека для достижения более масштабных общественных целей. «Но всякое общественное движение воспринимается в двух формах: в целом обществе оно — стихийный процесс коллективного духа, в отдельном человеке — свободное нравственное дело, в котором главная роль принадлежит личному сознанию»[18]. Если освободительное движение с присущей ему настроенностью на «внешние», «феноменальные» механизмы политики не сумело

---

[16] Булгаков С. Н. *Героизм и подвижничество* // Вехи. München, 1967. С. 67.

[17] Гершензон М. *Творческое сознание* // Вехи. С. 89, 96.

[18] Там же. С. 96.

разрешить насущные социальные проблемы, то теперь надо было подступиться к ним на более глубоком уровне — религиозном.

«Вехи» ощущались авторами как некое освобождение. В сборнике отсутствовала какая-либо общая установка, не говорилось о каком бы то ни было новом «общем деле»[19]; он просто позволил отдельным представителям интеллигенции следовать тому духовному пути, который они сами для себя избрали. Булгаков, верный себе, отнесся к собственным поучениям с предельной серьезностью. Но к 5 августа он до такой степени погрузился в личную и религиозную трагедию[20], что даже не смог уделить внимание второму изданию «Вех», вокруг которых разгорался грандиозный скандал[21].

По словам самого Булгакова, смерть его четырехлетнего сына летом 1909 года стала одним из решающих моментов его духовной эволюции. В духовном возвращении Булгакова к церкви смерть мальчика сыграла более важную роль, чем какие-либо чисто интеллектуальные открытия или политический опыт. Обычно необычайно сдержанный во всем, что касалось его личной жизни, Булгаков вновь и вновь говорил и писал об этом событии — в письмах друзьям и коллегам, в автобиографических набросках и даже в философских трудах. С похоронами мальчика связано и третье посетившее Булгакова откровение о существовании Бога.

---

[19] Попытка создания сборника статей, намечающих положительную программу, была предпринята годом позже.

[20] Существует расхождение в дате смерти Ивашечки Булгакова. В большинстве источников она обозначена как 27 августа, что противоречит излагаемой хронологии. Дата смерти, обозначенная на могиле, 27 июля. — *Примеч. ред.*

[21] В записке Гершензону, отправленной в тот день из Олеиза (Кореиза), Булгаков сообщает: «Милый М. О., только вчера послал Вам записку о постигшем нас горе. В ответ на Вашу открытку добавляю, что отдаю вполне в Ваше распоряжение свой голос о новом изд[ании] "Вех". Вам виднее, а я сейчас еще не в состоянии вникать во все детали. Работа моя, обрывавшаяся все лето, теперь пока совсем оборвалась. Привет Вашим. Ваш С. Б.». См.: Колеров М. А. *В ожидании Палестины: 17 писем С. Н. Булгакова к М. О. Гершензону и его жене, 1897–1925 гг.* Т. 2. С. 131.

> О, мой светлый, мой белый мальчик! Когда несли мы тебя на крутую гору, и затем по знойной и пыльной дороге, вдруг свернули в тенистый парк, словно вошли в райский сад; за неожиданным поворотом сразу глянула на нас своими цветными стеклами ждавшая тебя, как ты прекрасная, церковь. Я не знал ее раньше, и, как чудесное видение, предстала она, утонувшая в саду под сенью старого замка. Мать твоя упала с криком: «Небо раскрылось!» Она думала, что умирает и видит небо… И небо *было* раскрыто, в нем совершался наш апокалипсис. Я чувствовал, видел почти восхождение твое. Обступили тебя олеандры, розовые и белые, как райские цветы, только того и ждавшие, чтобы склониться над тобой, стать на страже у твоего гроба… Так вот что! Все становилось понятно, вся мука и зной растворились, исчезли в небесной голубизне этой церкви. Мы думали, что только там, внизу, в зное происходят события, и не знали, что есть эта высь, а оказывается — здесь ждали… И глубоко внизу, вдали остались зной, муки, стенания, смерть, — на самом же деле *не это* было, потому что *есть* то, и теперь раскрыто…[22]

Как и мгновения, пережитые в предгорьях Кавказа и перед «Сикстинской Мадонной», смерть Ивашечки стала поводом для одной из тех непосредственных встреч с Богом, из которых, как впоследствии будет утверждать Булгаков, соткана жизнь человека в религии. Подобно послам князя Владимира, во время литургии Булгаков не понимал, «где она совершалась, на земле или небе», и видел ангелов, принимавших участие в службе[23].

Но если прежние «миги» или осенения были кратковременными вспышками, то это новое событие стало наиболее полным мистическим опытом из всех, когда-либо пережитых Булгаковым. По горячим следам рассказывая Гершензону о случившемся, Булгаков недвусмысленно отождествил своего сына с младенцем-Христом:

> Наш этот мальчик был совсем особенный, неземной, «не жилец», как про него говорили. (Он родился у нас в Рождеств[енскую] ночь, и на меня это всегда производило особое

---

[22] Булгаков С. Н. *Свет невечерний*. С. 13.
[23] Там же. С. 14.

впечатление.) Ласковый, одаренный, не по годам развивающийся, с большими прекрасными глазами. Всегда на него смотреть и его любить можно было только с щемящей болью, тревогой в сердце[24].

Месяц спустя в письме Рачинскому Булгаков повторяет: «Мальчик этот наш... был особенный, необыкновенный, с <нрзб.> небесным светом в очах и улыбке... Всегда вспоминаю, что родился он в Христову ночь, когда к заутрене звонили колокола». На сей раз он еще на шаг приближается к отождествлению сына с Христом: «Вестник неба и ушел на небо»[25]. Смерть сына стала для него непосредственным и личным опытом Воскресения Христова.

Чувства, пережитые Булгаковым у одра сына, содержат элементы классического мистического опыта. То, что он испытал, осталось неизъяснимым и невысказанным, и он терялся, пытаясь объяснить друзьям, что именно ему довелось пережить[26]; но Булгаков понимал, что с ним произошло что-то судьбоносное, исполненное глубокого значения. Он сообщал Рачинскому:

> Как изобразить Вам пережитое? Скажу одно: я еще никогда не переживал такой муки в своей в общем благополучной, хотя и не свободной от утрат жизни. <...> Но и те благодатные осенения, которые переживал я у гроба, ни с чем не могут сравниться. Скажу Вам коротко, что пережитое в нынешнее лето было самым для меня значительным событием в ряду религиозных переживаний моей жизни, «тот мир» стал для меня не фразой и не пустым местом (конечно, безусловно пустым он не был и раньше, п. ч. всего три года назад я потерял мать)... Я так мало доверяю себе и серьезности и стойкости своих настроений, что не стану сам подводить итоги[27].

---

[24] Булгаков — Гершензону. 29 августа 1909 года // М. А. Колеров. *В ожидании Палестины*. С. 131–132.

[25] Булгаков — Рачинскому. 29 сентября 1909 года // РГАЛИ. Ф. 427. Рачинский. Оп. 1. Ед. хр. 2689. Л. 2.

[26] См.: James W. *The Varieties of Religious Experience*. New York, 1958.

[27] Булгаков — Рачинскому. 29 сентября 1909 года // РГАЛИ. Ф. 427. Рачинский. Оп. 1. Ед. хр. 2689. Л. 2–3.

Пережитое Булгаковым в эти мгновения содержало в себе те свойства религиозного экстаза, которые преобразуют жизнь, и он более всего опасался, что в скучной обыденности повседневного существования может утратить восприятие той высшей истины, которую постиг столь внезапно и глубоко.

> Но час смерти был так прекрасен, так ощутительна была близость Бога, так загорелись его возведенные к небу глаза, что я переживал не ужас последней разлуки, а восторг религиозный, почти экстаз. И после, у его гроба, у меня все время боролись или чередовались или лучше сказать соединялись два чувства: гимн религиозной радости, победы, света, и горе, которое Вы знаете. И таким светом озарялась вся моя жизнь, все тайники греховной души моей, что я как бы ослеплен был этим светом и, (нрзб.) — *М. К.*). <...> Вообще в жизни моей, лучше сказать, — нашей, произошел факт такой неизмеримой важности, последствия к[ото]рого д[олж]ны отразиться, как мне кажется, во всем: в мнениях, чувствах, оценках, жизни. И я одного теперь боюсь, об одном молюсь за себя лично, чтобы не забыть, чтобы легкомысленная, суетная, слабовольная часть души, обремененная суетой жизни, не изнемогла и опять не очерствела[28].

Не менее важно то, что те, кто «понимал» не столько смерть мальчика как таковую, сколько сопровождавший ее религиозный экстаз, оказались посвященными в мистический культ братства, связавший причастных к нему в подобие апостольского братства вокруг христоподобной фигуры мальчика. Как выразился Булгаков в письме Гершензону,

> В духовном мире пошла какая-то волна, толкающая сердца людские и их зажигающая, и источник этой волны — уход к Богу чистой младенческой души. <...> Насколько понятнее,

---

[28] РГАЛИ. Ф. 427. Рачинский. Оп. 1. Ед. хр. 2689. 29 августа 1909 года Булгаков писал Гершензону: «Его последние страдания нельзя изобразить, скажу только, что я в первый раз переживал такую муку, и, хотя считаю и себя отчасти их виновником (духовно), но не без религиозного соблазна проходил я их, и нельзя было иначе». См.: Колеров М. А. *В ожидании Палестины*. С. 132.

> ближе и дороже Вы мне стали, после того как из этого письма я заглянул в святилище Вашей души и узнал кое-что из генезиса Вашей веры...[29]

Со временем это братство стало играть еще более важную роль, чем вначале; по крайней мере, складывается впечатление, что к 1913 году Флоренский открыл новый образ Христа в своем новорожденном сыне Василии и, говоря о нем, использовал почти те же слова, что и Булгаков, когда тот говорил об Ивашечке[30].

> Потом мы стали ходить вечерами с А. Мы знали, что Ангел, в бережных объятиях, несет нам радость, — нашего В. Утраченный Эдем, не дававшийся памяти, как-то вспоминался в нашем мальчике. И Звезда Вечерняя был наш мальчик, чрез небесные сферы нисходивший к нам, «грядущий в мир», и мальчик наш был Звездой Вечерней, носимой под сердцем. Мы подарили ему Звезду, она стала *его* Звездою, но она оставалась и нашим сердцем. Прозрачная полумгла ниспадала на мир, но, сгущаясь в сердце, уплотнялась там в Звезду Утреннюю: в Жемчужину. В сыночке просвечивал потерянный Рай; в сыночке забывалось тоскливое Древо познания добра и зла. Муки опять не исчезли — лишь смягчились и растаяли, и расстилались в сердце беспредельным морем. Но над пучиною скорбей сияла под сводами сердца Звезда Утренняя, и в ее лучах волны рассыпались длинною жемчужною полосою. И все было хорошо: скорби, радости. И все было грустно...[31]

Христоподобный младенец, сначала сын Булгакова, а потом Флоренского, пришел с небес и вернулся туда, словно вестник искупления человечества.

В этот период ближайшими соратниками Булгакова стали люди, с которыми его связало это мистическое братство, вместе

---

[29] Колеров М. А. *В ожидании Палестины*. С. 132.
[30] О «философии дружбы» Булгакова и Флоренского см.: Роднянская И. *Флоренский и Булгаков*.
[31] Флоренский П. *На Маковце* // П. Флоренский. Собр. соч. Т. 1. Париж, 1985. С. 37.

с которыми он приобщился к культу пережитого на собственном опыте Воскресения. Интенсивное философское общение Булгакова с Флоренским продолжалось вплоть до отъезда Булгакова из Москвы в Крым в 1918 году и было увековечено на картине Михаила Нестерова «Философы» (1917). В 1910 году к перечню и без того обширной общественной деятельности Булгакова добавилось создание московского издательства «Путь», в котором он стал главным редактором. В ближайший круг общения Булгакова в издательстве вошли работавший в «Вопросах философии и психологии» и до этого момента остававшийся относительно малоизвестным С. А. Рачинский, Е. Н. Трубецкой, Н. А. Бердяев, В. Ф. Эрн и учредительница «Пути» М. К. Морозова[32]. В затеянной Булгаковым издательской кампании по воскрешению русской традиции религиозно-философской мысли наиболее заметная роль в его окружении принадлежала Гершензону, автору увлекательной и нестандартной биографии Чаадаева (1908); он опубликовал его «Сочинения и письма» в издательстве «Путь», параллельно с серией «Русские мыслители», задуманной Булгаковым[33]. Подобно многим издательствам этого периода, «Путь» объединял людей с определенными взглядами; соратники Булгакова по редакции и авторы были его идеологическими попутчиками и разделяли его редакторский интерес к «православию и об его отношении к современности»[34]. Духовный кризис, вызванный смертью сына, и новое понимание братства, сложившееся под ее влиянием, помогли Булгакову пересмотреть свою общественную роль и погрузиться в издание религиозно-философской литера-

---

[32] РНБ. Ф. 352. И. С. Книжник-Ветров. Ед. хр. 1305. «Идеи С. Н. Булгакова о религиозной общественности».

[33] Чаадаев П. Я. *Сочинения и письма* / Под ред. М. Гершензона. М.: Путь, 1913.

[34] Булгаков С. Н. (ред.). *Сборник первый: О Владимире Соловьеве*. М., 1911. С. ii. Помимо той серии, в которой была издана книга Гершензона, в книгоиздательстве «Путь», подчеркивавшем, что оно «ставит вне вопроса и сомнения общую религиозную задачу России и ее призвание послужить в мысли и в жизни всестороннему осуществлению вселенского христианского идеала», были опубликованы труды Ивана Киреевского и Чаадаева, а также сборники статей, например, посвященные Владимиру Соловьеву (1911) и религии Толстого (1912).

туры с тем же энтузиазмом, с которым несколькими годами ранее он погрузился в христианско-социалистическую политику.

Если в духовной сфере центральным событием этих лет для Булгакова стала смерть Ивашечки, то в интеллектуальном плане похожую роль сыграло переосмысление философии Владимира Соловьева. Для Булгакова-идеалиста привлекательность философии Соловьева заключалась в ее целостности и религиозности мировоззрения, новое же прочтение носило характер подлинно философского анализа, который подчеркивал и развивал конкретные идеи Соловьева. Не рассматривая труды Соловьева как набор указаний, предназначенных для интеллигенции, как он делал это в 1903 году («Что нам дает философия Владимира Соловьева?»), Булгаков настолько погрузился в его философию, что она превратилась в неотъемлемую часть его собственных воззрений. Одним словом, работа Соловьева была продолжена им так, как намеревался продолжить ее сам Соловьев: Булгаков занимался не абстрактной философской критикой, но всем своим существом воспринял философию Соловьева. Для него она стала материалом для реинтерпретации; он отдал дань уважения предложенной Соловьевым модели в сборнике посвященных ему статей (статья Булгакова в очередной раз открывала сборник).

В новом булгаковском прочтении философия Соловьева ставила проблемы, которые в совокупности определили структуру личных философских интересов Булгакова. Во-первых, Булгаков считал, что Соловьев нашел оригинальный и необходимый способ справиться с «двумя кошмарами» современной философии — «механистическим материализмом» и «идеалистическим субъективизмом». Современная философия, утверждал Булгаков, страдает из-за отчуждения субъекта от объекта, совершенного просветительским рационализмом и породившего два направления, которые никак нельзя признать удовлетворительными: материализм превратил мир в «бездушную машину», а идеализм попросту уклонился от проблемы, замкнувшись в кабинетных философских штудиях и отказавшись от контакта с внешним миром. Центральной проблемой философии Булгакова стал поиск способа объединить эти направления.

> Возможно ли мировоззрение, стоя на почве которого можно было бы быть и материалистом, т. е. мыслить себя в реальном единстве с природою и человеческим родом, но вместе с тем утверждать и самобытность человеческого духа с его запросами, с его постулатами о сверхприродном, божественном бытии, освещающем и осмысливающем собою природную жизнь?[35]

Во-вторых, по мнению Булгакова, во взглядах Соловьева на природу ответ на этот вопрос был намечен лишь в общих чертах. Вернувшись к христианской основе философии, от которой отказались рационалисты-гуманисты, Соловьев, в отличие от материалистов, видевших в природе мертвый механизм, или идеалистов, воспринимавших ее как нечто несущественное, сделал возможным отношение к ней как к живой, дышащей сущности. «Судьбы природы, стенающей и ожидающей своего освобождения, отныне связываются с судьбами человека, "покинувшего" ее; новое небо и новая земля входят уже необходимым элементом в состав христианской эсхатологии»[36].

Булгаков-марксист пытался приложить теорию капитализма к сельскому хозяйству; теперь его интерес к природе и земледелию обрел новую форму выражения. Его внимание сосредоточилось на образе живой природы в ее постоянном взаимодействии с человеком, воспринимаемой уже не просто как инертный объект. Притягательность образа природы, предложенного Соловьевым, стала тем ядром, вокруг которого постепенно выстраивалось мировоззрение Булгакова.

Наконец, Булгаков впервые подхватил рассуждения Соловьева о Софии, Премудрости Божией, которой вскоре предстояло стать краеугольным камнем его собственной философии хозяйства. Везде в философии Соловьева Булгакову виделась «она, Вечная Женственность, Божественная София, Душа мира». Еще не сформулировав собственную интерпретацию соловьевской

---

[35] Булгаков С. Н. *Природа в философии В. Соловьева* // С. Н. Булгаков. О Владимире Соловьеве. С. 4.
[36] Там же. С. 15.

Софии, Булгаков в полной мере осознавал ее значимость, цитируя, в частности, следующие слова Соловьева:

> София есть тело Божие, материя Божества, проникнутая началом божественного единства. Осуществляющий в себе или носящий это единство, Христос как целый божественный организм — универсальный и индивидуальный вместе — есть и Логос, и София.

Булгаков также сознавал ценность поэзии Соловьева, в которой, по его мнению, получило отражение «мистическое переживание природы как Мировой Души, как Софии»[37].

Предложенное Булгаковым новое толкование философии Соловьева совпало с ее более широкой реинтерпретацией в интеллигентской среде в целом, чему способствовала публикация сборника «О Владимире Соловьеве». Это издание, подобно «Вехам», отразило путь, пройденный опубликовавшимися в нем авторами: новая эпоха рождала новое понимание Соловьева. На смену образа поэта и моралиста, увлекавшегося символизмом и идеализмом рубежа столетия, пришло понимание Соловьева как философа, чьим главным новаторством в эпистемологии Булгаков считал «религиозный материализм». Общее стремление интеллигенции к «более серьезному» восприятию Соловьева отразилось не только в тщательной интерпретации соловьевской философии природы у Булгакова, но и в попытке (довольно неинтересной) исследовать гносеологию Соловьева, предпринятой Владимиром Эрном. Одновременно к проблеме Востока и Запада в философии Соловьева обратился Бердяев; Е. Н. Трубецкой изучал жизнь и творчество Соловьева; Блок называл его «рыцарем-монахом», вложив в это определение подмеченные им и «декадентский», и христианский аспекты личности Соловьева. Возможно, наиболее интересную трактовку предложил Вячеслав Иванов, признавший колоссальную важность роли Соловьева в религиозном обновлении 1900-х годов.

---

[37] Там же. С. 17, 18.

> Достоевский и Вл. Соловьев властительно обратили мысль нашего общества к вопросам веры. Их почин, подобно горным льдам, питает неширокое в своем русле, но стремительное и неиссякающее течение, которое мы привыкли обозначать как «искания нового религиозного сознания». Поворот Льва Толстого к подвигу внутренней личности, совпавший с уходом Достоевского, отметил собою третий определяющий момент нашего религиозного пробуждения[38].

Однако Толстой и Достоевский были ограничены возможностями избранного ими литературного жанра и могли создать лишь «музыкальную подоснову» для современной борьбы; «истинным образователем наших религиозных стремлений, лирником Орфеем, несущим начало зиждительного строя, был Вл. Соловьев, певец божественной Софии». Можно проследить, как к Соловьеву восходят не только все лозунги последующего движения, но, что гораздо важнее, и вновь пробудившееся внимание к церкви. Соловьев служил источником вдохновения и для символистов.

> ...он начал своею поэзией целое направление, быть может — эпоху отечественной поэзии. Когда призвана Вечная Женственность, — как ребенок во чреве, взыграет некий бог в лоне Мировой Души; и тогда певцы начинают петь. Так было после Данта, так было — в лице Новалиса — после того, кто сказал: «Das Ewig-Weibliche zieht uns hinan»[39].

Соловьев всегда считал искусство теургическим действом. Подобно Булгакову, Иванов воспринимал Соловьева как христианского пророка и философа:

> Чрез Достоевского русский народ психически (т. е. в действии Мировой Души) осознал свою идею, как идею всечеловечества. Чрез Соловьева русский народ логически (т. е.

---

[38] Иванов В. *О значении Вл. Соловьева в судьбах нашего религиозного сознания* // С. Н. Булгаков. О Владимире Соловьеве. С. 33.

[39] Там же. С. 35, 44.

действием Логоса) осознал свое призвание — до потери личной души своей служить началу Церкви вселенской. Когда приблизится чаемое царство, когда забрезжит заря Града Божьего, избранные и верные Града вспомнят о Соловьеве, как об одном из своих пророков[40].

Мистический опыт, связанный со смертью сына, и новое прочтение Соловьева исполнили интегрирующую функцию в эволюции Булгакова. Разрозненные фрагменты идей, которые он разделял в начале века и в которых разочаровался в результате событий 1907 года, постепенно соединились в новом сочетании, аналогично тому, как, поддерживая друг друга, сплелись заново различные аспекты его общественной деятельности. Очевидно, что к 1911 году основной темой философских размышлений Булгакова стало взаимопроникновение религии и хозяйства. Если социальные функции религии у Булгакова со всей очевидностью проявились в политической доктрине христианского социализма, то теперь взаимосвязь религии и общественно-экономической жизни получила философское осмысление.

Усиливающийся интерес Булгакова к философии начал проявляться в его академической деятельности, а его лекции по политэкономии все больше опирались на социальную теорию и историю идей. В итоге его версия истории политэкономии превратилась в историю отношений к экономической жизни, историю взглядов или «философий хозяйства», которые, по его мнению, лежали в основе эволюции экономических систем[41]. Марксизм с его «способами производства» оказался всего лишь одним из разнообразных исторических направлений в политэкономии.

Проблема философии хозяйства как таковая была неотделима от укрепляющегося признания фундаментальной религиозной основы общества и понимания того, что жизнь человека в обще-

---

[40] Там же. С. 44.
[41] В наиболее явной форме это проявилось в лекциях для студентов. См., напр.: Булгаков С. Н. *Очерки по истории экономических учений.* М., 1913.

стве является функцией его религиозной природы. «Религия есть фермент общественности, тот "базис", на котором воздвигаются различные "надстройки"»[42]. Вокруг этого положения начала формироваться и упрочиваться убежденность в религиозной миссии русского народа. В отличие от прежних религиозных откровений, пережитых Булгаковым и инициированных природой, искусством или любовью, центральным образом в «миге», который он испытал во время похорон сына, стал специфически христианский и классически русский образ прекрасной церкви, сияющей, словно драгоценность, на фоне унылого сельского пейзажа. Соответственно, и мысль Булгакова в этот период искала себе опору в русской истории, русской культуре, русской философии и русской жизни.

Сочинения Булгакова этих лет, какой бы непосредственной проблеме они ни были посвящены, отражают целенаправленное увлечение тем, что можно было бы назвать мифом или преданием о России[43]; его работы пронизаны темой глубокой религиозности русского народа и русского общества. Все его труды этого периода касались религиозного духа, который занимал некое промежуточное положение между интеллектуальным идеалом и конкретной, спонтанной эманацией «глубоко религиозного» русского народа, на сей раз включающего в себя и интеллигенцию. С одной стороны, Россия, как и весь остальной современный мир, страдала от механицизма, материализма и избыточного рационализма, характерных для европейской цивилизации постпросветительской эпохи, и жаждала возврата духовности и целостности, которые заставляли обращаться к Средневековью или даже раннему христианству и источником которых могли стать только христианизация и сакрализация культуры. С другой стороны, русскому народу и русской интеллигенции была имманентно присуща одна и та же религиозная природа, естественный,

---

[42] Булгаков С. Н. *От автора* // С. Н. Булгаков. Два града. Т. 1. С. vii.

[43] Термин «миф» используется здесь в ценностно-нейтральном смысле, обозначая не уход от действительности, но кодификацию концепций или установок, присущих данному обществу или социальной группе.

интенсивный, непрекращающийся поиск Царства Божия, та природа, которая, несмотря на ее извращение и ошибочное истолкование в последние годы, наделила их «высшими религиозными потенциями», придав им «новую историческую плоть», «ждущую своего одухотворения»[44].

Религия и духовность — вот сущность России; заявление, которое звучит как отречение от наследников Белинского, светской интеллигенции 1870-х годов и самого молодого Булгакова 1890-х годов. Даже в феврале 1909 года Булгаков явно намеренно шокировал свою просвещенную аудиторию, завершив публичное выступление в Москве восклицанием: «Святая Русь!»[45] Не принимая в расчет эффект потрясения, Булгаков совершенно всерьез утверждал, что национальная миссия России будет определяться верой и духовностью.

К началу 1910-х годов православие вновь оказалось в центре вселенной Булгакова. Но такое творческое возвращение в церковь не давало простых ответов и ни в коем случае не свидетельствовало о том, что он слепо принял существующую официальную церковь[46]. Булгаков и его религиозность существовали в постоянном живом взаимодействии православной веры и практики с опытом экономики и общества, в их постоянном противопоставлении. Такое продуктивное противостояние позволило Булгакову выразить его христианскую философию в концепции «софийности хозяйства».

---

[44] Булгаков С. Н. *Героизм и подвижничество*. С. 68.

[45] Булгаков С. Н. *Первохристианство и новейший социализм* // Вопросы философии и психологии. 1909. № 98. С. 268.

[46] Эволюция Булгакова любопытно контрастирует с романтической моделью возвращения к христианству, посредством которой Вордсворт и Кольридж возвестили о закате поэтического творчества. См.: Riasanovsky N. V. *The Emergence of Romanticism*.

Часть III

СДВИГ В СОЗНАНИИ: РЕЛИГИОЗНАЯ ФИЛОСОФИЯ БУЛГАКОВА

Глава восьмая
Что такое софийность хозяйства? Переосмысление аграрного вопроса

Русской интеллигенции XIX века было присуще острое чувство ответственности за судьбы России. При этом в течение XX века не раз звучали обвинения, что в 1909 году, в переломный для истории страны момент, она уклонилась от своего долга, углубившись в религию, мистицизм и поиски внутреннего «я». Еще более удивительно очевидное отсутствие отклика на столыпинские аграрные реформы. «Земельный вопрос» имел первостепенное значение как в дискуссиях, которые последовали за отменой крепостного права, так и в противостоянии правительству и другим политическим партиям, приведшим к роспуску Думы в 1907 году. Едва ли что-то может показаться более далеким от характерных для 1890-х годов напряженных дебатов о статистике и ценах на зерно[1], чем исследования человеческой души Франка, рассуждения Флоренского о «столпе и утверждении истины», теоретические размышления Бердяева о смысле истории и о творчестве, относящиеся к 1910-м годам.

Не ставя задачу разрешить вопрос об «интеллигенции» в целом, я бы хотела предложить тезис, что по крайней мере одна из

---

[1] Ричард Пайпс описывает восторг тех, кто слушал Струве, так: «Студентки приходили в исступление из-за высказываний Струве о биметаллизме и падали в глубокие обмороки, слушая его рассуждения о ценах на хлебные злаки». См.: Pipes R. *Struve: Liberal on the Left, 1870–1905*. P. 149.

«абстрактных религиозных теорий», выдвинутых в 1910-е годы, на самом деле имела глубочайшую связь с событиями в политике и сельском хозяйстве, стала оригинальным откликом на них и поэтому может оказаться полезной в наших попытках разобраться в отношениях между властью и обществом, сложившихся в важнейший период 1905–1914 годов. Речь идет об идее, которую Булгаков выдвинул в 1911 году и которую он назвал «софийностью хозяйства».

Современному читателю понятие софийности хозяйства может показаться неочевидным. Поэтому позволю себе несколько замечаний на данную тему. Слово «хозяйство», означающее одновременно и экономику, и домашнее хозяйство, по смыслу ближе к первоначальному греческому понятию *oikonomia*, чем современный термин «экономика» («economy»). Хозяйство вбирает в себя не только атрибуты собственно экономической жизни — ВНП, бюджет, процентные ставки, налоги, — но и жизнь общества в целом; выражение «народное хозяйство» означает жизнь гигантского домохозяйства. *Хозяйство* — термин неоднозначный, поскольку в равной степени относится и к процессам экономической деятельности, и к жизни общества.

Булгаков начал с необычной постановки вопроса: как возможно хозяйство? Этим он хотел сказать, что хозяйство, экономический процесс и связанный с ним труд являются легитимным предметом для философского осмысления. С точки зрения Булгакова, экономическая наука, с присущей ей склонностью к практическим вопросам, остро нуждалась в теоретическом переосмыслении; тогда как философии, укрывшейся в стерильных, замкнувшихся в самих себе туманностях неокантианского идеализма, было бы только полезно обратиться к проблемам реальной жизни и труда. Таким образом, Булгаков приступил к созданию *философии хозяйства* — философии, сосредоточенной не только на искусственно сконструированном мыслящем субъекте (как у Канта), но на человечестве в его повседневной жизни — труде, мышлении, игре и т. д. *Хозяйство* можно было бы объяснить с точки зрения взаимодействия человека и природы: «хозяйство есть борьба человечества со стихийными силами природы в целях защиты и расширения жизни, покорения и очеловечения природы»; или, если выразиться проще, хозяйство — это трудовая деятельность[2].

Разрабатывая свою философию хозяйства, Булгаков стремился понять «мир как хозяйство», как объект труда, в котором повсеместно участвуют миллионы людей, выполняющие различные виды работ в борьбе за свое повседневное существование. Однако у этого множества разнообразных хозяйственных действий, у этой постоянной борьбы с природой есть смысл, выходящий за пределы простой борьбы за существование. Во-первых, каждый трудящийся не пребывает в одиночестве, поскольку он вовлечен в решение задачи, общей для всего человечества; все участники экономического процесса являются частицами «трансцендентального субъекта» хозяйства. Во-вторых, труд каждого представляет собой часть единого грандиозного процесса, в ходе которого человек, трансцендентальный субъект, воскрешает мертвую, механизированную природу и наделяет ее человеческими свойствами, жизнью и радостью. Оба этих момента экономического процесса обладают «софийностью»: одним из возможных наименований трансцендентального субъекта могла бы быть София; именно София наполняет радостью и красотой процесс борьбы с природой, который сам по себе не имел бы смысла. Процесс хозяйствования обретает смысл потому, что позволяет приобщиться к Премудрости Божией, Софии, которая сопутствовала Богу при сотворении мира (Притч. 8: 22–23) и «светится в мире как первозданная чистота и красота мироздания, в прелести ребенка и в дивном очаровании зыблющегося цветка, в красоте звездного неба и пламенеющего солнечного восхода»[3].

Идея софийности хозяйства вписывалась во вселенскую драму грехопадения и воскресения. Согласно концепции Булгакова, изначально человек и природа сосуществовали в идеальной гармонии в «хозяйстве Эдемского сада», иными словами, в мире,

---

[2] Булгаков С. Н. *Философия хозяйства*. С. 43, 45.
[3] Там же. С. 83.

каким он был до первородного греха. Однако грехопадение ввергло все творение в состояние греховности, в котором человек вынужден бороться за выживание, влача жалкое существование в противостоянии недружественной, механистичной природе. Это тот мир, в котором мы живем в настоящее время, будучи пленниками собственных материальных потребностей; и это тот мир, который Маркс принял за подлинный, исходя в своей доктрине экономического материализма из этого нынешнего, «падшего» состояния человечества. Однако по Булгакову, мир, в котором мы живем, потенциально обладает гораздо более глубоким смыслом, чем просто труд «в поте лица», которым характеризуется наше нынешнее существование: на самом деле даже в теперешнем несовершенном состоянии мир потенциально причастен к Премудрости Божией. В редкие минуты откровений нам на мгновение открывается то, какой была жизнь в Эдемском саду; на самом деле, цель сошествия Христа заключалась в том, чтобы явить нам этот идеальный, гармоничный мир, который мог бы быть нашим. Мы должны обнаружить в себе этот скрытый потенциал к совершенствованию и трудиться, чтобы воскресить природу, вновь наделить ее той жизнью и смыслом, которыми она обладала в Эдеме. Если хозяйство станет христианским и «софийным», вся природа и вселенная обретут жизнь и смысл, и человеку предстоит сыграть активную роль в этом процессе. В наших силах преобразовать мир, вернуть ему жизнь, возвратиться к тому идеальному гармоничному существованию в любви и трудах, которого Адам и Ева лишились за совершение первородного греха.

Эта привлекательная картина представляет собой не что иное, как православную версию основной христианской идеи; она практически слово в слово совпадает с тем, что говорили такие православные мыслители XX века, как Владимир Лосский и Леонид Успенский, и некоторыми деталями отличается от того, как та же вселенская драма воспринимается в католичестве или протестантизме. Безусловно, она может показаться неприложимой к тем переменам в политике и сельском хозяйстве, которые происходили в России в 1911 году или по меньшей мере весьма отдаленной от них. Тем не менее мне хотелось бы предложить прочтение софийности хозяйства, выявляющее его связь со сложившейся дискуссией по аграрному вопросу.

Известно, что народники старой закалки, приверженные своей любимой идее общины, были встревожены столыпинскими реформами и стали их категорическими противниками; также известно, что Ленин приветствовал эти реформы, видя в них позитивный шаг в развитии капитализма. Однако это только часть общей картины. Реакция множества тех, кого реформы затронули больше всего — здесь я имею в виду не самих крестьян, но земских деятелей, агрономов, статистиков, некоторых землевладельцев, которые посвятили жизнь сельской России и ее благоустройству, — была более сложной и, как мне кажется, проявлялась в два этапа.

Первоначально в их реакции двойственность смешивалась с негодованием: двойственность, потому что Столыпин частично осуществил их собственную программу; негодование, потому что он использовал их идеи для «революции сверху», изменившей организацию сельского хозяйства при сохранении статуса дворянства. Этот конфликт прослеживается по документам «Вольного экономического общества», которое в период революции 1905 года из собрания просвещенных землевладельцев окончательно превратилось в форум земских общественных деятелей, агрономов, статистиков и радикально настроенной интеллигенции. Всего через два месяца после издания положившего начало реформе указа от 9 ноября 1906 года И. В. Чернышев признал, что этот указ предполагает «частичное освобождение из-под ига полукрепостного законодательства», но выразил сожаление по поводу того, что в нем не уделено внимание малоземельным хозяйствам, не затронуто право земского начальника вмешиваться в процесс выхода из общины, а также не предусмотрено окончательное решение проблемы чересполосицы. Поскольку радикальная Вторая Дума все еще продолжала свою работу, Чернышев утверждал, что эти недостатки могут быть исправлены только путем полной капитальной модернизации централизованных институтов, упразднения сословий и признания крестьян полноправными гражданами, обладающими всей полнотой политических прав, иными словами, путем замены «мира» «свободной земельной общиной свободных земледельцев-граждан». Столыпин пытался противодействовать возникновению безземельного пролетариата «средневековыми» мерами, тогда как для этого требовалось революционное решение[4].

Милюков использовал аналогичные аргументы, объясняя, почему Партия народной свободы (кадеты) голосовала против законопроекта, предложенного Столыпиным:

> В том виде, в каком законопроект окончательно принимается Государственной Думой, он служит не экономическим потребностям улучшения крестьянского землепользования, а политическим целям насаждения индивидуалистических воззрений на поземельную собственность; средства для достижения этой цели черпают в узаконении произвола и насилия. При таких условиях фракция Народной Свободы при всем своем сочувствии к закону о землеустройстве при правильной его постановке будет голосовать против законопроекта [5].

Подобное двойственное отношение было выражено и в прочитанных в 1908 году лекциях Булгакова по аграрному вопросу. Он не счел возможным одобрить в целом ни одну часть программы Столыпина. Шесть лет назад, разрабатывая аграрную программу «Союза освобождения», Булгаков сам выступал за преобразование «мира» в добровольную организацию, ослабление его роли, однако Столыпин вместо этого предписывал его упразднение. Как и большинство делегатов Второй Думы, Булгаков поддерживал экспроприацию помещичьих земель. Теперь

---

[4] *Задача Государственной Думы в области реформы крестьянского права* // Труды Императорского вольного экономического общества (ТИВЭО). СПб., 1907. Т. 1, № 1–3. С. 48, 52.

[5] Государственная Дума. Стенографические отчеты. Созывы I, II, III. СПб., 1906–12. 27 ноября 1909. С. 2648.

он соглашался с коллегами-либералами, которые не считали переселение и добровольный выкуп земли в собственность адекватными решениями проблемы нехватки земли[6]. Меры, предложенные Столыпиным, могли бы стать шагом в правильном направлении, будь они достаточными и осуществляйся они правильным путем.

Однако постепенно на смену неприятию и возмущению пришло молчаливое согласие с вмешательством правительства в аграрные дела; в дискуссиях по поводу последующих указов Столыпина стали появляться более позитивные отклики (хотя оппозиционность, разумеется, сохранялась). Такая перемена отношения могла быть вызвана разными причинами. Прежде всего, не было другого выбора. С одной стороны, правительство жестко ограничило деятельность таких «вредоносных» организаций, как ВЭО, сыгравшее подрывную роль в 1905–1907 годах; с другой стороны, общий экономический подъем, по-настоящему начавшийся около 1909 года, сделал последствия изменений правительственной политики менее болезненными[7]. Как указал Джордж Яней, на данном этапе осуществление реформ было возложено правительством на специалистов по сельскому хозяйству (агрономов-организаторов), многие из которых состояли в ВЭО[8], что и можно считать наиболее правдоподобным объяснением нового настроения. Как бы то ни было, Столыпин смог поменять тон обсуждения аграрного вопроса в России, и в течение нескольких лет революционный настрой заметно угас; в дискуссиях на первый план вышли такие новые темы, как «хозяин», «землеустройство» и технический прогресс, ставшие «ключевыми словами» правительства Столыпина.

Вскоре дискуссия вокруг аграрного вопроса получила широкое распространение. Например, к марту 1909 года Б. Д. Бруцкус стал

---

[6] Tokmakoff G. P. A. *Stolypin and the Third Duma*. Washington, D. C., 1981. P. 47–48.

[7] См.: Volin L. *A Century of Russian Agriculture: From Alexander II to Khrushchev*. Cambridge, Mass., 1970. P. 109–112.

[8] Yaney G. *The Urge to Mobilize: Agrarian Reform in Russia, 1861–1930*. Urbana, Ill., 1982.

одним из многих, кто всерьез воспринял правительственную программу землеустройства. Правительство, по его словам, заменило вопрос перераспределения земель вопросом о землеустройстве, тем самым подорвав программу либеральной оппозиции и навязав собственный план, по которому надлежало «деревенскую и общинную Россию превратить в страну хуторов и частных собственников»[9]. Тем не менее землеустройство, по праву считавшееся элементом реакционной политики, все же могло многое предложить русскому крестьянству, и Бруцкус видел задачу в том, чтобы определить те элементы сельскохозяйственного процесса, в которых такая политика могла бы оказаться наиболее эффективной: например, организация однодворческих хозяйств, практическая помощь общинному крестьянству и даже некоторые формы колонизации[10]. Аналогичным образом, к концу 1908 года члены ВЭО оживленно обсуждали организованные правительством новые метеорологические станции и сельскохозяйственные школы, не скрывая при этом недовольства тем, что эта просветительская функция перестала быть прерогативой земства. В октябре 1908 года, обсуждая вопросы правильного распределения функций и взаимосвязи государственного и земского управления сельскохозяйственными делами, они пришли к выводу, что следует отдавать преимущество местной, исходящей снизу инициативе, за исключением тех случаев, когда срочно требуется помощь правительства (например, в случае угрозы голода)[11].

Смена тона стала особенно очевидной, когда 28 января 1909 года Струве выступил на заседании ВЭО с докладом, эффектно озаглавленным «Вступили ли мы в новую экономическую эпоху?», где он вернулся к теме цен на хлеб, благодаря которой стал известен 12 годами ранее. На этот раз его вывод был всецело оптимистическим. Фактически не дав ответа на вопрос, вынесенный

---

[9] Бруцкус Б. Д. *Землеустройство и расселение за границей и в России* // ТИВЭО. 1909. № 3. С. 1.

[10] Там же. № 4–5. С. 45.

[11] ТИВЭО. 1908. № 6. С. 27–36.

в заголовок доклада, он нарисовал картину всемирного экономического подъема, в рамках которого Россия, несмотря на изначально невыгодную позицию в области культуры, сельского хозяйства и политики, достигнет процветания. Особенно важно, что эти общие перемены пойдут на пользу не крупным землевладельцам и не беднейшим крестьянам, но крепкому крестьянину-производителю. Ключевая фраза в его выступлении звучала так: перемена «облегчит и могущественно подвинет необходимые и неизбежные внутренние преобразования в строе русского сельского хозяйства, призванные создать из русского крестьянина настоящего самостоятельного производителя, настоящего "хозяина"»[12]. Разумеется, такое заявление вызвало скандал. Струве обвиняли (особенно громко это делал Чернышев) во многих грехах, от непоследовательности до «социологического агностицизма» и «экономической лирики». По мнению оппонентов, Струве, ранее столь уверенный в том, что России нужно учиться у капитализма, теперь как будто не понимает, что такое капитализм или даже что такое «экономическая эпоха», и заполняет пустоту, образовавшуюся в результате отсутствия последовательной политико-экономической теории, произвольным набором «экономических фактов», которые затем сливаются в единый «знакомый мотив», уже неоднократно озвученный в Думе Столыпиным. По утверждению Чернышева, отказавшись от своей прежней марксистской позиции, Струве не обрел целостного принципа, на котором можно было бы выстраивать мировоззрение; поэтому он перешел к пассивному, молчаливому согласию с политикой правительства по укреплению независимого собственника и скатился до поэтических упований, лишенных какого-либо реального содержания[13].

С того момента, когда Столыпин взял управление сельским хозяйством в свои руки, именно он определял повестку дня для дискуссии. Волей-неволей весь сельскохозяйственный мир ока-

---

[12] ТИВЭО. 1909 Т. 1, кн. 1–2. С. 26 (Раздел «Журналы заседаний Общего собрания И. В. Э. Общества»).

[13] Там же. С. 30–31.

зался втянутым в дебаты по вопросам организации земельной собственности, технических усовершенствований и, прежде всего, укрепления независимого крестьянина-хозяина.

Если в 1908 году прочитанные Булгаковым лекции по аграрному вопросу отразили всеобщее смятение, вызванное первоначальным законопроектом Столыпина и его неприятием, то в 1911 году «софийность хозяйства» выкристаллизовалась из более позитивной дискуссии, которая развернулась ко времени принятия полноценного закона 14 июня 1910 года. Концепт софийности хозяйства стал частью новых дебатов по поводу сельского хозяйства; он вписывался в новый этап осуществления реформ, на котором «специалисты» стали полноправными участниками этого процесса и начали чувствовать, что могут оказывать влияние на ход событий, а не только реагировать на них. Главную проблему Булгаков видел в том же, что и Струве, Чернышев и Бруцкус. «Софийность хозяйства» стала попыткой осмыслить проблему задачи нового хозяина с философской точки зрения, разобраться, почему имеет значение то, что происходит в голове этого хозяина, и четко выразить дух и настроение, которыми тот будет руководствоваться в быту и в труде.

Вклад Булгакова в новую дискуссию определяется двумя элементами. Во-первых, само обращение к вопросу о мотивации единоличного собственника требовало «сдвига в сознании» в интеллектуальной традиции, которая исторически была одержима крестьянской общиной[14]. Булгаков как философ и политэкономист был особенно хорошо подготовлен к тому, чтобы осуществить подобный сдвиг. Во-вторых, Булгакову удалось сформулировать этику или инструкцию, которой новый *хозяин* мог бы руководствоваться в жизни и в работе; в этом сыграли свою роль его религиозность и литературные пристрастия.

---

[14] Я заимствую выражение «сдвиг в сознании» (*perceptual revolution*) у Дэвида Мэйси (см.: Macey D. *Government and Peasant in Russia, 1861–1906: The Prehistory of the Stolypin Reforms*. De Kalb, Ill., 1987). В свою очередь, Мэйси заимствовал его у Томаса Куна (Kuhn Th. *The Structure of Scientific Revolutions*. Chicago, 1962).

Около 1909 или 1910 года специалисты в области аграрной политики четко осознавали потребность в новой идеологии, в новом политэкономическом подходе к стремительно меняющемуся положению в сельском хозяйстве. Суперпозитивист Струве пытался сформулировать новый подход, используя старые понятия, в результате чего между ним и его публикой исчезло всякое взаимопонимание. Такой пример не являлся единичным: литература этого периода изобилует сетованиями на непригодность старых подходов. Статистик П. П. Маслов указывал, что русская экономическая мысль была до такой степени подчинена борьбе против правительства, что экономисты стали поощрять сохранение кустарной промышленности как антикапиталистическую меру, в то время как любой человек, знакомый с основами экономики, должен был бы понимать, что кустарная промышленность именно создавала основу для капиталистического развития. В 1890–1900-е годы земским статистикам, агрономам и почвоведам (в отличие от менее эффективных правительственных комиссий) удалось описать с необычайной подробностью все аспекты крестьянских хозяйств, приемов земледелия, типов почв и т. д. Однако их деятельность носила настолько радикальный характер, что Плеве приравнял земских статистиков к террористам-революционерам[15]. Теперь многие из них понимали, что накопленные ими огромные статистические и описательные материалы требуют систематизации на новой основе — не политической, но научной.

В качестве нового организующего принципа Булгаков предложил свою философию хозяйства. Среди необычайно детальных и специализированных дискуссий по поводу аграрного вопроса она могла показаться настоящим глотком свежего воздуха. Вместо того чтобы рассуждать о распределении ржи, пшеницы, овса и клевера на конкретном крестьянском поле, о взаимосвязи политической и экономической статистики как научных дисциплин

---

[15] Ср.: Seton-Watson H. *The Russian Empire, 1801–1917*. По всей видимости, Плеве понимал, что земские статистики несут ответственность за крестьянские волнения 1902 года.

или о том, как новые виды плугов могут улучшить крестьянское хозяйство, Булгаков говорил о таких вещах, как творчество, естественная философия, Демиург Платона, о Софии, Мировой Душе, плероме, *natura naturans*, — все это в контексте рассуждений о процессе хозяйствования. Софийность хозяйства Булгакова вывела дискуссию о сельском хозяйстве из бесконечной трясины обсуждения практических деталей, перенеся акцент на творчество и новый образ мышления.

Софийность хозяйства сместила фокус экономической теории с внешних социальных форм — институтов, «общественных идеалов», форм правления или способов производства — на процесс экономической жизни и мотивирующие его факторы; иными словами — на то, что происходило в мышлении *хозяина*. Прямо и открыто высказываясь о том, на что Струве только смутно намекал, Булгаков заявил, что общественные установления и идеалы, столь важные для марксистов и его собственных революционных мечтаний, которым он отдавал дань до 1907 года, были иллюзией — можно сказать, обманчивыми призраками на стенах пещеры. Цепляться за них означало пренебрегать высшей метафизической реальностью, которая присутствует всегда, как направляющая и вдохновляющая сила, независимо от способа производства или политической системы. Можно даже сказать, что тот настрой, который вдохновляет человека в самом процессе земледелия, важнее размера участка, на котором он работает и которым он владеет.

Отчасти это была попытка найти наилучший выход из плохой ситуации: в любом случае Столыпин строго держал институты сельского хозяйства в своих руках. Однако *философия хозяйства* утверждала прежде всего социально-творческую, преобразующую силу установки, определяющей управление экономической жизнью, считая ее более значимой, чем те структурные формы, которые она принимала. Сколь бы стеснительным ни был политический режим, люди сохраняют свободу, фактически обязательство, жить и работать в согласии с вдохновляющей силой софийности, и именно это, подразумевает Булгаков, в конечном счете должно привести к победе над политической несвободой.

(В этом отношении Булгаков следовал примеру славянофилов, нашедших способ игнорировать современное им самодержавие, противопоставляя внутреннее содержание духовной жизни абстрактным, логическим принципам, таким как установления или формы государства. Славянофилы заявляли, что России, в отличие от коррумпированного и рационализированного Запада, выпала доля выработать этот принцип и осуществить его на благо человечества.)

У Булгакова смещение акцента с внешних форм на внутренний духовный строй совпало с общеевропейской интеллектуальной революцией, которую историки определяют как «восстание против позитивизма», и явилось ее частью. Софийному хозяйству Булгакова присуща черта, которая, вероятно, является единственно общей для многообразных вариантов модернистского отрицания позитивизма: внимание к вещам, выходящим за рамки материального мира, стремление заглянуть за пределы окружающей нас физической реальности, разглядеть через материальную оболочку суть, невидимую невооруженным глазом. Сообразно этому новому признанию «несоответствия между внешней реальностью и внутренним восприятием этой реальности»[16], центральной чертой софийности хозяйства Булгакова оказывается замена экономического материализма Маркса, описывавшего общество с точки зрения «внешних форм» — институтов, классов, форм правления, — мировоззрением, которое, напротив, подчеркивало внутренний «дух» общества. В этом смысле смещение акцентов у Булгакова было характерным для его времени переходом от «объективных», четко видимых форм в более туманную область субъективной мотивации.

Поставив в центре своей философии субъект, или хозяина, Булгаков занялся более четким определением того духа, в котором он должен жить и работать. Труд являлся ключевым элементом булгаковской философии хозяйства.

---

[16] Stuart Hughes H. *Consciousness and Society*. С. 16.

> Защита и расширение жизни, а постольку и частичное ее воскрешение и составляет содержание хозяйственной деятельности человека. ... Мир как София, отпавший в состояние неистинности и потому смертности, должен снова приходить в разум Истины, и способом этого приведения является труд, или хозяйство[17].

Таким образом, Маркс шел по правильному пути, когда создавал свою трудовую теорию стоимости, но продвинулся по нему недостаточно далеко: экономический материализм свел важность труда к теории цен, в то время как для Булгакова труд имел философско-религиозное значение. Маркс уловил только одну фазу всемирно-исторического процесса грехопадения и воскресения: экономический материализм точно описал нашу жизнь в том виде, в каком она существует в падшем эмпирическом мире. По мнению Булгакова, марксизм выразил экономическую трагедию человеческой жизни, наше подчинение силам мертвой, бесчувственной природы. Марксизм стал еще одним выражением стоящей перед нами необходимости в поте лица нашего есть хлеб, пока не возвратимся в землю, из которой были взяты. Не предложив великую схему истории человечества, экономический материализм попросту описал самую душераздирающую главу драмы грехопадения и воскресения, в которой человек еще не постиг потенциально глубокий смысл экономической деятельности, ее способность воскресить все сотворенное и вернуть его к жизни в Софии.

Вместо того чтобы быть тяжким и механическим («со скорбью будешь питаться от неё во все дни жизни твоей» (Быт. 3: 17)), труд может и должен быть *софийным*. София, которой Булгаков, проявляя осторожность, никогда не давал четкого определения, вызывала все новые и новые ассоциации, от Софии Священного Писания и средневекового мистицизма до Вечной Женственности романтиков и символистов-неоромантиков. Божественная Мудрость состоит из совокупности вечных идей, с которыми столкнулся Бог в процессе творения; но представление о Софии

---

[17] Булгаков С. Н. *Философия хозяйства*. С. 155.

постоянно изменяется, это и радость, и игра, и мудрость, и любовь. Литературные образы позволяют выразить его более точно, чем рациональное объяснение, и Булгаков прибегает к поэзии Ангела Силезского: «Die Rose, welche hier dein äuβres Auge sieht, / Die hat von Ewigkeit in Gott also geblüht»[18]. Атрибутами Софии являются вечность и радость; кроме того, в неканонической Книге Премудрости Соломона о ней сказано: «С Тобою премудрость, которая знает дела Твои и присуща была, когда Ты творил мир, и ведает, что угодно пред очами Твоими и что право по заповедям Твоим» (Быт. 9: 9). София представляется не только как премудрость, присутствующая при акте творения, но и как могущество, которое придает Богу силу править всем сущим; она выступает как художник-творец, как бесконечно движущийся и искрящийся отблеск света невечернего.

Учение Булгакова о том, что хозяйственную деятельность следует рассматривать как творческий процесс, вдохновляемый Софией, развивается в этику радостного и созидательного труда. Процесс хозяйствования следует рассматривать как аналогию создания произведения искусства, радостное наделение продуктов природы их собственным духом.

Наставление, которое дает Булгаков *хозяину*, — это этика труда, исполненного радости, ибо каждый передвинутый им камень, каждая вспаханная им борозда делает его причастным к божественной Софии и в масштабах микрокосма воспроизводит вселенскую драму грехопадения и воскресения. Софийность хозяйства Булгакова повторяет древнюю в православии тему. Подобно тому, как посещающий православную литургию и получающий причастие переживает вселенскую драму Воскресения Христова (эта тема повторяется каждый год в цикле церковных праздников), каждый человек, трудясь на своем поле, заново переживает грехопадение и воскресение. Его труд воскрешает почву, пробуждает ее от пассивного, летаргического сна, в который ее погрузил совершивший первородный грех Адам.

---

[18] «Та роза, что здесь зришь твоим телесным оком, / Перед Творцом еще от вечности цвела» (пер. С. Н. Булгакова).

Все это не слишком расходилось со словами Столыпина, произнесенными в Думе в 1909 году: «Необходимо поднять нашу обнищавшую, нашу слабую, нашу истонченную землю, так как земля — это залог нашей силы в будущем, земля — это Россия»[19].

Булгаков обращался и к *агроному-организатору*, поскольку тот использовал свои практические и научные знания, чтобы способствовать преобразованию сельского хозяйства. Знания и наука тоже могли бы быть софийными, если понимать их как неотъемлемую часть процесса хозяйствования. «Человек стоит в хозяйственной позе по отношению к природе, с рабочим инструментом в одной руке, с пламенеющим светочем знания в другой»[20]. Однако наука не должна становиться самоцелью, никогда не следует превращать ее из инструмента хозяйства в его творца, как это, по мнению Булгакова, произошло в позитивизме. Правильно понимаемая наука является важнейшим инструментом в деле софийного воскрешения природы посредством труда.

> Наука вносит в темный хаос косной материи, смешения космических сил и элементов свет различения и закономерности. Она идеально организует мир как объект, и хаос явлений пронизывает светом идей, всеобщих и разумных законов. Наука есть хозяйство разума в природе, трудовое восстановление идеального космоса как организма идей или идеальных закономерностей, гармонично сочетающих космические силы или формирующих первоматерию и первоэнергию, «праматерь» бытия. В трудовом, хозяйственном процессе наука проникает через кору и толщу хао-космоса к идеальному космосу, космосу-Софии[21].

Может показаться удивительным, что новое представление о хозяине и процессе хозяйствования получило довольно широкое отражение в дискуссиях того времени. Так, в 1914 году Н. Н. Кажанов высказывался в очень похожем ключе:

---

[19] *Избранные выступления П. А. Столыпина в Государственной Думе и Государственном Совете. 1906–1911 годы*. М.: Изд. Государственной Думы, 2012. С. 93–94.

[20] Булгаков С. Н. *Философия хозяйства*. С. 171.

[21] Там же. С. 208–209.

> Связывающим эти разнообразные элементы техники сельского хозяйства цементом, объединяющим в одно организованное целое моментом является интеллект хозяйствующего субъекта, образующий в некотором смысле спайку между плугом известной системы, бороной, сеялкой, жаткой, тем или другим сортом пшеницы, кормового растения, определенным видом или породой скота соответствующего индивидуального сельскохозяйственного предприятия.
> Этот организующий индивидуальное производство интеллект сельского хозяина является по существу своему тождественным с коллективным интеллектом всего человечества, организующим, в известной мере, в одно целое промышленную жизнь современного культурного мира во всей ее совокупности[22].

Сходные мысли принадлежали и Александру Чаянову, ведущему ученому и мыслителю из числа агрономов, поддерживавших реформы. Джордж Яней резюмирует его подход следующим образом:

> Агроном-организатор находился, так сказать, на переднем крае глубоких психодуховных преобразований, в результате которых люди, жившие только для того, чтобы производить и получать причитающуюся им часть ограниченного набора доступных им в данной местности товаров, должны были превратиться в добровольные инструменты бесконечно более могучей системы производства. Сам агроном не был сельским хозяином. Скорее, его основная задача состояла в том, чтобы «возбуждать» и «направлять» крестьян; быть, по выражению Чаянова, «ферментом», который возбуждает крестьянское общество. Его предназначение — «заменить в головах местного населения старые представления новыми». «Общественная агрономия» представляла собой «систему общественных мероприятий». Агроном «создает новую человеческую культуру, новое народное сознание и предоставляет этой новой человеческой культуре самой создавать новое земледелие»[23].

---

[22] Кажанов Н. Н. *Одна из черт научного мировоззрения А. И. Скворцова, как агронома-мыслителя* // ТИВЭО. 1914. Кн. 1–2. С. 45.
[23] Yaney G. *Urge to Mobilize*. P. 396–397.

Софийность хозяйства Сергея Булгакова явилась одной из оригинальных, но характерных для русского Серебряного века религиозно-философских концепций. Формулировка нового философского воззрения стала возможной не за счет снятия с себя ответственности перед обществом на фоне разочарования, пережитого Булгаковым в 1907 году, но благодаря конструктивному подходу к новым социальным и аграрным вопросам, возникавшим по мере того, как вступали в силу указы Столыпина.

Представляется, что значение софийности хозяйства для общественной мысли начала XX века определялось прежде всего тем, что в ней современным языком излагается древний этос, заложенный в мирское православие, — этос радостного труда, напоминание о том, что фундаментальное представление христианства о грехопадении и воскресении может относиться и к самым обычным повседневным занятиям. Размышляя о том, что Флоровский назвал «молчанием русской культуры», Булгаков использовал Софию не столько как конкретную политическую концепцию, сколько как намек или средство пробуждения в памяти многочисленных образов, от средневековой иконографической Премудрости до «Трех свиданий» Соловьева и «Нечаянной радости» Блока[24]. Как сказали бы символисты, София была средством выражения «невыразимого» — того «невыразимого», что излучает радость, красоту и надежду.

В то же время то, что Булгаков адресовал *хозяину*, указывает на зарождение в 1909–1913 годах диалога между правительством и, по крайней мере, частью интеллигенции, того диалога, который полностью прервался во второй половине XIX столетия. Впервые с того времени, как Чернышевский бросил открытый вызов правительству, часть мыслящей общественности была вынуждена вступить в дискуссию с властью, размышлять над общими вопросами и заниматься теми же проблемами, что и она.

Разумеется, мы не знаем, какими были бы последствия обращения Булгакова к столыпинскому независимому собственнику, если бы не произошла революция. В той действительности, ко-

---

[24] Florovsky G. *The Problem of Old Russian Culture* // Slavic Review. 1962. № 21. P. 12.

торая реально осуществилась, понятие софийности хозяйства раскололось на две части. Булгаков экспортировал Софию в Париж, где она стала основой его «софиологического» богословия. *Хозяйство* осталось на родине: такое целостное, органическое представление о хозяйстве, как у Булгакова, сыграло роль в экономических дебатах, имевших место в Советском Союзе в 1920-е годы, и наложило отпечаток на проекты сталинских реформ 1930-х годов. Требуется некоторая сила исторического воображения, чтобы снова свести обе части воедино в забытом контексте русского Серебряного века.

Глава девятая
«Дух синтеза»

Если понятие софийности хозяйства привело к сдвигу в сознании по отношению к хозяйственной жизни, то сопоставление двух научных дисциплин, экономики и философии, позволило Булгакову также внести оригинальный вклад в область собственно философии. Предложенный Булгаковым необычный подход к труду и хозяйству как к достойным объектам философского осмысления вписывался в самые актуальные философские споры того времени, а именно неокантианскую дискуссию, посвященную эпистемологии, и более общие попытки преодоления позитивизма. Предлагая новый подход к хозяйственной жизни, «Философия хозяйства» излагает тщательно аргументированную философскую позицию. Булгаков в первую очередь стремился построить «практическую» философию, призванную стать ответом на фундаментальный вопрос: как объяснить отношение человека к внешнему миру, как перекинуть мост между интеллектом и жизненной практикой? В поисках этого ответа Булгаков использовал все доступные ему источники: современную философию, романтизм XIX века, литературу символизма, христианскую традицию, труды русских мыслителей, в частности Соловьева и Федорова, и даже элементы марксизма или, в более широком смысле, экономического материализма. Булгаковский образ активного труженика, участвующего в общем деле всеобщего воскрешения, в переводе на язык философии превратился в преодоление пропасти между субъектом и объектом посредством труда и одновременно в новое изложение христианской драмы грехопадения и воскресения. На первый взгляд, «Философия хозяйства», посвящённая экономическому существованию человека, имеет мало общего с другим важнейшим произведением Булгакова, созданным в этот период, «Светом невечерним» (1917), в котором автор обращается к религиозному опыту человека; однако, взятые вместе, эти сочинения представляют собой последовательную реакцию на позитивизм и марксизм, являвшийся, по мнению Булгакова, его наиболее опасным проявлением.

Трудовая теория познания

В философском плане «Философия хозяйства» задумывалась прежде всего как ответ на неокантианство. За век до этого поэты и философы-романтики отреагировали на рационализм Просвещения, перенеся своё внимание с человека на неуправляемые силы природы. Немецкая романтическая философия в особенности стремилась примирить мыслящего, познающего субъекта, предложенного Кантом, с миром, который является внешним по отношению к этому субъекту. Реакция Булгакова 1910-х годов на его собственный более ранний идеализм вторила реакции романтиков на Канта. В «Философии хозяйства» Булгаков вернулся к центральной проблеме, беспокоившей романтическую мысль: как объяснить отношения между человеком (мыслящим субъектом) и внешним миром (объектом)[1]. В целом, Булгаков обвинял Канта и его нынешних последователей в избыточном «интеллектуализме» или рационализме. Рационалистическая традиция в европейской мысли, от декартовского «ультраинтеллектуалистического» «Cogito ergo sum» до «Logik der reinen Erkenntniss» («Логика чистого познания») Германа Когена, воспринимала логику как единственный организующий принцип бытия.

---

[1] Исследователи романтизма в целом признают центральное положение этой проблемы. См., напр.: Abrams M. H. *Natural Supernaturalism*. New York, 1971; Riasanovsky N. V. *The Emergence of Romanticism*; Wellek R. *The Concept of Romanticism in Literary History* // Romanticism Reexamined / Ed. St. Nichols. New Haven, 1962.

С точки зрения рационалистической философии бытие являлось лишь мыслью, полагающей саму себя внутри замкнутой и самодостаточной системы[2].

Булгаков считал, что Кант, рассуждая о возможности познания в «Критике чистого разума», искусственно изолировал мыслящего субъекта от внешнего мира. Канта, очевидно, интересовало трансцендентальное познание, «занимающееся не столько предметами, сколько видами нашего познания предметов, поскольку это познание должно быть возможным a priori»[3]. Однако тем самым исключая из рассмотрения опыт и концентрируясь исключительно на предмете познания, Кант невольно поместил этот предмет за стеклянную преграду и построил одностороннюю философию чистого, квиетистического размышления. Идеализм оказался не в состоянии решать проблемы, связанные с какой бы то ни было действительностью, лежащей за пределами мыслящего субъекта.

Если Кант ошибался, концентрируясь исключительно на мыслящем субъекте, то неокантианцы усилили и вульгаризировали этот акцент. В своей вариации на тему «Философских писем о догматизме и критицизме» Шеллинга, явившихся ответом на «Критику чистого разума», Булгаков утверждал, что попытки неокантианцев утвердить «профессиональный» критицизм, пригодный для различных отраслей науки, являются пустой претензией[4]. Познание в его практическом измерении было для Булгакова в значительной степени спонтанным процессом, точный ход которого не может быть определен заранее. В своем всепоглощающем увлечении методологией неокантианцы поставили телегу впереди лошади, поскольку настаивали на том, что теория познания должна предшествовать самому знанию. В результате они упустили из виду объект познания. Ни Кант, ни неокантианцы не смогли провести различие между наукой, ко-

---

[2] Булгаков С. Н. *Философия хозяйства*. С. 12–13.

[3] Kant I. *Critique of Pure Reason* / Transl. M. Müller F. New York, 1966. P. 16.

[4] Булгаков С. Н. *Философия хозяйства*. С. 33–38.

торая должна заниматься общими формами знаний, и философией, задачей которой, скорее, является объяснение самого факта познания.

По существу, идеализм, как в кантовской, так и в современной критической форме, концентрируясь на познающем субъекте и процессе познания, не мог объяснить мир, внешний по отношению к данному субъекту. Он мог задаваться вопросом «Как возможно познание?», но не «Как возможна природа?». В этом отношении критика Булгакова лежит в русле убеждений Шеллинга, который исходил из того, что познание возможно при условии совпадения объективного и субъективного.

Шеллинг возражал против тех узких рамок, которыми Кант ограничил свои рассуждения о познании, и стремился развить трансцендентальный идеализм до такой степени, чтобы он превратился в то, чем должен был стать, — в общую методологию познания. Эта тотальная философская система должна была состоять из двух частей. Первая, *натурфилософия*, рассматривала объект — природу — как данность и пыталась объяснить его отношения с субъектом. Благодаря рефлексии природа в конечном счете превращалась в свой собственный объект, поскольку ее изучение человеком наделяло природу разумом. И наоборот, трансцендентальный идеализм — вторая часть философской системы Шеллинга — шел от субъекта и стремился объяснить, каким образом он связан с объектом. Другими словами, система трансцендентального идеализма представляла собой попытку оправдать наше базовое представление о том, что вещи существуют вне нас. Проблема отношений между субъектом и объектом проходит через все творчество Шеллинга, так как он видел основную задачу философии в объяснении совпадения субъективного и объективного[5].

Булгаков отдает должное Шеллингу за то, что тот смог «разбить стену» между субъектом и объектом посредством двух «глубоких и жизненных идей (тождества субъекта и объекта и понимания

---

[5] Schelling F. W. J. *System des transzendentalen Idealismus (1800)* // Schellings Werke / Ed. M. Schröter. Bd. 2. München, 1927. S. 339, 234.

природы как живого развивающегося организма)»[6]. Философия тождества утверждала, что в конечном счете дух внутри нас и природа вне нас представляют собой одно и то же; то есть субъект и объект взаимопроницаемы. Соответственно, эволюционное развитие природы, наполненной разумом, приобретало не только механический, но и метафизический смысл. По словам Булгакова, философия тождества позволила Шеллингу поставить вопрос о том, как возможно объективное действие, то есть обратиться к проблеме существования мира, внешнего по отношению к субъекту. Как интеллект воздействует на природу? Как что-то может выйти за свои пределы, чтобы вступить во взаимодействие с внешним миром?

Хуже того, считал Булгаков, Кант взял за основу неадекватный субъект. Этот критический упрек носит более фундаментальный характер, чем первый, поскольку при том, что Кант в своих рассуждениях сознательно избегал обращения к объекту как таковому, теперь и позитивный аспект его философии оказывался несостоятельным. «Ошибка» Канта заключалась в его «гносеологическом индивидуализме или атомизме». Его трансцендентальный субъект познания, гносеологическое Я, мыслился как индивидуум, хотя, разумеется, не как человек в его эмпирической конкретности. Однако в этом случае должно существовать множество таких гносеологических субъектов, непроницаемых друг для друга; и это, по мнению Булгакова, невозможно было примирить с существованием всеми признаваемого трансцендентального субъекта. Ибо такие субъекты должны быть трансцендентными по отношению друг к другу: у каждого субъекта должна быть собственная версия истины, в результате чего вселенная оказалась бы множеством противоборствующих истин. Общезначимость знания, центральная идея гносеологии Канта, оказалась бы в этом случае недостижимой[7].

Более того, субъект Канта был созданием с неопределенной идентичностью.

---

[6] Булгаков С. Н. *Философия хозяйства*. С. 59.
[7] Там же. С. 116.

> Гносеологический субъект, составляющий в неокантианстве центр, около которого вращается мир (в чем и состоит пресловутое «коперниканство» Канта), есть нечто не существующее ни в опытной действительности, ибо она конкретна и психологична, т. е. в гносеологическом смысле не «чиста», ни вне этого опыта, за его пределами, в трансцендентальном, ибо вход сюда принципиально возбраняется.

Поскольку субъект Канта столь однозначно отделен от реального бытия, он превращается в чистый прием, в «методологическую фикцию», придуманную для философских рассуждений и имеющую слабое отношение к какой-либо конкретной метафизической проблеме.

> «Критика» Канта разрушает гораздо больше, чем он сам хотел разрушить, она субъективирует не только объект знания, превращая его в представление, в содержание сознания, но и его субъект, помещая его где-то в промежуточной области между эмпирическим и трансцендентным, посредине между да и нет. На этом гвозде, вбитом в воздух, нельзя повесить даже пушинки, а не только мироздания, которое хочет к нему прикрепить «Коперник» Кант[8].

Тщательные дефиниции Канта и чрезмерная осторожность в определении собственной задачи имели результатом ее тривиализацию. В конечном счете его система не только не учитывала опыт, на что он пошел сознательно, но также оказалась зависимой от субъекта, который являлся не чем иным, как изобретенным методологическим приемом.

По мнению Булгакова, единственный полноправный трансцендентальный субъект должен быть сверхиндивидуален.

> Трансцендентальный субъект знания есть функция знания, которая осуществляется через посредство отдельных личностей, с отдельными центрами сознания, но которая сверхиндивидуальна и по своим задачам, и по своему значению,

---

[8] Там же.

и по своей возможности. Личности суть только очи, уши, руки, органы единого субъекта знания, которому и принадлежит вся сила знания, энергия, глубина и все плоды знания. ... Это именно он относит бесконечное многообразие опыта к единому пространству, располагает его в последовательности моментов единого времени, связывает его непрерывной причинной связью[9].

Адекватно выступать в качестве трансцендентального субъекта может только некая мистическая общность, которая представляет собой нечто большее, чем сумму составляющих ее частей. Подобный субъект не является абстрактной гипотезой: он реально существует, и в нем действительно сосредоточено знание. В процессе познания отдельные акты познания в конечном итоге сливаются воедино.

Вероятно, можно утверждать, что булгаковское определение трансцендентального субъекта также восходит к философии Шеллинга: универсальный субъект в точности напоминает мировую душу из «Натурфилософии» Шеллинга, тот принцип, который организует мир в систему[10]. Однако если говорить о более непосредственных влияниях, то в данном случае опорой Булгакову послужили те аспекты романтизма, которые были подчеркнуты русскими поклонниками Шеллинга, в частности некоторыми из славянофилов. Булгаков отмечает, что акцент на коллективность, на человечество в целом стал «отличительной чертой» русской мысли[11].

Булгаков реагировал на неокантианство точно так же, как романтики на Канта в начале XIX века, причем по тем же причинам и в тех же выражениях. В «Философии хозяйства» он поставил вопрос: «Как возможно хозяйство?» Это было равносильно вопросу романтиков: «Как возможно объективное действие?» Его целью было добиться понимания мира как объекта труда и хозяй-

---

[9] Там же. С. 117–118.
[10] Schelling F. W. J. *Von der Weltseele* // Schellings Werke. Bd. 1. S. 418, 637.
[11] Булгаков С. Н. *Философия хозяйства*. С. 120.

ственной деятельности; он считал, что в этом заключается подход, пусть даже нечетко сформулированный, к основному вопросу метафизики с позиций современного экономизма, критицизма (то есть неокантианства), прагматизма и мистицизма.

Однако выбор хозяйства в качестве общего направления был неслучаен. Специфические термины, с помощью которых Булгаков переформулировал романтическую проблему соотношения субъекта и объекта, отразили пройденный им опыт позитивизма XIX столетия. Он разделял свойственный современной ему эпохе интерес к богатству и материальному благосостоянию. Он говорил о том, что его эпоха характеризуется «экономизмом»; иными словами, в отличие от аскетических периодов истории, современность любит богатство и воспринимает мир с точки зрения экономики. Для его времени мир — это гигантское хозяйство, а могущество человека измеряется его достатком. Намерение Булгакова в первой части «Философии хозяйства» заключалось как раз в том, чтобы обосновать правомерность такой точки зрения и исследовать мир как хозяйство. Он взирал на мир как на объект хозяйственной деятельности. Основное содержание этой работы согласовывалось с тем, что интересовало его ранее: в конце концов, это была книга, посвященная экономике. Булгаков не оставил свои занятия политэкономией; он продолжал их и привнес в них новый элемент, возникший из других интересов, которые он питал в 1900–10-е годы. Эта книга родилась из применения им новых подходов и нового отношения к прежнему материалу; она демонстрировала, как увлечение вопросами религии, политики, журналистики и литературы помогло ему решить проблемы позитивизма, которые сковывали его в экономических исследованиях в 1900-м году. И действительно, хотя предмет «Философии хозяйства» перекликается с содержанием его предшествующих работ, подход к нему теперь сильно изменился. В результате своих исканий первого десятилетия века он мыслил совершенно по-другому. Булгаков признавал, что этот труд стал итогом отрезка его жизни, отмеченного приверженностью к философии экономического материализма, которую он теперь пытался представить в более широком контексте. Лично для Булгакова позитивизм означал экономический материализм и, следовательно, марксизм. В этом контексте учение экономического материализма представляло собой лишь наиболее радикальное и совершенное выражение общих представлений эпохи о том, что в основе жизни общества лежат экономические процессы. Экономический материализм артикулировал и радикализировал те исходные посылки, которые составляют общую основу политэкономии. «Научная» доктрина экономического материализма стала частью философии хозяйственной жизни.

На еще более глубоком уровне философия Булгакова сплавила романтический вопрос о субъекте и объекте с всеохватным представлением о борьбе человека с природой, столь важным для русского позитивизма. Сочетать таким образом неоромантизм и позитивизм было не слишком трудно, если учесть, что в романтизме субъект отождествлялся с человеком, а объект — с природой[12]. Исходная формулировка центральной идеи Булгакова представляла собой амальгаму неоромантической образности и языка и радикального утверждения позитивистского видения мира как арены борьбы за выживание. Здесь Булгаков продолжал не только взгляды Михайловского на дарвинизм (эту эмблему позитивизма) и борьбу человека с природой, но также и радикализацию и вульгаризацию позитивистской позиции у Луначарского. Возможно, самый эффектный в силу его утрированности и аффектированности вариант позитивистской увлеченности борьбой за выживание мы можем обнаружить у Федорова, в размышлениях которого битва человека с природой в конечном итоге завершается воскресением предков, а следовательно, победой над смертью.

В неоромантической версии Булгакова позитивистская борьба человека с природой выглядит примерно следующим образом. Хотя жизнь по сути абсолютна и экстратемпоральна, она протекает в эмпирическом мире только в постоянной борьбе со

---

[12] Вопрос о том, в какой степени русский позитивизм был продуктом романтизма или, по крайней мере, включал в себя элементы романтической мысли, представляет интерес и требует отдельного рассмотрения.

смертью. Парадоксальным образом жизнь оказывается заложницей слепой необходимости смерти, даже при том, что в конечном счете существует только жизнь, а все, в том числе и смерть, в действительности является атрибутами жизни. В эмпирическом мире жизнь по необходимости смертна (хотя это положение внутренне противоречиво). На природе лежит смертная маска материальности, а человек обречен на постоянный поиск способов удовлетворения своих материальных потребностей, иными словами, на дарвиновскую борьбу за существование. Булгаков определяет хозяйство как борьбу человека с силами природных стихий, направленную на защиту и расширение сферы жизни, покорение и «очеловечивание» природы, превращение мертвой материи — субъекта абсолютной необходимости — в живой организм. Хозяйство — это борьба жизни за победу над смертью. Мир как хозяйство есть мир как объект труда. Таким образом, хозяйственная деятельность в известном смысле противостоит природе, поскольку она направлена на подчинение природы потребностям жизни; и в то же время природа не может полностью осознать себя без воздействия на нее трудовых усилий. Природа предоставляет материал для культуры, для расширения границ жизни посредством хозяйственной деятельности.

Еще более явное слияние позитивизма и неоромантизма можно проследить в утверждении Булгакова о том, что каждый хозяйственный акт включает в себя взаимодействие человека с внешним миром, усилие субъекта (человека), направленное на изменение и организацию его объекта (природы). Человек стремится очеловечить природу, чтобы приспособить ее к своим целям; это взаимодействие субъекта и объекта мы называем покорением природы. Булгаков утверждает позитивистскую идею покорения природы в терминах романтизма, проводя знак равенства между позитивистским «человеком» и «природой» и романтическим «субъектом» и «объектом».

В результате неоромантическая постановка проблемы соотношения субъекта и объекта ассимилировала в себя направленность позитивизма на материальный опыт. Ответ Булгакова неокантианству заставил его вернуться к фундаментальным вопросам позитивизма. Ему предстояло реализовать необычайно амбициозную программу одновременного опровержения и преодоления и Канта, и Маркса.

Он отважно взялся за дело, сочетая язык и метафоры неоромантизма с русской философской традицией и христианством, чтобы предложить оригинальное христианское модернистическое решение. Христианство оказалось единственной достаточно мощной именно интеллектуальной основой для успешной реализации столь амбиозного проекта. Как мы убедились, в булгаковском «Как возможно хозяйство?» оказались сплавлены романтический вопрос об отношениях между субъектом и объектом и позитивистское стремление понять отношения между человеком и природой. Вопрос Булгакова по-новому ставил и основную проблему позитивизма, и центральную проблему романтизма. Однако новая постановка этих проблем предполагала и их трансформацию: каждая из них изменялась за счет соприкосновения с другой, и в результате вопрос был поставлен совершенно по-новому.

В 1900 году Булгаков критиковал позитивизм за его зависимость от внешнего опыта и, следовательно, пренебрежение внутренним «я»; за его безоговорочную веру в линейность исторического прогресса; за детерминизм, исключающий свободу личности; за прославление человека, доходящее до его обожествления («человекобожие»); за превращение науки в религию и, следовательно, нежелание обращаться к реальным проблемам метафизики и религиозной веры; за увлечение фактами, приводящее к плюрализму и фрагментации знания. Лобовая попытка разобраться с этими сложностями привела лишь к промежуточному результату в форме идеализма. Однако в неоромантической редакции Булгакова проблема ставилась по-новому, что делало возможным ее решение; таким образом он достигал цели, к которой стремились все создатели модернистических моделей в области философии и естественных наук, а именно: как должен быть поставлен вопрос, чтобы на него можно было ответить[13].

---

[13] Ср.: Heisenberg W. *Physics and Philosophy*. London, 1989, в частности, p. 23.

Сформулированный по-новому вопрос позволил Булгакову не просто отвернуться от позитивизма, но преодолеть его изнутри путем решения созданных им проблем.

Новая формулировка трансформировала и проблему субъекта и объекта. В восприятии Булгакова манера постановки проблемы отношений между субъектом и объектом у романтиков сохраняла основной недостаток западной «кабинетной» философии. Даже Шеллинг при построении своей системы занял «искусственную» позицию «трансцендентального философа»[14]. Его разделенная на две части философия осталась абстрактной и статичной. И действительно, для Шеллинга предельно возможное взаимодействие субъекта и объекта осуществлялось в произведении искусства, аналогично тому, как у Новалиса оно превращало мир в поэзию. Вобрав в себя увлеченность позитивизма материальным бытием, булгаковский вопрос «Как возможно хозяйство?» изменил задачу философа с абстрактного созерцания на активное участие в процессе жизни и перенес последствия философского размышления из области искусства в область жизни.

Вопрос «Как возможно хозяйство?» больше не являлся вопросом о философии, искусстве или эволюции; теперь это был вопрос о жизни. Одним словом, это был фундаментальный вопрос, которым занята религия. Применение подходов материалистической философии XIX века к проблеме романтизма неожиданным образом привело к религиозным вопросам, превратив свойственную романтизму озабоченность искусством в свойственную модернизму поглощенность Жизнью. В поисках ответа на этот новый вопрос Булгаков мог обратиться к традиции русской мысли, чтобы предложить новое философское решение на христианской основе.

В рамках нового подхода получалось, что романтическое противопоставление субъекта и объекта может быть преодолено относительно легко. Если отказаться от гносеологического субъекта, этого искусственного «методологического приема», субъект и объект перестанут противостоять друг другу. В схеме Булгакова субъект-объектные отношения погружаются в хозяйственный

---

[14] Schelling F. W. J. *System des transzendentalen Idealismus*. S. 343.

процесс, то есть непосредственно в жизнь: субъект и объект сливаются и проникают друг друга в ходе активного участия в хозяйственной жизни. Субъект не может существовать в изоляции; он существует только в активной готовности к действиям в мире. Булгаков называет такую философию «экономическим реализмом»; и этот экономический реализм основывается на признании первостепенной важности труда как философского концепта. Одним словом, вместо того чтобы сосредоточиваться на искусственно сконструированном мыслящем субъекте, экономический реализм как мировоззрение явился попыткой понять человека и его бытие *в мире*.

Когда Булгаков ставил задачу «понять мир как объект трудового, хозяйственного воздействия», его цель была одновременно и скромной, и амбициозной. С одной стороны, он хотел исследовать очень ограниченную и четко определенную область философской мысли — вопрос о человеке как о хозяйствующем субъекте. Каким образом можно описать хозяйственные аспекты жизни человека в мире, то, как он потребляет и производит, каково его отношение к материальному миру, окружающему его, и к плодам его труда? С другой стороны, Булгаков приписывал гораздо большую значимость объекту своего исследования: он считал, что философия хозяйства служит ключом к некоторым общим проблемам метафизики и что хозяйственное отношение человека к внешнему миру имеет первостепенное философское значение[15]. Хозяйственная деятельность, по Булгакову, представляла собой ключ к пониманию отношений субъекта и объекта. Перспектива экономического реализма позволяла разрешить их противостояние. В процессе хозяйствования мир существует для нас только как объект нашей деятельности. Мы убеждаемся в реальности мира исключительно в результате постоянного взаимодействия с ним; разграничение между мыслящим субъектом и абстрактным внешним миром, проводимое философией, не является истинным, ибо в реальной жизни мы находимся в постоянном контакте с внешней реальностью. Субъект и объект

---

[15] Булгаков С. Н. *Философия хозяйства*. С. 104–105.

не существуют в отрыве друг от друга; напротив, они постоянно взаимодействуют, а процесс их взаимодействия является жизнью.

Взаимодействие субъекта и объекта в хозяйственном процессе происходит благодаря двум функциям: потребления и производства. Потребление есть процесс взаимодействия между организмом человека и механизмом природы. В хозяйственном процессе активное живое начало (субъект) постоянно оказывает трудовое воздействие на мертвую материю (объект) и превращает ее в живую сущность. Это взаимодействие органической и мертвой материи проявляется в пище как средстве их взаимопроникновения[16]. Питание — это процесс, посредством которого лишенный жизненной энергии, омертвелый природный материал используется живым организмом и тем самым превращается в живой организм.

> Мы едим мир, приобщаемся плоти мира не только устами или органами пищеварения, не только легкими и кожей в процессе дыхания, но и в процессе зрения, обоняния, слуха, осязания, общего мускульного чувства. Мир входит в нас чрез все окна и двери наших чувств и, входя, воспринимается и ассимилируется нами. В своей совокупности это потребление мира, бытийственное общение с ним, коммунизм бытия, обосновывает все наши жизненные процессы. Сама жизнь в этом смысле есть способность потреблять мир, приобщаться к нему, а смерть есть выход за пределы этого мира, утрата способности общения с ним, и, наконец, воскресение есть возвращение в мир с восстановлением этой способности хотя бы в бесконечно расширенной степени[17].

---

[16] Ср.: Шлегель Ф. *Люцинда* // Немецкая романтическая повесть: в 2 т. Т. 1. Academia, 1935. С. 14: «В самом деле! В природе человека глубоко заложен инстинкт, сообщающий ему желание есть то, что он любит, и подводящий всякое новое явление непосредственно ко рту, чтобы там, где это окажется возможным, расчленить это явление на его составные части».

[17] Булгаков С. Н. *Философия хозяйства*. С. 83–84. Булгаков выразил суть отношения между живым организмом и мертвым механизмом также посредством сексуальной метафоры: «В бесчисленных точках и центрах жизнь организует материю, активным, мужественным началом оплодотворяет рецептивное, женственное начало, безжизненный Мэон. Эрос жизни родится от Пороса и Пении, богатства и скудости, активности и пассивности» (с. 80).

Однако если питание — это изначальный способ взаимодействия между человеком и природой, то труд представляет собой осознанное, активное воздействие человека на природу в процессе хозяйствования, в конечном итоге приводящее к отражению природы в человеке. Производство — это прежде всего система объективных действий, включающая в себя взаимодействие субъекта и объекта; это воздействие субъекта на объект. Продуктом хозяйственной деятельности является субъект-объект, то есть элемент из мира природы, в который была вложена человеческая энергия. Труд — объективированная человеческая реальность — это неразрывное звено, соединяющее субъект и объект[18]. Сознательная работа человека над природой становится средством для осуществления заключительной части процесса хозяйствования: природа становится целостной, осознает все свое бытие только благодаря этой взаимосвязи, инициированной человеком.

> Хотя человек остается неизмеримо далек от обладания природой, но ему открыт путь к нему. Природа есть пассивное, рецептивное, женственное начало, человек — активное, мужественное, сознательное. Таким образом, природа с господствующим в ней слепым интеллектом или инстинктом только в человеке осознает себя, становится зрячею. *Природа очеловечивается*, она способна стать периферическим телом человека, подчиняясь его сознанию и в нем осознавая себя[19].

Сексуальная метафора Булгакова, предложенный им образ «брака» человека и природы, иллюстрирует его понимание гармоничного союза, достигаемого благодаря труду (в отличие от насильственного покорения природы, за которое ратовал Луначарский). Труд перекидывает мост между «я» и «не-я»[20]. Труд оз-

---

[18] Там же. С. 98.

[19] Там же. С. 106. Безусловно, представление отношений между человеком и природой как отношений мужского и женского начала восходит к романтизму.

[20] Там же. С. 95.

начает воздействие субъекта на объект; это второй после питания способ взаимодействия между мирами живого и неживого.

Понятие труда — это больше чем только конкретный аспект производства. Будучи возведен в гносеологический принцип, труд преодолевает разделение субъекта и объекта, ибо он утверждает фундаментально *активный* характер их отношений. Кантианство с его пассивным субъектом полностью пренебрегало философским смыслом труда; а экономисты, хотя и признавали его важность, просто не понимали его философского смысла. Прежде политэкономия рассматривала труд исключительно в его практическом измерении; трудовая теория стоимости экономического материализма предвосхитила понимание значения труда, но не сумела сформулировать свои философские постулаты. Она свела значение труда к теории цен, в то время как на самом деле важность имело философское понимание труда как моста, связывающего человека и внешний мир.

Понимание труда как философского концепта позволяет нам воспринимать отношения между субъектом и объектом как активные. «Философия должна исходить не из ложного представления о гносеологическом, совершенно фиктивном субъекте, но из единственно данного нам в опыте представления о хозяйственном, деятельном субъекте». Субъект и объект не существуют в статической данности, они постоянно изменяются в процессе взаимодействия. «Это изменяющееся отношение между субъектом и объектом, развитие *я* в природе, есть *жизнь*, т. е. рост, движение, не статика, но динамика»[21]. В таком подходе подразумевается интуитивная связь человека с миром; по словам Булгакова, ни одному критическому философу не удалось заставить человечество по-настоящему усомниться в существовании внешнего мира.

> В этом деятельном, хозяйственном отношении к миру и заключается жизненное обоснование того «наивного реализма», который составляет всеобщую естественную

---

[21] Там же. С. 96, 97.

гносеологию человечества ранее всякой философской рефлексии, который практически сохраняется невзирая ни на какие разрушительные, скептические выводы философского солипсизма.

«Наивный реализм» — это на самом деле просто признание активной позиции человека в мире, другими словами — это описание жизни[22].

Проблема существования внешнего мира возникла в результате искусственной сосредоточенности на придуманном мыслящем субъекте; ее можно полностью снять, если рассматривать человека как активное существо, бытие которого протекает в постоянном взаимодействии с природой. «Труд как основание гносеологии снимает поэтому проблему существования внешнего мира (а также и чужого я) как идеалистическое измышление, фантом отвлеченной мысли»[23].

Такой подход, конечно же, имел последствия для понимания роли философа. Он подразумевал переосмысление самого характера философской рефлексии. Отправной точкой в философии должно стать живое, активное «я». Нет такой вещи, как «чистый» разум, нет абстрактного познающего субъекта, которого философ придумал в стерильной изоляции своего кабинета. Философия, утверждает Булгаков, любит считать себя «чистым» и независимым созерцанием и уклоняется от идеи философии хозяйства; даже сочетание этих двух слов звучит странно. Однако на самом деле философия всегда ориентирована *на что-то* вне себя, она всегда каким-то образом связана с жизнью. Ибо жизнь предшествует всему: наука и философия зарождаются в ее утробе, а время и пространство представляют собой лишь проявления жизни. Жизнь одновременно рациональна и иррациональна. В дополнение к реальному миру разум способен выстроить огромное абстрактное здание, полностью рациональное и «прозрачное», или понятное; но эта умозрительная конструкция

---

[22] Там же. С. 94, 103.
[23] Там же. С. 103.

всегда будет иметь глубокие корни в жизни, которая является ее источником. Ни один современный философ не утверждал, что построил абсолютную философскую систему; все они пытались решить различные проблемы, сосредоточивая свою мысль на каком-либо конкретном аспекте жизни.

То, как Булгаков погрузил субъект / объект в жизнь, подчеркнув необходимость рассмотреть человека в его жизни в мире, а не в качестве абстрактного «мыслящего субъекта», отвечало фундаментальным проблемам познания в немецкой философии, но в то же время было прочно укоренено в традициях русской мысли. В рассуждениях Булгакова нашел выражение подход, характерный для русской мысли, остававшийся подразумеваемым в трудах более ранних мыслителей. Одной из самых примечательных и специфических черт русской мысли XIX века было то, что мы могли бы назвать «направленностью», ее категорическим отказом от функционирования в созерцательном вакууме, изолированном от проблем жизни общества. Пожалуй, эта часто наблюдаемая тенденция в развитии русской мысли наиболее ярко заявила о себе, начиная с Чернышевского, но она также сказывалась и в идеях славянофилов, склонность которых трактовать социальные категории (община, народ и т. д.) как философские концепты отразила их постоянную вовлеченность в социальный процесс, их неспособность и нежелание делать различие между философией и жизнью[24].

Неоромантизм и христианство

До сих пор мы могли следовать за рассуждениями Булгакова в рамках философского анализа, но теперь этот метод заводит нас в тупик. Экономический реализм, или погружение субъекта и объекта в жизнь, позволил выстроить удовлетворительное толкование отношения субъекта с объектом; тем не менее это

---

[24] Такой стиль философии особенно характерен для Соловьева и Федорова.

было только частичным решением более глубокого религиозного вопроса, возникавшего в результате слияния позитивизма и неоромантизма. Экономический реализм фактически ограничился интуитивным признанием человека активным существом, функционирующим в мире и неотделимым от этого динамичного отношения. Секулярные рамки, внутри которых разрабатывался аргумент «Философии хозяйства» (во всяком случае, ее первой части), оказались неподходящими для разрешения глубоко религиозных вопросов, которые сама эта работа поставила. В рассуждениях Булгакова наблюдается явный перелом: столкнувшись с вопросом веры, его труд перестает быть собственно философией и переходит от логически последовательных рассуждений к метафоре[25]. В качестве организующей основы на смену философским рассуждениям о субъекте и объекте приходят ключевые понятия христианства о грехопадении и воскресении. Хотя христианское решение проблемы намечено и в тексте «Философии хозяйства», ее полное разрешение, предложенное Булгаковым, становится понятным только тогда, если мы вместе с этой книгой прочитаем «Свет невечерний», труд, написанный вскоре после нее. В двух работах, взятых вместе, выстраивается картина, выраженная языком неоромантизма, в которой представлен глубоко значимый процесс хозяйственной жизни, пронизанной религиозно-мистическим началом. Этому началу он дает название София.

В предисловии к «Философии хозяйства» ее первый том, посвященный миру как хозяйству, характеризуется как попытка раскрыть онтологию хозяйства, или общие основы хозяйственного процесса. Булгаков предпринял эту попытку в рамках общей христианской философии. По его мнению, серьезное отношение к христианству предполагает его восприятие в онтологическом и космологическом измерении, и философия хозяйства отчасти справилась с этой задачей. Второй том должен был быть посвящен оправданию хозяйства, его «аксиологии и эсхатологии». В него

---

[25] При такой интерпретации религиозная философия качественно отличается от собственно философии.

предстояло включить исследование проблемы отношения плоти и духа (этика хозяйства) и смысла истории и культуры. Второй том так и не был написан. Вместо него в 1917 году Булгаков опубликовал религиозно-философский труд, который подвел итоги его религиозной эволюции на протяжении предшествующего десятилетия.

На первый взгляд, по сравнению с «Философией хозяйства» «Свет невечерний» представляется работой совершенно другого плана, написанной с иными целями. Строго религиозно-философская по замыслу, книга «Свет невечерний» должна была объяснить, во что верит православный христианин, или подробно рассказать о его верованиях. Она задумывалась как своеобразное литературно-«музыкальное» обращение к православию, не как изложение христианского вероучения, но как собрание мифов, из которых, по Булгакову, состоит религиозная система. Вслед за пространным введением, в котором излагаются принципы подхода Булгакова к религии и религиозной философии, в книге говорится о том, что он воспринимал в качестве главных «мифов» православного христианства. В отличие от стандартных богословских трудов, которые сосредоточиваются на учении о существовании Бога, эта книга посвящена способу восприятия Бога, мира и человека в их взаимоотношениях, который, по мысли Булгакова, присущ православному христианству.

Ключом к пониманию связи между «Философией хозяйства» и «Светом невечерним» является небольшая работа, написанная в промежутке между этими двумя трудами (декабрь 1915 года — январь 1916 года), указывающая на то, что на самом деле проблемы, отложенные Булгаковым для второго тома «Философии хозяйства», были рассмотрены в «Свете невечернем». Вступительный параграф «Основных мотивов философии хозяйства в платонизме и раннем христианстве» гласит:

> Учение о существе хозяйства, как деятельного, творчески-трудового отношения человека к миру, — так сказать, хозяйственная онтология, — опирается, как на свою основу, на общее понимание природы мира и человека, иначе гово-

ря, на космологию и антропологию. Какова мировая сущность? В чем существо человека? Как понимается мир, «трансцендентальный объект» хозяйства, и каков человек, «трансцендентальный его субъект»? Космология и антропология являются основными посылками для философии хозяйства, и потому соответственные учения должны быть первее всего выделены и установлены при изучении интересующих нас мировоззрений[26].

Иными словами, учение о хозяйстве должно быть не только внутренне непротиворечивым и самодостаточным; любая концепция хозяйства также основывается на более глубоком понимании мира и человечества. В этой небольшой книжке исследуется «космология» и «антропология» хозяйственных мировоззрений платонизма и раннего христианства. Из этого вытекает, что собственная система хозяйства Булгакова, разработанная в «Философии хозяйства», должна также опираться на соответствующую космологию и антропологию. Действительно, «Свет невечерний» представляет собой именно такую попытку сконструировать прочно базирующуюся на православном христианстве опорную систему для булгаковской философии хозяйства[27]. Итак, только вместе взятые, «Философия хозяйства» и «Свет невечерний» излагают целостное христианское мировоззрение, отвечая на вопрос «Как возможно хозяйство?».

---

[26] Булгаков С. Н. *Основные мотивы философии хозяйства в платонизме и раннем христианстве*. М., 1916. С. 1.

[27] Сама структура «Света невечернего» подтверждает разумность такого предположения: в части II рассматривается космология, в части III излагается взгляд на человека. Еще более подкрепляя эту гипотезу, Булгаков указывает в примечании, что «в настоящей работе основные идеи этого исследования [«Философии хозяйства»] получают дальнейшее развитие и углубление, а также рассматриваются и те вопросы, которые предназначены были для второй части "Философии хозяйства" (именно этика и эсхатология хозяйства). Поэтому хотя формально настоящее сочинение и не является обещанной второю частью, но по существу дела я считаю свое обязательство перед читателем "Философии хозяйства" здесь фактически выполненным». См.: Булгаков С. Н. *Свет невечерний*. С. 354 (примеч.).

Картина жизни как динамического взаимодействия между субъектом и объектом, нарисованная средствами экономического реализма, является частью более масштабной всемирно-исторической драмы; и здесь мы подходим к христианскому мировоззрению Булгакова, центральному вопросу его философии хозяйства. Отношения субъекта и объекта, которые мы наблюдаем в процессе производства, также имеют место на макроисторическом уровне, где в качестве участников всемирной драмы выступают коллективное человечество как трансцендентальный субъект и природа как объект. Булгаков соглашается с позитивистами XIX века в том, что наша жизнь в мире есть постоянная борьба за выживание (дарвинизм) и что материальное благосостояние является нашей основной заботой (марксизм). Но там, где позитивисты склонны рассматривать такое положение дел как необходимое и вечное, Булгаков говорит, что так было не всегда. Несовершенный мир, в котором мы живем, не является предопределенным: с одной стороны, он представляет собой результат изначального падения коллективного человечества, обусловленного первородным грехом; с другой стороны, мы преодолеем его пределы и возвысимся над ним в конечном спасении и воскресении. Таким образом, христианское мировоззрение Булгакова включает в себя два центральных постулата — грехопадение и воскресение.

Трудность нашей жизни в мире, которую Булгаков воспринимает как непрерывную борьбу между силами жизни и смерти, — это следствие грехопадения коллективного человечества через первородный грех, который уничтожил первозданное единство человека со Вселенной вообще и с природой в частности. Центральной гипотезой философии хозяйства является «метафизическое грехопадение». Булгаков интерпретирует библейскую историю о первородном грехе Адама как своего рода космическую катастрофу: с изгнания человека из рая начались и история, и хозяйство, сопряженные с борьбой за выживание и необходимостью «в поте лица своего... есть свой хлеб» (Быт. 3: 19).

Изначально хозяйственная деятельность представляла собой гармоничное взаимодействие человека с природой. До грехопадения, которое Булгаков рассматривает как событие метафизическое, а не историческое, человек и природа гармонично сосуществовали в идеальном райском хозяйстве, предшествующем истории и находящемся за ее пределами. Современному хозяйству «предшествует иное хозяйство, иной труд, свободный, бескорыстный, любовный, в котором хозяйство сливается с художественным творчеством». Хозяйственная деятельность начиналась именно так, когда человек был естественным повелителем мира, когда Бог дозволил ему наречь животных сообразно их видам (см. Быт. 2: 19–20). Человек не боялся ни смерти, ни голода, ибо ему было доступно древо жизни. «Можно говорить в этом смысле о "райском хозяйстве" как о бескорыстном любовном труде человека над природой для ее познавания и усовершенствования…»[28]

Подобная картина изначального райского хозяйства напоминает романтические *alte Zeiten* (былые времена), например, изображенные Новалисом: «Рассказывают, будто в старину звери, деревья и скалы разговаривали с людьми»; «В старину не иначе как вся природа отличалась большей жизненностью и осмысленностью». Это был мир, в котором человек жил, полностью осознавая свое единство со всей вселенной, «глубочайшую гармонию», с которой был сотворен мир[29]. В этом первоначальном состоянии каждый живой организм был неразрывно связан со вселенной в целом: все находит себя во всем, каждый атом связан со всем миром[30]. Или, по выражению Новалиса, «Все должно друг в друга проникнуть, / Все друг от друга зардеть, возникнуть. / Каждый со всем соединен»[31]. Или можно было бы сказать, что изначальное райское хозяйство было приобщено к Божественной Софии.

Однако из-за первородного греха эмпирический мир отпал, отделился от идеального райского бытия. Со времен грехопадения природа существует так, словно лежит в обмороке: она стал

---

[28] Булгаков С. Н. *Философия хозяйства.* С. 156.

[29] Новалис. *Генрих фон Офтердинген* / Подгот. В. Б. Микушевич. М.: НИЦ «Ладомир»; Наука, 2003. Сер. «Литературные памятники». С. 8, 18, 72.

[30] Булгаков С. Н. *Философия хозяйства.* С. 75.

[31] *Избр. соч. Новалиса* / Ред. В. А. Зоргенфрей. Пг.: Гос. изд-во, 1922. С. 144.

мертвой, механизированной и враждебной человечеству, «отныне навечно отделенной от целого»[32].

> Грехопадение, — пишет Булгаков, — явилось величайшей религиозной катастрофой. Прямое и непосредственное богообщение, которое было уделом прародителей в раю, прервалось. Бог сделался далек миру и человеку («трансцендентен») и человек остался один, — своим собственным господином: «будете яко бози»[33].

К тому же онтологический грех распространился на всех людей; грех Адама превратился в грех всего человечества. Хотя первичное единство человечества означало, что первородный грех в равной степени затронул всех людей, на самом деле грехопадение разрушило это единство. Так начались и история, и борьба за выживание.

> ...во временном, разорванном, дискурсивном бытии человечество осуществляется в обособленной жизни индивидуальностей, имеющих свою отдельную судьбу. Единство их выражается в объективном единстве истории и хозяйства, в общности их дела. Но при этом, однако, развиваются не только центростремительные, но и центробежные силы, не только индивидуализм, но и эгоизм. Самость набрасывает свой тяжелый флер на всю жизнь, превращая ее в юдоль печали и воздыханий, налагая печать глубокой меланхолии, тоски, неудовлетворенных стремлений. Это имеет свои корни в мировом грехопадении, в котором заключается основание всего исторического процесса. <...> Между ними [поколениями человечества] кипит индивидуальная, групповая, классовая, национальная борьба, homo homini lupus est, закон борьбы за существование становится общим правилом не только в мире животном, но и человеческом. «Люди-братья» осуществляют свое братство как Каин и каиниты, и земля обагряется братской кровью[34].

---

[32] Novalis. *Hymnen an die Nacht*. Stuttgart, 1987. S. 21.
[33] Булгаков С. Н. *Свет невечерний*. С. 318.
[34] Булгаков С. Н. *Философия хозяйства*. М.: Ин-т русской цивилизации, 2009. С. 170–171.

В этой космической катастрофе человек увлек за собой все тварное, включая природу. Жизнь превращается в борьбу между энтропическими и организующими силами, в которой происходит

> смещение бытия со своего метафизического центра, следствием чего явилась болезнь бытия, его метафизическая децентрализованность; благодаря последней оно ввержено в процесс становления, временности, несогласованности, противоречий, эволюции хозяйства[35].

История, эволюция и хозяйство в том виде, в каком мы их понимаем в настоящее время, являются результатом общей болезни тварного: в эмпирической реальности природа существует в безжизненном, механическом состоянии, а вселенское «хозяйство» представляет собой процесс борьбы жизни и смерти. Природа в ее падшем состоянии — «дремлющая», «замершая», «погруженная в летаргический сон», «застывшая», «механизировавшаяся», «омертвевшая», лежащая в «обмороке, во всем подобном смерти», «окаменевший скелет».

Вследствие первородного греха в мир вошла смерть:

> Вместе с грехом в мир вошла и смерть, как начало враждебное бытию... И как только плотина бытия прорвана была актом грехопадения, небытие излилось в мир и наводнило все существующее: смерть стала всеобщим и последним врагом[36].

В результате после грехопадения резко изменился смысл хозяйственной деятельности и мотивация к ее ведению. На софийный характер хозяйственной деятельности пал тяжелый покров необходимости; целью хозяйствования стала борьба за выживание, а ее естественной идеологией — экономический материализм. «В поте лица твоего будешь есть хлеб, доколе не возвратишься

---

[35] Булгаков С. Н. *Философия хозяйства*. С. 146.
[36] Булгаков С. Н. *Свет невечерний*. С. 261.

в землю, из которой ты взят, ибо прах ты и в прах возвратишься» (Быт. 3: 19).

> В суде Божием над Адамом определяется и та перемена, которая произошла в положении человека в мире: он из царя природы становится ее невольником и из художника или садовника в раю Божием хозяином и земледельцем. Человек обрекается на хозяйство, возникает «труд в поте лица», все становится хозяйственным и трудовым[37].

Такое положение вещей, которое марксисты и дарвинисты XIX века воспринимали как само собой разумеющееся, на самом деле есть результат отпадения нашей нынешней несовершенной действительности от Бога и от Софии; и этот несовершенный эмпирический мир появился в начале истории, после метафизической катастрофы первородного греха.

Если первородный грех привел к метафизическому падению всего творения, став причиной появления несовершенного мира с его омертвелой, механизированной и враждебной человеку природой, то мы можем выйти за его пределы и возвыситься над эмпирическим несовершенством посредством мощного противодействия: для Булгакова суть хозяйственного процесса заключается в воскрешении природы. Цель хозяйственной деятельности — вернуть к жизни механизированную, инертную природу. Драма хозяйственного процесса как воскресения включает в себя восстановление того, что Булгаков называет жизнью «в Софии», за счет взаимодействия пассивной, но восприимчивой природы и деятельного человека, или «демиурга».

В мире после грехопадения хозяйственная активность чаще всего сводилась к мучительной борьбе за материальное существование против враждебной природы. Тем не менее хозяйственный процесс как таковой имеет глубокий смысл, поскольку благодаря гармоничному взаимодействию между человеком и природой он в итоге выводит нас за пределы господства борь-

---

[37] Там же. С. 317.

бы жизни и смерти и вдыхает в природу жизнь, красоту и мудрость. Такое абсолютно гармоничное существование Булгаков несколько туманно называет бытием «в Софии» или «причастностью к Божественной Софии». В хозяйственном процессе природа выступает как пассивное, воспринимающее женское начало, а человек — как активное, мужское, разумное начало; природа антропоморфизируется, «очеловечивается» в попытке восстановить первозданное единство человека и природы, уничтоженное грехопадением. Посредством хозяйственной деятельности человек работает над тем, чтобы перевести природу в высшее состояние, освободить ее из плена материи и вложить в нее живую энергию. Иными словами, хозяйственная деятельность — это *софийный* процесс, который постепенно поднимает мир на все более высокий уровень, до тех пор, пока он наконец не наполнится Софией, которая и сейчас сияет в красоте цветка или звездного неба[38].

Хозяйственная деятельность, или постоянное воздействие человека на природу посредством труда, с какими бы страданиями и муками это ни было сопряжено в настоящее время, в конечном итоге является частью великого действия воскрешения. Смысл хозяйственной деятельности заключается в том, чтобы защищать и распространять семена жизни, воскрешать природу. Так София воздействует на вселенную, стремясь вернуть ее к жизни в Истине. Хозяйственная деятельность преодолевает существующие разделения в природе, а ее конечная цель — лежащая за пределами собственно хозяйствования — заключается в возвращении к жизни в Софии. В ходе хозяйственного процесса объективированная природа вновь обретает свою субъект-объектность по мере того, как преодолевается борьба между жизнью и смертью[39].

Торжество жизни возможно, поскольку даже в падшем эмпирическом мире действующие лица этой драмы полны ожидания и желания участвовать в ней. В представлении Булгакова, при-

---

[38] Булгаков С. Н. *Философия хозяйства*. С. 108, 151–152.
[39] Там же. С. 155, 124.

рода готова к тому, чтобы ее вернули к бытию в Софии. Даже в своем падшем состоянии природа содержит в себе потенциал к софийному бытию. Если в эмпирической реальности мир хаотичен, то в сфере вневременного существования он, в сущности, и есть София, сияющая светом Логоса. Мир отчужден от Софии в его нынешнем состоянии, но не по своей сути. Даже в хаотичном состоянии в нем просвечивают софийные лучи, а человек сохраняет свой софийный корень и становится инструментом для проникновения Софии в природу[40].

Таким образом, хозяйственная деятельность в сущности представляет собой творческий акт[41]. Посредством хозяйственной деятельности человек способен преобразовывать природу в соответствии со своей волей; рядом с данным ему «природным» миром он постоянно создает культурную реальность. И, как отметил Булгаков по ходу своих рассуждений, эта способность к хозяйственному и культурному творчеству особенно заметна в наше время, когда практически перестали существовать пределы возможного[42].

Вместе с тем для Булгакова пределы творческих возможностей человека оказываются не менее важны, чем концепция хозяйственного процесса. Поскольку очевидно, что человек не обладает всемогуществом, он не может творить из ничего, но в процессе создания своего нового, искусственного мира, мира культуры, должен опираться на существующий мир. Должны быть модели, образцовые идеи, на которых он основывает свою творческую деятельность. И он находит их в Софии, Премудрости Божией. Здесь Булгаков вступает в полемику и с Ницше, и с Кантом: человеческое творчество — это не результат случайности, оно не определяется сверхчеловеческим существом и не есть «ничто, творящее все из ничего», подразумеваемое вымышленным гносеологическим субъектом Канта. На самом деле, именно София наделяет мир божественными силами и превра-

---

[40] Там же. С. 146.
[41] Булгаков С. Н. *Свет невечерний*. С. 357.
[42] Булгаков С. Н. *Философия хозяйства*. С. 135.

щает его из хаоса в космос. Человек способен «покорить» природу только постольку, поскольку сам потенциально содержит в себе всю природу. Таким образом, на самом деле, знание — это воспоминание, а творчество человека — воссоздание того, что до этого существовало в метафизическом мире. В творчестве человека нет ничего, что было бы новым с метафизической точки зрения; мы способны лишь воспроизводить подобие того, что было дано нам Богом. Творческое воскрешение природы путем хозяйственной деятельности представляет собой постепенное, поэтапное осуществление Софии, которая, хотя и недостижима полностью в этом мире, остается моделью и источником вдохновения для хозяйственного процесса[43].

Булгаков разрешил возникший в результате сочетания позитивизма и неоромантизма вопрос, во-первых, изложив учение экономического реализма, в котором субъект и объект сливаются в процессе жизни; и, во-вторых, представив христианское видение этого процесса как вселенскую драму грехопадения и воскресения, в которой человек как коллективное человечество трудится не покладая рук, чтобы вернуть мир к жизни в Софии путем хозяйственной деятельности. И все же мы не поймем Булгакова в полной мере, пока не признаем, что его рассуждения — это в равной мере и нравственное наставление, и размышления метафизического характера, которые не только описывают, но и предписывают.

Именно в этом Булгаков окончательно разошелся с романтиками. Проект романтиков был сосредоточен на усилиях человека восстановить свое единство со вселенной посредством любви; Булгаков же видел путь к этому в непрекращающемся активном труде, вовлеченности в процесс созидания, даже, буквально, в земледелии, которые приносят полное удовлетворение и гармонию. Идеалом романтизма был идеальный союз мужского и женского начала, в котором каждый партнер осознает себя через другого. Фридрих Шлегель выразил это следующим обра-

---

[43] Там же. С. 135–138, 140.

зом: «Смысл вселенной для нас только что раскрылся. Через меня ты постигла бесконечность человеческого духа, а я понял через тебя брак, жизнь и прелесть всех вещей»[44]. Шлегель считал, что стремление человечества слиться с вселенной принимает пассивную форму.

> Охватывая все в едином: чем божественнее человек или человеческое деяние, тем более они уподобляются растению; среди всех форм природы оно является наиболее нравственным и наиболее прекрасным. Таким образом, высшая и наиболее законченная жизнь была бы не чем иным, как только *чистым произрастанием [ein reines Vegetieren]*[45].

Конечно же, Булгаков осуждал стремление к растительному образу жизни: человек должен трудиться, чтобы наделить природу человеческим смыслом, а не идентифицировать себя с творениями более низкого порядка.

> ...человеческая история, есть борьба за расширение сознания жизни, хотя и не во всю его беспредельную ширь. И, расширяя жизнь в себе, человек изливает ее и вне себя, оживляет и природу; пробуждая в себе дремлющие силы, он пробуждает их в природе. Будучи одно с природой, человек может воскрешать в себе замершие и как бы умершие силы не иначе, как воскрешая и природу, превращая материю в свое тело, отрывая ее от окаменевшего скелета natura naturata и согревая ее своим огнем. Мир мертвой и косной материи разрешается в мир энергий, за которыми скрываются живые силы[46].

Из всех романтиков к идеалу Булгакова ближе всего подошел Новалис в притче о горном мастере («Heinrich von Ofterdingen»), но даже у него конечной целью созидательного труда является сотворение искусства, тогда как у Булгакова — сотворение жиз-

---

[44] Шлегель Ф. *Люцинда.* С. 86–87.
[45] Там же. С. 32–33.
[46] Булгаков С. Н. *Философия хозяйства.* С. 155.

ни. Хозяйственный процесс позволяет соединить женское начало природы с мужским началом человека; в известной степени аналогично романтическому идеалу, согласно которому мужчина и женщина проявляют и отражают качества друг друга, реализуя себя в любви, человек должен стремиться превратить каждый продукт своей деятельности в произведение искусства, в котором «светит его идея».

> Демиург в хозяйственном процессе организует природу, превращая ее механизм снова в организм, разрешая омертвевшие ее продукты в живые силы, их породившие; он делает природу, ставшую только объектом, снова субъект-объектом, восстанавливает в сознании утерянное и позабытое единство natura naturans и natura naturata и тем превращает мир в художественное произведение, в котором из каждого продукта светит его идея, и весь мир в совокупности становится космосом, как побежденный, усмиренный и изнутри просветленный хаос. Поэтому победа хозяйства выражается в космической победе красоты. Отсюда пророческое значение искусства как прообраза: *Красота спасет мир*»[47].

В конечном счете жизнь и искусство являются частью одного и того же процесса жизни в гармонии и красоте[48].

Соответственно, София, или осознанное вдохновение для творческой деятельности, художественной или хозяйственной, имеет у Булгакова другое значение, чем у романтиков. Мистическая идея Софии, которая была унаследована романтизмом от гностицизма через средневековую немецкую мистику, может интерпретироваться по-разному. Как отметил Павел Флоренский, «в то время как для одних исследователей София есть Слово Божие или даже Пресв. Троица, другие видят в Ней Богородицу, третьи — олицетворение Девства Её, четвертые — Церковь и пятые — совокупное человечество, "Grand Etre" О. Конта»[49].

---

[47] Там же. С. 124.

[48] Булгаков С. Н. *Свет невечерний*. С. 358.

[49] Флоренский П. А. *Столп и утверждение истины*. М., 1914. С. 385.

Для Флоренского София — «Великий Корень целокупной твари», созидательная Любовь Божия, невеста Слова Божия, Тело Христово, первозданный Мир, Церковь. Бесспорно то, что София онтологически предшествует творению; она имеет женскую природу (ассоциируется с Вечной Женственностью); она тесно связана с Троицей. Из этих ее аспектов романтики и их наследники-символисты решили отдать предпочтение Вечной Женственности. Для поэтов-романтиков и символистов женский идеал выступал как вдохновение для их творческих и художественных свершений.

Хотя Вечная Женственность, безусловно, сохранилась в трактовке Софии у Булгакова, он сосредоточился не столько на ней, сколько на ее первоначальном библейском смысле — Премудрости Божией.

> ...весь мир представляет собой как бы художественное воспроизведение предвечных идей (κόσμος νοητός), которые в своей совокупности образуют идеальный организм. Божественную Софию, ту Премудрость, которая была пред Богом при сотворении мира и радость которой с сынами человеческими[50].

В Священном Писании наиболее четкое объяснение, что такое София, дается в восьмой главе книги Притчей Соломоновых:

22. Господь имел меня началом пути Своего, прежде созданий Своих, искони.
23. От века я помазана, от начала, прежде бытия земли.
24. Я родилась, когда еще не существовали бездны, когда еще не было источников, обильных водою.
25. Я родилась прежде, нежели водружены были горы, прежде холмов,
26. Когда еще Он не сотворил ни земли, ни полей, ни начальных пылинок Вселенной.
27. Когда Он уготовлял небеса, я была там. Когда Он проводил круговую черту по лицу бездны,

---

[50] Булгаков С. Н. *Философия хозяйства*. С. 128.

> 28. Когда утверждал вверху облака, когда укреплял источники бездны,
> 29. Когда давал морю устав, чтобы воды не преступали пределов его, когда полагал основания земли, —
> 30. Тогда я была при Нем художницей, и была радостью всякий день, веселясь пред лицем Его во все время,
> 31. Веселясь на земном кругу Его, и радость моя с сынами человеческими.

Но, пожалуй, самый значительный отход Булгакова от романтизма заключается в смещении акцентов с предполагаемого золотого века на процесс хозяйственной деятельности, а значит, и на саму жизнь. Заключительная часть никейского Символа веры, предвосхищая воскресение и жизнь будущего мира, исторически вызвала значительное нетерпение у многих верующих. Милленаристские движения, секты, верующие в близкий конец света, романтические политические воззрения с раннехристианских времен проявляли интерес к «жизни будущего века» и жаждали ее более или менее скорого наступления в земном мире. Некоторые утопические течения конца XIX века, такие как марксизм и философия Федорова, склонялись к буквальной интерпретации учения о воскресении. В положительной в остальном рецензии на «Философию хозяйства», опубликованной в 1913 году, автор подвергся критике за то, что, в отличие от Федорова, отстаивал идею «частичного воскрешения», зависнув в неопределенном пространстве между гносеологией и нравственным наставлением[51].

Романтики жили в ожидании наступления золотого века. Еще раз обратимся к Новалису:

> Ожидание исполнилось выше меры. Все поняли, чего им недоставало, и комната сделалась обиталищем блаженных. София сказала:
> — Великая тайна всем открыта и остается на веки разгаданной. Из страданий рождается новый мир; в слезах пепел

---

[51] Голованенко С. *Рецензия на «Философию хозяйства» в «Богословском вестнике»*. 1913. Дек. С. 847.

растворяется и становится нектаром вечной жизни. В каждом обитает небесная мать, чтобы вечно рождать новое дитя. Чувствуете ли вы сладостное рождение в ударах вашего сердца?[52]

Центральное у Булгакова понятие о хозяйственном процессе как о воскрешении природы, напротив, предоставляет этическое руководство для жизни в этом мире, избегая искушения сползания в утопию. Представление Булгакова о радостном, созидательном труде в Софии сосредоточивается на жизни как *процессе*, оставляя главным определением золотого века то, которое дано в Священном Писании. В христианском воззрении Булгакова на хозяйственный процесс человек, софийно трудясь над откликающейся на его усилия природой, асимптотически приближает себя и все тварное к совершенному бытию в Софии. Время от времени нам дается возможность взглянуть на совершенство Софии благодаря откровениям, в которых является Христос; однако «царство будущего века», которое наступит после конца света и Страшного суда «на новом небе и новой земле», непостижимо для нашего нынешнего сознания[53].

Чем булгаковская «жизнь в Софии» отличается от утопии? Прежде всего тем, что он подчеркивает различие между царством небесным *на земле* и собственно царством небесным. Снова и снова он повторяет, что София находится вне пределов нашего понимания. Жизнь будущего века так далека от того, что мы можем постигнуть, что время хотя бы рассуждать о ней еще не наступило. Таким образом, жизнь в Софии существует вечно как всегда присутствующая идея, как образец или модель для подражания; и при этом лишь в мгновения откровений нам дано получить представление о ее совершенстве. Идеал теократии не является строгим предписанием для устройства земной жизни; он представляет собой лишь попытку выразить словами то совершенное бытие, которое известно только Богу и лежит за пределами истории и жизни человека в эмпирическом мире.

---

[52] Новалис. *Гейнрих фон Офтердинген*. С. 137.
[53] Ср.: Булгаков С. Н. *Свет невечерний*. С. 410.

Лишь однажды Булгаков заговаривает о царстве Христа на земле, которое наступит в краткий миг, непосредственно предшествующий концу света. Окончательное, апокалиптическое преображение мира совершенно не зависит от нас; единственное, на что мы способны в этой жизни, — это стремление к наибольшему совершенству в выполнении наших повседневных творческих задач.

Теперь становится понятным значение того, что вместо второго тома «Философии хозяйства» Булгаков написал «Свет невечерний». Как неоднократно подчеркивает Булгаков, в хозяйственном процессе нет ничего эсхатологического. «...Окончательная цель хозяйства — за пределами его, есть только путь мира к Софии осуществленной, переход от неистинного состояния мира к истинному, трудовое восстановление мира». Соответственно, истина, лежащая «за пределами» знания, может быть постигнута только через откровение, то есть посредством религии, философии или искусства[54]. Истина принадлежит тому, что не может быть выражено словами, и единственный путь к ней идет через религиозные подвиги. Поскольку эмпирический мир хоть и является падшим, но все же по сути своей остается причастным Софии, Премудрость Божия может осенить нас в откровениях. Хозяйственный процесс и процесс познания протекают в пределах эмпирического мира, но их окончательное завершение лежит за пределами этого мира. Другими словами, Булгаков опровергает позитивистское представление о том, что накопление знаний в конце концов приводит к Истине. Истина, настаивает Булгаков, может быть явлена только в откровении; независимо от того, сколько мы знаем, постоянно увеличивающиеся знания никогда не приведут нас к Истине. Точно так же известный нам хозяйственный процесс не может открыть нам суть по-настоящему софийного хозяйства. Мы можем усердно трудиться, чтобы достигнуть союза человека и природы, однако конечная цель лежит за пределами хозяйственного процесса.

Страшный суд и конец света недоступны нашему знанию или пониманию. Тем не менее в этом совсем не идеальном мире люди

---

[54] Там же. С. 369, 155, 158.

продолжают искать принципы, которые заменят им идеальное единство всего человечества; они стремятся к общественному идеалу, пытаясь отыскать «нормальную» структуру общества. Весь мир постоянно стремится вернуться в идеальное состояние, которое он познал до грехопадения; и в несовершенном настоящем «социальные идеалы формулируют для исторической действительности то, что есть в метафизической»[55]. Так Булгаков постулирует существование идеального состояния полного единства, но при этом признает, что падшее человечество не может вернуться в это состояние. Люди пытаются компенсировать его утрату, создавая социальные утопии и пытаясь претворить их в жизнь.

Подобное отрицание утопического мышления — специфическая черта Булгакова: он был единственным среди своих современников-интеллигентов, кто с такой готовностью признавал авторитет православной церкви. Однако это ни в коей мере не уменьшает энергию, с которой он сформулировал главную идею Серебряного века: творчество — радостный процесс, будь то художественное созидание или жизненный труд.

Булгаков и Серебряный век

Как же Булгаков в конце концов преодолел проблемы позитивизма, обозначенные им в 1900 году, и что в предложенном им решении позволяет определить его философию как «модернистскую»?

Во-первых, и что особенно важно, если говорить о модернизме, мысль Булгакова имплицитно включает в себя философию истории, опровергающую линейную концепцию исторического процесса, выдвинутую позитивизмом. Жесткий линейный характер теории прогресса и ранее смущал русских мыслителей, жителей «отсталой» страны. Наиболее яркими примерами сопротивления этой теории является учение Михайловского о проти-

---

[55] Булгаков С. Н. *Философия хозяйства*. С. 134.

востоянии человека природе, а позднее героическая попытка Федорова нейтрализовать поступательное движение посредством воскрешения предков. Замена телеологии позитивизма, отмеченной Булгаковым, эсхатологией наконец-то представила реальную альтернативу теории прогресса, причем такую, которая отвечала позитивизму изнутри. Христианская модель райского сада, из которого человек был изгнан и в который он вновь войдет в момент всеобщего воскресения в конце света, приходит на смену идеалу достижения золотого века на земле в конце истории.

Позитивизм, по крайней мере в его чистом виде, определял цель истории как финал длительного процесса линейного прогресса, в ходе которого человечество постепенно приближалось к совершенному миру и в конце концов достигало его. Эта базовая модель могла включать или не включать в себя гегельянский элемент революционного переворота в решающие моменты исторического развития. Философия истории Булгакова принципиально иная. Она полагает идеальный мир в Софии, который существует *симультанно* с человеческой историей, но в другом времени и пространстве. Это гипотетическое идеальное бытие открывается нам в краткие мгновения откровений, особенно через основной проводник откровений, Христа. Однако, несмотря на то что в обыденной жизни мы должны постоянно трудиться, чтобы создать подобие образца, заданного Софией, у нас нет никакой гарантии, что наш труд хотя бы на йоту приблизит нас к идеальному бытию. Как сказано в Писании, наступит конец света; но наступление жизни будущего века остается принципиально не зависящим от земных целей человечества. Эта христианская, эсхатологическая философия истории является модернистской в ее релятивизации времени и пространства; впоследствии она была подхвачена Бердяевым, который способствовал ее популяризации.

Во-вторых, из мысли Булгакова вытекает четкая позиция по отношению к проблеме свободы и необходимости, также имевшая важнейшее значение для тех, кто отошел от позитивизма. Исследователи предреволюционного периода особо акцентируют увлеченность интеллигенции Серебряного века свободой личности как политической проблемой, возможно, из-за повышенного внимания к «Вехам». Но как показывает пример Булгакова, идея человеческой свободы первоначально формулировалась не в политическом, а в философском плане, как следствие усвоения Серебряным веком романтизма, хотя позднее эта идея получила применение и в политике. Для Булгакова явная антиномия свободы и необходимости исчезает вместе с противопоставлением субъекта и объекта: свобода и необходимость дополняют друг друга, когда субъект хозяйственного процесса встречается с реальным объектом, который накладывает ограничения на его свободу и который он стремится очеловечить, внедриться в него и сделать своим.

В прямом противоречии с обычной трактовкой, Булгаков фактически выступает *против* тенденции к индивидуализации, якобы заложенной в идее свободы. Предполагается, свобода явно способствует индивидуации, поскольку утверждает конкретное, особое «я». Однако многочисленные «я» объединяются в их общем отношении к объекту, и во взаимодействии с ним субъект теряет себя и свое ощущение четко выраженного «я», становясь единым целым с Софией. Необходимость сильно ограничивает свободу, но личность преодолевает необходимость своими действиями. «Я» представляет собой актуальное, действенное, а не пассивное, созерцательное начало. Поэтому оно не воспринимает «не-я» как пустое пространство с открытыми окнами, но по мере усвоения преломляет его и придает ему форму. «Не-я» становится поприщем самореализации «я», и мы познаем себя лишь в нашем жизненном опыте. Таким образом, жизнь представляет собой живой синтез свободы и необходимости, позволяющий нам принимать решения, от которых зависит наше существование; ибо яйность есть жизнь, энергия, самоопределение.

Свобода и необходимость противоречат друг другу, но в реальной жизни граница между ними преодолевается в процессе хозяйственного проникновения в объект. Утверждая свое человеческое достоинство, человек должен в первую очередь освободить себя экономически, ибо богатство — это власть, дающая преимущество субъекту, в то время как бедность — это бессилие, обеспечивающее преимущество объекта. Как только человечество достигнет экономической самодостаточности, оно будет свободно в своих желаниях. В этот момент свобода станет свободой отражать Софию и тем самым участвовать в сотворении мира[56].

В-третьих, «Философия хозяйства» вписывалась в современные Булгакову французские и в особенности в немецкие дебаты по поводу методологии общественных наук. Эти дебаты широко развернулись на страницах «Archiv für Sozialwissenschaft» («Архив социальных наук»), в котором печатался и Булгаков, а также совместного германо-российского «Логоса», издававшегося в 1910-е годы. Позиция, занятая Булгаковым, очень походила на позицию Вебера: наука представляет собой созерцательный момент в хозяйственной жизни, а социальная наука, по аналогии, представляет собой созерцательный момент в социальной политике. Хотя Булгаков и выражал некоторые сомнения в праве социологии на существование ввиду того, что она сводила всю сложность истории к моделям и формулам, в итоге он пришел к выводу, что бесспорное наличие изучаемого ею объекта, а именно общественной жизни, делает ее легитимной.

Единственная опасность возникает тогда, когда общественно-научная гипотеза начинает восприниматься как этический императив, или, по словам Вебера, когда опытная наука берется за создание «обязательных норм и идеалов, из которых потом будут выведены рецепты для практической деятельности»[57]. Действительно, именно это произошло с экономическим материализмом, который хотя и представлял собой потенциально полезный эвристический метод, утратил свою эффективность, когда начал претендовать на универсальность. Экономический материализм, несмотря на его многочисленные недостатки, важен как первая попытка сформулировать философию хозяйства, и его

---

[56] Булгаков С. Н. *Свет невечерний*. С. 410.

[57] Вебер М. *Избранные произведения* // «Объективность» социально-научного и социально-политического познания. М., 1990. С. 346.

философское значение обычно недооценивается. При этом правда, что он претендует на статус тотальной и абсолютной системы. Марксизм, несмотря на его заявления об обратном, телеологичен. В историческом материализме базисом является нумен истории, а надстройкой — феномен. Однако экономический материализм был вульгаризирован превращением в «науку», тогда как на самом деле он представляет собой метафизику истории[58].

С точки зрения Булгакова, основная идея экономического материализма заключается в том, что мир — это гигантское хозяйство, а экономика играет определяющую роль и в истории, и в жизни. В известном смысле можно сказать, что вся культура представляет собой хозяйственную деятельность. Однако, вместо того чтобы исследовать экономическую сторону жизни как проблему философии хозяйства, экономический материализм стремится вписать в свою железную схему все стороны человеческой жизни. Он пытается стать философией *истории*; но его метод — социологический, а не исторический. Он утверждает, что может определять будущее. Экономический материализм также противоречит сам себе, соединяя радикальный социологический детерминизм с радикальным прикладным прагматизмом[59].

Наконец, философия Булгакова выявила и подчеркнула творческие составляющие, присущие христианству и церкви. Разумеется, гений христианства вдохновлял на великие творческие дела в разные исторические времена; но XIX век к таким эпохам не относился. Булгаков поддержал и развил положение Алексея Хомякова о творческом богословии, открытом не только для священнослужителей, но и для всех членов церкви. По мысли Булгакова, в этом мире христианство стало стимулом для творческой деятельности, как в эстетическом, так и в материальном смысле.

Итак, что же философия Булгакова говорит нам о том, какое место принадлежит ему в культуре русского Серебряного века? В какой степени его можно считать личностью, «характерной»

---

[58] Булгаков С. Н. *Философия хозяйства*. С. 307.
[59] Там же. С. 315.

для этого периода? Позволяет ли наше внимание к его размышлениям выявить некие особые ключевые характеристики интеллектуальной жизни той поры? Булгаков был достаточно независимым мыслителем, чтобы позволить своим идеям говорить за себя. В то же время сильное нравственное чувство, религиозный дух, постоянно присутствующее чувство радости, которым сопровождается творческий процесс, — все это является общими чертами мысли Серебряного века. Христианская этика Булгакова с несомненностью выражает «дух времени», который выразили и такие его разные современники, как Бердяев, Блок, Скрябин, Иванов, Франк, Ходасевич и многие другие. Хотя многие из них яростно не соглашались или не согласились бы с конкретным содержанием идей Булгакова, можно с уверенностью сказать, что он затронул центральный нерв интеллектуальной жизни эпохи[60].

Нельзя отрицать, что Булгаков отличался от своих собратьев-интеллектуалов сдержанностью, антиутопизмом, положительным отношением к православной церкви. Возможно, отчасти индивидуальность его позиции объясняется преданностью определенным идеалам, усвоенным в детстве, твердостью глубоко религиозного мировоззрения, характерного для интеллигентов, вышедших из среднего слоя общества. Эта оригинальность, это сознание собственной социальной принадлежности, отличной от городских интеллигентских корней того же Бердяева или Белого, возможно, обусловили особую глубину и точность его мысли. Многие собственные идеи Булгакова стали известны лишь после того, как более темпераментные Бердяев и Флоренский взялись за их популяризацию, изложив их в более доступной форме.

Помимо всего прочего, четкость, с которой Булгаков позиционирует свою мысль относительно современных ему интеллектуальных течений, помогает нам осмыслить Серебряный век как

---

[60] Ср., напр., замечания Н. П. Анциферова по поводу «Философии хозяйства» и ее связи с «судьбой России», сделанные в дневниковой записи от 11 февраля 1918 года: «*Брест подписан*. Вечером читал замечательную книгу Булгакова "Философия хозяйства". Думал о скрытых силах в русской душе и о пропасти, в которую свалился русский народ» (неопубликованная рукопись; выражаю благодарность Альбину Конечному за этот источник).

период продуктивного взаимодействия неокантианства, романтизма, христианства и традиций русской мысли XIX века, в частности Соловьева, Федорова, Достоевского. В состав того фермента интеллектуальной и культурной активности, на котором вырос Серебряный век, входила совершенно необычайная смесь противоречивых, но каким-то образом дополняющих друг друга идей. «Дух синтеза», столь обсуждаемый в ту эпоху, был намного мощнее простого синтеза музыкальных, литературных и изобразительных форм искусства; он представлял собой соединение идей европейского XIX столетия, пропущенных сквозь призму оригинальной русской философской традиции. На основе духа синтеза была создана новая стремительно заявившая о себе культура. Ее наследником предстояло стать европейскому XX веку.

Наконец, ход интеллектуальной эволюции Булгакова предполагает особую периодизацию русского Серебряного века. Представляется, что эту эпоху следует разделить на два периода: начальный подъем, наблюдавшийся в 1900 году, появление сомнений в позитивизме и ощущения новой зари; и зрелую фазу, наступившую после 1910 года, в которой постепенное развитие и кристаллизация идей, определивших восстание против позитивизма, привели к появлению реальных альтернатив. Действительно, Булгаков, Бердяев, Белый и другие создали свои фундаментальные труды, отразившие этический, религиозный и метафизический «дух» эпохи, сразу после 1910 года. Возможно, именно преодоление позитивизма этими мыслителями расчистило путь для принесшей щедрые плоды творческой деятельности русского авангарда.

Часть IV

НА ПУТИ
К НОВОЙ РОССИИ?

Глава десятая
Церковный собор 1917–1918 годов

На смену политическим брожениям и переоценке ценностей, характерным для 1900-х годов, в 1910-е пришел новый вид интеллектуальной и культурной деятельности. В предисловии к «Возмездию» Блок назвал 1910 год концом эпохи, отмеченным «кризисом» символизма и смертью Толстого, Михаила Врубеля и Веры Комиссаржевской. Новое десятилетие ознаменовалось бурным расцветом русской культурной жизни: были созданы постсимволистские поэтические школы акмеистов и футуристов, а также менее заметные, но не менее значимые направления, такие как имажинизм, кларизм и др.; были основаны ОПОЯЗ (Общество изучения поэтического языка) и Московский лингвистический кружок, предшествовавшие русскому формализму; процветали сектантские, еретические и мистические движения. Все эти события в культурной жизни были связаны с пересмотром и переопределением символистской, неоромантической концепции Слова, или Логоса, что вылилось в жаркие дебаты о сущности и природе языка. В тот же период было положено начало супрематизму Казимира Малевича и авангардному искусству Кандинского, а также Михаила Ларионова и Натальи Гончаровой; Стравинский сочинил «Историю солдата»; открылся театр Всеволода Мейерхольда и состоялись первые зарубежные гастроли *Ballets russes*. Резкие образы авангарда, символом которых стал черный квадрат Малевича, написанный на белом фоне, пришли на смену пастельным тонам и мистической атмосфере «Царевны-Лебеди» Врубеля и симфонических поэм Скрябина.

С точки зрения свершившейся русской революции поведение интеллигенции, традиционно возлагавшей на себя всю полноту ответственности за судьбу России, перед лицом надвигающейся катастрофы выглядит по меньшей мере странно. Интеллигенцией овладели эсхатологические предчувствия, но в то же время она увлекалась все более отвлеченными дискуссиями о языке, мистике и религии. Пожалуй, наиболее ярким представителем этого времени является Андрей Белый: его увлечение антропософией Рудольфа Штайнера, придуманные им фантастические пирамиды-диаграммы, ранжирующие разные отрасли гносеологии, соседствовали с представлением об истории как о бомбе, готовой взорваться тогда, когда «времени больше не будет» (Откр. 10: 6). Позиция интеллигенции в 1917 году истолковывалась по-разному: от утверждения, что культура была областью, совершенно отдельной от политики, а пышный расцвет искусства и литературы Серебряного века оказался жестоко прерван революцией[1]; до убеждения, что культура Серебряного века отражала «развитие революционного менталитета»[2]. Одни обвиняли интеллигенцию в том, что из-за чувства собственной политической беспомощности[3] она погрузилась в мистику; другие выражали уверенность, что в последний момент после своего отступничества интеллигенция обрела свои корни в православии и русской культуре, но слишком поздно[4]. С позиций настоящего действительно трудно удержаться от вывода о том, что реакция интеллигенции на политические кризисы 1910-х годов была

---

[1] Эта точка зрения распространена среди писателей-представителей русской эмиграции. См., напр.: Елагин Ю. *Темный гений*. London, 1982.

[2] Rosenthal B. G. *Dmitri Sergeevich Merezhkovsky and the Silver Age*.

[3] Эта марксистская точка зрения нашла свое выражение во фразе Горького «позорное десятилетие», превратившейся в стандартную формулировку в советских работах, посвященных периоду 1907–1917 годов.

[4] Zernov N. *The Russian Religious Renaissance of the Twentieth Century*.

неадекватной: сложно оправдать ее уход от политики в область лингвистических и религиозных размышлений[5]. Тем не менее мне кажется, что на самом деле отношения между культурой и политикой накануне 1917 года были намного сложнее, чем подразумевает любая из этих интерпретаций.

Обращаясь к России рубежа XIX–XX веков, историки — и это понятно — стремятся отыскать истоки одного из крупнейших событий современной истории, русской революции. Однако исторические эпохи редко, если вообще когда-либо, имеют один общий вектор развития, в котором сходилось бы множество политических и интеллектуальных течений, чтобы породить одно значительное событие. В этом смысле наша сосредоточенность на истоках революции создает искаженное представление о предшествовавшем ей периоде, смещает наше восприятие «основного» содержания этого периода в сторону того, что связано с предысторией революции. Но если мы обратим внимание на период 1890–1920-х годов как таковой, как бы извлекая эпоху из тени революции, мы начинаем понимать «истоки» совсем других событий или, точнее, «не-событий» — те мощные, целенаправленные тенденции, которые так и не достигли кульминации, потому что ее заместила революция. Представляется, что русскую интеллигенцию и ее историческую роль в этот период можно изучать именно в контексте связи между тем, что стало событием, и тем, что событием не стало. Несмотря на то что в свете надвигающейся революции поведение интеллигенции на первый взгляд кажется безответственным, такой подход позволит нам реконструировать иной, «воображаемый», «множественный» исторический контекст, в котором она вела себя и ответственно, и разумно, даже если в конечном итоге и «неправильно».

Летом 1917 года, в период нарастания революционных беспорядков, Сергей Булгаков готовил к печати работу над религиозно-философским эссе «Свет невечерний», был делегатом Всероссий-

---

[5] Это вопрос был как бы невзначай, по аналогии, поставлен в: *Лотман Ю., Успенский Б. Споры о языке в начале XIX в. как факты русской культуры* // Труды по русской и славянской филологии. Т. 24. Тарту, 1975. С. 168–254.

ского церковного собора и приступал к реализации нового замысла — крупного философского труда «Философия имени». В январе 1918 года, когда большевики разогнали Учредительное собрание, Булгаков принял священнический сан и погрузился в богословские исследования, которым предстояло стать главным делом его жизни в эмиграции. И все же он всегда оставался в курсе событий, определявших текущую политическую ситуацию; ни он, ни его товарищи не проявляли никаких признаков отказа от принятой ими на себя роли совести России. Прежде чем обвинять Булгакова и его собратьев-интеллигентов или прощать им как художникам и философам и, следовательно, личностям не от мира сего, стоит попытаться восстановить контекст, в котором их поведение станет понятным; то есть уделить внимание и совершившимся, и «несовершившимся» событиям.

Одним из самых важных и масштабных «не-событий» 1917 года стал Всероссийский церковный собор, открывшийся в Москве 15 августа. Если Февральская и Октябрьская революции в Петрограде ознаменовали собой кульминацию русского революционного движения, то события, одновременно происходившие в Москве и не связанные непосредственно с революцией, также представляли собой своеобразную кульминацию, причем имевшую общенациональное значение. Всероссийский Поместный собор православной церкви, созванный по изданному 15 июля распоряжению Священного синода и его обер-прокурора князя В. Н. Львова, увенчал тот могучий порыв к обновлению церкви, который на протяжении двух десятилетий разделяли интеллигенция и церковные реформаторы. Участие в органе, который наконец наполнил конкретным смыслом столь долго обсуждавшуюся соборность, было для Сергея Булгакова совершенно естественным и последовательным шагом.

Термин «соборность» — определяемый по-разному, но в целом обозначающий «органический синтез множественности и единства в православной церкви» и «органическое всеобщее единение в любви и свободе как сути церкви»[6] — получил весьма специфическое толкование, когда соборность стала исторической реальностью. Петр Великий заменил московские патриаршие соборы коллегиальной системой управления делами церкви. При Петре не проводился ни один церковный собор, а бюрократический Священный синод, находившийся под надзором назначаемого государством обер-прокурора, не отвечал принципу «соборности»[7]. Грегори Фриз убедительно доказывает, что православная церковь не только не была прислужницей государства, но и оставалась в период империи могучей и независимой социальной силой[8]. Однако интеллигенция начала XX века сочла бы, что рассуждения в таком духе равносильны уходу от главного вопроса: независимая или зависимая от государства, православная церковь не выполняла свою миссию до тех пор, пока полностью не реализовала православный принцип соборности. Исправить эту ситуацию и восстановить гармонию и органическое единство православной церкви был призван церковный собор, наконец-то собравшийся в 1917 году. Безусловно, обстановка, в которой проходил церковный собор 1917–1918 годов, наложила серьезные ограничения на его способность выполнить свои задачи; однако и в этих условиях он работал с поразительной эффективностью в том, что касалось его самой важной задачи, восстановления патриархата, и в общих чертах позволяет нам понять, как соборность должна была работать на деле. Будучи воплощен в церковном соборе, как политическая реальность этот принцип означал две вещи: во-первых, и в символическом плане, и фактически собор должен был стать национальным институ-

---

[6] Цит. по: Loya J. A. *Theological Clarifications of Lay Status in the Russian Church Pertaining to the Moscow Reform Council of 1917–1918*: Ph. D. diss. Fordham University, 1986. P. 47.

[7] Риторика соборности использовалась в попытках легитимизировать Синод, однако для всех такая семантическая рационализация была слишком очевидна.

[8] Freeze G. L. *Handmaiden of the State? The Church in Imperial Russia Reconsidered* // Journal of Ecclesiastical History. 1985. № 36. Jan.

том, действительно представляющим русский народ в целом; во-вторых, следуя православной традиции, выраженной в VI новелле Юстиниана, соборная церковь должна была занять симбиотическую или «симфоническую» позицию по отношению к государству в форме Учредительного собрания.

Падение самодержавия дало возможность использовать те механизмы созыва собора, которые были тщательно выработаны и усовершенствованы различными комиссиями, создававшимися в годы, предшествовавшие собору. Хотя для нас драма революции затмевает драму всероссийского Церковного собора, современники видели в нем апофеоз многолетних исследований и подготовки; он также явился результатом различных идеологических течений начала столетия. Церковный собор был созван впервые после создания петровской системы коллегий, одной из которых первоначально стал Священный синод; созыв Собора в 1917 году означал существенные изменения в организации церковного управления. Собор стал выборным органом, представляющим членов церкви по всей империи; он разделял административную власть со Священным синодом. Выборный комитет, Высший церковный совет, определял вопросы, которые необходимо было обсудить на соборе. Булгаков стал видным членом Высшего совета. Вопросы сначала рассматривались и решались на заседаниях отделов, после чего их выносили на пленарное заседание. Решения Собора подлежали окончательному утверждению на Епископском совещании.

Собор имел большое символическое значение, так как допетровские Соборы играли роль не только в жизни церкви, но и в жизни страны. Собор 1917 года выступил как наследник традиции московских церковных соборов, прежде всего Стоглавого собора 1551 года, созванного по инициативе Ивана IV, и Собора 1666–1667 годов, подтвердившего верность реформам Никона, но низложившего самого патриарха. В жизни Московской Руси соборы играли намного более существенную роль, чем можно было бы ожидать от чисто церковного учреждения; так, например, Стоглавый собор, который созывался для решения вопросов духовной жизни, задумывался в качестве дополнения к Судебнику Ивана, посредством которого разрешались вопросы светского характера. Соборы превратились в своеобразный институт самоуправления, действовавший в сотрудничестве с государем, чтобы упорядочить самые разнообразные аспекты жизни народа. В этом контексте созыв нового собора в 1917 году в известном смысле стал мерой, аналогичной новому созыву французских Генеральных Штатов после почти 200-летнего перерыва. Включение мирян в состав участников Собора и процедура избрания депутатов, в которой участвовали все епархии страны, превратили Собор в подлинно представительное учреждение, которое пользовалось поддержкой всех членов церкви. В Соборе приняли участие 564 представителя (к концу сессии осталось 427), среди которых духовенство и миряне были представлены практически одинаково, лишь с небольшим перевесом последних. Участники Собора были избраны прихожанами в своих епархиях.

15 августа, когда Петроград готовился к выборам, на которых эсерам и большевикам предстояло получить впечатляющее большинство в городской думе, на Красной площади сошлись великолепные крестные ходы из всех московских церквей[9]. Приветствие митрополита Тихона, будущего патриарха, сопровождалось специальной литургией[10]. Один из делегатов Собора, юрист из Симбирска С. П. Руднев, оставил описание церемонии его открытия. Он встретил на нем множество знакомых по Всероссийскому земскому союзу и других таких же активных деятелей, очевидно, приехавших в Москву для участия в Соборе; граждане Москвы также истово участвовали в этом величественном собрании.

---

[9] В тот день также завершило работу Московское государственное совещание, в ходе которого конфликт между Корниловым и Керенским перешел в открытую фазу.

[10] Описание церемонии, перечень московских храмов и текст приветствия Тихона приводятся в: *Священный Собор православной российской церкви: Деяния*. М., 1918. Кн. 1 (далее — ССПРЦ).

> Мы вышли [из Успенского собора] и вытянулись в длинную цепь на Царской площади и двинулись при церковном трезвоне Ивана Великого и всех кремлевских церквей в Чудов Монастырь; там, приложившись к мощам святителя Алексия, проходили в Николаевский Дворец, выйдя из которого направлялись к Спасским Воротам и через них вступали на Красную Площадь. Красная Площадь была к этому времени запружена народом, пришедшим со своими крестными ходами ото всех московских церквей. Эти крестные ходы образовали непрерывные живые стены, тянувшиеся от Спасских ворот до Никольских, образуя как-бы просторный коридор, по которому и двигался крестный ход Всероссийского Церковного Собора, встречаемый и сопровождаемый церковными песнопениями и каждением собравшихся на площади церквей, и чрез Никольские Ворота вернулся обратно в Кремль, в Успенский Собор[11].

А. В. Карташёв тоже говорит о «десятках тысяч народа», заполнивших весь Кремль и всю Красную площадь[12]. На следующий день храм Христа Спасителя вновь был забит людьми.

> Величественную, незабываемую и совершенно необычную картину являл собой громадный Храм Христа Спасителя, когда по окончании литургии и молебна из алтаря через Царские Двери начали выходить попарно святители Русской Земли в фиолетовых мантиях, мелодичные звонцы которых только и нарушали наступившую тишину, в *омофорах*[13] и митрах, и занимать по-старшинству места на скамьях и архиерейском амвоне, где поместились митрополиты и старейшие епископы, а мы — выбранные члены Собора — заняли места на стульях, а кое-кто, не найдя себе стула, уселись сбоку на ступеньках архиерейского амвона.
> По бокам нас во всем храме и на хорах стоял народ густой и плотной массой[14].

---

[11] Руднев С. П. *При вечерних огнях*. Харбин, 1928. С. 152.

[12] Карташёв А. В. *Революция и собор 1917–1918 гг.* // Богословская мысль. Париж. 1942. № 4. С. 89.

[13] Наплечная накидка, символизирующая статус епископа.

[14] Руднев С. П. *При вечерних огнях*. С. 153.

Заседания Собора, как пленарные, так и секционные, проходили в Московском епархиальном доме в Лиховом переулке. 23 отдела собора рассматривали такие вопросы, как высшее церковное управление, епархиальное управление и церковный суд[15]. Всего в период с 15 августа 1917 года по сентябрь 1918 года состоялись три сессии (15 августа — 9 декабря 1917 года, 20 января — 30 (7) апреля 1918 года, 20 (7) июня — 20 (7) сентября 1918 года), выработавшие 129 постановлений-деяний. Материалы пленарных заседаний были опубликованы в девяти томах.

Движение за обновление церкви продолжалось уже по крайней мере двадцать лет. Как мы убедились, возобновившийся интерес интеллигенции к религиозным вопросам восходит к рубежу веков; «открытие» Мережковским церковного вопроса датируется 1898 годом, а заседания Петербургского религиозно-философского собрания начались в 1901 году. Важно, что Антон Карташёв, последний российский обер-прокурор (с июля 1917 года), при котором заседал собор, ранее являлся председателем Санкт-Петербургского религиозно-философского общества. (Впоследствии, в Париже, он стал автором ряда работ по истории церкви.) Некоторые наиболее заметные участники религиозного движения 1900-х годов из числа интеллигенции либо участвовали в Соборе, либо полемизировали с ним. Не последними среди них были С. Н. Булгаков, князь Е. Н. Трубецкой и юрист П. И. Астров[16]. В годы, последовавшие за революцией 1905 года, «астровские

---

[15] На соборе работали 23 отдела: уставный, высшего церковного управления, епархиального управления, церковного суда, благоустроения прихода, правового положения церкви в государстве, богослужения, проповедничества и храмов, церковной дисциплины, внешних и внутренних миссий, единоверия и старообрядчества (см. примеч. 23 ниже), монастырей и монашества, духовных академий, духовно-учебных заведений, церковно-приходских школ, преподавания Закона Божия, церковного имущества и хозяйства, правового и имущественного положения духовенства, устройства православной церкви в Закавказье в связи с объявленной грузинами автокефалией своей церкви, библейский, издательский, личного состава, редакционный и объединения церквей.

[16] Астров был членом Московского окружного суда и заместителем члена Высшего церковного совета. Как житель Москвы он был известен связью с модернистскими кругами, в том числе поэтами-символистами.

среды» стали заметными событиями общественной жизни московской интеллигенции[17]. Мережковский и Философов в это время отошли от данного движения, а выступавшие на Соборе косвенно намекали на них и подвергали их критике. Не последним из выдающихся участников церковного собора был М. В. Родзянко, недавно возглавивший революционную Думу.

В то же время Собор ознаменовал кульминационный момент внутрицерковного движения за реформу. Деятельность этого движения, в той или иной форме существовавшего с середины или конца XIX века, принесла плоды в ходе реформ 1905 года и при попытке созыва Собора, предпринятой в 1906 году. Несмотря на то что эта попытка не удалась, Предсоборное совещание подготовило шесть томов тщательно исследованных материалов, которым суждено было лечь в основу решений Собора, когда он действительно был созван. Опрос епископов показал, что русское духовенство было гораздо более восприимчиво к идее реформы, чем можно было предположить[18]. Усилия по созыву собора возобновились в 1911–1912 годах, но снова не имели успеха, хотя в результате появилось еще пять томов материалов. Среди духовенства и выдающихся ученых, участвовавших в те годы в этом движении, а теперь делегированных на собор, были К. М. Аггеев, Н. Д. Кузнецов, Б. В. Титлинов и И. М. Громогласов[19].

---

[17] Ср.: Белый А. *Начало века*. С. 392–398. Как отмечает Лавров, после 1905 года центр «аргонавтов» сместился с «воскресений» Белого на «астровские среды». Эти среды, организатором которых был поэт Эллис, проводились на протяжении нескольких лет. В них принимали участие И. М. Громогласов (см. примеч. 20), Бердяев, В. Иванов, В. П. Поливанов и др. См.: Лавров А. В. *Мифотворчество «Аргонавтов»* // Миф, фольклор, литература / Ред. Б. Г. Базанов и др. Л., 1978. С. 149–150.

[18] См.: Meyendorff J. *The Russian Bishops and Church Reform* // Russian Orthodoxy under the Old Regime / Ed. R. L. Nichols, Th. G. Stavrou. Minneapolis, 1978. P. 170–182.

[19] Петроградец Аггеев — священник, председатель Учебного комитета при Святейшем синоде и заместитель члена Высшего церковного совета. Кузнецов — московский присяжный поверенный, специалист по церковному праву, автор ряда работ о церковной реформе. Титлинов — профессор истории Петроградской духовной академии, Громогласов — профессор Московской духовной академии и член Высшего церковного совета. См.: ССПРЦ. Кн. 1, вып. 1. С. 60–96.

К июлю — началу августа, когда проводились выборы делегатов на Собор, спорный вопрос о представленности на нем мирян был решен в пользу их участия с полным правом голоса; в результате решения этого ключевого вопроса, в Соборе получили представительство члены приходов и епархий всей империи. Решение включить мирян в число полноправных участников Собора было одновременно и трудным, и противоречащим традициям: полноправными участниками как семи экуменических Соборов, признанных Православной церковью, так и московских Поместных соборов были только епископы, хотя в ранний период истории церкви мирянам разрешалось присутствовать на некоторых Соборах. Даже такие реформаторы конца XIX века, как А. М. Иванцов-Платонов, предполагали проводить Соборы с участием только епископов; на Предсоборном совещании 1905–1906 годов большинство считало необходимым предоставить право голоса только священнослужителям, хотя весьма внушительное меньшинство возражало против такого решения[20]. На церковном Соборе 1917–1918 годов подавляющее большинство лиц с правом голоса представляло российскую провинциальную образованную публику и земскую интеллигенцию (не городскую элиту и не рабоче-крестьянские массы). Это были люди, лишь поверхностно затронутые позитивизмом и эволюционизмом 1870-х годов, сознание которых продолжало определяться вероучением и обрядами православной церкви, несмотря на глубокие перемены в строе жизни, вызванные Великими реформами.

Булгаков был более известен, чем большинство членов Собора, но по своему социальному профилю он был на них очень похож. Он мог бы получить представительство в Соборе в результате своей работы в предсоборных комиссиях, но вместо этого пошел путем выборов и одержал победу в Таврической епархии, где ему

---

[20] См.: *Иванцов-Платонов А. М. О русском церковном управлении.* СПб., 1898; Loya J. A. *Theological clarifications of Lay Status in the Russian Church Pertaining to the Moscow Reform Council of 1917–1918*; Jockwig F. *Der Weg der Laien auf das Landeskonzil der Russischen Orthodoxen Kirche, Moskau, 1917/18.* Wurzburg, 1971.

предстояло прожить до эмиграции в 1922 году. В 1917 ему было 46 лет, что приблизительно соответствовало среднему возрасту делегатов Собора. Быть может, его статус профессора Московского коммерческого института и Московского университета и многочисленные научно-философские труды способствовали тому, что он был избран в Высший церковный совет (высший церковный орган управления в составе Собора, подчиняющийся только патриарху) и стал одним из трех главных докладчиков по важнейшему вопросу о восстановлении патриаршества.

В отличие от его маргинальной роли во Второй Думе, роль Булгакова на Соборе была одной из самых заметных. Он входил в состав нескольких комиссий, в том числе в представительство Собора при Временном правительстве, а также в комитет по подготовке обращения к православному народу с призывом о проведении выборов в Учредительное собрание[21]. Ему также было доверено особое поручение исследовать проблему большевизма в церкви и возможные последствия социализма для церкви. Таким образом, деятельность Булгакова в качестве делегата касалась самых существенных, важнейших проблем, которые рассматривались на соборе. Он был одним из главных докладчиков по вопросам об отношении церкви к стремительно меняющемуся государству и его различным формирующимся институтам — Временному правительству, Учредительному собранию, новому большевистскому советскому государству — и о восстановлении патриаршества, которое стало главным достижением Собора. Он уделял особое внимание догматическим аспектам программы Собора, которые являли собой кульминацию интенсивной христологической полемики, характерной для светских кругов начала столетия, но отошедшей на задний план в результате революционных потрясений. На Соборе, в отличие от Думы, Булгаков чувствовал себя в своей среде; проблемы, стоявшие перед Собором, в основном совпадали с теми, которым он начиная с 1900 года посвящал свою интеллектуальную жизнь, а другие

---

[21] ССПРЦ. Кн. 1, вып. 3. С. 155; Кн. 2, вып. 1. С. 86.

участники разделяли многие его взгляды и глубокое религиозное чувство.

Кем были эти участники? Согласно правилам, принятым Собором, он должен был стать органом управления, созываемым на регулярной основе каждые девять лет в полном составе и каждые три года — в частичном. В полном составе Собора должно было быть 400 делегатов — по два духовных лица, три мирянина и одному архиерею от каждой из 65 епархий и, кроме того, еще 10 викарных епископов. Далее, еще 46 человек добавлялись от Священного синода и Предсоборного совещания; еще 20 представляли монастыри, 36 — военное духовенство, 22 — викариатства и старообрядцев[22], 12 — духовные академии, 15 — Академию наук и университеты, 20 — от Государственной думы и Государственного совета. Таким образом, всего в соборе должны были участвовать 564 члена; 80 епископов, 149 пресвитеров, 9 диаконов, 15 псаломщиков и 299 мирян. Миряне составляли около $3/5$ соборян, 314 мирян на 250 духовных лиц[23].

Выборы были трехступенчатыми: приходские собрания избирали выборщиков для благочиннических собраний, которые, в свою очередь, посылали выборщиков в епархиальные собрания, где, собственно, и избирались делегаты. Результатом этой довольно сложной системы было то, что избранные участники представляли широкий спектр политических позиций, несмотря на явный сдвиг вправо значительной части приходского духовенства, прежде склонявшегося к левым взглядам, после большевистского июльского восстания[24]. О составе делегатов от епархий (за исключением назначенных членов и представителей университетов, старообрядцев и викариатств) можно судить по цифрам, приведенным в табл. 1.

---

[22] Важно, что, отменив постановления предыдущего собора, проводившегося в XVII веке, нынешний собор вернул некоторых старообрядцев в лоно церкви как единоверцев.

[23] Карташёв А. В. *Революция и собор*. С. 87.

[24] Там же.

Таблица 1
Распределение мирян-делегатов церковного Собора от епархий по профессиям или статусу

Профессия / Статус	Число делегатов
Учитель, инспектор школ или семинарий, директор школы	77
Профессор, преподаватель университета	9
Судья, присяжный заседатель, прокурор, другой юридический персонал	23
Крестьянин	36
Мелкий чиновник*	17
Приходской администратор, миссионер	10
Помещик	3
Купец / торговец	5
Врач, ветеринар	5
Казак, отставной военный	5
Земский общественный деятель	4
Другое или не установлено	10
Всего	204

* Лесничий, работник железнодорожного ведомства, акцизный надзиратель, нотариус, секретарь консистории, тюремный инспектор, управляющий домом общества попечения о бедных и др.
Источник: Общий список членов Священного собора // Священный собор Православной российской церкви: Деяния. М., 1918. Кн. 1, вып. 1. С. 60–96.

Численный перевес среди делегатов имели представители уездной, а не городской России (хотя неизбираемые делегаты в определенной степени компенсировали это различие), что отражало их относительный вес среди населения. В социальном плане среди членов преобладала земская интеллигенция, то есть учителя (известные своей бедностью), юристы и мелкие чиновники, тогда как помещичья элита и беднейшее крестьянство имели слабое представительство. Число крестьян на Соборе было значительным, но в основном они представляли более образованный слой: все они были как минимум грамотные, и некоторые имели определенное формальное образование.

Хотя в экономическом плане участники собора представляли средние слои российского общества, их уровень образования превышал среднестатистический. 17 мирян не имели формального образования, но при этом они, разумеется, были грамотными; 46 человек посещали начальную школу или семинарию; восемь учились в элитных образовательных учреждениях (таких как Пажеский корпус или Демидовский юридический лицей) или средних школах; 64 человека получили университетское образование, у 64 была ученая степень (как правило, кандидата богословия). Из духовенства двое получили домашнее образование, двое — начальное, 73 человека учились в семинарии или богословском учебном заведении, у 13 было университетское образование, а 45 имели ученую степень, как правило, тоже кандидата богословия. 97 были иереями или протоиереями, из которых 38 одновременно являлись учителями или школьными инспекторами; 33 человека были диаконами, протодиаконами или псаломщиками; 5 — архиереями или архимандритами.

Хотя церковный Собор отражал состав населения России («115 миллионов православных»), он не был задуман как демократический институт. Идея «соборности», как она была определена Собором, имела особые административно-организационные последствия. 28 октября 1917 года делегаты подавляющим большинством голосов высказались за восстановление патриаршества, упраздненного Петром Великим. В ходе продолжительных и ожесточенных дебатов неоднократно доказывалась совместимость патриаршества с принципом соборности. Некоторые делегаты даже утверждали, что сочетание власти Собора и патриарха было необходимо для достижения гармонии между единством и многообразием, заложенными в понятии соборности, отметая опасения своих оппонентов по поводу того, что сильный патриарх может взять дело в свои руки и узурпировать власть, по праву принадлежащую Собору. В имперский период управление церковью было целиком прерогативой Синода; теперь же административные полномочия распределялись между патриархом, Синодом и церковным Собором.

Однако если восстановленное патриаршество не противоречило соборности, то соборность как политический принцип явно отличалась от парламентской демократии. Предполагалось, что она выражает духовную сущность народа, а это никак не совмещалось с существованием групп или партий с конфликтующими интересами. Соборность и патриарх были совместимы, соборность и партии — нет. Афанасий Васильев сравнил демократическую парламентскую систему с петровской коллегиальностью и противопоставил соборность обеим:

> Между тем тут только наружное сходство в том, что и той и другой присуща совещательность. Но соборность есть начало нравственное, духовное; коллегия же построена на начале формальном. В соборности человеческая личность и авторитет власти находят себе признание и утверждение; в коллегии авторитет упраздняется и личность исчезает. Решения выносятся безликим и безразличным большинством. Соборность призывает к взаимной любви и благоволению, к согласию и миру, к единодушию и единомыслию: «Возлюбим друг друга, да единомыслием исповемы!» Соборность призывает к пожертвованию своим частным правом, если это необходимо для пользы других, для общего блага и мира, для пользы целого. При господстве коллегиальности — или что то же — парламентаризма, каждая партия настаивает на своем частном праве, и большинство топчет нужды, желания и волю меньшинства. Это начало партийности или разделения — общее зло всего западного парламентаризма; пересаженное к нам, оно неизбежно ведет к разладу и распаду, что мы и видим теперь в нашем несчастном отечестве, в нашем войске, и не дай Бог увидеть то же в Церкви[25].

Высказываясь на первый взгляд в пользу патриархата, в итоге Васильев, по сути, предложил конкретную модель организации общества на основе соборности; соборность должна была стать

---

[25] Васильев А. В. *Патриаршество и соборность* // ССПРЦ. Кн. 3. С. 33–34. Васильев, известная в Петрограде личность, был членом Совета государственного контроля и председателем общества «Соборная Россия». Приобрел известность публикациями по юридическим и церковным вопросам, славянофильством и христианско-социалистическими позициями в земельной политике.

организующей основой общества, противопоставленной парламентаризму. Доводы в пользу восстановления патриаршества вписывались в эту большую схему. Доводы Васильева в той или иной форме повторялись на протяжении всей дискуссии. Собор вовсе не был отчаянным усилием церкви сохранить себя; напротив, он рассматривал себя как попытку воплотить в жизнь уникальное российское политическое устройство, которое отличалось бы от европейского парламентаризма и, возможно, превосходило бы его.

Делегаты в равной степени сильно боялись появления как политических группировок или «партий», так и одной сильной личности. Решения (по крайней мере, в теории) следовало принимать коллективно, по «правде», а не по правилу большинства. В какой степени практика Собора соответствовала этому идеалу? Карташёв упоминает о большинстве консерваторов и почти таком же крупном числе центристов во главе с Евгением Трубецким и Сергеем Булгаковым; левое меньшинство было представлено протопресвитером Георгием Шавельским и московскими протоиереями Николаем Добронравовым и Николаем Цветковым[26]. Но при рассмотрении дебатов о восстановлении патриаршества не следует переоценивать важность политических ориентаций. Карташёв отмечает, что, несмотря на определенное размежевание между правыми и левыми, Собор на самом деле работал мирно и разумно, обсуждая все вопросы с участием и тех, и других. И если в голосовании по этому вопросу действительно можно было различить позиции правых и левых — Карташёв упоминает о том, что левые опасались деспотизма церковных иерархов, — то разногласия между делегатами, по-видимому, возникали в основном по вопросам, не относящимся к политике[27]. Например, по вопросу о патриархате большинство мирян, как и епископов, проголосовало за его восстановление, тогда как белое духовенст-

---

[26] Карташёв А. В. *Революция и собор*. С. 91.

[27] См.: Evtuhov C. *The Church in the Russian Revolution: Arguments for and against Restoring the Patriarchate at the Church Council of 1917–1918* // Slavic Review. № 50 (Fall). 1991. P. 497–511. Добронравов и Цветков относились к тем немногим, кто выступал (и, предположительно, голосовал) против патриаршества.

во разделилось во мнениях, а большинство профессоров проголосовало против[28]. Возможно, не столь важно распределение голосов, как тот факт, что многие из наиболее активных и красноречивых сторонников «реформации» в церкви и обществе не были причастны к предшествующей внутрицерковной работе, в том числе по подготовке к проведению собора в 1905–1906 годах; этот фактор имел малое отношение к разногласиям между сторонниками левых и правых политических взглядов. Хотя голосования отнюдь не были единогласными (вопреки утверждению одного из участников[29]), на соборе царила атмосфера продуктивной рабочей дискуссии, настроенной на непосредственные конкретные результаты. Дебаты о патриархате, состоявшиеся в самые дни Октябрьской революции, впервые за 200 лет решили, причем молниеносно и с впечатляющей легкостью, проблему реорганизации высшего церковного управления. Можно сказать, что Собор проявил бо́льшую эффективность в решении таких исторических вопросов, чем это делала десятью годами ранее Вторая Дума в отношении текущих политических проблем. Механизмы Собора по вопросу о патриаршестве сработали хорошо, хотя надо признать, что свою роль здесь сыграло давление внешних обстоятельств. Складывается впечатление, что в этом смысле Собор выполнил свою задачу, став воплощением принципа соборности.

В своем выступлении на Всероссийском съезде духовенства и мирян, проходившем в Москве в июне 1917 года, а также в обращении к церковному Собору Сергей Булгаков выразил различие между соборностью и демократией в более резкой форме[30]. Он предупреждал об опасностях демократии. Февральская революция, по его словам, изменила не только Россию, но и весь мир; мало кто понимал, что на самом деле церковный вопрос приобрел

---

[28] Smolitsch I. *Die russische Kirche in der Revolutionszeit vom März bis Oktober 1917 und das Landeskonzil 1917 bis 1918 (zur Geschichte der Beziehungen zwischen Staat und Kirche in Russland)* // Ostkirchliche Studien. № 14. Würzburg, 1965. S. 27.

[29] Васильчиков И. С. *То, что мне вспомнилось* // Наше наследие. 1990. № 2. С. 118–122.

[30] Ср.: РГИА. Ф. 833. Д. 35. Л. 166–167.

теперь первостепенное значение, что для православной церкви пробил «брачный час». Демократия была искушением для церкви; но церковь должна быть мерилом демократии, а не наоборот. Теперь на востоке связь самодержавия и православия была нарушена; но опасность состояла в том, что православные могли оказаться под властью нового господина — демократии. Такая опасность подстерегала православную церковь с ее соборностью (столь близкой к народности), опасность, не угрожавшая членам римско-католической церкви с ее священноначалием. Православию нечему было учиться у демократии; принятие решений большинством голосов — это замечательно, но оно не обеспечивает принятие решений, соответствующих воле Божьей.

По словам Булгакова, демократия как таковая не обладает самоценностью. История знала разные типы демократии; до сих пор лучшим ее примером была английская реформация (исток американской демократии), насквозь пропитанная религиозным духом. Французская революция, напротив, была вдохновлена антихристианскими настроениями, в то время как германская социал-демократия, горячим сторонником которой когда-то был и сам Булгаков, если судить ее по этому новому религиозному критерию, оказывается всего лишь тупым и самодовольным атеизмом. Речь шла не о том, что России необходимо встать на путь демократии или отвергнуть ее; предстояло решить более фундаментальный вопрос: встанет ли Россия на сторону Христа или пойдет против Него? Будет ли светское правительство России, как бы оно ни оправдывалось социально-политической теорией, исполнено христианским духом?

> Вот как сложны отношения, существующие между демократией и Церковью, и это не позволяет нам прямо ставить между ними знак равенства. Церковь есть высшее, безусловное начало жизни, царство не от мира сего, хотя и имеющее задачей возвышать до себя мир, демократия же есть только природное человечество в греховном его состоянии, иногда просветляющееся и вдохновляющееся, порою же принимающее образ звериный. Она сама необходимо нуждается в руководстве духовном. Глубоко различны законы жизни

в Церкви, как обществе Божественном, и в демократии, как обществе человеческом. В первом имеет силу закон любви, самоотречения, послушания, во втором — солидарности интересов, борьбы за права и их разграничение. Церковь есть тело Христово, организм, состоящий из многих и разных членов[31].

Положительным примером могло послужить первохристианство, которое было народно, не будучи демократическим в современном понимании слова. Постреволюционная Россия могла бы преуспеть только в том случае, если бы избрала Христа своей путеводной звездой. Отсюда оставался всего один шаг до признания того, что все общество, включая политическую систему, нуждается в том, чтобы проникнуться духом Христовым. «Если грядущая Россия, ее же ищем, станет строиться без имени Христова, если демократия российская окажется в духовном разрыве со Святою Русью, то какую же цену она имеет, кому она нужна, кому из нас дорога будет отрекшаяся от Христа Россия?»[32]

Таким образом, Собор был представительным органом, но при том не воплощал непосредственно принципа демократии; он выражал «волю народа» в том смысле, что наибольшее представительство на нем принадлежало образованному провинциальному обществу, которое составляло социальную базу обновленной в результате Собора церкви. Собрание делегатов в Москве летом 1917 года явилось той самой «весомой и значимой в глазах народа контр-организацией», созданной русским «средним классом», существование которого отрицали последователи влиятельного раннего историка русской революции Уильяма Генри Чемберлина[33]. Конечно же, его шансы на успех — это другой вопрос; но сам факт такого организованного, тщательно спланированного и в основном эффективного общенационального собрания, проведенного в эти летние месяцы, указывает на то, что средние слои российского общества были далеко не таки-

---

[31] Булгаков С. Н. *Церковь и демократия*. М., 1917. С. 13.
[32] Там же. С. 15.
[33] Chamberlin W. H. *The Russian Revolution*. Vol. 1. New York, 1965. P. 109.

ми пассивными и политически беспомощными перед лицом революционных событий, как принято считать. То, что развитие революции в Москве запаздывало по сравнению с Петроградом, сделало Москву ареной альтернативных политических действий и даже озвучивания оригинальных политических идей.

Церковный собор не претендовал на статус самодостаточного представительного института. Изначально он задумывался как работающий совместно с будущим Учредительным собранием; со времен Юстиниана одним из основных постулатов православной церкви был постулат о неразрывной связи и взаимозависимости духовной и светской властей, и хотя Февральская революция разорвала связь «православия, самодержавия и народности», церковь не воспринимала свою власть как полностью отделенную от власти государства, какую бы форму оно ни принимало. Ранее предполагалось, что Вторая Дума будет работать совместно с церковным Собором. Теперь же Собор должен был стать для церкви тем, чем стало бы Учредительное собрание для светского управления[34]. Церковь, как и вся страна, ожидала созыва Учредительного собрания, в рамках которого насущные политические проблемы получат наконец разрешение.

Конкретные отношения между Собором и стремительно меняющимся правительством или, если брать шире, между церковью и государством или духовной и светской властью стали одной из наиболее сложных проблем, с которыми церковь столкнулась в 1917 году. Эти отношения определились сами собой при рассмотрении Собором основных вопросов, таких как управление церковными школами, регулирование браков и разводов (эта прерогатива была впервые в истории России отнята у церкви Временным правительством), церковный суд, изъятие церковной собственности. После 200 лет относительного подчинения государству церковь оказалась свободной от него, но при этом на грани острого конфликта с ним.

---

[34] Ср.: Карташёв А. В. *Революция и собор*.

Тем не менее церковь, следуя византийской традиции симфонии властей и порядку, установившемуся в ходе всей российской истории, не только поддерживала добрые отношения со светской властью, но и считала себя неразрывно связанной с ней. Булгаков играл достаточно активную роль в процессе самоопределения церкви. С ностальгией вспоминая учредительное собрание времен Оливера Кромвеля, которое «было проникнуто религиозными течениями и походило на молитвенное собрание», Булгаков доказывал, что Собор обязан участвовать в выборах в Учредительное собрание и поощрять участие в голосовании. «Для Церкви не безразлично, каким духом будет проникнуто Учредительное собрание. <...> Оно должно строиться на незыблемых религиозно-нравственных основах, без которых государства разрушаются, а не созидаются»[35]. При этом Булгаков выступал против того, чтобы на время прервать работу Собора с тем, чтобы дать возможность делегатам голосовать в выборах в своих епархиях; Собор должен был действовать как единое целое, работающее совместно с государством над созданием национального правительства.

По сравнению с думскими временами позиция Булгакова радикально изменилась. В думский период он считал, что религиозная реформа должна идти рука об руку с обретением политической свободы; теперь работа внутри церкви воспринималась им как приоритетная по отношению к политическим формам деятельности. Если прежде он был убежден, что решение социальных проблем должно осуществляться в сфере политики, то теперь считал, что их решение следует искать именно в церкви. Отчасти такая разница объясняется ощутимым сдвигом сознания после реакции 1907–1908 годов и разработкой им идеи о сакрализации культуры в течение десяти лет, разделявших его участие в работе Думы и на Соборе. Вопрос о политических формах отошел на второй план, уступив место вопросам церковного управления; как и другие представители средних слоев общества, он видел в церкви ключ к совершенствованию жизни в России, а укрепление церкви и борьбу с коррупцией среди священнослу-

---

[35] ССПРЦ. Кн. 2, вып. 1. С. 84.

жителей считал необходимым условием, которое позволит избежать политической катастрофы. Что касается выборов как в Предпарламент, так и в Учредительное собрание, то Булгаков более всего опасался партийности, при которой церковь окажется лишь одной из многочисленных партий, борющихся за голоса избирателей. Вместо этого церковь должна была выступать в качестве национального института наравне с Учредительным собранием. Наихудшим исходом стало бы создание «церковной партии», которая представляла бы чистый клерикализм, вместо того чтобы задавать направление общественной, политической и культурной жизни страны.

> Собор может ограничиться преподанием благословения и указанием, что не партийные лозунги должны иметь значение в деле выборов, а совесть и вера, и что при составлении списка нужно руководствоваться не только политическими, но и церковными соображениями и должно избирать людей верующих и честных[36].

Выступление Булгакова задало тон всему обсуждению данной проблемы, и все последующие ораторы на него ссылались. Вместе с Е. Н. Трубецким и профессором П. П. Кудрявцевым Булгаков был избран в комиссию по подготовке воззвания к православному народу относительно участия в выборах в Учредительное собрание; он также выступал по поводу роли Собора в политике[37].

До января 1918 года Собор воспринимал себя как источник духовной легитимизации светского правительства. По словам Булгакова, для церкви потенциально приемлема любая политическая форма, «если только она исполнена христианским духом или, по меньшей мере, этого ищет»[38]. Поддерживать духовную сторону жизни — такова извечная функция церкви; любое правительство, не противоречащее этой ее функции, может сотрудничать с церковью.

---

[36] Там же.
[37] Там же. Кн. 2, вып. 2. С. 131.
[38] Кн. 4. Деяния XLI–LI. Пг., 1918. С. 15.

> Церковь Христова озаряет мир светом истины, она есть соль, его осоляющая. Не может быть положено предела для области ее влияния. Она есть новая закваска, претворяющая все естество человеческой жизни, и не существует в ней стихии, совершенно недоступной для этой закваски. Ибо воистину воплотился и непреложно вочеловечился Господь Иисус Христос; Он приял на себя все тяготы человеческой жизни и тем призвал нести их во имя Христово. Во всех делах человеческих одинаково должно стремиться к исканию воли Божией и к ее совершению через свободную волю человека; таково неотменное требование христианской веры. Нераздельна христианская совесть, ею единою должен определяться человек во всех своих деяниях и начинаниях, движимый христианским вдохновением, просветляемый благодатию Св. Духа-Утешителя[39].

Таким образом, Собор обладал полномочием участвовать в формировании нового правительства и сделать так, чтобы оно, по крайней мере в общих чертах, соответствовало христианским нормам жизни.

Между тем в речах Булгакова чувствуется понимание того, что события могут начать развиваться в другом направлении; он постоянно напоминает об опасностях правительства с антихристианским настроем, о правлении Антихриста. Правительство, которое не поддерживается церковью, превращается «в царство зверя, изображенное у Тайновидца», в «игралище себялюбия, личного и классового»[40]. Для Булгакова борьба церкви означала нечто большее, чем политическая битва; она была частью более масштабной битвы добра и зла, Христа и Антихриста, которую предвидела интеллигенция в начале столетия. Данное Булгакову поручение составить воззвание по поводу зол социализма и масонства[41] соответствовало такой точке зрения, естественным образом вытекавшей из его раннего христианского социализма. В ходе Собора понятие «христианская политика» приобрело

---

[39] Там же. Кн. 4. С. 13.
[40] Там же. С. 15.
[41] РГИА. Ф. 833. Д. 30. Л. 38; Д. 33. Л. 33; Д. 72. Л. 36.

реальный смысл, поскольку в качестве объекта борьбы рассматривалась атеистическая советская власть. Острая поляризация и борьба ценностей, характерные для периода после 1907 года, предвосхищали борьбу, которая фактически началась в 1917 году.

Такое восприятие функции Собора как кульминации дебатов начала века разделялось далеко не всеми. Некоторые друзья Булгакова из «Пути» и Московского религиозно-философского общества соглашались с ним в понимании важности Собора, тогда как другие видные представители интеллигенции искали иные пути разрешение беспокоивших их социальных проблем. Е. Н. Трубецкой, К. М. Аггеев, П. И. Астров, И. М. Громогласов, А. В. Карташёв и другие играли на Соборе активную роль, работая вместе с Булгаковым в комитете по большевизму в церкви и по другим вопросам. В то же время Философов, например, занял откровенно антагонистическую позицию по отношению к Собору, а Блок и Белый, поглощенные собственными религиозными исканиями, не проявили ни малейшего интереса к этому официальному мероприятию. Собор был в центре внимания таких не столь широко известных мыслителей и писателей, как Н. Д. Кузнецов и Б. В. Титлинов, посвятивших себя церковным вопросам в их связи с общественной жизнью. Главной опорой для Собора была не «интеллигенция» и не «народ», но церковная паства, которая принимала участие в выборах, чья вера оставалась неколебимой при всех бурях войны и революции.

По замыслу Булгакова и его коллег-делегатов, новая Россия должна была управляться совместно светским парламентом и соборной церковью во главе с патриархом. Новое правительство должно было проникнуться духом христианства, а церковь и государство — сосуществовать в гармоничном симбиозе. Согласно этому образу, частично вырисовывавшемуся на церковном Соборе 1917–1918 годов, политическая система должна была основываться на социальных идеях соборности и симфонии.

Глава одиннадцатая
Диспут об Имени Божием: неоисихазм

Деятельность Собора не ограничивалась вопросами организации. Идея регулярного проведения Соборов также предполагала активную роль церкви в обществе. Собор стал не только административной, но и религиозной кульминацией движения за реформацию, начавшегося несколькими годами ранее. Несмотря на сложную обстановку, в которой проходил Собор, на нем действительно были выработаны определенные доктринальные новшества. В 1905 году Собор задумывался как административная реформа церкви. Тогда Булгаков рассматривал его в качестве необходимого, но второстепенного мероприятия, сопровождающего политические перемены, как часть ожидаемой реформы российского общества. Однако минувшие годы заставили его более серьезно отнестись к самой институции Собора и увидеть в нем потенциальное решение проблемы ереси и сектантства, которыми были отмечены первые два десятилетия XX века. Большинство участников Собора были убеждены в его собственно религиозной значимости: проходившие во время собора дискуссии опирались на Писание, канонический закон и церковную практику.

Вероятно, чисто религиозное значение Собора получило крайне недостаточное отражение в его документах по двум причинам. Во-первых, исходные механизмы проведения Собора, выработанные Предсоборными комиссиями, носили бюрократически-административный оттенок и концентрировались скорее на церковной организации, чем на вопросах догматики. Эти механизмы проявили себя на созванном Соборе. Во-вторых, что более важно,

Глава одиннадцатая. Диспут об Имени Божием: неоисихазм

Собор состоялся в разгар революции. Постепенно неспешные обсуждения учения о Святой Троице и канонического права вытеснялись непосредственной реакцией на деморализацию на фронте, захват церковных типографий революционными кадрами и экспроприацию церковного имущества большевиками.

И все же на пленарных заседаниях Собора и предварительных заседаниях отделов обсуждались и всеобщие вопросы, выходящие далеко за рамки злободневности. Особую значимость этим дискуссиям придавало участие большого числа богословов и профессоров, специалистов в области церковного права и вероучения. Административные вопросы, касавшиеся восстановления патриаршества и структуры собора, оказались связаны с вопросами чисто богословскими: в ходе дискуссий специфически православная интерпретация Троицы рассматривалась в качестве модели церковной организации и в конечном счете организации общества в целом. В дискуссиях о восстановлении патриаршества звучали ссылки на Вселенские соборы, а также на христологические дебаты начала века. Например, одна из главных линий аргументации в вопросе о патриаршестве строилась на метафизических принципах, апеллировавших к центральным вопросам вероучения, которые обсуждались на Вселенских соборах ранней церкви, — таким, как природа Троицы и значение Бога как Логоса. Доклад, представленный А. В. Васильевым в отделе «высшего церковного управления», выдвинул основные положения, догматически обосновавшие институт патриаршества. Васильев опирался в своих аргументах на два положения Писания. Во-первых, утверждал он, само положение о том, что Бог есть любовь, предполагает существование Троицы, потому что любовь не может заключаться в самой себе, она изливается на другого. Если есть любящий, то обязательно должен быть любимый, а также то, что их соединяет. Из этого вытекает, что Бог как любовь есть одновременно и единство, и троица. Во-вторых, утверждения: «В начале было Слово, и Слово было у Бога» и «И сотворил Бог человека по образу Своему» — подразумевают и лицо Бога, и множественность Его лиц. Слово может существовать только в обмене между двумя разумами, передаваться от лица к лицу в диалоге равных божественных ипостасей; человек сотворен по образу этой «дискуссии». Таким образом, диалог ипостасей Божьих представляет собой архетип соборности. На этих тезисах была основана главная мысль Васильева: соборность является выражением единства и множественности духа любви Господней и сочетает в себе индивидуальное и коллективное начало. На этом идеальном принципе должны строиться и все человеческие организации. Личность обладает свободой, но только при подчинении высшему авторитету, что справедливо даже по отношению к Христу. Сообразно этому принципу, все сущее есть и должно быть сочетанием соборного и иерархического. Далее Васильев проводил аналогию с человеческим телом: и душа, и тело состоят из разных членов, подчиняющихся высшему авторитету духа, поэтому на самом деле иерархия является атрибутом соборности, а в ее отсутствие тело разваливается на части[1]. Одним словом, Васильев использовал единство одного и множества, сочетающихся в Боге, то есть в Троице, в качестве модели земной организации церкви, претендующей на внутреннюю гармонию иерархического и коллективного принципов. Подобные рассуждения вписывали русский церковный собор в историческую традицию первых Вселенских соборов. Единство множества, воплощенное в Троице, занимало центральное место в философско-догматических дискуссиях на Никейском и последующих соборах (никейский Символ веры, выступления против арианства и т. д.).

В то время как другие участники, например Я. Я. Галахов, почти буквально повторяли мысли Васильева, Н. М. Боголюбов и И. Ф. Иорданский, подхватив и развив предложенную им аналогию с человеческим телом, создали некую модернизированную версию средневековой органической метафоры[2]. В их ар-

---

[1] РГИА. Ф. 833. Оп. 1. Д. 38. Л. 143–173.

[2] Галахов — протоиерей и профессор Томского университета, автор многочисленных работ по богословию и других трудов. Боголюбов, профессор богословия Университета Св. Владимира в Саратове, также был протоиереем и писателем. Иорданский, мирянин, избранный на собор от Костромской епархии, имел университетское образование и преподавал в женской гимназии в городе Кологриве.

гументах церковная организация получала научное обоснование. Иорданский проводит аналогию с живым организмом, в строении которого иерархический принцип соблюдается даже на самом элементарном уровне атомов и молекул. Атом для организма — то же, что отдельный человек для церкви. На следующем уровне, молекула, то есть первичное объединение, соответствует семье в качестве первичного воплощения церковного прихода. Несколько семей, взятые вместе, образуют епархию, а епархии в совокупности образуют поместную церковь, главой которой является патриарх. Таким образом, соборность в очередной раз включает в себя понятие патриаршества, которое в этом случае выступает в качестве символа целостности и источника благодати. Сходным образом в рассуждениях Боголюбова тело воспринимается как иерархия, а церковь — как тело Христово. Почитая своего пастыря, верующий подтверждает свою верность Христу. Такое желание воспринимать церковь как тело Христово является основой соборности. Разумеется, эта структура не совершенна ни в одной отдельно взятой церкви, поэтому возникает потребность в Соборах, которые совместно с высшим иерархом воплощают в себе дух христианства. В своем конечном развитии эта линия мышления означает, что единственным истинным выражением церкви является Вселенская Церковь, главой которой может быть только Христос. Освобождение личности лежит в основе соборности, а патриархат является необходимой частью соборности. Если Васильев рассматривал Троицу как отправной пункт своих рассуждений и как модель, то Иорданский и Боголюбов создают смешанные научно-органические метафоры, приводящие их к тому же выводу: необходимое сосуществование иерархического и коллективного начала находит свое конкретное воплощение в институте патриаршества в церкви, верховным органом управления которой являются соборы[3].

В этих рассуждениях отразились не только внутрицерковные проблемы, но и вопросы, характерные для светской модернистской культуры начала века. В дискурсе символизма и авангарда

---

[3] РГИА. Ф. 833. Оп. 1. Д. 38. Л. 143–173.

настойчиво звучали мотивы христологии и троичности, особенно ярко прослеживающиеся в толковании Слова как Логоса. В то же время модернизму был не чужд интерес к современной науке: приверженцы неокантианского идеализма, обратившиеся к религии, увлекались, например, теорией атома не меньше, чем богословы, выступавшие на Соборе.

На Соборе наиболее систематическое исследование вероучения было представлено С. Н. Булгаковым. Он состоял в подотделе, призванном решить проблему ереси, возникшей среди монахов Афона в 1912–1913 годах и получившей известность как имябожие. Булгакову было поручено выразить позицию Собора по христологическому вопросу, впервые заявленному в дискуссиях интеллигенции 1900-х годов и обострившемуся в связи с распространением еретических идей в кругах афонских монахов, сектантов, последователей Распутина, толстовцев и даже символистов. Результатом стал трактат «Философия имени», утверждавший позицию церкви в новой версии споров номиналистов и реалистов, над которым Булгаков работал в течение последующих двадцати лет. Разрабатывая философию Слова, Булгаков пришел в итоге к теории молитвы, имевшей последствия для определения роли отдельных членов в соборной церкви.

Книга выросла из спора о ереси имябожия, в котором Булгаков оказался основным участником из мирян. «Ересь» русских монахов Афона состояла в утверждении, что имя Бога и есть сам Бог. Это учение было изложено в двух основных текстах, «На горах Кавказа» монаха Илариона и «Апологии веры во имя Божие и во имя Иисуса» иеросхимонаха Антония (Булатовича). Начало дискуссии положил Иларион, который 21 год провел на Афоне, после чего переехал на Кавказ и там стал отшельником. Он выдвинул теорию молитвы — «умного делания», — которая постулировала внутреннюю духовную силу, присущую самому повторению имени Божия. Со временем из-за этой теории среди афонских монахов произошел раскол на два лагеря: имяборцев, возглавляемый Иеронимом, главным русским иерархом

Глава одиннадцатая. Диспут об Имени Божием: неоисихазм

на Афоне, и имяславцев, которые в конце концов его сместили[4]. Иларион разослал свою книгу по монастырям, и его учение вызвало разногласия в монашеской среде по всей России[5].

Вскоре споры начались и в Москве, поскольку Антоний (Булатович), в миру чиновник и исследователь Абиссинии, защищал Илариона, апеллируя к Тихону Задонскому и Иоанну Кронштадтскому (он был имяславцем). Илариона поддерживали многие монастыри и некоторые русские архипастыри, включая бывшего ректора Петербургской духовной академии. Первоначально его поддержало и московское духовенство, и Московское религиозно-философское общество. Против Илариона выступили архиепископ Антоний Волынский и его сторонники в Почаевской лавре. Волынский требовал, чтобы имябожие было признано ересью, а синод разрывался между антонитами и иларионитами. Была создана комиссия и составлено обращение к Вселенскому патриарху[6].

В ходе дискуссии были подняты два фундаментальных вопроса. То, что представители интеллигенции и богословы поспешили признать «ересью», на уровне вероучения представляло собой новейшее воплощение и западного средневекового противостояния номинализма и реализма, и восточного спора об исихазме, в частности спора между Григорием Паламой и Варлаамом Калабрийским относительно божественных «энергий», исходящих от Бога. На этом уровне проблема ереси не должна была возникать,

---

[4] Иероним отказался сдаваться и был насильно выдворен из своей кельи. Была направлена жалоба патриарху Иоакиму III. Тот не читал по-русски, но осудил склонение к ереси. После смерти Иоакима его место занял Герман, который ограничился осуждением насильственного изгнания монастырского игумена.

[5] Второе издание книги состоялось в 1910 году (московской Марфо-Мариинской обителью) и было одобрено церковной цензурой; третье издание вышло в Киево-Печерской лавре после начала полемики. Раскол начался в Почаевской лавре; затем монах Хрисанф в рецензии, опубликованной в монастырском журнале «Русский инок», назвал книгу Илариона еретической. По его мнению, вера в имя Божие — это «пантеизм». Затем архиепископ Антоний Волынский в разгромной статье сравнил имябожие с сектантством хлыстовцев (в этой публикации он также обвинил Илариона в пристрастии к вину).

[6] Панкратов А. *Разногласие в русской церкви* // Русское слово. 1913. 25 апр. / 8 мая. С. 2; и другие статьи на данную тему в той же газете.

поскольку если теория имябожия просто повторяла созданное в XV веке учение Григория о том, что имя Иисус — это и есть Бог по причине божественной энергии, заключенной в этом имени, то ее следовало бы признать, как и сам исихазм[7].

Однако богословское решение не было принято, и разногласия перешли на институциональный уровень. Проблема свелась не столько к фундаментальному переосмыслению сущностной природы Троицы или Христа, сколько к битве по поводу того, кому принадлежит право формулировать вероучение — вопрос, не имевший в православии четкой регламентации. Стороны определились быстро, поскольку главные ораторы, представлявшие церковь, архиепископ Никон и преподаватель семинарии С. В. Троицкий, буквально понимали утверждение имяславцев, что имя Божие и есть Бог, и высмеивали его как невежественное и наивное. Между тем Троицкий отнесся к этому учению настолько серьезно, что опубликовал почти бесконечную серию статей о нем в «Церковных ведомостях» (1913. № 37–51/52. 14 сент. — 21 дек.), а затем, в 1914 году, издал эти статьи в виде книги «Об именах Божиих и имябожниках». В официальном отклике Синода, согласованном с Константинопольской патриархией, новое учение осуждалось как богопротивное и еретическое и утверждалось следующее: 1) имя Бога свято, поскольку оно служит словесным обозначением святейшего из всех существ, но оно не может быть приравнено ни к Нему, ни к божественной энергии; 2) возглашение имени Божьего может творить чудеса, но не с помощью какой-то собственной силы, а потому, что это вызывает ответную реакцию Бога, который внимает молитве; 3) истинность святых чудес определяется не верой того, кто их совершает, и не произнесением имени Божьего, но верой в церковь как посредника между верующим и Господом. Быстрая реакция церкви свидетельствует о том, что она не хотела, чтобы кто-то, кроме нее как официального института, имел хоть какое-то право определять содержание вероучения. Когда-то ереси были поводом для созыва вселенских соборов; теперь же церковь

---

[7] Там же.

стремилась раздавить ересь, опираясь исключительно на внутренние бюрократические механизмы, вместо того чтобы отозваться на проблему более серьезным образом.

Эта дискуссия предоставила Булгакову возможность выразить свою богословскую позицию. Отказываясь признать имябожие ересью, он утверждал, что его надо понимать именно как теорию молитвы, которая не является отступлением от догматов и не приписывает мыслям личности статус догмы. Однако при этом Булгаков считал, что афонские монахи поставили вопрос, центральный для самого православия, а именно вопрос о соотношении между сущностью Бога и его энергиями — то есть тот самый вопрос, который лежал в основе исихазма Паламы. Вопрос о том, является ли на самом деле имя Бога божественной энергией, заслуживал дополнительного внимания со стороны богословов; пока же сколько-нибудь серьезных богословских оснований для осуждения имяславия не было[8]. Важнее то, что Булгаков использовал эту возможность, чтобы еще раз подчеркнуть: поскольку православие не признает непогрешимость папы, оно нуждается в Соборах. Ссылаясь на авторитет весьма необычного ряда «богословов» — Бухарева, Достоевского, Соловьева, Федорова, Тютчева, Толстого, Леонтьева, — Булгаков выражал уверенность в праве каждого православного принимать участие в разработке вероучения. Православие нуждалось в догматическом творчестве всех прихожан. Утверждая свою веру в живое, активное христианство, Булгаков выдвинул положение о том, что «православие через своих членов постоянно находится (вернее, должно находиться) в процессе искания догматов, их новообразования, в догматическом развитии Церкви единственная истина поворачивается разными и новыми сторонами»[9].

---

[8] Булгаков С. Н. *Афонское дело* // Русская мысль. 1913. № 9. С. 40. Булгаков доказывал, что богословская система Григория Нисского подтверждает позицию имябожников. Имябожие не являлось эквивалентом евномианства, но было ошибочным с философской точки зрения, нуждаясь в систематической разработке. См.: Булгаков С. Н. *Смысл учения св. Григория Нисского об именах* // Итоги жизни. 1914. № 12–13. С. 15–21.

[9] Булгаков С. Н. *Афонское дело*. С. 40.

Кстати, диспут об «имени Божьем» оказался продуктивным не только для Булгакова, но и для литературно-художественной элиты, хотя по другой причине: ее представители немедленно включились в дискуссию, увидев в ней отражение своих собственных споров о языке и природе слова. В их представлении имяславцы стояли за мистическое наделение Логоса смыслом или божественной энергией. По логике этой теории, язык как таковой обретал мистическое содержание. Официальная церковь утверждала, что Бог существует независимо от человеческого языка, который является не чем иным, как внешними знаками, означающими независимую от них реальность сущего. Эти ключевые положения дискуссии в точности соответствовали светскими дебатам относительно природы слова (Слова), особенно в тот момент, когда акмеизм и футуризм, каждый по-своему, провозглашали свою свободу от мистического толкования слова в лингвистической и литературной теории символизма[10]. Афонский спор прекрасно вписывался в эти более широкие дискуссии.

Таким образом, «Философия имени» Булгакова представляла собой более широкое и подробное изложение его основной позиции по поводу разногласий на горе Афон. Этот труд невозможно определить ни как книгу по философии языка, ни как богословское сочинение: следуя при создании трактата символистской традиции, Булгаков не проводит четкой грани между словом как лингвистической единицей и Словом как воплощением Бога, или Логосом. Отталкиваясь от полемики имяславцев с их оппонентами, Булгаков излагает теорию существительного, или имени, которая была призвана положить конец этому спору и выработать новую позицию для православной церкви.

Булгаков вслед за Вячеславом Ивановым определяет слово как символ, обходя противоречия, разделившие участников дискуссии на два лагеря:

---

[10] См.: Paperno I. *On the Nature of the Word: Theological Sources of Mandel'stam's Dialogue with the Symbolists* // Christianity and the Eastern Slavs / Ed. B. Gasparov, R. P. Hughes, I. Paperno, O. Raevsky-Hughes. Vol. 2: Russian Culture in Modern Times. Berkeley, 1994. P. 287–310.

> Это загадочное, трудное для мысли и волнующее для сердца сращение идеального и реального (материального), и феноменального, космического, и элементарного, мы называем с и м в о л о м. Итак, мы дошли до точки: с л о в а с у т ь с и м в о л ы. Природа слова символична, и философия слова тем самым вводится в состав символического мировоззрения.

Будучи символами, слова являются живыми сущностями, носителями энергии и силы, а не просто оболочками для выражения понятий. А имена — это не просто слова: «имя есть сила, семя, энергия»[11]. Все имена обладают энергией и, следовательно, содержанием и формой.

В чем же тогда заключается различие между словом и именем? Философия языка Булгакова основывается на представлении о сущностном различии подлежащего и сказуемого[12]. Отрицая исторические объяснения, предлагаемые психологической лингвистикой, Булгаков постулирует фундаментальное единство мысли и языка и необходимость онтологического толкования слова, а не такого, которое сосредоточено на процессе образования. Таким образом, языковая и мыслительная деятельность связана с разграничением субъекта и предиката.

> В различении имени существительного и глагола, субъекта и предиката, заключен первичный акт мышления и познания, с которого и должна бы начинать свою работу критическая, т. е. стремящаяся блюсти сознательность и самоотчетность мысли, гносеология. Здесь совершается основной и первичный акт познания, из которого, как из зерна, развивается потом мышление. <...> Имя существительное говорит собою, свидетельствует своим наличием, что нечто не только говорится, т. е. есть качество, идея, но и е с т ь, каково бы ни было это существование. <...> И этот акт — зарождения имени существительного — совершенно неразложим и непосредственнен, не мы его делаем, но он в нас делается[13].

---

[11] Булгаков С. Н. *Философия имени*. Париж, 1953. С. 26, 160.
[12] Там же. С. 87.
[13] Там же. С. 49.

Существуют две области, субъективная и предикативная, и «на стороне субъекта имеется, кроме общего словесного значения, еще непрозрачное ядро бытия, на стороне же предиката — чистые смыслы, идеи, лишенные этого ядра, хотя бы по форме и относящиеся к существительным»[14]. Ни субъект, ни предикат не могут существовать сами по себе; каждый нуждается в другом для полноты реализации.

Следовательно, именование становится актом соединения субъекта с предикатом, и именно это соединение оказывается в центре теории Булгакова. «...λὸγος — есть не только слово, мысль, но и связь вещей». Именование есть процесс, в котором субъект соединяется с предикатом, а слово превращается в имя.

> Как бы ни реализовывался психологически данный словесно-познавательный акт, взятый в своем бытийном разрезе, он содержит в себе как значимость то, что мы слову или словам приписываем свойство и силу не только быть идеей, смыслом, имеющим лишь абстрактно-космическое значение, но и и м е н е м, знаменующим бытие, указующим конкретное место в мире[15].

По мнению Булгакова, именование является важнейшей функцией языка, и именно этот процесс, эта связь субъекта и предиката преобразует потенциальную энергию слова в подлинную энергию имени.

Восприятие языка и, следовательно, мысли в аспекте субъектности / предикативности и их связи позволило Булгакову предложить оригинальный способ толкования имени Божия. С одной стороны, имя Божие наделено качествами всех имен и вписывается в булгаковскую философию языка; с другой стороны, оно обладает определенными трансцендентными чертами, наделяющими его уникальными характеристиками, «которые связаны с его феофорностью». В результате экстраполяции философии имени на имя Божие Бог становится своего рода верховным

---

[14] Там же. С. 81.
[15] Там же. С. 45, 51.

субъектом, а его имена — предикатами. С точки зрения Булгакова, в предложении субъект не эквивалентен предикату: предикат относится к субъекту и описывает его, на самом деле — содержится, но никогда не исчерпывается в нем. Часть смысла субъекта всегда оказывается не выраженной в предикате:

> ...имя существительное, подлежащее, <...> вообще не равно своим сказуемым, раскрывается, но не исчерпывается в них, остается им трансцедентно в своем онтологическом ядре. Имя существительное есть нечто трансцедентно-имманентное, благодаря чему и возможна относительно него предикативность, как откровение о себе, имманентное его раскрытие[16].

Поэтому если Бог является верховным и непознаваемым субъектом, то имена, которыми называют его люди, образуют предикат.

> ...подлежащее всех подлежащих, <...> основа всякой сказуемости, субъект всех сказуемых, Божество, раскрывается как трансцедентно-имманентное, всякое откровение Божие, всякая феофания есть новое сказуемое, новое имя к неизреченному и неименуемому. Бог открывается человеку и в человеке, и человек именует Бога, дает Ему имена, по аналогии тому, как он дает их себе подобным[17].

Процесс именования устанавливает связь всего со всем остальным; в таком случае именование (возможно, во время молитвы) способствует установлению связи между человеком и Богом. Имена Божии раскрывают его энергии, и, именуя Его, человек реально получает доступ к Нему. Это и в самом деле представляет собой механизм воплощения Слова: «...воплощение слова совершается не только в боговоплощении Господа Иисуса Христа, но и в именованиях, которые совершаются человеком в ответ на действие Божие»[18]. Таким образом, имена Божии с неизбежно-

---

[16] Там же. С. 178, 179.
[17] Там же. С. 179.
[18] Там же. С. 180–181.

стью оказываются не просто ярлыками, придуманными человеком, но несут в себе божественную энергию.

Именование Бога людьми не есть проявление самонадеянности с их стороны.

> И может казаться (как казалось Фейербаху и многим до него и после него), что человек создает Бога по образу своему, как объективную проекцию самого себя. Эта иллюзия возможна именно потому, что именование Божие совершается в человеке и чрез человека, есть его деяние, пробуждение его феофорных и феофанических потенций, реализация в нем заключенного образа Божия, его изначального богочеловечества.

Имя Божие есть своеобразная словесная икона Божества и в этом качестве может быть интерпретировано в соответствии с постановлениями VII Вселенского собора как

> ...воплощение Божественных энергий, феофании, они несут на себе печать Божественного откровения. Здесь соединяются нераздельно и неслиянно, как и в иконе, божественная энергия и человеческая сила речи: говорит человек, он именует, но то, что он именует, ему дается и открывается[19].

Так Булгаков избегает упрощенного отождествления Бога с Его именем, характерного для менее искушенных имяславцев: в силу рефлексивного характера отношения равенства представление о том, что имя Бога — это Сам Бог, превращается в ересь, ибо невозможно утверждать обратное (Бог — это Его имя). Вместо этого Булгаков обращается к вопросу, который по-разному толкуется католицизмом, протестантизмом, православием и даже мистицизмом — к вопросу о возможности обожения человека (теозис), возможности его союза с Богом. Теория Булгакова, избегая мистического стремления к полному единению с Богом, в то же время предлагает версию христианской веры, сильно расходящуюся с католической, которая позволила бы всем членам

---

[19] Там же. С. 179, 186.

Глава одиннадцатая. Диспут об Имени Божием: неоисихазм

церкви принимать активное участие в религиозном процессе. Согласно его видению, в каждом молитвенном акте христианин совершает творческий акт — заново именует Бога. Если бы Собор принял такую формулировку, то она обозначила бы своего рода модернистский подход к православию, согласно которому церковь в целом соборно, на постоянной основе, переосмысливает, воссоздает и обновляет себя и свои верования. Откровение стало бы возможным не только благодаря пришествию Христа, превратившись в нечто ежедневно доступное каждому отдельному члену церкви в процессе личной или коллективной молитвы, что и есть процесс именования Верховного Субъекта.

Это является своего рода обновленной версией данного А. С. Хомяковым описания индивидуального участия в церкви, соответствующего принципу соборности. В своем катехизическом поучении Хомяков писал:

> Ты понимаешь Писание, во сколько хранишь предание и во сколько творишь дела угодные мудрости в тебе живущей. Но мудрость, живущая в тебе, не есть тебе данная лично, но тебе, как члену Церкви, и дана тебе от части, не уничтожая совершенно твою личную ложь; дана же Церкви в полноте истины и без примеси лжи. Посему, не служи Церкви, но повинуйся ей, чтобы не отнялась от тебя мудрость[20].

Теория Булгакова вобрала в себя современные лингвистические теории, что позволило по-новому изложить представления Хомякова об участии в жизни церкви.

Молитва для Булгакова — это мост между эмпирической человеческой реальностью и Богом, или, возможно, жизнью в Софии.

> Мостом, через который трансцедентное может открываться, не разрушив имманентного, не разорвав его на части, является слово-имя, логос в человеке. Звуковая личина слова в данном случае закрывает солнце и предохраняет человека

---

[20] Хомяков А. С. *Опыт катехизического изложения учения о церкви* // А. С. Хомяков. Полн. собр. соч. 4-е изд. М., 1914. Т. 2. С. 6–7.

> от ослепления и попаления: как мы смотрим на солнце чрез затемненные стекла, так и ИМЯ Божие скрывается для нас, а вместе и открывается в слове, нашем человеческом, звуковом слове, которое оказывается некоей абсолютной Иконой невместимого, нестерпимого, трансцедентного Имени, самого существа Божия, Я Божьего[21].

Имя Бога — путь к самому Богу.

> Но в Имени Божием Господь Сам Себя именует в нас и чрез нас, в нем звучат для нас громы и сверкают молнии Синая, присутствует энергия Божия, которая (согласно заключению царьградского собора по поводу паламитских споров) неотделима и от самого Божества, хотя и не отождествима с Ним[22].

Хотя предложенная Булгаковым теория имени Божьего представляет собой естественный результат догматических споров предыдущих лет и, следовательно, подводит итог ряду его работ, созданных в 1910-е годы, она имеет более широкое значение, поскольку в ней прослеживается четкая и непосредственная связь Собора с модернистскими теориями начала века. Если бы церковный Собор прошел так, как планировалось, он ознаменовался бы конкретной исторической разработкой богословских вопросов, поставленных светским модернистским движением 1900-х годов. Булгаков объединил современные «научные» представления о языке со сложными богословскими вопросами в постановке отцов церкви (Дионисия Ареопагита, Феодора Студита), выработав такую догматическую позицию, которая была бы приемлема для мыслящих людей в XX веке: она была «легитимизирована» обращением к современным языковым теориям. В известном смысле труд Булгакова воплотил стремление Мережковского, Розанова и других пересмотреть христианское вероучение таким образом, чтобы оно оказалось притя-

---

[21] Булгаков С. Н. *Философия имени*. С. 191.
[22] Там же. С. 190.

гательным для живущих в XX столетии. В результате появилось представление об участии в деятельности православной церкви, которое постепенно стало общепризнанной частью современного православного богословия, хотя и не было официально обнародовано до окончания Собора[23]. С точки зрения Булгакова, церковный Собор явился одним из важнейших событий современной истории религии, а никак не простым побочным продуктом политической реформы. Он предлагал Собору принять новый подход к молитве и вовлеченности членов церкви, усвоив современное представление о слове как символе, и тем самым узаконить новое толкование церковного вероучения. Богословское творчество должно было стать сферой деятельности всех членов церкви.

И аргументы, выдвинутые в ходе дебатов о патриаршестве, и сформулированная Булгаковым позиция преобразованной церкви о всеобщем участии в творческом создании догмы включали в себя элементы модернистских дискуссий о языке предыдущих десятилетий. Эти дискуссии тесно переплетались с богословскими и церковными проблемами; они наполняли интеллектуальным содержанием работу церковного Собора и дебаты о восстановлении патриаршества. Возобновившиеся в начале века христологические споры заново подняли вопрос о значении Слова или Логоса, став источником догматических аргументов в пользу восстановления патриаршества; эта же самая дискуссия, сливаясь с «еретическим» движением имябожия, позволила Булгакову развить православную теорию молитвы, которая наделяла каждого члена церкви возможностью участвовать в создании и пересоздании его связи с Богом через посредство церкви. Физическое участие в церковном соборе было бы чуждо для таких деятелей литературы, как Белый, Иванов, Блок и другие; однако их идеи о природе Логоса и теории соборности внесли значительный вклад в разработку церковного вероучения.

---

[23] См., напр.: Lossky V. *Introduction to Orthodox Theology*. Crestwood, N. Y., 1978.

Глава двенадцатая
Пути церкви и государства расходятся

Церковный собор с его соборностью и симфонией, с его приверженностью специфически православному понятию соучастия в деятельности церкви работал в период краткой передышки, возникшей из-за разницы во времени между революционными событиями в Петрограде и Москве. Он работал в воображаемом контексте будущей России, управляемой церковным Собором и некоей светской формой выборной власти, в которой не на основе прямой демократии, но в соответствии с духом соборности принимал бы участие весь православный народ. До столкновения этого видения с реальностью революционной политики оставались считаные месяцы; момент этого последнего противостояния сбывшегося и несбывшегося можно довольно точно датировать: это январь 1918 года, хотя революционные события, конечно, начали оказывать влияние на деятельность Собора задолго до него.

Первое явное столкновение произошло в дни Октябрьской революции 1917 года и отразилось на ходе соборной дискуссии по поводу патриаршества. Если на заседаниях отделов в основном обсуждались аспекты восстановления патриаршества по существу, то в общих соборных дискуссиях догматические и исторические вопросы отошли на второй план, уступив место тому, что стало первостепенным и самым убедительным аргументом в пользу патриаршества: в условиях текущих бурных событий восстановление этого института превратилось в настоятельную необходимость. Основные дебаты о патриаршестве развернулись как раз тогда, когда большевики захватили власть, на заседаниях Собора 11–28 октября. Рост беспорядков в стране — корниловский мятеж в августе, формирование третьего по счету кабинета Временного правительства, успех большевиков на сентябрьских выборах в Петроградский и Московский советы, а также катастрофическое падение экономики и деморализация армии на фронтах — служил для делегатов Собора дополнительным аргументом в пользу восстановления патриаршества. Революционная обстановка подсказывала новый набор аргументов «за». Атмосфера дискуссии изменилась: на смену рациональным доводам пришли в высшей степени красноречивые увещевания, а тонкость и стройность догматических и канонических обоснований была вытеснена всеобщей озабоченностью проблемой высшего руководства, которое направляло бы церковь в период текущего кризиса.

Тон был задан вступительным словом епископа Астраханского Митрофана: «Нам нужен патриарх, как духовный вождь и руководитель, который вдохновлял бы сердце русского народа, призывал бы к исправлению жизни и к подвигу и сам первый шел бы впереди». Он подготовил столь завышенные ожидания, риторически вопрошая:

> Удастся ли Церковному Собору остановить эту разруху и ввести церковную жизнь в правильное русло? И с тревогою взирая на прошлое и не особенно питая надежду на будущее, русский народ пришел к убеждению, что коллегия его не спасет, ввиду ее безжизненности и безответственности, отсутствия подвига и дерзновения. Время повелительно требует подвига, дерзновения, и народ желает видеть во главе жизни церковной живую личность, которая собрала бы живые народные силы. И голос такой личности, несомненно, найдет живой отклик в сердце народном. А как нам нужен этот голос, этот призыв к покаянию, исправлению и обновлению![1]

---

[1] ССПРЦ. Кн. 2, вып. 2. С. 229 (заседание 24, 11 октября 1917 года).

Ясно, что патриарх должен был стать не просто административным главой церкви: он должен был стать вождем в трудные времена, светочем, который поможет русскому народу преодолеть разразившийся кризис.

Едва ли можно винить менее горячие головы за то, что они возражали, отмечая, что обсуждение слишком часто отклоняется от конкретной канонической и церковной проблемы патриаршества. В ходе дебатов вновь и вновь появлялась риторика в духе епископа Митрофана. Мы находимся в состоянии войны (граф Павел Граббе), мы в состоянии борьбы с враждебным правительством (Граббе, Астров и др.) и совершенно точно должны иметь сильного лидера, чтобы вести эту борьбу[2]. Так незаметно происходило изменение образа патриарха, который из административного главы превращался в олицетворение силы и постоянства в тяжелые времена. Патриарх постепенно становился символом лидерства — вождем, отцом, молитвенником, даже богатырем; эти выражения использовались снова и снова. Такой сдвиг в восприятии роли патриарха отчетливо прослеживается в речи Дмитрия Волкова. Сначала Волков выступал против патриаршества, поскольку опасался, что любой человек, занявший этот пост, окажется либо слишком слабым, либо слишком сильным в отношениях с Синодом. Однако опыт делегации, направленной Собором к Временному правительству, чтобы опротестовать декрет, по которому церковные школы выводились из-под юрисдикции духовенства (это был основной пункт в пересмотре отношений между церковью и государством), убедила его в обратном.

> И когда я из этого доклада узнал, что Правительство держится вполне определенных анти-церковных и анти-христианских взглядов, то я увидел, что Церковь остается предоставленной самой себе и должна иметь своего крепкого защитника и покровителя. В Патриаршестве теперь только и может быть делу Церкви и Православной вере спасение[3].

---

[2] Граф Граббе, наказной атаман Кубанского казачьего войска, был одним из мирян, делегированных на собор от Владикавказской епархии.

[3] ССПРЦ. Кн. 2, вып. 2. С. 270 (заседание 25, 14 октября 1917 года). Мирянин Волков, купец из деревни Тальдом, был избран на собор от Тверской епархии. Позднее он сложил с себя обязанности участника Собора.

Глава двенадцатая. Пути церкви и государства расходятся

Таким образом, ожидалось, что патриарх станет и главой церкви, и инструментом ее спасения. Учреждение патриаршества естественным образом, хотя и непреднамеренно, сфокусировало в себе возрастающее желание обрести силу и направление, по мере того как Октябрьская революция набирала силу.

Некоторые выступавшие считали, что по своей природе кризис глубже политического, и даже рассматривали его как борьбу против сил Сатаны. Священник Владимир Востоков заявил:

> Мы переживаем время, когда таинственная, но страшная по своим действиям сила ополчилась на крест Господа Иисуса Христа. Всемирная могущественная антихристианская организация активно стремится опутать весь мир и устремляется на Православную Русь, которая, при всем своем нравственном падении, при всех своих грехах, носит в себе зерно вечной правды, чистой истины. И вот это-то зерно так и ненавистно слугам антихриста. Ясно для всех, что против Креста Христова воздвигнуто гонение, поднята беспощадная война...[4]

Лидер был необходим для борьбы с силами Антихриста. Емилиан Бекаревич в этом же духе утверждал, что мир, и особенно Россия, был охвачен сатанинским культом разума.

> Спиритизм при Комбе был введен в школе вместо преподавания Закона Божия. Распространяется древний гностицизм, спиритизм, каббала, теософия, отрицающие Христа. Вот какая религия надвигается! И я думаю, что нам нужен патриарх, возглавляющий Церковь, который и принял бы на себя борьбу с новой религией[5].

---

[4] Там же. С. 304 (заседание 27, 19 октября 1917 года). Востоков, священник Уфимского кафедрального собора, был делегирован своей епархией как представитель духовенства.

[5] Там же. С. 312 (заседание 27, 19 октября 1917 года). Бекаревич, протоиерей и настоятель Люблинского собора, был делегирован на собор от Холмской епархии. Эмиль Жюстен Луи Комб — французский политический деятель, долгое время являвшийся членом сената, а в 1902–1905 годах занимавший пост премьер-министра Франции; проводил откровенно антиклерикальную политику.

По мере усиления напряжения, вызванного развитием революции, патриарх стал рассматриваться как защитник православия от масонов, иезуитов, сектантов, атеистов. «Для настоящего времени нужен отец отцов, нужен первостоятель, молитвенник-патриарх»[6]. Ожидалось, что патриарх будет отстаивать добро в культурной битве со злом, а также защищать церковь в политической борьбе с государством.

Подобные рассуждения позволяют понять настроения делегатов накануне Октябрьской революции лучше, чем трезвые академические дискуссии. Желание иметь во главе церкви сильного лидера указывает на одно любопытное обстоятельство: складывается впечатление, что прихожане все больше и больше стремились настроить церковь как против государства, так и против культурных носителей «сатанинских» идей. Церковь, по крайней мере в том виде, в каком она была представлена Собором, начала утверждать свою политическую и культурную независимость от государства. То, как она утверждала себя, даже выглядело как претензия на власть в том вакууме, который образовался в результате свержения монархии и слабости Временного правительства.

В свою очередь, вождь в лице патриарха должен был стать выразителем чаяний народа. Используя знакомую риторику, общепринятую с 60-х годов, делегаты утверждали, что именно русский народ выдал им мандат на восстановление патриаршества, что молиться о безликом Синоде было чуждо народу и что Собор является его истинным представителем. Один из делегатов-крестьян, извиняясь за свою непривычность к выступлениям с трибуны, выдвинул подходящий аргумент, который был подхвачен другими. Заявление Тихона Гаранина, утверждавшего, что он выступает от имени людей, которых представляет, прозвучало довольно красочно на фоне обычно серых речей:

> Петр Великий оставил Церковь вдовствующею на 200 лет. Если еще и мы оставим Церковь вдовствующею, то какому суду мы будем подлежать? Говорят, что можно обойтись без

---

[6] Там же. С. 345–346 (заседание 28, 21 октября 1917 года; из выступления миссионера А. Г. Куляшева).

патриарха. Вы сами почти патриархи, но простой народ из крестьянской среды, я вам скажу, что этот простой народ, его большинство, он без патриарха не скажу, что жить не может, а жалеет очень. Может быть, некоторые скажут, чем плох Синод, который учредил Петр? Это — дело историков, но я скажу: за время управления Синода за 200 лет сколько у нас было обер-патриархов, вроде Уклеина, Побирохина и разных фонов и баронов? Они одни развивали Русь. Это все плоды разных *оберов*[7].

Рассуждениям Гаранина не хватало последовательности, но в целом он поддержал других ораторов, утверждавших, что народ на самом деле отправил своих представителей на Собор именно потому, что желает иметь патриарха. В качестве доказательства Лев Кунцевич процитировал слова некоего казака, который в беседе с ним просил сделать так, чтобы в православной вере и литургии не произошло никаких серьезных изменений. Кунцевич истолковал это пожелание как выражение поддержки восстановления патриаршества[8]. Довод выглядел не вполне убедительным, но политический кодекс времени требовал ритуального повиновения воле народа. Кроме того, предполагалось, что патриарх должен стать вождем, центром внимания, который будет для людей гораздо понятнее, чем безликий Синод. Как утверждал архиепископ Анастасий,

> Русский народ знает, чего он ждет от патриарха. Крестьяне, когда они избирали своих представителей на Собор, разве ставили свои условия, каким должен удовлетворять будущий патриарх? Они говорили нам одно: дайте нам отца, дайте нам пастыря, который собрал бы расточенное, который, как архистратиг Божий, стал бы во всеоружии своей силы на стадо Божие[9].

---

[7] Там же. С. 313–314 (заседание 27, 19 октября 1917 года). Гаранин — староста собора города Новоузенска, мирянин, делегированный Самарской епархией. Разумеется, «обер-патриархи», упоминаемые Гараниным, вовсе не были патриархами, но и не являлись его изобретением; так именуются главы различных сект.

[8] Там же. С. 406 (заседание 30, 25 октября 1917 года). Кунцевич, кандидат богословия из Ростова-на-Дону, был делегатом-мирянином от Донской епархии.

[9] Там же. С. 257 (заседание 25, 14 октября 1917 года).

И вновь единоначалие выступает здесь как более соответствующее потребностям народа.

Предложение восстановить патриаршество действительно поддерживалось в телеграммах, приходивших со всех концов страны, от Петрограда до Украины и Дальнего Востока, главным образом от приходских церквей и их прихожан[10]. Все же невозможно с уверенностью утверждать, в какой степени это предложение пользовалось народной поддержкой. Было ли в заявлениях о такой поддержке что-нибудь, кроме риторического пафоса, смогут или не смогут определить дальнейшие исследования. Во всяком случае, успех большевистского лозунга «Власть — мир — земля» указывает на то, что церковь (и Собор) не сумела разглядеть более актуальные потребности народа. Возможно, те, кто утверждал необходимость сильного управления, были правы, но мысль о том, что роль лидера может сыграть патриарх, представляется более сомнительной.

Восстановление патриархата в октябре 1917 года не только стало осуществлением богословских и церковных задач, но также впервые продемонстрировало готовность церкви в случае необходимости противостоять антагонистической светской власти. В январе 1918 года церковь наконец отказалась от своего желания состоять в симфонических отношениях с государством. Это стало ответом на две большевистские акции. Первой из них был «Декрет о свободе совести, церковных и религиозных обществах»; второй — разгон Учредительного собрания. В этих условиях у церкви не осталось иного выхода, кроме как утверждать свою власть независимо от государства; она рассматривала власть большевиков как антихристианскую, ту, которой боялся Булгаков. Впервые в истории церковь увидела свою задачу в том, чтобы поставить свою паству в прямую оппозицию государству. Политика большевиков до такой степени радикализировала церковь, что она обратилась к народу через голову правительства: с точки зрения церкви, отношения между церковью и государством пе-

---

[10] РГИА. Ф. 833. Оп. 1. Д. 38. Л. 143–173.

решли в столкновение войска Христова с войском Антихриста. Функция одобрения и дополнения светской власти, воплощаемая московскими церковными соборами, утратила значение, поскольку церковь вступила в открытую борьбу с большевистским государством за влияние на народ.

Обращение Тихона к православному народу, с которым он выступил 1 февраля / 16 января в ответ на меры большевиков, отразило новые, антагонистические отношения церкви и государства. Четко отождествляя Русскую православную церковь с гонимой раннехристианской, Тихон использовал риторику Посланий апостола Павла, чтобы глубже подчеркнуть ужас «кровавых расправ», совершенных «явными и тайными врагами» «истины Христовой». Патриарх обращался и к этим врагам, и к православным; большевикам были адресованы следующие слова: «Опомнитесь, безумцы, прекратите ваши кровавые расправы. Ведь то, что творите вы, не только жестокое дело, это поистине дело сатанинское, за которое подлежите вы огню геенскому в жизни будущей, загробной, и страшному проклятию потомства в жизни настоящей, земной». Православным — «Заклинаем и всех вас, верных чад Православной Церкви Христовой, не вступать с таковыми извергами рода человеческого в какое-либо общение: *измите злаго от вас самех*» (1 Кор. 5: 13)[11].

Тихон откровенно призывал православных противостоять власти большевиков, несмотря на возможность репрессий.

Однако этот документ просто воспроизводил позицию, которую в январе занял собор в целом. Собор незамедлительно отреагировал на большевистские декреты, устанавливающие гражданские браки, провозглашающие «свободу совести» и отделяющие церковь от государства. В каждом случае церковь обращалась к православным, призывая не подчиняться новым законам. Собор постановил, что всякий, кто разведется по гражданскому закону,

---

[11] *Из жизни церковной и академической* [Послание Святейшаго Тихона, Патриарха всея Руси] // Богословский Вестник, издаваемый Московскою Духовною Академиею. Сергиев Посад: Тип. И. И. Иванова, 1918. Т. I. № 1–2. Янв.-февр. С. 75.

нарушит таинство брака, а каждый, кто вступит в новый брак на основе гражданского декрета, будет повинен в грехах многоженства и блуда. Собор истолковал декрет о свободе совести как лицензию на разграбление церквей и предупреждал, что Святой Руси грозит превращение в страну Антихриста:

> Оберегайте же и защищайте веками созданное лучшее украшение земли Русской — храмы Божии, не допустите перейти им в дерзкие и нечистые руки неверующих, не попустите совершиться этому страшному кощунству и святотатству. Если бы это совершилось, то ведь Русь Святая, православная, обратилась бы в землю антихристову, в пустыню духовную, в которой смерть лучше жизни[12].

Собор недвусмысленно заявил о том, что церковь подвергается гонениям и притеснениям и что принадлежность к православной церкви несовместима с признанием декрета об отделении церкви от государства[13].

В этих условиях только что созданное патриаршество приобрело новый смысл. Разумеется, церковь всегда требовала от своих прихожан послушания; но теперь она требовала, чтобы они открыто демонстрировали неповиновение распоряжениям государства. Она поощряла своих членов на противостояние новой власти. Эта радикально новая позиция включала в себя и новое понимание административных структур, поскольку патриарх стал представителем церкви как независимой организации, способной существовать с опорой на собственную народную базу. Идеи Востокова и Бекаревича, которые рассматривали патриарха как бастион в борьбе со злом, получили более широкое признание. Теперь занятая церковью радикальная позиция требовала сплочения в собственных рядах; следовало избавиться от «предателей» внутри церковного аппарата. Не все члены церкви

---

[12] *Воззвание собора к православному народу по поводу декрета народных комиссаров о свободе совести* // Деяния Священного собора. Т. 6. С. 139–140.

[13] См.: Евтухов К. *Церковь и революция: документы из архива Поместного собора Православной российской церкви* // Минувшее. Париж, 1991. № 12.

согласились с огульным осуждением революционного правительства, и церковь сочла необходимым призвать к порядку ренегатствующих — как священнослужителей, так и епархиальные собрания. Комиссия по церковному большевизму докладывала:

> Комиссия по выработке церковных мероприятий в связи с возникшими и вновь возникающими фактами противодействия лиц иерархических, монашествующих и мирян церковной власти имела суждение о скорбных явлениях в некоторых епархиях антиканоничного отношения лиц иерархических, монашествующих и мирян к высшей церковной власти, к епископам, пресвитерам, настоятелям монастырей, предательства ими своих архипастырей и собратий в руки гражданской власти, а также содействия со стороны их той же власти в захвате церковного или монастырского имущества и имущества других членов клира. Убедившись в действительности этих печальных явлений, Комиссия пришла к заключению о необходимости немедленно провести в жизнь меры церковного вразумления вышеуказанных лиц и тем положить предел развертывающейся в церкви анархии.... [Комиссия вносит предложение] означенных непокорников и противников церковных сей Священный Собор, Утешителю Духу истины послушествуя, и Слову Божию, а равно правилам апостольским, святособорным и святых отец последуя, осуждает, как богоотметников, восставших на Христопреданный и святособорными канонами узаконенный порядок жизни и управления Церкви Христовой[14].

Проблема заключалась в том, что они сотрудничали с гражданскими властями, выступая против церкви. Комиссия рекомендовала, а Собор одобрил ряд конкретных мер против таких предателей:

1. Епископ может быть вызван в суд и, в случае неявки, извергнут из сана.

2. Священник, который ослушивается добродетельного и лояльного епископа, может быть отстранен от службы.

---

[14] РГИА. Ф. 833. Д. 33. Л. 23. Булгаков протестовал против такого цветистого, намеренно архаизированного языка, особенно против «богоотменников».

3. «Священнослужители, состоящие на службе в противоцерковных учреждениях, а равно содействующие проведению в жизнь декрета "о свободе совести" (от 22 января 1918 года), подлежат запрещению в священнослужении, а в случае нераскаяния в таковой деятельности извергаются из сана».

4. Члены всех церковных органов могут быть извергнуты из них за вышеперечисленные преступления.

5. Низшие клирики, виновные в поступках, описанных в пунктах 2 или 3, лишаются духовного звания.

6. За те же преступления монашествующие лишаются права служить литургию, а в случае их повторного совершения подлежат удалению из своих обителей.

7. Если члены монашеской общины «проявят противление распоряжениям церковной власти, заменив последнюю властью гражданской», монастырь должен быть закрыт.

8. Миряне, виновные в преступлениях, обозначенных в пунктах 2 и 3, подлежат отлучению от церкви.

9. Осквернение святых храмов, насилие и прочие преступления наказываются закрытием таких храмов до раскаяния в совершенном всех виновных прихожан.

10. Всякий, кто совершает преступление против епископа, будет лишен права избрания епископа[15].

Тот факт, что Совет посчитал необходимым принять эти правила, указывает на широкое распространение антагонизма в отношении к церкви; и снова церковь обратилась к своим членам с призывом повиноваться ей, не считаясь с какой бы то ни было гражданской властью. Теперь каждый православный должен был сделать выбор, на чью сторону встать, церкви или государства; возможности сохранить верность обоим больше не было. В деяниях Собора четко указывалось, что церковь не признает законность новой власти.

В декларации, подписанной архимандритом Матфеем и другими лицами, утверждалось, что постановление Собора от 15 февраля 1918 года, призывающее священнослужителей к единству пастырей, не соблюдается:

---

[15] Там же. Л. 23–24.

> После апрельских [1917 года] епархиальных съездов во многих епархиях были избраны революционные епархиальные советы, направляемые и ободряемые бывшим Обер-Прокурором Львовым — к самочинным беззаконным действиям и выступлениям. Советы эти доныне не распущены и за год своей революционной деятельности некоторые из них повергли епархии в церковную анархию и являются теперь самыми усердными помощниками социалистов-большевиков, разрушителей основ Церкви[16].

Собор, защищая национальную церковь, стремился восстановить порядок в ее рядах.

К январю 1918 года православная церковь ощущала себя гонимой, подобно раннехристианской церкви. 18 января на заседании финансово-бюджетной комиссии делегат генерал Артамонов высказался за то, чтобы Собор продолжал демонстрировать силу и представительность, выступая против зла большевизма:

> Наш Святейший Патриарх сказал, что мы находимся на пороге отделения Церкви от Государства, а я скажу, что мы уже переступили через порог. Теперь Церковь оказывается в положении, в каком она еще не была в Русской земле, ибо и монгольское правительство относилось с уважением к Православной вере и не налагало податей на священников.
>
> Заслуживает ли Собор доверия, действительно ли он представляет лицо русского православного верующего народа? В состав Собора входят епископы, клирики и миряне, представители всего русского населения от сельского пахаря до крупного землевладельца, от крестьянина до князя, от чтеца до первоиерарха, от чернорабочего до инженера, от сельского учителя до профессора, от рядового до генерала, от матроса до капитана 1-го ранга, от фельдшера до доктора, от сельского ходатая по делам до ученого юриста; есть представители Государственной Думы и Государственного Совета. Все это вместе взятое являет нам Собор истинным представителем всего верующего православно-русского народа[17].

---

[16] Там же. Л. 28.
[17] Там же. Л. 14.

Таким образом, представительность Собора обеспечивала независимую общественную базу власти и свидетельствовала о том, что он представлял собой самостоятельную общественную силу, направленную против большевистского государства.

Несмотря на оппозиционные заявления, большевики разрешили Собору продолжать работу до сентября 1918 года. И даже тогда они не издали прямого указа о его разгоне; штаб Красной Армии попросту конфисковал общежитие семинарии, в котором размещалось большинство делегатов. В течение некоторого времени Собор делал попытки продолжить свои заседания, но когда множество его членов лишились физической возможности остаться в Москве, значимость его деятельности снизилась.

После того как церковь заняла однозначно враждебную позицию по отношению к большевистской власти, борьба с последней должна была закончиться либо полной победой, либо полным поражением. Таким образом, результатом победы большевиков стал полный паралич движения за реформирование церкви; единственным историческим фактом, напоминающим о нем, оказалось патриаршество. Движение за обновление церкви продолжилось в 1920-е годы в эмиграции, а также в подпольных религиозно-философских кругах в Советском Союзе[18]; однако эти усилия не имели непосредственной связи с развитием исторических событий. Интеллигенция оказалась на перепутье: она могла либо двинуться по пути большевизма, либо повернуть против него. Последние строчки поэмы Блока «Двенадцать» выражают трагическое совмещение устремленности интеллигенции к Христу и реальной победы Ленина:

> Нежной поступью надвьюжной,
> Снежной россыпью жемчужной,
> В белом венчике из роз —
> Впереди — Исус Христос.

---

[18] Так, А. А. Мейер (1875–1939) возглавил кружок «Воскресение», за что был арестован в 1928 году. См.: Анциферов Н. *Из воспоминаний* // Память. М., 1979; Париж, 1981.

К 1921–1922 годам вызванный большевиками раскол подтолкнул каждого отдельного мыслителя к радикальному выходу: психологическому кризису (Белый), смерти (Блок), эмиграции (Булгаков, Бердяев, Мережковский) или энтузиастическому принятию нового порядка (футуристы). Булгаков был рукоположен в сан священника и полностью посвятил себя православной церкви.

Деятельность Сергея Булгакова в революционный период можно понять в свете неудачной в конечном счете попытки создать для России модель управления, основанную на политических принципах соборности и симфонии. Несмотря на то что эта попытка была резко прервана победой большевиков, за несколько месяцев ее сторонникам удалось противопоставить исторической реальности подробную альтернативную концепцию организации общества. Это была специфически русская модель представительного правительства в условиях XX столетия, русский аналог английского парламентаризма или французского республиканизма. Она предусматривала соборную, представительную церковь, выборное светское собрание и активную роль православной церкви в повседневной жизни. Возражения против такой модели, даже без учета победы большевиков, достаточно очевидны: она не учитывала неправославное население империи, а рассчитывать на продолжение гармоничных отношений между столь активной церковью и светским собранием в бурном XX столетии не приходилось. Учредительное собрание, в котором доминировали эсеры, несомненно, вступило бы в конфликт с несколько экспансионистскими притязаниями церкви, поддержанными участниками Собора. Кроме того, участники движения за обновление церкви разделяли с большевиками ответственность за обострение политической конфронтации, предполагавшее непременную оценку политических действий как позитивных или негативных, и отказ от этического нейтралитета былого либерализма. Какие бы ни были его шансы на успех, религиозное движение выдвинуло последовательную и привлекательную идею, воплотившуюся в исторической реальности церковного Собора, русской модели устройства общества в XX веке; в это русло была направлена энергия Булгакова до его высылки из Советского Союза в последние дни 1922 года.

«Миги»
В Айя-Софии

> И приидохом же в Греки, и ведоша ны, идеже служат Богу своему, и не свемы, на небе ли есмы были, ли на земли: несть бо на земли такого вида ли красоты такоя, и не доумеем бо сказати; токмо то вемы, яко онде Бог с человеки пребывает, и есть служба их паче всех стран[1].
>
> *Повесть временных лет*

Большевистский режим родился из взрыва террора, крови и хаоса Гражданской войны. Это была тотальная война, которая коснулась всех; каждому жителю старой империи пришлось пережить русский Армагеддон, начавшийся мировой войной и завершившийся болезненным пробуждением в новой реальности начала 1920-х годов. Мгновения страха и душевного подъема, испытанные на войне и во время революции, растворились в абсолютном ужасе Гражданской войны. Жизнь Булгакова, как и жизнь его современников, полностью перевернулась. После надежд августа 1917 года, когда казалось, что свободная церковь в свободном государстве вот-вот станет реальностью, годы разрухи (1918–1922) были похожи на ряд последовательно захлопывающихся дверей, отсекающих один шанс за другим, постепенно стирая даже память о мощном религиозном и культурном обновлении начала века. Перед Булгаковым двери захлопнулись в самом буквальном смысле. В 1918 году он лишился должности в Московском университете. После этого в течение

---

[1] *Повесть временных лет. Памятники литературы Древней Руси.* М., 1978. С. 122.

двух лет он преподавал экономику и богословие в Симферопольском университете в Крыму, но лишился и этой работы, когда в 1920 году город был взят большевиками. Окончательный крах привычной жизни он пережил в конце 1922 года: в октябре его арестовали. Два месяца спустя, в результате одного из самых странных поступков большевистской власти, как называл его Бердяев, Булгаков оказался одним из пассажиров тех пароходов, на которых «неисправимых» интеллектуалов, преимущественно писателей и религиозных философов, выслали из Советского Союза. Булгаков с женой и всеми детьми, кроме Федора, оставшегося заложником в СССР, покинули Россию 30 декабря 1922 года.

Работы, написанные Булгаковым за четыре года, прошедшие между закрытием Собора и высылкой из страны, — это непрерывный диалог автора с самим собой, в котором он мучительно размышляет о собственной жизни и жизни России, пытаясь осмыслить ту полную катастрофу, в результате которой «на месте шестой части света оказалась зловонная, зияющая дыра»[2]. В сборнике статей «Из глубины», участники которого, ранее с таким энтузиазмом погружавшиеся в религиозные искания на страницах «Проблем идеализма» и «Вех», в конце концов продемонстрировали осознание собственного бессилия, голос Булгакова действительно раздавался как будто из бездны отчаяния и смирения. В диалоге «На пиру богов», сознательно построенном как подражание «Трем разговорам об Антихристе» Соловьева, он последовательно проанализировал оголтелое славянофильство военного времени, мечтавшее о том, чтобы установить крест над константинопольской мечетью, которая когда-то была церковью Айя-София; пугающее, звериное поведение народа, который когда-то казался носителем веры и религиозной истины; соблазны социализма, а также туманную и деструктивную мечтательность интеллигенции. Только в освобождении церкви и достижениях Собора Булгаков все еще видел слабые признаки

---

[2] Так выражается «общественный деятель» в диалоге «На пиру богов», ставшем вкладом Булгакова в сборник «Из глубины» (Paris, 1918. P. 86).

надежды. В «Трагедии философии», также написанной в этот период, Булгаков подвел итог целой эпохе в своей творческой жизни, утверждая, что само погружение в философию было ошибкой, ересью, которая стремилась создать миры посредством философских систем и тем самым отвлекала мысль от ее истинного назначения, заключающегося в том, чтобы понять личный и общественный смысл Святой Троицы. История философии была не чем иным, как трагической историей повторений полетов Икара, неизбежно завершающихся катастрофой. Наконец, «У стен Херсониса» стало долгим, мучительным размышлением о самых основах православия, навеянным пребыванием Булгакова в том краю, где оно впервые пустило корни в России[3].

Вся деятельность Булгакова в России, этапы его интеллектуального развития совпали с духовной эволюцией интеллигенции в целом; они отражали пульс его страны. То же самое можно сказать и о времени его отъезда. Ни русский авангард, ни русский модернизм в 1922 году не закончились, однако этот год ознаменовал символический конец исторической эпохи, которая породила русский модернизм: отъезд его архитекторов так или иначе обозначил окончание этого периода истории культуры, известного как Серебряный век. Кроме того, в начале 1920-х годов завершился имперский или петербургский период российской истории и еще более длительный период истории православной церкви. В советское время оправдались худшие опасения участников церковного Собора 1917–1918 годов: церковь стала объектом систематических гонений. В течение десятилетий, последовавших за революцией, когда преследования дополнились все более успешными попытками подчинить церковь государству, общественная роль Русской православной церкви, остававшей-

---

[3] «На пиру богов» — единственное сочинение Булгакова тех лет, которое было опубликовано практически сразу по завершении, но даже при этом оно было доступно только за границей. Диалог «Ночь», написанный в Крыму, и автобиография, которую он написал для своих детей, были утрачены. «Трагедия философии» была опубликована только в 1927 году, а затем издавалась только на немецком языке. Первая публикация «У стен Херсониса» состоялась в 1991 году.

ся одним из главных факторов российской истории с киевских времен вплоть до 1917 года, претерпела глубокие и драматические изменения.

В январе 1923 года Булгаков, только что покинувший охваченную пламенем Гражданской войны Россию, оказался внутри константинопольской мечети Айя-София. Когда он бродил по мечети, на него нахлынули сильные и знакомые ощущения. Здание покорило Булгакова воздушностью, благодатью, наполнявшим его светом; он почувствовал, как царящая здесь гармония проникает в самые глубины его существа. «Появляется чувство внутренней прозрачности, исчезает ограниченность и тяжесть маленького и страждущего "я", нет его, душа исцеляется от него, растекаясь по этим сводам и сама с ними сливаясь. Она становится миром: я в мире и мир во мне». Булгаков на собственном опыте пережил впечатления посланцев князя Владимира: воистину в этом каменном воплощении платоновского мира идей было невозможно понять, находится он на небе или на земле. Пережив с еще большей интенсивностью возвышенные ощущения, которые он испытывал в предшествующих «мигах» или осенениях, Булгаков почувствовал свою свободу в Софии как избавление от нескончаемого рабства, от «рабства рабам и голоду, самым пустым и мертвящим стихиям мира», которое, казалось, выжгло позорное клеймо, уничтожив его душу[4].

Охваченного этими ощущениями Булгакова посетило новое апокалиптическое видение. Стоя у самых истоков православия, он был поражен достоинством и благолепием мусульман, которые теперь молились Аллаху в храме, воздвигнутом по повелению Юстиниана; и он осознал неправедность славянофильских мечтаний о восстановлении креста над Айя-Софией, их непонимание истинной вселенской миссии Софии. И если мировой кризис разом уничтожил первый и второй Рим, должен появиться третий Рим, истинный, в котором *до конца времен* церковь будет явлена во всей своей полноте и целостности. Святая София исполнит

---

[4] Булгаков С. Н. *Автобиографические заметки.* С. 94–96.

предназначенную ей роль всеобщей, вселенской церкви — роль, которая была утрачена в истории. Она вновь превратится в место, где встречаются небеса и земля, каким его почти тысячу лет назад восприняли посланцы Владимира.

Булгаков тут же одернул себя: время для таких видений, «новых схем» и «карточных домиков» миновало. Не было ли это простой «сентиментальной мечтательностью», не сам ли он убедился, куда могут завести подобные прожекты? Не просто ли у него голова пошла кругом, когда его выпустили из «каменного мешка» и он оказался в мире свободы?[5] Однако сопротивление было бесполезно. Могущественное видение покорило его, и он пришел к выводу, что в этом видении звучал голос церкви. Пройденный Булгаковым круг замкнулся: в тот момент, когда он находился в Айя-Софии, завершилось его возвращение в церковь. Последние двадцать лет жизни Булгаков посвятил воплощению видения, посетившего его в мечети: невзирая на мелочные проблемы эмигрантского существования, он взялся за необычайно амбициозную, мессианскую задачу переосмысления христианского вероучения в соответствии с миром современности.

---

[5] Булгаков С. Н. *В Айя-София* // Там же. С. 94–102.

Эпилог
Из Москвы в Париж

Принудительный отъезд из Советского Союза в конце декабря 1922 года ознаменовал решительный перелом в жизненном пути Булгакова. Годы, прожитые в Париже (с 1925 года до его смерти в 1944 году), оказались не менее активными и плодотворными, чем предшествующие пятьдесят. Это была, по сути, вторая жизнь, цели и проблемы которой очевидно отличались от тех, что определяли его жизнь в России. В эти годы он (вместе с Бердяевым, Карташёвым, Франком, Зеньковским и др.) стал сооснователем Свято-Сергиевского православного богословского института, в котором в разное время занимал должности профессора, ректора, инспектора и декана. Самое важное, он стал ведущим православным богословом XX столетия. Изложение им основ православного вероучения в книге «Православие» оказало огромное влияние на современное понимание православного богословия[1].

Задачу проследить дальнейшее развитие Булгакова как богослова я оставляю другим исследователям. Однако взгляд на парижский период его творчества с точки зрения Серебряного века может высветить некоторые аспекты как его богословских трудов, так и его жизни в эмиграции. Как человек, настолько тесно связанный со своим окружением, справился с ситуацией

---

[1] Булгаков С. Н. *Православие: очерки учения Православной церкви*. Paris, YMCA Press, 1965. Этот богословский период творческой деятельности Булгакова стал темой обширного авторизованного исследования «Бог и мир» (Париж, 1948), проведённого учеником и последователем Булгакова Львом Зандером.

изгнания из охваченной Гражданской войной России и постепенно утвердился в понимании того, что путь назад ему отрезан? Как он сумел начать новую жизнь в среде, которая хотя и не была враждебной, но в целом оставалась безразличной?

В одной из статей 1939 года Булгаков рассказывает, что имел непосредственный опыт соприкосновения со смертью[2]. На протяжении всей своей наполненной событиями и деятельной жизни он никогда серьезно не болел. Но в январе 1926 года, всего через год после того, как обосновался в Париже, он почувствовал себя плохо и два дня спустя слег с лихорадкой, которая неуклонно усиливалась. Болезнь стала настолько тяжелой, что вызвала нарушение функций организма; малейшее движение причиняло острую боль. Булгаков никогда не был силен в медицинских вопросах, и характер его недуга остается невыясненным; быть может, это заболевание было метафизического свойства. Как он потом рассказывал, время для него остановилось. Ему казалось, что пространство и время перестали существовать, и он вместе с ними:

> Вообще утратилось сознание ограниченного места в пространстве и времени, осталась только временность и пространственность. Я совершенно терял сознание того, что мое тело, чувствилище мое, помещается на кровати, потому что оно для меня расплывалось в другие комнаты и вообще в пространство, и я с трудом находил малую часть себя в непосредственном своем обладании. Также расплывалось и единство моего я...[3]

Этот экзистенциальный опыт трасценденции, во время которого кантовские категории пространства и времени утратили свою предметность, а «я» Булгакова слилось с вечностью, соединился с еще одним ощущением — на сей раз связанным с хри-

---

[2] Булгаков С. Н. *Софология смерти* // Вестник русского студенческого христианского движения. Париж. 1978–1979. № 127–128.
[3] Булгаков С. Н. *Автобиографические заметки*. С. 137.

стианским сознанием. Охваченному жаром Булгакову казалось, что он горит в «пещи огненной» (Мф. 13: 42), чувствуя всю тяжесть своих грехов, пока его душа совершает хождение по мытарствам, чтобы в последний момент быть спасенным его ангелом-хранителем и возвращенным к жизни. Лишь впоследствии Булгаков вполне осознал, что с ним произошло во время болезни: спасение, по его словам, было ниспослано ему как часть понимания таинства смерти, ибо он чувствовал, что жизнь кончилась и он умирает. «...Я умер, — говорит он, — и оказался за гранью этого мира». Любая болезнь, по его словам, является осознанием и открытием смертности. Хотя он выздоровел и восстановился, этот опыт умирания и возвращения к жизни неизгладимо отразился на восприятии им своего бытия. «Я чувствую себя как новорожденный, потому что в моей жизни произошел перерыв, чрез нее прошла освобождающая рука смерти»[4].

Булгаков обращался к проблеме смерти и в своих богословских трудах. Последнюю главу заключительного тома «О богочеловечестве» он посвятил «Смерти и Загробной жизни» — предмет, в котором он обнаруживал осведомленность, неожиданную для живущего человека. Особенно интересно упоминание о пассивности души после смерти. Загробная жизнь, согласно Булгакову, это не чистилище, но продолжение земной жизни, в которой душа, освободившись от тела, готовится к конечному воскресению и вступлению в жизнь будущего века. В этом промежуточном пространстве душа пассивна, в том смысле, что она больше не может принимать активное участие в жизни мира, которую она «созерцает лишь как зритель, хотя и различая в ней свет и тьму своей собственной протекшей жизни, ее дел, "заслуг" и грехов».

> Однако и за гробом продолжается жизнь облеченного, хотя уже и не телом, а только душой, человеческого духа. Дух живет за гробом силой своего бессмертия и Божественной энергии, ему присущей, и ему, как таковому, остаются свойственны актуальность и свобода, а постольку и творческое самоопределение.

---

[4] Там же. С. 138, 139.

Душа, отделенная от тела, продолжает жить творческой жизнью, но по-другому; теперь она может увидеть свою прошлую земную жизнь «как целое, в синтезе», и этот синтез уже представляет собой суждение о себе, своего рода Страшный суд в миниатюре, в ожидании конечного суда над всем человечеством. И если земное действие стало невозможным, остается духовная деятельность покаяния и молитвы, которые сами по себе являются великой созидающей силой[5].

Трудно не увидеть в этих двух описаниях пережитого опыта, личного и богословского, метафору эмиграции[6]. Парижская жизнь Булгакова довольно точно вписывается в контуры его описания смерти и загробной жизни. В сложные первые годы эмиграции, когда Булгаков, подобно скитающейся душе, перебирался из Константинополя в Прагу, а оттуда в Париж, он пытался продолжать «земную жизнь», которую вел в России, жизнь, в которой идеи, политика и культура всегда существовали в неразрывной связи. Иными словами, он пытался пережить Октябрьскую революцию так же, как в прошлом переживал российские (довольно частые) политические кризисы, отвечая на них бурной и целенаправленной общественной деятельностью. Эта деятельность вылилась в ту форму, которую он назвал Братством Св. Софии, — религиозно-политическое объединение, созданное по образцу религиозно-философских обществ и комитетов церковного Собора, в которых он принимал участие, когда жил в России. Задачей этого объединения было сплочение православных мыслителей в надежде, что их идеи вернутся в Россию, когда минует большевистская угроза[7]. Объединение

---

[5] Булгаков С. Н. *Невеста Агнца*. Париж, 1945. С. 389, 392, 393.

[6] Надеюсь, читатели поймут, что я ни в коем случае не намерена принижать чисто богословское значение комментария Булгакова.

[7] Некоторое представление об этой организации можно составить на основе коллективно писавшихся открыток, отправленных в Берлин Франку, который не мог (или не хотел?) присутствовать на ее собраниях. См. коллекцию Франка в Бахметьевском архиве, хранящемся в Колумбийском университете. Особенно красноречивы письма Булгакова Флоренскому, который не одобрял эту организацию.

не было успешным. Вскоре, к большому огорчению Булгакова, из него вышли ключевые фигуры — Бердяев, а затем и Флоровский. Один из них обвинил его в ностальгии по утраченным временам. Складывается впечатление, что «смерть» Булгакова в 1926 году была хотя бы отчасти связана с осознанием того, что подобная «земная» общественная деятельность стала бессмысленной или даже невозможной.

Можно сказать, что «я» Булгакова, распавшись в печи болезни, воссоединилось по-новому. Складывается впечатление, что Булгаков примирился с относительно скромным, тихим существованием, которое он отныне вел в Париже, под скромными сводами Свято-Сергиевского православного богословского института. Интеллигент Серебряного века, несущий на плечах тяжесть мира, сбросил с себя чувство ответственности за происходящее и ощущение, будто он способен влиять на события, побуждавшее его раньше с головой погружаться в религиозно-политические дела. Последующая деятельность Булгакова была ограничена миром церкви в эмиграции, и хотя он до последних дней не прекращал кипучую деятельность — не только на посту декана института, но и в Русском студенческом христианском движении, экуменическом движении, а также читая лекции о православии и софиологии в разных странах (особенно в Англии и Соединенных Штатах), — он больше никогда не предпринимал открытых попыток сочетать православие с непосредственной политической деятельностью. Между тем состояние общественной незначимости дает безграничную свободу. Как кажется, «смерть» стала для него освобождением; его душа больше не была скована земными политическими проблемами и могла свободно посвятить себя покаянию и молитве в пассивном созерцании прошлой жизни. Иными словами, я полагаю, что богословские труды Булгакова были написаны его пассивной, созерцающей душой, временно пребывающей в промежуточном пространстве загробной жизни. Его голос был не просто голосом священнослужителя-эмигранта; это был голос, раздающийся из-за пределов земного мира. Чрезвычайные обстоятельства эмиграции, распад своего «я» и отделение души от тела сделали возможными непосредственный опыт откровения, истинное восприятие православия, что позволило ему создавать богословские труды, обратившись к тому, чем он никогда не занимался в России, где невозможно было отвлечься от политики. Во всяком случае, такова была новая конструкция собственного творческого «я», созданная Булгаковым.

Восприятие Булгаковым своей жизни в дореволюционной России как активного, «земного», политического существования в противовес его пассивной, созерцательной, но не менее наполненной творчеством жизни в Париже нашло отражение и в эволюции его идей. 1 февраля 1926 года, всего через несколько дней после выздоровления, Булгаков писал своему другу Георгию Флоровскому: «И кажется мне, что многое отчасти догорело, частью сгорело в жаре моем». Как можно понять из следующих строк, главное, что «сгорело», было его прежнее отношение к Владимиру Соловьеву:

> Мне нечего идеологически защищать ... во Вл. С<оловье>ве, я с особой очевидностью для себя это почувствовал, когда была его память. Есть разница эмоционально-психологическая, кроме того, что для меня он остается одним из «отцов». Есть закономерно возникающие в душевности (не духовности) «трансцендентальные иллюзии», к<ото>рые тают просто при переходе в духовную жизнь. В С<оловье>ве мне кажется известное религ<иозное> несовершеннолетие, с его свойствами — диллетантизмом, экспериментированием, полетами воображения и проч. Tel quel он просто *религиозно* неубедителен и неавторитетен, не старец, а всего писатель (впрочем совершенно то же я думаю и о Д<остоевско>м). ...подлинная жизнь в Церкви означает даже не преодоление, а освобождение или перерастание С<оловье>ва, он *там* не питает[8].

В чем же выражалось это перерастание Соловьева, о котором сообщает Булгаков?

---

[8] Булгаков — Флоровскому, 1 февраля 1926 года // Georges Florovsky Collection, Princeton University.

Для Булгакова и других современников Серебряного века Соловьев был гораздо больше, чем писатель или философ: он был пророком нового религиозного возрождения, вдохновителем «Третьего Завета», человеком, чьи идеи подлежали не толкованию и анализу, но тому, чтобы их впитывать, жить с ними и их осуществлять. Для поэтов и прозаиков Серебряного века идеи и образы Соловьева служили источником неиссякаемой творческой энергии, они постоянно возникали в разных сочетаниях и обыгрывались в поэтическом творчестве. Соловьев воплощал в себе многое из того, что было близко Булгакову: социальное христианство, целостное мировоззрение, немецкую философию и введение в мир русской литературы понятия Софии, Премудрости Божией. Отклик Булгакова на то поле творческих возможностей, которое заключалось в идеях Соловьева, достиг кульминации в «Философии хозяйства», его главном произведении, относящемся к Серебряному веку.

Как мы помним, понятие «софийности хозяйства» у Булгакова представляет жизнь мира как постоянное воспроизведение космической драмы грехопадения. Каждый раз, когда человек вспахивает борозду или пишет страницу книги, его деятельность потенциально причастна к Божественной Софии; может наполняться радостью и сияющей красотой распускающегося цветка или звезды небесной, может стать частью воскрешения всего тварного. «Героем» этой драмы был хозяин — активный субъект, который постоянно трудился, вкладывая собственную энергию в мир природы. Для Булгакова, как и для его современников-символистов, София была не конкретным философским понятием, но неуловимым, мерцающим источником вдохновения — Премудростью Божией, которая легко могла сливаться, и часто сливалась, с романтической Вечной Женственностью.

Все это Булгаков оставил позади, когда его отношение к Владимиру Соловьеву «сгорело» в печи его болезни. Хозяин или активный субъект скрылся из виду, уступив место «тайнозрителю», толкователю божественного откровения. Булгаков редко упоминает о реализации православной этики в повседневной жизни и труде. Теперь он делает акцент исключительно на единстве Писания и традиции, на «неисчерпаемости» Писания, потому что, хотя существует только одна Истина, она постигается в постоянном «дискурсивном процессе развития». Важно именно постижение Истины, а не ее воспроизведение в жизни и труде, и в этом процессе главная роль принадлежит священнику, а не хозяину. В церковной иерархии священник существует в символическом пространстве между трансцендентным и имманентным, перекидывает мост между небом и землей, постоянно перемещается из мира людей в трансцендентную реальность алтарного пространства, отгороженного иконостасом. Миряне участвуют в этом процессе, поскольку без них священник не может осуществлять свои функции. Когда в «Православии» Булгаков вновь обратился к философии хозяйственной жизни, для него активная роль субъекта перестала быть ее важнейшим элементом. Хотя он и воспроизвел общую схему, предложенную им в «Философии хозяйства», в «Православии» появился новый элемент: «В отношения между человеком и природою не только входит труд человека, но и привходит освящающая благодать Св. Духа». Природу больше нельзя преобразовать посредством только лишь «софийного» труда человека: неотъемлемой частью процесса становится преобразующая сила Св. Духа, нисходящая на готового воспринять ее субъекта[9].

В то же время в понимании Софии появилось нечто принципиально новое. Ранее София рассматривалась как неотъемлемая часть софийности хозяйства; любое конкретное значение, которое понятие самой Софии могло иметь вне этой рамки, оставалось неуловимым. Оно отсылало к полю смыслов, намеченному в поэзии и философии Соловьева: к эфемерному образу прекрасной женщины, к платонической Душе Мира, к дополняющему мужской Логос женскому началу Христа; все, что мы о ней знаем, это то, что она представляет нечто божественное, женское и очень красивое. К тому времени, когда в 1937 году Булгаков написал предназначенный для неправославных учебник «The Wisdom of God: A Brief Summary of Sophiology» («Премудрость Божия: краткое изложение

---

[9] Булгаков С. Н. *Православие: очерки учения Православной церкви.* С. 77, 60, 41, 349, 350.

софиологии»), эта множественность образов сложилась в конкретное учение, в центре которого находится отношение Бога и мира или Бога и человека. Больше не было места для скользящих интерпретаций, для слияния женской красоты с Премудростью, которая, согласно Книге притчей Соломоновых, пребывала с Богом до сотворения мира. Булгаковская София последнего периода перестала быть наполовину романтической das ewig Weibliche (Вечной Женственностью); ей на смену пришла вселенская, духовная Премудрость Божия константинопольской мечети.

Эти новые взгляды отличают Булгакова-богослова от того молодого человека эпохи Серебряного века, который разделял мистический интерес к «мирам иным» с Блоком, Белым, Гиппиус, Мережковским; теперь эти миры казались ему просто «туманными иллюзиями». С этого момента воспоминания Булгакова о Серебряном веке подернулись дымкой, он словно забыл о том, что было в России в начале столетия. Не без удовольствия он упоминает о потрясении, которое испытала Зинаида Гиппиус, когда в речи, произнесенной на панихиде в память философа, он назвал Соловьева не «Владимиром Соловьевым», а «почившим рабом Божиим Владимиром». «Но, — замечает Булгаков, — я-то только так и мог и хотел видеть и говорить»[10].

Так Булгаков «перерос» Владимира Соловьева. Возможно, именно это имел в виду Флоровский, когда подытоживал путь интеллектуального развития, пройденный Булгаковым:

> От Соловьева путь назад к Шеллингу и к неоплатоникам, но и к патристике, к опыту Великой Церкви, в историческую Церковь, в *Церковь предания и отцов*. Власть немецкой философии очень чувствуется и у Булгакова, острое влияние Шеллинга в его хозяйственной философии. <...> Но от религиозной философии Булгаков уверенно *возвращается* к богословию. В этом его историческое преимущество, в этом его сыновняя свобода...[11]

---

[10] Булгаков — Флоровскому, 1/21 февраля 1926 года // Georges Florovsky Collection. Princeton University.

[11] Флоровский Г. *Пути русского богословия*. С. 493.

Тем не менее как в России, так и за рубежом путеводным светочем для Булгакова оставалась одна тема, тесно связанная с Соловьевым. Для писателей, поэтов и мыслителей Серебряного века, как и для европейских современников fin de siècle, особой притягательностью обладало представление об апокалипсисе и конце истории. Предчувствие конца стало еще более острым в первые годы после революции, когда некоторым поэтам представлялось, что они оказались в мире после апокалипсиса. С особой силой это чувство выразилось в «Концерте на вокзале» (1921) Осипа Мандельштама.

Апокалиптические видения давались Булгакову нелегко. Дважды он пытался писать в эсхатологическом ключе, но порывы иссякли. У «Философии хозяйства» должен был появиться второй том, посвященный «эсхатологии хозяйства», но вместо этого Булгаков написал «Свет невечерний»; большая софиологическая трилогия должна была завершиться томом под названием «О грядущем»[12], но вместо него появилась «Невеста Агнца». В обоих случаях мыслитель слишком увлекся катафатическими вопросами веры и церкви.

Незадолго до своей смерти в 1944 году Булгаков все-таки дошел до собственного апокалипсиса, написав по настоянию учеников пространный комментарий к «Откровению Иоанна Богослова» — «Апокалипсис Иоанна». Он знал, что это будет его последняя книга; и когда мы рассматриваем его творчество в эмиграции в целом, становится ясно, что он все время готовился к этому моменту. Это из ряда вон выходящее сочинение исполнено идущего от сердца, всепоглощающего ожидания конца. В последней книге — он действительно называл ее «эпилогом» своей творческой деятельности — Булгаков доказывает, что истинной темой Апокалипсиса св. Иоанна является философия конца[13]. Св. Иоанн превращается в абсолютного тайнозрителя, духовно

---

[12] См. об этом в: Bulgakov S. *Sophia. The Wisdom of God. An Outline of Sophiology.* New York 1993. P. 14, fn 4.

[13] Булгаков С. Н. *Апокалипсис св. Иоанна.* Париж, 1948. С. 17

одаренного, поистине избранного пассивного реципиента божественного откровения. Книга Откровения, будучи посвященной теме конца, приобретает универсальный смысл; это единственный из иудаистских апокалипсисов, воспринятый христианством, что определяет его общечеловеческое значение. Творческая жизнь Булгакова в эмиграции, рассматриваемая сквозь призму этого последнего сочинения, замечательна с точки зрения элегантности того, как она была выстроена. По словам Льва Зандера, в период между «смертью» в 1926 году и смертельной болезнью, поразившей его в 1939-м, Булгаков сказал все, что хотел сказать[14]. Его сочинения производят впечатление созданных по строгому плану, идеально соединяются в две основные трилогии, воспроизводящие вечную структуру литургии и написанные *пассивно*, подобно «Откровению Иоанна Богослова». В самом деле, складывается впечатление, что Булгаков буквально следовал наставлению, с которым он обратился к собратьям-эмигрантам в 1925 году: «...поле наше — наше внутреннее я; работа наша — в создании самих себя»[15]. Следуя примеру, поданному Соловьевым как писателем, Булгаков назвал свою великую вторую софиологическую трилогию «О Богочеловечестве». Он завершил работу над ней за год до роковой болезни; «Апокалипсис» стал эпилогом к выполненной задаче.

Жизнь Булгакова в эмиграции — это жизнь исключительно сильной личности. В конечном счете ему удалось сохранить целостность своего «я» благодаря полному принятию разрыва с предыдущей жизнью. Он преодолел почти невыносимое давление диаспоры, субъективно пережив умирание и воскреснув к новой жизни, создав себе новое бытие, в котором он одновременно являлся и скромным эмигрантом, и избранным тайнозрителем. В определенном смысле вся творческая жизнь Булгакова

---

[14] Зандер Л. А. *Бог и мир*. Т. 1. С. 96.

[15] Булгаков С. Н. *Россия, эмиграция, православие* // Вестник русского студенческого христианского движения. 1975. № 116. С. 156.

в эмиграции стала переписыванием Соловьева, его христианизации, в контексте переосмысления своей прошлой, «земной» жизни в России и подготовки себя к Судному дню.

Опыт Булгакова, как и многих живших в XX веке, связан с дислокацией и созданием памяти. Воспоминания о жизни в России угасали даже в его собственном сознании по мере того, как они поглощались его христианским мировоззрением. Духовные проекты последних двадцати лет его жизни — заигрывание с католицизмом «у стен Херсониса», отклики на католическое вероучение в его мариологии и ангелологии, попытка внести новый принцип соотношения человеческого и божественного в природе Христа («О Богочеловечестве»), «последняя» книга об Апокалипсисе — отразили его страстную надежду («чаяние») на VIII Вселенский собор, на котором вызов, брошенный им православной и христианской догме, наконец получит разрешение. Имя Булгакова стало неразрывно связанным с учением о Софии, Премудрости Божией, по сравнению с которым более ранняя, полуромантическая София «Философии хозяйства» казалась всего лишь предварительным наброском.

Столь долгожданный Вселенский собор так и не состоялся. Вместо этого в сентябре 1935 года Московская патриархия, а вскоре вслед за ней и Карловацкий Синод церкви в изгнании обвинили отца Сергия Булгакова в распространении идей, противоречащих православному вероучению, и рекомендовали его к отлучению от церкви до тех пор, пока он не откажется от своих «опасных» взглядов[16]. Беспокойство, которое официальная церковь (советская или иная) могла испытывать по поводу идей Булгакова, вполне понятно: в указе Патриархии упоминается об их подозрительном сходстве с «полуязыческими и полухристианскими учениями», такими как гностицизм, бытовавшими в среде ранних христиан; о злоупотреблении «творческим воображением», из-за которого сочинение Булгакова оказывается

---

[16] Осуждение учения прот. С. Н. Булгакова о Софии. Указ Московской Патриархии от 7 сентября 1935 года. Цит. по: URL: https://antimodern.ru/sophia-1935/ (дата обращения: 17.06.2021).

«поэмой», а не богословским трактатом; о введении им четвертой, женской ипостаси в виде Софии и, следовательно, ненужного сексуального элемента; о двойственности и в восприятии Христа, и в трактовке добра и зла, отдающей осужденными церковью ересями аполлинаризма и оригенизма; и о теории искупления, в которой Богочеловек чрезмерно очеловечивается, превращаясь в жертву внутренней борьбы, а не конфликта с Сатаной. Является учение Булгакова ересью или нет — вопрос не наш; достаточно отметить, что корни его богословия со всей очевидностью уходят в светскую модернистскую культуру Серебряного века.

Заключение

Интеллектуальное и духовное развитие Сергея Булгакова в российские годы неотделимо от той политической, социальной и культурной среды, к которой он принадлежал. Его биография полна резких поворотов и перемен, связанных с перипетиями российского политического развития: от марксизма он перешел к идеализму, от политической деятельности во Второй Думе — к заметной роли на Всероссийском церковном соборе 1917–1918 годов, от либеральных идей — к религиозно-философскому мировоззрению. При этом сила его мысли заключалась именно в способности к последовательному развитию, несмотря на такие сдвиги или даже благодаря им; в способности переживать каждый из этих сломов так глубоко, что эти резкие перемены позиции порождали цельность. Эта его цельная творческая персона отразилась в многообразных произведениях, созданных им на протяжении первых пятидесяти лет жизни.

Как можно было бы в итоге определить место этой необычной личности в культуре его необычного времени? При рассмотрении Булгакова в широком контексте того культурного взрыва, который мы называем Серебряным веком, высвечивается неожиданный аспект, возникающий на пересечении культуры и политики. Булгаков являлся ключевой фигурой культурного движения, имевшего широкую социальную базу, которое, сумей оно полностью реализоваться, можно было бы назвать «русской Реформацией». Однако, поскольку это потенциальное крупное историческое событие не состоялось, ему суждено остаться без названия. Тем не менее, когда я пыталась реконструировать творческое развитие Булгакова, мне стало ясно, что невозможно объяснить его идеи, политическую деятельность, резкие повороты жизненного пути, сам факт появления такой личности, не попытавшись выстроить образ того более масштабного движения, частью которого он являлся.

Я попытаюсь вкратце набросать контуры этого движения так, как они сложились в моем воображении. Открывшийся 15 августа 1917 года (в праздник Успения) в Москве Всероссийский собор православной церкви стал, в сущности, апофеозом трудов и надежд двух общественных направлений. Во-первых, религиозной интеллигенции, которая, начиная от квазирелигиозных «зорь» 1900-х годов и до религиозно-философских публикаций 1910-х, с разной степенью серьезности и искренности полагала спасение России в православной церкви. Во-вторых, настроенного на реформу духовенства — от приходских священников до только что избранного Патриарха Всея Руси; смутное желание перемен, зародившееся в этой среде в XIX веке вылилось в конкретную, мощную программу действий в ходе подготовки реформы в 1905–1907 и 1911–1912 годах. Символично, что в момент созыва Собора обер-прокурором Синода был Антон Карташёв, ранее председатель Санкт-Петербургского религиозно-философского общества. Энтузиазм, который двигал членами этого общества, за прошедшие двадцать лет сумел заразить самых разных людей, среди которых были и такие, от которых никто не ожидал участия в движении религиозного обновления.

Движение, в котором участвовал Булгаков, включало в себя элементы «реформации». Его догматические аспекты, однако сформировались не внутри церкви, но в ходе интенсивных литературных, лингвистических и философских споров Серебряного века. Безусловно, в эту эпоху экспериментов и поисков новых форм поэты и писатели были увлечены не только проблемами религии. Однако вездесущая тема природы Логоса, интерпретируемого двояко, как «слово» и как Христос; вариации на тему Софии Соловьева; всепоглощающее чувство религиозной миссии — все эти и другие элементы придали русским символизму, акмеизму, даже футуризму богословское наполнение и религиозную актуальность, отсутствовавшие в аналогичных движениях в других странах. Когда Булгаков в «Философии имени» сформулировал религиозно-философскую позицию для обсуждения на церковном соборе 1917 года, он опирался на поэтические теории языка и символа.

Движение за обновление религии содержало в себе и элемент институциональности. Он проявился во множестве ассоциаций, журналов, кружков и собраний, от неформальных чаепитий до встреч, санкционированных государством. В их числе можно назвать религиозно-философские общества, зародившиеся в Петербурге и вскоре возникшие также в Москве (под руководством Булгакова) и Киеве; кружок, сформировавшийся вокруг московского философа Новоселова; «Дом Мурузи» Гиппиус и Мережковского, «Башня» Вячеслава Иванова, «среды» Астрова. Некоторые участники выражали свои взгляды на страницах «Северного вестника» и «Вопросов философии и психологии» (журнала Московского психологического общества); движение обрело и собственную прессу — «Новый путь», «Вопросы жизни» и издательство «Путь». Следствием планов созвать церковный собор после революции 1905 года стало появление массивных томов исследований, посвященных самым разнообразным вопросам, от реформы приходов до возможного восстановления патриаршества. Сам Собор, когда он наконец был созван, потребовал привлечь к работе богословские академии, семинарии и приходы по всей России.

Это движение можно проследить с достаточной последовательностью в годы, предшествовавшие революции 1905–1907 годов, когда оно приобретало размах и сплоченность. После столыпинской «революции сверху», осуществленной в июне 1907 года, движение раскололось на разрозненные группы, деятельность которых вряд ли образует единое целое. Парадоксальным образом «реформация» вступила в весьма продуктивную фазу, когда эти группы пошли каждая своим путем.

В случае Булгакова то, что поначалу казалось трагическим разрывом тесных личных и политических связей с коллегами-освобожденцами, обернулось для него интеллектуальным и культурным раскрепощением. Именно в этот период он создал свое главное религиозно-философское произведение, «Философия хозяйства». Булгаков был не единственным, кто испытал творческий подъем в начале нового десятилетия. Мне представляется наиболее важным раскрыть те аспекты религиозной философии Булгакова, которые вписывают ее в контекст общеевропейского модернистского движения, а также в социально-аграрные перемены эпохи Столыпина. Однако христианская экономика Булгакова была также и одной из попыток переосмыслить принципы православия в их приложении к современной жизни. Эта задача, предмет скорее индивидуальных размышлений, чем коллективных усилий, захватила таких разных личностей, как Н. А. Бердяев, С. Л. Франк, М. А. Гершензон, П. В. Флоренский, В. В. Розанов, Л. И. Шестов и П. Б. Струве, а также менее известные фигуры, в их числе В. А. Тернавцев, В. Ф. Эрн, Г. А. Рачинский, казанский философ В. И. Несмелов и др. Аспекты булгаковской этики радостного труда с акцентом на достоинство и «софийное» вдохновение хозяина, нашли отголосок, например, в пэане свободе Бердяева или анализе человеческой души Франка. Центральность проблем человеческого достоинства и христианской этики для этих мыслителей только недавно начала привлекать внимание историков идей[1]. Представляется, что понимание более широко-

---

[1] В качестве некоторых примеров нового подхода к русской религиозной философии можно привести: Swoboda Ph. *The Philosophical Thought of S. L. Frank, 1902–1915: A Study of the Metaphysical Impulse in Early Twentieth-Century Russia*: Ph. D. diss. Columbia University, 1992; Valliere P. *Orthodox Dogma and Modern Thought in Bulgakov's Late Works: paper presented to the American Association for the Advancement of Slavic Studies (AAASS)*, Philadelphia, 20 November 1994; Seifrid Th. *The Reflexive Word and Its Agenda: paper presented to the AAASS*, Honolulu, 22 November 1993; Horowitz B. M. O. *Gershenzon and the Intellectual Life of Russia's Silver Age*: Ph. D. diss. University of California, Berkeley, 1993; Rosenthal B. G. *The Search for an Orthodox Work Ethic* // Between Tsar and People: Educated Society and the Quest for a Public Identity in Later Imperial Russia / Ed. E. W. Clowes, S. D. Kassow, J. L. West. Princeton, 1991; и Poole R. *The Moscow Psychological Society, 1885–1922: Neo-Idealism and the Search for Philosophic Consciousness in Russia's Silver Age*: Ph. D. diss. University of Notre Dame, 1995. В России такими примерами являются: Хоружий С. *София — Космос — Материя* // Вопросы философии. 1989. № 12. С. 73–89; Лосев А. Ф. *Владимир Соловьев*. М., 1994. В целом, в процессе возрождения религиозной философии в России наблюдается тенденция рассматривать

го религиозно-культурного движения, в атмосфере которого формировалась русская религиозная философия, могло бы помочь в прочтении текстов, притягательность которых становится все более несомненной для современных читателей.

Религия отнюдь не была единственной темой культурных экспериментов и политических брожений начала XX века. Понятно, что чрезвычайно богатое и разнообразное содержание эпохи не исчерпывалось религиозным движением, изображенным здесь в общих чертах. Однако примечательно то, что религиозный импульс не был узко клерикальным или догматическим; широкие интересы его творцов обусловили соприкосновение и пересечение с другими аспектами культуры и политики. Следы религиозного импульса постепенно проникли в искусство, музыку, либеральную политику и даже в аграрную реформу. Почему религиозная тема оказалась такой вездесущей и настойчивой во времена, которые социальные историки не без оснований называют эпохой индустриализации, урбанизации, модернизации и революции?

В этой книге предлагаются по крайней мере некоторые возможные ответы на этот вопрос. По-видимому, первая причина была интеллектуального свойства: обращение к религии значительной части интеллигенции стало частью общеевропейского восстания против позитивизма. Российские мыслители, в отличие от их западных коллег, не были «удовлетворены существованием в сумеречной зоне отсроченных выводов, открывались для метафизики, но с настороженностью относились к догматическим утверждениям»[2]; в этом восстании они дошли до логического конца, придя к модернистской философии, которая одновремен-

---

мыслителей Серебряного века, а также Соловьева, как выразителей «философии всеединства» — подход, который кажется мне слишком упрощающим их идеи и стирающим многочисленные различия между этими философами. См.: *Акулинин В. Н. Философия всеединства: от В. С. Соловьева к П. А. Флоренскому.* Новосибирск, 1990.

[2] Hughes H. St. *Consciousness and Society: The Reorientation of European Social Thought, 1890–1930.* P. 32.

но была глубоко религиозной. Тем самым русские поэты, писатели и философы вписали свои идеи в русскую традицию религиозной мысли, развитие которой впоследствии было прослежено Флоровским начиная от средневекового «кризиса русского византинизма»[3].

Вторая причина была связана с особой ролью, которая в российском обществе и истории принадлежала церкви. В самом широком смысле, сплав (симфония) светского и духовного, созданный императором Юстинианом, абсолютным правителем христианского Византийского государства, от которого Россия унаследовала не только культурные, но и социальные традиции, имел последствием взаимозависимость общественных и религиозных институтов, что, в свою очередь, отразилось на браке, образовании, семье, труде и соблюдении религиозных обрядов. Эрнст Трёльч, рассуждавший с точки зрения протестантизма, считал, что восточная церковь оставалась «по-настоящему средневековой» и в XX столетии, поскольку сохраняла средневековое «единство цивилизации, соединявшей духовное и мирское, естественное и сверхъестественное, государство и церковь»[4]. Мережковский и Булгаков понимали, что реформа церкви может стать ключом к реформированию общества в целом[5]. Но такое объяснение слишком общо, чтобы счесть его полностью удовлетворительным. Можно полагать, что религиозное движение возникло в ответ на «правление» (1881–1905) Константина Победоносцева, печально знаменитого обер-прокурора Священного синода. В эпоху папской Rerum novarum (энциклика «Однажды пробуждено желание нового...») Победоносцев предпочел противопоставить царящему в современной жизни разброду жесткое, непреклонное утверждение принципов иерархии, по-

---

[3] Флоровский Г. *Пути русского богословия*.

[4] Troeltsch E. *The Social Teaching of the Christian Churches*. Louisville, 1992. Vol. 1. P. 213.

[5] В самом деле, складывается впечатление, что Мережковский руководствовался прежде всего собственными соображениями и очень мало — истинным религиозным подъемом.

рядка, социальной гармонии и враждебности к переменам. Оказывая сильное влияние на бывших когда-то его учениками Александра III и Николая II, Победоносцев реализовал свою собственную интерпретацию симфонии церкви и государства, при которой церковь стала мощным инструментом самодержавия. В ее распоряжении были миссионерские братства, приходские школы и духовенство, обязанное служить проводником государственной политики. Парадоксальным образом сам консерватизм его позиции спровоцировал бурную реакцию среди духовенства и усилил религиозный пыл мирян. В ответ на его политику духовенство в массовом порядке покидало церковь, но в итоге религиозная активность не пошла на спад, она просто перешла из церковной среды в светскую. Светские богословы и разочарованное духовенство, лишенные руководства официальной церкви, создали свой собственный религиозный модернизм — можно сказать, что именно это и должно было произойти в соответствии с соборной традицией православной церкви. Отставку Победоносцева в 1905 году и в конечном итоге созыв церковного Собора в 1917 году можно рассматривать как (пиррову) победу этого «либерального» и соборного течения внутри православия.

Третья причина важной роли религии в культуре начала XX столетия связана с опытом интеллигенции и чувством поражения, понесенного в революционные 1905–1907 годы. Во время революционных столкновений лик народа, воспевавшегося в течение полувека после отмены крепостного права, оказался страшным, злобным, грубым и неуправляемым. Отчасти именно в этом контексте Мережковский, Белый, авторы «Вех» и другие внезапно почувствовали силу народной веры, того аспекта русской жизни, который игнорировался их светскими предшественниками-народниками и который теперь стал казаться все более привлекательным. Статьи, опубликованные в «Вехах», были проникнуты сокрушенными размышлениями от том, что, возможно, интеллигенция должна была бы учиться у народа, а не наоборот; предметом урока стала была вера. На самом деле, степень истинной «религиозности» народа — старая проблема, которая возвращает нас к спору Белинского с Гоголем[6]. Трудно сказать, понравилось бы крестьянам обновленное православие или нет; но его привлекательность для «средних слоев», наиболее широко представленных на церковном Соборе 1917 года, — учителей, журналистов, врачей, сельского духовенства — не вызывает сомнений. В этом отношении данная книга ставит больше вопросов, чем дает ответов. Складывается впечатление, что наше понимание мирского благочестия и общественной роли церкви накануне революции, о которой мы до сих пор знаем очень мало, может помочь нам понять саму революцию и те социальные преобразования, которые она выдвинула.

Ясно одно: религиозное движение начала столетия нельзя сбросить со счетов как проявление отсталого, консервативного романтизма, столкнувшегося с модернизацией и индустриализацией. В конце концов, модернизация не обязательно сопровождается секуляризацией и отказом от традиционных ценностей. В России на рубеже веков модернизация сопровождалась процветанием религии и традиционной культуры, которыми были насквозь пропитаны модернистская литература, искусство, философия и политика. Эксперимент провалился. Тем не менее в наш «постмодернистский» век, когда многие общества пытаются соединить достижения современной экономики с собственными религиозными и культурными традициями, русский эксперимент начала XX века представляется заманчивым и интригующим примером.

В конечном счете эта книга, пусть и косвенно, все-таки посвящена революции. Русская революция была не только политико-социальным кризисом, спровоцированным Первой мировой войной, не только актом захвата власти или взрывом социального недовольства; она также означала поражение мощного идео-

---

[6] «Странно! По-Вашему, русский народ — самый религиозный в мире: ложь! Основа религиозности есть пиэтизм, благоговение, страх божий. А русский человек произносит имя божие, почесывая себе задницу. ... Приглядитесь пристальнее, и Вы увидите, что это по натуре своей глубоко атеистический народ». См.: В. Г. Белинский — Н. В. Гоголю, 15 июля 1847 года // В. Г. Белинский. Полн. собр. соч. М., 1959. Т. 10. С. 215.

логического течения, представленного здесь христианской экономикой Булгакова. У мысли Булгакова не было прямых наследников. Тем не менее атмосфера Серебряного века послужила горнилом для интеллектуальных течений, которые заняли доминирующее положение в европейской мысли XX столетия. Философия Ленина и учение марксизма-ленинизма выросли в такой же степени из прений 1890–1900-х годов в России, как из самих текстов Маркса; а построение социализма в Советском Союзе в значительной степени обеспечило долгую жизнь марксизма на Западе. Не менее важно и то, что такие современные научные дисциплины, как лингвистика, антропология и литературная критика, в значительной степени сформировались под влиянием идей русского формализма — ответвления модернизма Серебряного века. В конечном счете любые попытки, направленные на то, чтобы понять, чем стали марксизм и структурализм в этом столетии, должны учитывать их рецепцию, трансформацию, преломление и разработку в России на рубеже веков.

При всех обстоятельствах, образ христианского хозяйства у Булгакова, с его антиутопической направленностью, этикой радостного труда и ощущением гармонии между человеком и природой, остается оригинальной и привлекательной концепцией.

Хронология жизни Сергея Булгакова

1871 Родился 16/28 июля в городе Ливны Орловской губернии.

1884 Начало «кризиса веры», в 1888 году завершившегося переводом из орловской семинарии в гимназию в городе Ельце.

1890 Поступает в Московский университет; интерес к марксизму.

1894 «Миг» в предгорьях Кавказа.

1897 Становится известным «легальным марксистом» благодаря публикации «О рынках при капиталистическом производстве».

1898 Женитьба на Елене Токмаковой.

1898–1900 Учеба за границей, преимущественно в Германии; встреча с «Сикстинской Мадонной» в Дрездене.

1900 Кризис марксизма; защищает магистерскую диссертацию «Капитализм и земледелие».

1901 Приват-доцент Киевского университета и профессор политической экономии Политехнического института; лекция «Иван Карамазов».

1902 «Проблемы идеализма».

1903 «От марксизма к идеализму».

1903 Учредительный съезд «Союза Освобождения».

1904 Пишет для журнала «Новый путь».

1905 Один из редакторов журнала «Вопросы жизни»; основатель Московского религиозно-философского общества.

1906 Издатель газеты «Народ»; попытка создать Христианскую социалистическую партию; в конце года возвращается в Москву.

1907 Депутат II Думы; профессор Московского коммерческого института.

1908 Преподает в частном Университете Шанявского.

1909 Смерть Ивашечки; «Вехи».

1911 «Два града».

1912 «Философия хозяйства».

1917 «Свет невечерний».

1917–1918 Делегат Всероссийского собора православной церкви, Москва.

1918 «Из глубины»; уезжает в Крым.

1920 Увольнение из Симферопольского университета; начало работы над «Философией имени».

1922 Арест в октябре, высылка из России 30 декабря.

1923 «Миг» в мечети Айя-София; переезд из Константинополя в Прагу и оттуда — в Париж; учредительный конгресс Русского студенческого христианского движения; основывает Братство Св. Софии.

1925 Участвует в основании Свято-Сергиевского православного богословского института в Париже.

1926 Болезнь.

1927 Основывает в Англии англикано-православное Содружество Св. Албания и преподобного Сергия.

1929 Завершает первую «софиологическую трилогию» («Друг жениха», «Купина неопалимая», «Лестница Иакова»).

1935 Обвинен в ереси.

1939 Завершает вторую «софиологическую трилогию» («Агнец Божий», «Утешитель», «Невеста Агнца»); диагностирован рак горла; пишет «Софиологию смерти».

1944 Завершает «Апокалипсис Иоанна»; смерть 12 июля.

Архивы

Бахметевский архив русской и восточноевропейской истории и культуры, Библиотека Батлера, Колумбийский университет:
Фонды Семена Франка и Георгия Федотова.
Государственный архив Российской Федерации (ГАРФ; бывший ЦГАОР), Москва:
ф. 63 Московская Охрана;
ф. 102 Департамент полиции;
ф. 5765 Русский архив в Праге (неполный).
Институт русской литературы (ИРЛИ; Пушкинский Дом), Санкт-Петербург:
Рукописи и письма;
ф. 377 С. А. Венгеров: автобиография Булгакова.
Архив Принстонского университета:
Фонд Георгия Флоровского.
Российская государственная библиотека (РГБ; бывшая ГБЛ), Москва:
Отдел рукописей. Переписка Е. Н. Трубецкого, Андрея Белого и др.
Российская национальная библиотека (РНБ; бывшая ГПБ), Санкт-Петербург:
Отдел рукописей. Разрозненные письма, в частности:
ф. 481, оп. 362 Д. С. Мережковский и З. Н. Гиппиус;
ф. 634 Алексей Ремизов.
Российский государственный архив литературы и искусства (РГАЛИ; бывший ЦГАЛИ), Москва:
Материалы об Алексее Ремизове, Николае Бердяеве, Льве Шестове, Дмитрии Мережковском, Павле Флоренском и Василии Розанове.
О Булгакове:
ф. 95, д. 366, 1056, 1088 А. Л. Волынский;
ф. 151, д. 23 С. О. Грузенберг;
ф. 343, д. 57 И. А. Новиков;
ф. 419, д. 377 Василий Розанов;

ф. 427, д. 2689 Григорий Рачинский;
ф. 1175, д. 84 Юрий Эйхенвальд;
ф. 2356, д. 14 В. А. Брендер;
ф. 2571, д. 643 Я. Е. Тарнопольский.

Российский государственный исторический архив (РГИА; бывший ЦГИА), Санкт-Петербург:
ф. 796 Канцелярии Святейшего Правительствующего Синода;
ф. 797 Канцелярия обер-прокурора Синода;
ф. 833 Священный собор Православной российской церкви;
ф. 1278 Государственная Дума (IV созыв), Комиссии по церковным делам.

Сочинения Сергея Булгакова (до 1922 года)

Книги

О рынках при капиталистическом производстве. М., 1897.
Капитализм и земледелие: в 2 т. СПб., 1900.
Иван Карамазов как философский тип. М., 1902.
От марксизма к идеализму. СПб., 1903.
Чехов как мыслитель. Киев, 1905.
Душевная драма Герцена. Киев, 1905.
Религия человекобожия у Л. Фейербаха. М., 1906.
Неотложная задача (О союзе христианской политики). М., 1906.
Краткий очерк политической экономии. М., 1906.
Венец терновый (Памяти Ф. М. Достоевского). СПб., 1907.
Карл Маркс как религиозный тип. СПб., 1907.
История политической экономии. М., 1907.
Аграрный вопрос. М., 1908.
Интеллигенция и религия. М., 1908.
Два града. М., 1911.
Философия хозяйства. М., 1912.
История социальных учений в XIX веке. М., 1913.
Очерки по истории экономических учений. М., 1913.
Человекобог и человекозверь. М., 1913.
Война и русское самосознание. М., 1915.
Основные мотивы философии хозяйства в платонизме и раннем христианстве. М., 1916.
Церковь и демократия. М., 1917.
Свет невечерний. М., 1917.
Христианство и социализм. М., 1917.
Тихие думы. М., 1918.
История экономических учений. М., 1919.
На пиру богов. София, 1921.

Автобиографические заметки. Париж, 1946, 1991.
Философия имени. Париж, 1953.
Православие. Париж, 1965.

Предисловия

Предисловие // Л. Брентано. Христианско-социальное движение в Англии. М., 1906. С. 3–7.
Очерк о Ф. М. Достоевском. Чрез четверть века // Ф. М. Достоевский. Полн. собр. соч. Юбилейное изд., I. СПб., 1906. С. III–X (Vorwort).
Предисловие к русскому изданию // И. Зейпель. Хозяйственно-этические взгляды отцов Церкви. М., 1913. С. I–IV.
Из рукописей А. Н. Шмидт. М., 1916. С. III–XV.

Статьи в сборниках

Что такое трудовая ценность // Сборник правоведения и общественных знаний. Т. 6. СПб., 1896. С. 221–258.
Летрон // Энциклопедический словарь Ф. А. Брокгауза и И. А. Ефрона. Т. 34. СПб., 1897. С. 608–609.
Хозяйство и право // Сборник общественных знаний. СПб., 1898. С. 53–82.
К вопросу о законодательном регулировании домашней промышленности // Помощь евреям, пострадавшим от неурожая. СПб., 1901. С. 189–195.
Васнецов, Достоевский, Вл. Соловьев, Толстой (параллели) // Литературное дело. СПб., 1902. С. 119–139.
Основные проблемы теории прогресса // Проблемы идеализма. М., 1902. С. 1–47.
О смертной казни // Против смертной казни. М., 1906. С. 53–57.
Стенографический отчет Государственной думы. 2-я сессия, 20 февраля — 3 июня 1907 г. Речи: 1: 210–212, 397–401, 546–548, 1245–1249; 2: 749–753, 577–580, 281–284.
Церковь и культура // Вопросы религии. 1906. № 1. С. 38–52.
Церковь и государство // Вопросы религии. 1907. № 1. С. 53–101.
Церковь и социальный вопрос // Вопросы религии. 1908. № 1. С. 298–334.
Героизм и подвижничество // Вехи: сборник статей о русской интеллигенции. М., 1909. С. 23–69.

Князь С. Н. Трубецкой как религиозный мыслитель // Сборник речей, посвященных памяти кн. С. Н. Трубецкого. М., 1909. С. 16–26.

Природа в философии Вл. Соловьева // О Владимире Соловьеве. М., 1911. С. 1–31.

Природа науки // Философский сборник Л. М. Лопатина. М., 1912. С. 10–48.

На смерть Толстого; Толстой и церковь; Человек и художник; Простота и опрощение // О религии Льва Толстого. М., 1912. С. 1–26, 114–141.

Афродите-Деметре (Памяти В. Ф. Эрна) // Ветвь: сборник Клуба московских писателей. М., 1917. С. 263–265.

На пиру богов. Pro i contra: современные диалоги // Из глубины. De Profundis. Сборник статей о русской революции. М.; Пг., 1918. С. 111–169.

Статьи в периодической печати

О закономерности социальных явлений // Вопросы философии и психологии. 1896. № 35. С. 575–611.

К вопросу о биметаллизме // Русские ведомости. 1896. № 280. С. 3.

Закон причинности и свобода человеческих действий // Новое слово. 1897. № 8. Май. С. 183–199.

Земледельческие артели Херсонской губернии // Новое слово. 1897. № 9. Июнь. С. 89–96.

Классическая школа и историко-этическое направление в политической экономии // Новое слово. 1897. № 11. Окт. С. 39–53.

О некоторых основных понятиях политической экономии: 1. Ценность; 2. Капитал // Научное обозрение 2 (1898). С. 331–353; 9 (1898). С. 1475–1483; 10 (1898). С. 1647–1676.

К вопросу о капиталистической эволюции земледелия // Начало 1/2 (1899). С. 1–21; 3 (1899), 25–33.

Ралахайнский эксперимент // Мир Божий. 1900. № 2. С. 218–233.

Интересы хозяйства Германии и России в русско-германских торговых договорах // Русские ведомости. 1901. № 37. 6 февр.

Иван Карамазов (в романе Достоевского «Братья Карамазовы») как философский тип // Вопросы философии и психологии. 1902. Кн. 61. С. 826–863.

Душевная драма Герцена // Вопросы философии и психологии. 1902. № 64. С. 1248–1275; № 65. С. 1363–1378.

Высшее образование // Освобождение. 1902. № 3. 19 июля (1 авг.). С. 43–45.

[Псевдоним: Ak] Высшее образование (Письма из России) // Освобождение. 1902. № 3. С. 43–45; № 4. С. 59–60; № 5. С. 72–73; № 6. С. 86–87.

Что дает современному сознанию философия Вл. Соловьева? // Вопросы философии и психологии. 1903. № 66. С. 52–96; № 67. С. 125–166.

Об экономическом идеале // Научное слово. 1903. № 5. С. 102–125.

О социальном идеале // Вопросы философии и психологии. 1903. № 68. С. 291–316.

К аграрному вопросу // Освобождение. 1903. № 9 (33). 19 окт. С. 153–158.

Чехов как мыслитель // Новый путь. 1904. № 10. Окт. С. 32–54; № 11. Нояб. С. 138–152.

Карлейль и Толстой // Новый путь. 1904. № 12. С. 227–260.

О реалистическом мировоззрении // Вопросы философии и психологии. 1904. № 73. С. 380–403.

Новогодний подарок нашим славянофилам // Освобождение. 1904. № 17 (41). С. 306–308.

Без плана: «Идеализм» и общественные программы // Новый путь. 1904. № 10. С. 260–277; № 11. С. 342–360; № 12. С. 302–329.

К очередным вопросам // Освобождение. 1904. № 58. 14 (27) окт. С. 130–131.

Пора! // Наша жизнь. 1904. № 1. 6 (19) нояб.

Неотложная задача // Вопросы жизни. 1905. № 9. С. 332–360.

Религия человекобожия у Л. Фейербаха // Вопросы жизни. 1905. № 10/11. С. 236–279; № 12. С. 74–102.

Политическое освобождение и церковная реформа // Вопросы жизни. 1905. № 4/5 С. 491–522.

Постскриптум по поводу грузинской церкви // Вопросы жизни. 1905. № 8. Авг. С. 291–295.

Без плана: С Новым годом! — Полуторавековой юбилей Московского университета. — Нет на свете мук сильнее муки слова // Вопросы жизни. 1905. № 1. Янв. С. 309–317.

Без плана: (Несколько слов о задачах журнала. — Жизнь и ее истинный объем и запросы. — Исторические задачи нашего времени. — Основной вопрос современной русской жизни: delenda est Carthago) I. «Вопросы Жизни» и вопросы жизни. II. По поводу выхода в свет шестого тома «Собрания сочинений» В. С. Соловьева // Вопросы жизни. 1905. № 2. Февр. С. 347–368.

Без плана: О пути Соловьева, — ответ кн. Е. Н. Трубецкому (Философия и религия. — Дальнейшие задачи идеалистического движения. —

Религиозно-философское общество в С.-Петербурге. — О христианской политике. — Письмо Л. Н. Толстого в «Times» и слово епископа Антония в «Московских ведомостях». — О книге пастора Куттера. — Кто из трех правее?) // Вопросы жизни. 1905. № 3. Март. С 388–414.

Без плана: Несколько замечаний по поводу статьи Г. И. Чулкова о поэзии Вл. Соловьева. Совместимо ли христианство с любовью к жизни? Связь аскетизма и трагизма. Позитивная и трагическая теория прогресса. Снова об аскетизме. Афродита Простонародная и Афродита Небесная // Вопросы жизни. 1905. № 6. Июнь. С. 293–317.

Венец терновый (Памяти Ф. М. Достоевского) // Свобода и культура. 1906. № 2. С. 17–36.

Карл Маркс как религиозный тип: Из этюдов о религии человекобожества // Московский еженедельник. 1906. № 22. С. 34–43; № 23. С. 24–33; № 24. С. 42–50; № 25. С. 46–54.

Религия и политика // Полярная звезда. 1906. № 13. С. 118–127.

О необходимости введения общественных наук в программу духовной школы // Богословский вестник. 1906. № 2. Февр. С. 345–356.

Под знаменем университета // Вопросы философии и психологии. 1906. № 85. С. 453–468.

Апофеоз ведомства православного исповедания // Московский еженедельник. 1906. № 12. С. 369–371.

К вопросу о церковном соборе // Московский еженедельник. 1906. № 13. С. 387–389.

Пасхальные думы // Народ. 1906. № 1. 2 (15) апр. С. 1.

Воскресение Христа и современное сознание // Народ. 1906. № 1. 2 (15) апр. С. 2–3.

Христианская общественность: Моим корреспондентам // Народ. 1906. № 1. 2 (15) апр. С. 4–5.

О задачах народного представительства в России // Народ. 1906. № 2. 5–6 (18–19) апр. С. 1; № 3. С. 1–2.

Христианская общественность: Письмо интеллигента // Народ. 1906. № 7. 10 (23) апр. С. 2.

Кто убил Абрамова? // Народ. 1906. № 5. 8 (21) апр. С. 1.

Социальные обязанности церкви // Народ. 1906. № 5. 8 (21) апр. С. 1–2.

Христианская общественность: Индивидуализм или соборность // Народ. 1906. № 6. 9 (22) апр. С. 3–4.

Из записной книжки // Народ. 1906. № 7. 10 (23) апр. С. 1.

Кабинет министров и обер-прокурор Священного Синода // Дума. 1906. № 24. 25 мая.

Духовенство и политика // Товарищ. 1906. 6 дек. С. 1–2.

Временное и вечное // Век. 1906. № 7. 24 дек. С. 79.

Горе русского пастыря // Новь. 1906. 29 дек.

Средневековый идеал и новейшая культура // Русская мысль. 1907. № 1. С. 61–83.

Письмо в редакцию // Речь. 1907. 24 янв.

Необходимое разъяснение // Век. 1907. № 5. 4 февр. С. 58–59.

Церковный вопрос в государственной думе // Век. 1907. № 10. 11 марта. С. 119–120.

Комиссия по церковным вопросам при Государственной думе // Век. 1907. № 11. 18 марта. С. 130.

Из думских впечатлений // Век. 1907. № 12. 25 марта. С. 144–145.

Воскресение Христа и современное сознание // Век. 1907. № 16. С. 215–219.

Интеллигенция и религия // Русская мысль. 1908. № 3. С. 72–103.

Загадочный мыслитель (Н. Ф. Федоров) // Московский еженедельник. 1908. № 48. С. 28–46.

Князь С. Н. Трубецкой как религиозный мыслитель // Московский еженедельник. 1908. № 14. С. 11–22.

По поводу разъяснения Св. Синода относительно чествования Л. Н. Толстого // Московский еженедельник. 1908. № 36. С. 24–30.

О первохристианстве // Русская мысль. 1909. № 5. С. 68–92; № 6. С. 97–124.

Первохристианство и новейший социализм // Вопросы философии и психологии. 1909. № 98. С. 215–268.

Философия кн. С. Н. Трубецкого и духовная борьба современности // Критическое обозрение. 1909. № 1. С. 5–16.

Социальное мировоззрение Джона Рескина // Вопросы философии и психологии. 1909. № 100. С. 395–436.

Народное хозяйство и религиозная личность // Московский еженедельник. 1909. № 23. С. 26–38; № 24. С. 17–24.

О вневероисповедном состоянии // Слово. 1909. № 815. 3 июня.

Две Цусимы // Слово. 1909. № 741. 19 марта.

Апокалиптика, социология, философия истории, социализм (религиозно-философские параллели) // Русская мысль. 1910. № 6. С. 65–90; № 7. С. 1–28.

Профессорская религия // Русская мысль. 1910. № 12. С. 188–195.

Церковь и культура // Вопросы философии и психологии. 1910. № 103. С. 385–412.

Природа в философии Вл. Соловьева // Вопросы философии и психологии. 1910. № 105. С. 661–696.

Революция и реакция // Московский еженедельник. 1910. № 8. С. 23–35.

На смерть Толстого // Русская мысль. 1910. № 12. С. 151–156.

Спор о прагматизме // Русская мысль. 1910. № 5. С. 121–156.

Толстой и церковь // Русская мысль. 1911. № 1. С. 218–222.

Религиозная мысль на Западе: «Hat Jesus gelebt?» // Русская мысль. 1911. № 6. С. 31–39.

Рим и Восток // Русская мысль. 1911. № 3. С. 31–36.

Христианство и мифология // Русская мысль. 1911. № 8. С. 112–133.

Кризис христианства в современном протестантизме // Русская мысль. 1911. Год тридцать второй, кн. XI. С. 44–48.

Социальная философия Роберта Оуэна // Вопросы философии и психологии. 1911. № 107. С. 167–185.

«Экономический материализм» как философия хозяйства // Русская мысль. 1912. № 1. С. 44–64.

Человекобог и человекозверь: По поводу последних произведений Л. Н. Толстого «Дьявол» и «Отец Сергий» // Вопросы философии и психологии. 1912. № 112. С. 55–105.

Чему учит дело Гермогена // Русская мысль. 1912. № 2. С. 50–53.

На выборах // Русская мысль. 1912. № 11. С. 185–192.

The Russian Public and Religion // Russian Review. 1912. Vol. 1, № 4. P. 11–27.

Три идеи // Русская мысль. 1913. № 2. С. 142–149.

Философия хозяйства // Русская мысль. 1913. № 5. С. 70–79.

Ответ В. И. Соколову // Русская мысль. 1913. № 7. С. 109–114.

Афонское дело // Русская мысль. 1913. № 9. С. 37–46.

Трансцендентальная проблема религии // Вопросы философии и психологии. 1914. № 124. С. 580–652; № 125. С. 728–780.

Русская трагедия // Русская мысль. 1914. № 4. С. 1–26.

Русские думы // Русская мысль. 1914. № 12. С. 108–115.

Смысл учения Св. Григория Нисского об именах // Итоги жизни. 1914. № 12/13. С. 15–21.

Родине // Утро России. 1914. № 181. 5 авг.

Поверженный кумир // Утро России. 1914. № 205. 30 авг.

Отрицательное богословие // Вопросы философии и психологии. 1915. № 126. С. 1–86; № 128. С. 244–291.

О тварности // Вопросы философии и психологии. 1915. № 129. С. 293–344.

Россия собирается // Утро России. 1915. № 167. 19 июня.

Владимир Соловьев и Анна Шмидт // Биржевые ведомости. 1915. 29 дек.

Моцарт и Сальери // Русская мысль. 1915. № 5. С. 16–21.

Тоска // Русская мысль. 1915. № 4. С. 14–20.

Труп красоты: по поводу картин Пикассо // Русская мысль. 1915. Кн. 8. С. 90–106.

Характер германской философии // Утро России. 1915. № 71. 13 марта.

Сны Геи // Утро России. 1915. 30 апр.

Софийность твари: космодицея // Вопросы философии и психологии. 1916. № 132/133. С. 79–194.

Искусство и теургия // Русская мысль. 1916. № 12. С. 1–24.

Пол в человеке (фрагмент из антропологии) // Христианская мысль. 1916. Нояб. С. 87–104.

Стихотворения Вл. Соловьева // Русская мысль. 1915. № 2. С. 14–17.

Победитель — побежденный: Судьба К. Н. Леонтьева // Биржевые ведомости. 1916. Дек. № 9, 16, 22.

Человечность против человекобожия: историческое оправдание англо-русского сближения // Русская мысль. 1917. № 5–6. С. 1–32.

О даре свободы // Русская свобода. 1917. № 2. С. 12–15.

Проект воззвания к русскому народу // Священный собор православной русской церкви: Деяния. Кн. 3. М.; Пг., 1918. С. 185–187.

Смысл патриаршества в России // Священный собор православной русской церкви: Деяния. Кн. 3. 1 (28) окт. М.; Пг., 1918. С. 17–21.

Доклад о правовом положении церкви в государстве // Священный собор православной русской церкви: Деяния. Кн. 4. М.; Пг., 1918. С. 6–13.

Доклад об отношении церкви к государству // Священный собор православной русской церкви: Деяния. Кн. 4. М.; Пг., 1918. С. 13–15.

Россия, эмиграция, православие // Вестник русского христианского студенческого движения. 1975. № 116. С. 155–165.

У стен Херсониса // Символ (Paris). 1991. № 25. Июль. С. 169–342.

Рецензии и некрологи

Третий том «Капитала» К. Маркса // Русская мысль. 1895. № 3. С. 1–20.
Манифест народной партии // Новое слово. 1897. № 2. С. 23–34.
Простая речь о мудреных вещах // Новое слово. 1897. № 9. Июнь. С. 47–57.
Работа и ритм // Русские ведомости. 1897. № 228. 19 авг. С. 2–3.
Ф. Г. Гиддингс. Основания социологии: Анализ ассоциации и социальной организации // Новое слово. 1897. № 11. С. 91–95.
Г. Зиммель: «Проблемы философии истории Г. Зиммеля» // Новое слово. 1897. № 11. Нояб.С. 86–88.
Karl Kautsky: Die Agrarfrage // Archiv für Sozialwissenschaft und Sozialpolitik. 1899. № 13. S. 710–734.
Нужды деревни по работам комитетов о нуждах сельскохозяйственной промышленности // Новый путь. 1904. № 10. Окт. С. 298–300.
Очерки по крестьянскому вопросу // Новый путь. 1904. № 10. Окт. С. 300–302.
Литературные заметки: Н. Г. Чернышевский // Новый путь. 1904. № 11. Нояб. С. 318–320.
К. К. Арсеньев. Свобода совести и веротерпимость: сборник статей // Новый путь. 1904. № 11. Нояб. С. 334–335.
А. С. Пругавин: Монастырские тюрьмы в борьбе с сектантством // Вопросы жизни. 1905. № 1. Янв. С. 292–293.
«Трагедия человечества» Эмериха Мадача // Вопросы жизни. 1905. № 2. Февр. С. 205–222.
«Вопросы философии и психологии» в 1904 году // Вопросы жизни. 1905. № 2. Февр. С. 299–304.
По поводу выхода в свет шестого тома Собрания сочинений В. С. Соловьева // Вопросы жизни. 1905. № 2. Февр. С. 361–368.
Куно Фишер. История новой философии. Т. III — Лейбниц; Т. VII — Шеллинг // Вопросы жизни. 1905. № 3. Март. С. 315–316.
Л. А. Сулержицкий: В Америку с духоборами // Вопросы жизни. 1905. № 3. Март. С. 320.
Из некролога кн. С. Н. Трубецкому // Вопросы жизни. 1905. № 10–11. С. 280–289.
Научно-популярные статьи проф. С.-Петербургского университета Ф. Зелинского // Новый путь. 1905. № 11. Нояб. С. 333–334.
Сельма Лагерлеф. Легенды о Христе // Критическое обозрение. 1908. № 2 (7). С. 42–45.

Вильям Крукс. Хлебный вопрос и особенно вопрос о производстве и потреблении пшеницы // Критическое обозрение. 1908. № 8 (13). С. 54–57.

Владимир Кожевников. О значении христианского подвижничества в прошлом и настоящем. Религиозно-философская библиотека // Московский еженедельник. 1910. № 22. С. 50.

Самозащита В. И. Экземплярского. За что меня осудили? // Русская мысль. 1912. № 8. С. 39–40.

Новый опыт преодоления гносеологизма (С. Л. Франк. Предмет знания об основах и пределах отвлеченного знания) // Богословский вестник. 1916. № 1. С. 136–154.

Заметка по случаю смерти Ф. Д. Самарина // Богословский вестник. 1916. № 10–12. С. 578–581.

Из мира религиозных созерцаний // Русская мысль. 1917. № 5–6. С. 135–139.

Памяти В. Ф. Эрна // Христианская мысль. 1917. № 11–12. Нояб.-дек. С. 62–68.

Памяти В. А. Кожевникова // Христианская мысль. 1917. № 11–12. Нояб.-дек. С. 75–83.

Памяти кн. Е. Н. Трубецкого // Ялтинская газета. 1920. 2 февр.

Догматическое богословие: Dictionnaire de Theologie Catholique (A. Vacant, E. Mangenot, E. Amann, Париж 1902–1927); Scheeben M. I. Handbuch der katholischen Dogmatik. Bd. I–IV, Freiburg i. Br. 1873/1925; Pohle, Joseph: Lehrbuch der Dogmatik. Bd. 1–3, Paderborn 1920–1922 // Православная мысль. 1928. № 1. С. 213–215.

Опубликованные письма

М. А. Новоселову // Богословский вестник. 1916. № 10–12. С. 573–574.

Митрополиту Евлогию (по поводу фельетона митрополита Антония Храповицкого) // Вечернее время. 1924. № 137 (20 сент.).

Велеградскому съезду // Последние новости. 1924. № 1319. 13 авг. С. 4.

Проф. Гансу Эренбергу // Путь. 1926. № 5. С. 87–92.

Почтенному Велеградскому сьезду // Acta VI Conventus Velehradensis. Prague, 1933. P. 39–41.

[Проф. Фр. Хайлеру] // Eine heilige Kirche. 1934. № 7–9. С. 266–267.

Из предсмертных писем... // Православная мысль. 1947. № 5. С. 153.

To G. Curtis // Walter Frere: A Memoir. London, 1947. P. 197–198.

Н. А. Бердяеву // Мосты. 1961. № 8. С. 255.

Л. И. Шестову // Мосты. 1961. № 8. С. 259.

Н. О. Лосскому // Н. О. Лосский. Воспоминания: Жизнь и философский путь. München, 1968. С. 273–274.

Из переписки о. Сергия Булгакова с Л. А. и В. А. Зандер // Вестник Русского студенческого христианского движения. 1971. № 101–102. С. 71–84.

П. Струве // Вестник Русского студенческого христианского движения. 1971. № 101–102. С. 136–37.

М. О. Гершензону (12–20 апреля 1897 года) // Вестник Русского студенческого христианского движения. 1971. № 101–102. С. 69–70.

М. С. Шагинян (28 июня 1909 года) // Новый мир. 1973. № 6. С. 130–131.

Е. Герцык // Е. Герцык. Воспоминания. Париж, 1973. С. 152–153.

В. В. Розанову (Семь писем 1914–1915 годов) // Вестник Русского студенческого христианского движения. 1979. № 130. С. 168–176.

Источники

Аксаков К. С. Собр. соч. М., 1861.

Аксельрод Л. (Ортодокс). О проблемах идеализма. Одесса, 1905.

Алексеев Н. Опыт построения философской системы на понятии хозяйства // Вопросы философии и психологии. 1912. Нояб.-дек. С. 704–733.

Angelus Silesius. Der Cherubinische Wandersmann. München, 1960.

Антоний [Булатович, Алексей]. Апология веры во Имя Божие и во Имя Иисуса. М., 1913.

Антонов Н. Р. Русские светские богословы и их религиозно-общественные характеристики. СПб., 1912.

Антонов Н. Р. Сергей Николаевич Булгаков и его религиозно-общественное миросозерцание. СПб., 1912.

Анциферов Н. П. Три главы из воспоминаний // Память, исторический сборник. Москва, 1979; Paris, 1981. С. 55–152.

Белый А. [Борис Бугаев]. Арабески. М., 1911.

Белый А. Воспоминания об А. А. Блоке. München, 1969.

Белый А. Котик Летаев. München, 1964.

Белый А. Луг зеленый. М., 1910.

Белый А. Между двух революций. Chicago, 1966.

Белый А. Начало века. М., 1990.

Белый А. Четыре симфонии. München, 1971.

Бенуа А. Мои воспоминания: в 2 т. М., 1980.

Берберова Н. Курсив мой: в 2 т. New York, 1983.

Бердяев Н. Алексей Степанович Хомяков. М., 1912.

Бердяев Н. Возрождение православия (С. Н. Булгаков) // Русская мысль. 1916. № 6. Июнь. С. 1–31.

Бердяев Н. Духовный кризис интеллигенции. СПб., 1910.

Бердяев Н. Заметка о книге г. Богданова «Познание с исторической точки зрения» // Вопросы философии и психологии. 1902. № 4. С. 839–853.

Бердяев Н. Ивановские среды // Русская литература XX в. / Ред. С. А. Венгеров. Т. 3. М., 1916. С. 97–100.

Бердяев Н. Кризис искусства. М., 1918.

Бердяев Н. Новое христианство (Дмитрий Мережковский) // Русская мысль. 1916. Июль. С. 52–72.

Бердяев Н. О новом русском идеализме // Вопросы философии и психологии. 1904. № 75. С. 683–724.

Бердяев Н. Падение священного русского царства // Русская свобода. 1917. № 2. Апр. С. 16–23.

Бердяев Н. Пикассо // София. 1914. № 3. Март. С. 57–62.

Бердяев Н. Повесть о небесном роде // Русская мысль. 1916. Март. С. 5–9.

Бердяев Н. Революция и культура // Полярная звезда. 1905. № 2. С. 154–155.

Бердяев Н. Русский соблазн // Русская мысль. 1910. № 11. Разд. II. С. 104–115.

Бердяев Н. Самопознание. Paris, 1949.

Бердяев Н. Свободная церковь и собор // Народоправство. 1917. № 7. 21 авг. С. 4–6.

Бердяев Н. Смысл творчества. Paris, 1985.

Бердяев Н. Субъективизм и индивидуализм в общественной философии. СПб., 1901.

Бердяев Н. Церковный вопрос в России // Биржевые ведомости. 1916. № 15829. 28 сент.

Бердяев Н. Sub specie aeternitatis. Опыты философские, социальные и литературные (1900–1906 г.). СПб., 1907.

Блок А. Собр. соч.: в 6 т. М., 1971.

Блок Л. Д. Были и небылицы о Блоке и о себе // Александр Блок в воспоминаниях современников: в 2 т. М., 1980. Т. 1. С. 134–187.

Богданов А. Из психологии общества. СПб., 1906.

Богданов А. Красная звезда; Инженер Менни. Hamburg, 1929.

Богданов А. Отзвуки минувшего // Образование. 1904. № 1. С. 50–71.

Богословский С. Д. Война и христианство. М., 1915.

Васильчиков И. С. То, что мне вспомнилось // Наше наследие. 1990. № 2. С. 118–122.

Вехи. М., 1909.

Вопросы жизни. СПб., 1905–1906.

Вопросы философии и психологии. СПб., 1889–1917.

Гиляров-Платонов Н. П. Из пережитого (1886). Newtonville, Mass., 1977.

Гиппиус З. Дмитрий Мережковский. Paris, 1951.

Гиппиус З. Живые лица. Prague, 1925.

Гиппиус З. Первая встреча: к истории Петербургских религиозно-философских собраний, 1901–1903 гг. // Последние новости. Париж. № 3784 (2 авг.). С. 2–3; № 3786 (4 авг.). С. 3–4.

Гиппиус З. Перед запрещением СПб-ских Религиозно-философских собраний. Зима 1902–1903 // Последние новости. Париж. 1931. 2, 13, 23 окт.

Гиппиус З. Синяя книга: петербургский дневник, 1914–1918. Beograd, 1929.

Гиппиус З. Слова и люди // Последние новости. Париж. 1932. 27 мая; 6 июня.

Голос жизни. СПб., 1907.

Голованенко С. С. Булгаков: «Философия хозяйства» // Богословский вестник. 1913. Дек. С. 844–851.

Горький М. Воспоминания. Berlin, 1925.

Государственная Дума второго созыва: стенографический отчет. СПб., 1907.

Деяния Священного собора православной российской церкви: в 9 т. М.; Пг., 1918.

Записки Петербургских религиозно-философских собраний, 1902–1903 гг. СПб., 1907.

Иванов В. Собр. соч.: в 4 т. Brussels, 1971–1987.

Иванов Г. Петербургские зимы. New York, 1952.

Иванцов-Платонов А. И. О русском церковном управлении. СПб., 1898.

Иларион (схимонах). На горах Кавказа: беседа двух старцев пустынников о внутреннем единении с Господом наших сердец через молитву Иисус Христову, или Духовная деятельность современных пустынников. Баталпашинск, 1910.

Ильин В. [Ленин В. И.]. Аграрный вопрос. СПб., 1908.

Карташёв А. В. Временное правительство и русская церковь // Современные записки (Paris). 1933. № 52. С. 369–388.

Карташёв А. В. Мои ранние встречи с о. Сергием // Православная мысль (Paris). 1957. № 8. С. 47–55.

Карташёв А. В. На путях к вселенскому собору. Paris, 1932.

Карташёв А. В. Революция и собор 1917–1918 гг.: Наброски для истории церкви наших дней // Богословская мысль (Paris). 1942. № 4. С. 75–101.

Карташёв А. В. Реформа, реформация и исполнение церкви. Пг., 1916.

Карташёв А. В. Церковь и государство. Paris, 1932.

Котляревский С. Политика и культура // Вопросы философии и психологии. 1906. Кн. 4 (84). Сент.-окт. С. 353–367.

Крайний А. [Зинаида Гиппиус]. Литературный дневник, 1899–1907. СПб., 1908.

Кузнецов Н. Д. Русская художественная литература в отношении к вопросам религии. СПб., 1911.

Лавров П. Исторические письма. СПб., 1870.

Ленин В. И. Аграрный вопрос и «критики Маркса». М., 1953.

Ленин В. И. Лев Толстой как зеркало русской революции. М., 1987.

Ленин В. И. О Л. Н. Толстом. М., 1969.

Ленин В. И. Под чужим флагом. М., 1987.

Ленин В. И. Развитие капитализма в России // Ленин, Владимир Ильич (1870–1924): в 30 т. Т. III. М., 1930. С. 1–477.

Леонтьев К. Н. Письма к В. В. Розанову. London, 1981.

Литературный распад: критический сборник. СПб., 1908–1909.

Лосский В. Воспоминания. München, 1968.

Луначарский А. В. Этюды критические и полемические. М., 1905.

Лундберг Е. Мережковский и его новое христианство. СПб., 1914.

Маклаков В. Вторая Государственная Дума. Paris, б. г. [1939].

Маковский С. На Парнасе «Серебряного века». München, 1962.

Мартов Л., Маслов П., Потресов А. (ред.). Общественное движение в России в начале XX-го века: в 5 т. СПб., 1909–1910.

Мережковский Д. С. Больная Россия. СПб., 1910.

Мережковский Д. С. Было и будет: дневник 1910–1914. М., 1915.

Мережковский Д. С. Завет Белинского: религиозность и общественность русской интеллигенции. Пг., 1915.

Мережковский Д. С. Теперь или никогда (о церковном соборе) // Вопросы жизни. 1905. № 4–5. С. 295–319.

Мережковский Д. С. Полн. собр. соч.: в 24 т. СПб., 1914.

Мережковский Д. С. Христос и Антихрист: трилогия (1906). М., 1989.

Милюков П. Воспоминания (1859–1917). New York, 1955; М., 1990.

Михайловский Н. К. Полн. собр. соч.: в 7 т. СПб., 1911.

Надсон С. Я. Стихотворения. М., 1987.

Народ. Киев, 1906–1907.

Никон, епископ. Поместный собор всероссийской православной церкви // Жизнеописание блаженнейшего Антония, митрополита Киевского и Галицкого. Т. 4. New York, 1958. С. 127–213.

Новый путь. СПб., 1903–1904.

Н. С., свящ. Открытое письмо С. Н. Булгакову // Вопросы жизни. 1905. № 8. С. 232–238.

Оленов М. И. Так называемый «кризис марксизма». СПб., 1906.

Освобождение. Stuttgart; Paris, 1902–1905.

Перцов П. П. Литературные воспоминания, 1890–1902 гг. М.; Л., 1932.

Пешехонов А. В. Проблемы совести и чести в учении новейших метафизиков // На очередные темы: материалы для характеристики общественных отношений в России. СПб., 1904. С. 391–417.

Победоносцев К. Московский сборник. М., 1896.

Полярная звезда. СПб., 1906.

Прадо Г. Культурный перелом // Новый путь. 1903. № 12.

Пяст В. Воспоминания о Блоке // Александр Блок в воспоминаниях современников: в 2 т. М., 1980. Т. 2. С. 364–396.

Реформы веротерпимости на пороге XX в. и состояние государственной церкви в России. Н. Новгород, 1905.

Розанов В. Война 1914 года и русское возрождение. Пг., 1915.

Розанов В. Около церковных стен. СПб., 1906.

Розанов Н. П. О «новом религиозном сознании» (Мережковский и Бердяев). М., 1908.

Руднев С. П. При вечерних огнях. Харбин, 1928.

Русское слово. Статьи о движении «Имяславия» на горе Афон. СПб., 1913.

Соловьев В. Собр. соч.: в 12 т. (10 т., 1911–1914). Brussels, 1966–1969.

Соловьев В. Соч.: в 2 т. / Ред. А. Ф. Лосев, А. В. Гулыга. М., 1988.

Соловьев В. Стихотворения и шуточные пьесы. Л., 1974.

Сперанский В. Н. Новая философия государственного хозяйства: религиозно-экономическое учение проф. С. Н. Булгакова. Пг., 1915.

Статьи о движении «Имяславия» на горе Афон // Русский инок. Почаев, 1913.

Статьи о движении «Имяславие» на горе Афон // Церковные ведомости. СПб., 1913–1914.

Страхов П. С. Антисоциалистическая религиозность: по поводу книги С. Н. Булгакова «Два града». Сергиев Посад, 1911.

Струве П. Еще о свободе и необходимости // Новое слово. 1896–1897. № 8.

Струве П. К вопросу о рынках при капиталистическом производстве // Научное обозрение. 1890. № 1.
Струве П. На разные темы. СПб., 1901.
Струве П. Несколько слов по поводу статьи С. Н. Булгакова // Полярная звезда. 1906. № 13. С. 128–130.
Троицкий С. В. Об Именах Божиих и имябожниках. СПб., 1914.
Трубецкой С. Н. Учение о Логосе в его истории. М., 1906.
Труды императорского Вольного экономического общества. СПб., 1900–1914.
Туган-Барановский М. И. Капитализм и рынок // Мир Божий. 1898. № 6. С. 118–127.
Успенский Г. Соч.: в 2 т. / Ред. Н. Михайловский. СПб., 1896–1897.
Федоров Н. Философия общего дела. М., 1982.
Философские воззрения Вл. Соловьева: отчет о лекции проф. С. Н. Булгакова в г. Киеве и стенографическая запись прений. СПб., 1903.
Флоренский П. О символах бесконечности (Очерк идей Г. Кантора) // Новый путь. 1904. № 9. С. 173–235.
Флоренский П. Собр. соч.: в 4 т. Paris, 1985.
Флоренский П. Спиритизм как антихристианство // Новый путь. 1904. № 3. С. 158–167.
Флоренский П. Столп и утверждение истины. М., 1914.
Франк С. Биография П. Б. Струве. New York, 1956.
Франк С. Душа человека. 2-е изд. Paris, 1964.
Ходасевич В. Некрополь. Brussels, 1939.
Хомяков А. С. Полн. собр. соч.: в 8 т. М., 1900–1911.
Целикова О. П. Теологические принципы этики С. Н. Булгакова // Очерки истории русской этической мысли. М., 1976. С. 318–341.
Чего ждет Россия от войны: сборник. СПб., 1915.
Чернов В. Поворот к Канту философские и социологические этюды. М., 1907.
Чулков Г. Судьбы России: беседа о современных событиях. Пг., 1916.
Шагинян М. Человек и время: история человеческого становления. М., 1982.
Шайкевич М. Некоторые уклонения в психологии освободительного движения // Вопросы философии и психологии. 1901. № 4 (84). Сент.-окт. С. 378–405.
Шавельский Г., о. Воспоминания последнего протопресвитера русской армии и флота: в 2 т. New York, 1954.
Щеглова Л. В. Мережковский. СПб., 1910.

Шестов Л. Собр. соч. СПб., 1911.
Шипов Д. Н. Воспоминания и думы о пережитом. М., 1918.
Эрн В. Время славянофильствует. М., 1915.
Юрьев К. Руски богоискатели: С. Н. Булгаков // Духовна културa. София, 1920. Июль. № 3–4. С. 166–171.
Якобий М. Движущие силы сельского хозяйства // К пересмотру аграрной программы и ее обоснования. М., 1908

Bergson H. L'evolution créatrice. Paris, 1923.
Feuerbach L. The Essence of Christianity / Transl. G. Eliot. New York, 1957.
Heisenberg W. Physics and Philosophy. London, 1989.
James W. The Varieties of Religious Experience. New York, 1958.
Kant I. Critique of Pure Reason / Transl. F. M. Müller. New York, 1966.
Novalis. Heinrich von Ofterdingen. Stuttgart, 1987.
Novalis. Hymnen an die Nacht. Stuttgart, 1987.
Ouspensky P. D. Tertium Organum. New York, 1959.
Ruskin J. The True and the Beautiful. New York, 1880.
Schelling F. W. J. Werke / Hrsg. M. Schröter. München, 1927.
Schlegel F. Lucinde (1799). Stuttgart, 1963.
Soloviev V. La Russie et l'eglise universelle. Paris, 1922.
Weber M. Critique of Stammler / Transl. G. Oakes. New York, 1977.
Weber M. Objectivity in Social Science and Social Policy // The Methodology of the Social Sciences. New York, 1949. P. 49–112.

Библиография

А. Блок и основные тенденции развития литературы начала XX в. // Tartu Riikliku Ülikooli Toimetised. № 735. Tartu, 1986.

А. Блок и революция 1905 года // Tartu Riikliku Ülikooli Toimetised. № 813. Tartu, 1988.

Акулинин В. Н. Философия всеединства: от В. С. Соловьева к П. А. Флоренскому. Новосибирск, 1990.

Анчарский Н. С. Легальный марксизм. М., 1925.

Бялик Б. А. (ред.). Русская литература и журналистика (начала XX в.), 1905–1917. М., 1984.

Бялик Б. А. и др. (ред.). Литературный процесс и русская журналистика конца XIX — начала XX века, 1890–1904: буржуазно-либеральные и модернистские издания. М., 1982.

Богачевская-Хомяк М. Философия, религия и общественность в России в конце XIX и начале XX в. // Русская религиозно-философская мысль XX века / Ред. Н. Полторацкий. Pittsburgh, 1975. С. 54–67.

Болотов В. В. Лекции по истории древней церкви. СПб., 1907.

Венгеров С. А. Русская литература XX в., 1890–1910: в 3 т. М., 1916.

Возвращение забытых имен: Павел Флоренский. Каталог выставки. М., 1989.

Голубинский Е. Е. О реформе в быте русской церкви. М., 1913.

Грекулов Е. Ф. Церковь, самодержавие, народ (2-я половина XIX — начало XX в.). М., 1969.

Гришина З. В. С. Н. Булгаков и Московский университет начала 90-х годов XIX в. // Вестник Московского ун-та. Сер. 8 (История). 1994. № 2. С. 9–26.

Давыдов Ю. Н. Вебер и Булгаков // Вопросы философии. 1994. № 2. С. 54–73.

Долгополов Л. На рубеже веков. Л., 1977.

Евгеньев-Максимов В. Е., Максимов Д. Е. Из прошлого русской журналистики: статьи и материалы. Л., 1930.

Евтухова Е. Церковь и революция: документы из архива Всероссийского поместного собора Православной церкви // Минувшее (Paris). 1991. № 12. С. 238–248.

Елагин Ю. Темный гений. London, 1982.

Зандер Л. А. Бог и мир. Paris, 1948.

Знаменский О. Н. Интеллигенция накануне Великого Октября. Л., 1988.

Иннокентий (иеромонах). О. Сергий Булгаков (к 40-летию кончины). Л., 1984.

Иоанн (архимандрит). Опыт курса церковного законоведения. СПб., 1851.

Карташёв А. В. Вселенские соборы. Paris, 1963.

Карташёв А. В. Очерки по истории русской церкви: в 2 т. Paris, 1959.

Колеров М. Архивная история сборника «Вехи» // Вестник Московского ун-та. Сер. 8 (История). 1991. № 4. С. 11–17.

Колеров М. В ожидании Палестины: 17 писем С. Н. Булгакова к М. О. Гершензону и его жене, 1897–1925 гг. // Неизвестная Россия, XX век. М., 1992. № 2. С. 115–143.

Корецкая И. В. «Новый путь». «Вопросы жизни» // Литературный процесс и русская журналистика конца XIX — начала XX в., 1890–1904: буржуазно-либеральные и модернистские издания. М., 1982.

Котрелёв Н. В. Переводная литература в деятельности издательства «Скорпион» // Социально-культурные функции книгоиздательской деятельности: сборник научных трудов. М., 1985. С. 68–133.

Кудринский М. А. Архивная история сборника «Проблемы идеализма» (1902) // Вопросы философии. 1993. № 4. С. 157–165.

Лавров А. В. Архив П. П. Перцова // Ежегодник рукописного отдела Пушкинского Дома на 1973 г. Л., 1976. С. 25–50.

Лавров А. В. Мифотворчество «Аргонавтов» // Миф, фольклор, литература. Л., 1978. С. 137–170.

Лотман Ю., Успенский Б. Споры о языке в начале XIX в. как факт русской культуры // Труды по русской и славянской филологии. Т. 24. Тарту, 1975. С. 168–254.

Макарий, Митрополит Московский. История русской церкви: в 8 т. СПб., 1877–1891.

Максимов Д. Е. «Новый путь» // В. Е. Евгеньев-Максимов, Д. Е. Максимов. Из прошлого русской журналистики. Л., 1930. С. 129–254.

Максимов Д. Е. Русские поэты начала века. Л., 1986.

Минц З. Блок и русский символизм // Литературное наследство: А. Блок. Новые материалы и исследования. Кн. 1. М., 1980. С. 98–172.

Минц З. В смысловом пространстве «Балаганчика» // Труды по знаковым системам. Т. 19. Тарту, 1986. С. 44–53.

Платонов Н. Ф. Православная церковь в борьбе с революционным движением в России // Ежегодник Музея истории религии и атеизма. 1960. Т. IV. С. 103–209.

Платонов Н. Ф. Православная церковь в 1917–1935 гг. // Ежегодник Музея истории религии и атеизма. 1961. Т. V. С. 206–271.

Полный православный богословский энциклопедический словарь: в 2 т. СПб., [1913].

Православная богословская энциклопедия, или Богословский энциклопедический словарь: в 12 т. СПб., 1900–1911.

Проблемы православия в зарубежных изданиях: реферативный сборник. М., 1988.

Регельсон Л. Трагедия русской церкви, 1917–1945. Paris, 1977.

Роднянская И. П. Булгаков, Сергей Николаевич // Русские писатели, 1800–1917: биографический словарь. М., 1989. Т. 1. С. 343–346.

Роднянская И. С. Н. Булгаков и П. А. Флоренский: к философии дружбы // Новая Европа. 1993. № 4. С. 101–111.

Роднянская И. Сергей Николаевич Булгаков // Литературная газета. 1989. № 39. 27 сент. С. 6.

Русская православная церковь 988–1988: очерки истории 1917–1988 гг. Вып. 2. М., 1988.

Творчество А. А. Блока и русская культура XX века: тезисы I Всесоюзной (III) конференции. Тарту, 1975.

Тимашев Н. С. О. Сергей Булгаков // Новый журнал. 1944. № 9.

Титлинов Б. В. Церковь во время революции. Пг., 1924.

Флоровский Г. Пути русского богословия. Paris, 1937; Vilnius, 1991.

Ханзен-Леве А. А. Искусство как религия: ранний символизм // Christianity and the Eastern Slavs / Ed. B. Gasparov, R. P. Hughes, I. Paperno, O. Raevsky-Hughes. Vol. 3: Russian Literature in Modern Times. P. 57–112. Berkeley, 1995.

Хеллман Б. Когда время славянофильствовало: русские философы и Первая мировая война // Studia Russica Helsingiensia et Tartuensia. № 6. Проблемы истории русской литературы начала XX века. Helsinki, 1989. С. 9–29.

Хоружий С. С. София — Космос — Материя: устои философской мысли отца Сергия Булгакова // Вопросы философии. 1989. № 12. С. 73–89.

Цехновицер О. Литература и мировая война. М., 1938.
Шейнман М. М. Христианский социализм: история и идеология. М., 1969.
Шмеманн А. Исторический путь православия. Paris, 1985.

Afanas'ev N. Das Konzil in der Russisch-orthodoxen Theologie // Kirche im Osten. 1964. № 7. S. 33–52.
Barda A. Bibliographie des oeuvres de Zénaïde Hippius. Paris, 1975.
Bedford C. H. The Seeker: D. S. Merezhkovskiy. Lawrence, Kans. 1975.
Billington J. Mikhailovsky and Russian Populism. Oxford, 1958.
Bogolepov A. A. Church Reforms in Russia, 1905–1918 // St. Vladimir's Seminary Quarterly. 1966. № 10. P. 44–66.
Bogolepov A. A. Church Reforms in Russia, 1905–1918. Bridgeport, Conn., 1966.
Bowlt J. The Silver Age: Russian Art of the Early Twentieth Century and the «World of Art» Group. Newtonville, Mass., 1979.
Boyer J. Political Radicalism in Late Imperial Vienna: Origins of the Christian Social Movement, 1848–1897. Chicago, 1981.
Brooks J. *Vekhi* and the *Vekhi* Dispute. Survey. 1973. Vol. 19. № 1 (86). P. 21–50.
Chamberlin W. H. The Russian Revolution, 1917–1921: in 2 vols. (1935). New York, 1965.
Christensen T. Origin and History of Christian Socialism, 1848–1854. Aarhus, 1962.
Chrysostomus J. Die russische Orthodoxie angesichts der zeitgenössischen sozialen Ströomungen am Vorabend der Revolution von 1917 // Ostkirchliche Studien (Würzburg). 1968. № 17. S. 297–314.
Confino M. On Intellectuals and Intellectual Traditions in Eighteenth- and Nineteenth-Century Russia // Daedalus. 1972. Spring. № 101. P. 117–149.
Copleston F. Russian Religious Philosophy: Selected Aspects. Kent, 1988.
Cort J. C. Christian Socialism: An Informal History. Maryknoll, N. Y. 1988.
Crum W. F. The Doctrine of Sophia According to Sergius N. Bulgakov: Ph. D. diss. Harvard University, 1966.
Cunningham J. A Vanquished Hope: The Movement for Church Reform in 1905–1906. Crestwood, N. Y., 1981.
Curtiss J. Sh. Church and State in Russia: The Last Years of the Empire, 1900–1917. New York, 1940.
Curtiss J. Sh. The Russian Orthodox Church and the Provisional Government // American Slavic and East European Review. 1948. № 7. P. 237–250.

Dixon S. Church, State and Society in Late Imperial Russia: The Diocese of St. Petersburg, 1880–1914: Ph. D. diss. School of Slavonic and East European Studies, University of London, 1993.

Döpmann H.-D. Die russische orthodoxe Kirche in Geschichte und Gegenwart. Berlin, 1977.

Ebert Ch. Symbolismus in Russland. Berlin, 1988.

Emmons T. The Formation of Political Parties and the First National Elections in Russia. Cambridge, Mass., 1983.

Evtuhov C. The Church in the Russian Revolution: Arguments for and against Restoring the Patriarchate at the Church Council of 1917–1918 // Slavic Review. 1991. Fall. № 50. P. 497–511.

Evtuhov C. On Neo-Romanticism and Christianity: Some «Spots of Time» in the Russian Silver Age // Russian History. 1993. Vol. 20, № 1–4. P. 197–212.

Freeze G. L. Bringing Order to the Russian Family: Marriage and Divorce in Imperial Russia, 1750–1850 // Journal of Modern History. 1990. № 62. December. P. 709–746.

Freeze G. L. Handmaiden of the State? The Church in Imperial Russia Reconsidered // Journal of Ecclesiastical History. 1985. № 36. January. P. 82–102.

Freeze G. L. A National Liberation Movement and the Shift in Russian Liberalism, 1901–1903 // Slavic Review. 1969. Vol. 28, № 1. P. 81–91.

Freeze G. L. The Parish Clergy in Nineteenth-Century Russia: Crisis, Reform, Counter-Reform. Princeton, 1983.

Freeze G. L. The Russian Levites: Parish Clergy in the Eighteenth Century. Cambridge, Mass., 1977.

Freeze G. L. The Soslovie (Estate) Paradigm and Russian Social History // American Historical Review. 1986. Vol. 91, № 1. P. 11–36.

Galai Shm. The Liberation Movement in Russia, 1900–1905. Cambridge, 1973.

Germanotta D. The Moral Ordering of Society in Sergius Bulgakov: Ph. D. diss., Boston University, 1968.

Gibian G., Tjalsma H. W. (eds). Russian Modernism: Culture and the Avant-Garde, 1900–1930. Ithaca, 1976.

Gray C. The Russian Experiment in Art, 1863–1922. London, 1962.

Gustafson R. Leo Tolstoy, Resident and Stranger: A Study in Fiction and Theology. Princeton, 1986.

Hagemeister M. Nikolaj Fedorov: Studien zu Leben, Werk und Wirkung. München, 1989.

Haight A. Anna Akhmatova. New York, 1976.

Haimson L. H. The Parties and the State: The Evolution of Political Attitudes // The Transformation of Russian Society: Aspects of Social Change since 1861 / Ed. C. E. Black. Cambridge, Mass., 1960. P. 110–144.

Haimson L. H. The Problem of Social Identities in Early Twentieth-Century Russia // Slavic Review. 1988. Spring. Vol. 47, № 1. P. 1–20.

Haimson L. H. The Russian Marxists and the Origins of Bolshevism. Cambridge, 1955.

Hansen-Love A. A. Der russische Symbolismus: System und Entfaltung der poetischen Motiven. Vienna, 1989.

Hartmann Ed. von. Kategorienlehre. Leipzig, 1896.

Horowitz B. M. O. Gershenzon and the Intellectual Life of Russia's Silver Age: Ph. D. diss. University of California, Berkeley, 1993.

Hosking G. The Russian Constitutional Experiment: Government and Duma, 1907–1914. Cambridge, 1973.

Hughes H. St. Consciousness and Society: The Reorientation of European Social Thought, 1890–1930. (1958). New York, 1977.

Jockwig Fr. Der Weg der Laien auf das Landeskonzil der Russischen Orthodoxen Kirch Moskau 1917/18. Würzburg, 1971.

Kaufmann M. Christian Socialism. London, 1888.

Keep J. The Rise of Social Democracy in Russia. Oxford, 1963.

Kindersley R. The First Russian Revisionists: A Study of «Legal Marxism» in Russia. Oxford, 1962.

Klepinine T. Bibliographie des Oeuvres de Nicolas Berdiaev. Paris, 1978.

Kolakowski L. Main Currents of Marxism / Transl. P. Falla: in 3 vols. Oxford, 1978.

Kornblatt J. D. Soloviev's Androgynous Sophia and the Jewish Kabbalah // Slavic Review. 1991. Fall. Vol. 50, № 3. P. 487–496.

Körner St. Categorial Frameworks. Oxford, 1970.

Leontowitsch V. Geschichte des Liberalismus in Russland. Frankfurt, 1957.

Lossky N. O. History of Russian Philosophy. New York, 1951.

Lossky V. Orthodox Theology: An Introduction. Crestwood, N. Y., 1978.

Loya J. A. Theological Clarifications of Lay Status in the Russian Church Pertaining to the Moscow Reform Council of 1917–1918: Ph. D. diss., Fordham University, 1986.

Lukashevich St. N. F. Fedorov (1828–1903): A Study in Russian Eupsychian and Utopian Thought. Newark, 1977.

Macey D. Government and Peasant in Russia, 1861–1906: The Prehistory of the Stolypin Reforms. De Kalb, Ill., 1987.

Malia M. What Is the Intelligentsia? // Daedalus. 1960. № 89. Summer. P. 441–458.

Markov V. Russian Futurism: A History. Berkeley, 1968.

Martin R. B. The Dust of Combat: A Life of Charles Kingsley. London, 1959.

Masing-Delic I. Abolishing Death: A Salvation Myth of Russian Twentieth-Century Literature. Stanford, 1992.

Maslennikov O. The Frenzied Poets: Andrei Bely and the Symbolists. Berkeley, 1952.

Matich O. The Religious Poetry of Zinaida Gippius. München, 1972.

Mendel A. Dilemmas of Progress in Tsarist Russia. Cambridge, Mass., 1961.

Meyendorff J. The Russian Bishops and Church Reform // Russian Orthodoxy under the Old Regime / Ed. R. L. Nichols, Th. G. Stavrou. Minneapolis, 1978. P. 170–182.

Mirsky D. S. A History of Russian Literature. 2nd ed. New York, 1949.

Naumov Kl. Bibliographie des oeuvres de Serge Boulgakov. Paris, 1984.

Oberländer G. Die Vechi-Diskussion (1909–1912). Köln, 1965.

Ouspensky L. Théologie de l'icone dans l'église orthodoxe. Paris, 1980.

Pachmuss T. Zinaida Hippius: An Intellectual Profile. Carbondale, Ill., 1971.

Paperno I. On the Nature of the Word: Theological Sources of Mandel'stam's Dialogue with the Symbolists // Christianity and the Eastern Slavs / Ed. B. Gasparov, R. P. Hughes, I. Paperno, O. Raevsky-Hughes. Vol. 2: Russian Culture in Modern Times. Berkeley, 1994. P. 287–310.

Paperno I., Grossman J. (eds.). Creating Life: The Aesthetic Utopia of Russian Modernism. Stanford, 1988.

Perrie M. The Agrarian Policy of the Russian Socialist-Revolutionary Party from its Origins through the Revolution of 1905–1907. Cambridge, 1975.

Pipes R. Struve: Liberal on the Left, 1870–1905. Cambridge, Mass., 1970.

Pipes R. Struve: Liberal on the Right, 1905–1944. Cambridge, Mass., 1980.

Pipes R. (ed.) The Russian Intelligentsia. New York, 1961.

Pollard A. P. The Russian Intelligentsia: The Mind of Russia // California Slavic Studies. 1964. № 3. P. 1–32.

Poltoratzky N. The «Vekhi» Dispute and the Significance of «Vekhi» // Canadian Slavonic Papers. 1967. № 9. Spring. P. 86–106.

Pospielovsky D. The 1917–18 Moscow Church Council and the Destiny of the Russian Church // Sourozh. London/Oxford, 1988. № 32. May. P. 35–48.

Pospielovsky D. The Russian Orthodox Church in the Revolution // The Russian Revolution: An Encyclopedia / Ed. H. Shukman. Oxford, 1988. P. 37–40.

Preobrazhensky A. (ed.). The Russian Orthodox Church, 10th to 20th Centuries. Moscow, 1988.

Putnam G. F. Russian Alternatives to Marxism. Knoxville, 1977.

Pyman A. Life of Alexander Blok. Oxford, 1980.

Read Chr. Religion, Revolution, and the Russian Intelligentsia, 1900–1912: The «Vekhi» Debate and Its Intellectual Background. London, 1979.

Riasanovsky N. V. The Emergence of Romanticism. Oxford, 1992.

Riasanovsky N. V. Khomiakov on Sobornost' // Continuity and Change in Russian and Soviet Thought / Ed. E. J. Simmons. Cambridge, Mass., 1955. P. 183–196.

Riasanovsky N. V. Russia and the West in the Teachings of the Slavophiles. Cambridge, Mass., 1952.

Richardson W. Zolotoe Runo and Russian Modernism. Ann Arbor, Mich., 1986.

Riha Th. Constitutional Developments in Russia // Russia under the Last Tsar / Ed. Th. G. Stavrou. Minneapolis, 1969. P. 87–116.

Rogger H. Russia in the Age of Modernization and Revolution, 1881–1917. London; New York, 1983.

Rosenthal B. G. Dmitri Sergeevich Merezhkovsky and the Silver Age: The Development of a Revolutionary Mentality. The Hague, 1975.

Rosenthal B. G. The Search for a Russian Orthodox Work Ethic // Between Tsar and People / Ed. S. Kassow, E. Clowes. Princeton, 1991. P. 57–74

Rosenthal B. G. (ed.). Nietzsche in Russia. Princeton, 1986.

Rosenthal B. G., Bohachevsky-Chomiak M. (eds.). The Revolution of the Spirit: Crisis of Value in Russia, 1890–1924. New York, 1990.

Schapiro L. The «Vekhi» Group and the Mystique of Revolution. The Slavonic and East European Review. 1955. Vol. 34, № 82. December. P. 56–76.

Scheibert P. Die Petersburger religiös-philosophischen Zusammenkünfte von 1902 und 1903. Berlin, 1964.

Scheibert P. Über den Liberalismus in Russland // Jahrbücher für Geschichte Osteuropas. № 7. Stuttgart, 1959. S. 34–48.

Scherrer J. Die Petersburger religiös-philosophischen Vereinigungen: Die Entwicklung des religiösen Selbstverständnis ihrer Intelligencija-Mitglieder (1901–1917). Berlin, 1973.

Schorske C. Fin-de-Sièecle Vienna: Politics and Culture. New York, 1979.

Shattuck R. The Banquet Years: The Origins of the Avant-Garde in France, 1883 to World War I. New York, 1955.

Shesko P. L. The Russian Orthodox Church Council of Moscow of 1917–1918: Ph. D. diss. University of Ottawa, 1972.

Simon G. Church, State, and Society // Russia Enters the Twentieth Century, 1894–1917 / Ed. E. Oberländer. New York, 1971. P. 199–235.

Simon G. The Russian Orthodox Church and the Social Question in Russia before 1917: Paper presented at a conference in Uusi Valaam, Finland, 1988. September.

Smolitsch I. Geschichte der russischen Kirche, 1700–1917. Leiden, 1964.

Smolitsch I. Die russische Kirche in der Revolutionszeit vom März bis Oktober 1917 und das Landeskonzil 1917–1918 (zur Geschichte der Beziehungen zwischen Staat und Kirche in Russland) // Ostkirchliche Studien (Würzburg). 1965. № 14. P. 3–34.

Stites R. Revolutionary Dreams. Oxford, 1989.

Swoboda Ph. I. The Philosophical Thought of S. L. Frank, 1902–1915: A Study of the Metaphysical Impulse in Early Twentieth-Century Russia: Ph. D. diss., Columbia University, 1992.

Tokmakoff G. P. A. Stolypin and the Third Duma. Washington, D. C., 1981.

Treadgold D. W. Lenin and His Rivals: The Struggle for Russia's Future, 1898–1906. New York, 1955.

Treadgold D. W. Russian Radical Thought, 1894–1917 // Russia under the Last Tsar / Ed. Th. G. Stavrou. Minneapolis, 1969. P. 69–86.

Troeltsch E. The Social Teaching of the Christian Churches. (1931). Louisville, 1992.

Tuchman M. et al. (eds.). The Spiritual in Art: Abstract Painting, 1890–1985. Los Angeles; New York, 1986.

Valliere P. The Liberal Tradition in Russian Orthodox Theology: Paper presented at St. Vladimir's Anniversary Symposium. Crestwood, N. Y., 1988.

Valliere P. M. M. Tareev: A Study in Russian Ethics and Mysticism: Ph. D. diss., Columbia University, 1974.

Volin L. A Century of Russian Agriculture: From Alexander II to Khrushchev. Cambridge, Mass., 1970.

Walicki A. A History of Russian Thought from the Enlightenment to Marxism / Transl. H. Andrews-Rusiecka. Stanford, 1979.

Walicki A. The Slavophile Controversy / Transl. H. Andrews-Rusiecka. Oxford, 1975.

Ware T. The Orthodox Church. Baltimores, 1963.

Wellek R. The Concept of Romanticism in Literary History // Romanticism Reexamined / Ed. St. Nichols. New Haven, 1962.

Wielenga B. Lenins Weg zur Revolution. München, 1971.

Wildman A. The Making of a Workers' Revolution: Russian Social Democracy, 1891–1903. Chicago, 1967.

Wohl R. The Generation of 1914. Cambridge, Mass., 1979.
Woodworth A. V. Christian Socialism in England. London, 1903.
Wuyts A. Le Patriarcat russe au Concile de Moscou de 1917–1918 // Orientalia Christiana Analecta. 1941. № 129.
Yaney G. The Urge to Mobilize: Agrarian Reform in Russia, 1861–1930. Urbana, Ill., 1982.
Zelnik R. (ed.). A Radical Worker in Tsarist Russia: The Autobiography of Semën Ivanovich Kanatchikov. Stanford, 1986.
Zenkovsky V. A History of Russian Philosophy / Transl. G. L. Kline: in 2 vols. New York, 1953.
Zernov N. The Russian Religious Renaissance of the Twentieth Century. New York, 1963.
Zlobin Vl. A Difficult Soul: Zinaida Gippius. Berkeley, 1980.

Предметно-именной указатель

авангард 17, 27, 32, 88, 125, 148, 271, 275, 303, 332
Авенариус Рихард 27
Аггеев Константин Маркович 284, 299
аграрный вопрос 65, 132, 141, 160, 178, 189, 211, 215–228
агроном-организатор (земский специалист) 217–221, 226, 227
Адлер Виктор 58, 68
акмеизм, *см.* авангард 12, 27, 119, 308, 349
Аксельрод Любовь Исааковна 111, 112
Анастасий, архиепископ 321
Ангел Силезский 225
Антоний (Булатович), иеросхимонах 304, 305
Артамонов, генерал 327
Аскольдов, Сергей Александрович 89
Астров Павел Иванович 36, 283, 299, 318, 350
Бальмонт Константин 28, 120
Бебель Август 68
Бекаревич Емельян 319, 324
Белинский Виссарион Григорьевич 48, 207, 355
Белый Андрей (Борис Бугаев) 8, 29, 32, 34, 36, 44, 48, 82–84, 86, 87, 129, 207, 270, 271, 276, 284, 299, 315, 329, 343, 354, 355
Бенуа, Александр Николаевич 23
Бергсон Анри 27
Бердяев Николай Александрович 8, 14, 21, 30, 34, 54, 83, 85, 89, 90, 100, 101, 103, 108, 119, 123, 124, 128, 133, 171, 192, 200, 203, 211, 266, 270, 271, 284, 329, 331, 335, 339, 351
Блок Александр 8, 22, 34, 82, 83, 85–88, 99, 119, 128, 173, 203, 228, 270, 275, 299, 315, 328, 329, 343
Богданов Александр Александрович 30, 104–106
Боголюбов Николай 302, 303
богостроители 31, 36
богочеловечество 12, 15, 84, 154–156, 158, 312, 337, 345, 346; человекобожие 84, 85, 153–155, 157, 161, 188, 240
Богучарский Василий Яковлевич 133
большевики 278, 281, 301, 317, 322, 323, 327–329, 331. *См. также* Социал-демократическая партия (Россия)
Братство Святой Софии 338
Браун Генрих 68
Бруцкус Бер Давидович 217, 218, 220

Брюсов Валерий Яковлевич 28, 34, 85, 120, 173
Булгаков Ивашечка 186, 195, 196–199, 201
Булгаков Николай 45
Бухарев А. (архимандрит Феодор) 307
Васильев Афанасий Васильевич 12, 290, 291, 301–303
Введенский Александр Иванович 90
Вебер Макс 27, 38, 56, 82, 92, 116, 169, 268
Венгеров Семен Афанасьевич 126, 132, 187
Верхарн Эмиль 27
Вехи 29, 89, 90, 100, 133, 192–195, 203, 267, 331, 354
Вечная Женственность (*ewig Weibliche*) 29, 83, 86, 87, 117, 118, 128, 202, 204, 224, 261, 341, 343. *См. также* София; Мировая Душа
Виндельбанд Вильгельм 58
Водовозов Василий Васильевич 130, 171
Волков Дмитрий 318
Вольное экономическое общество 129, 171, 172, 215, 217, 218
Вопросы жизни 121, 124, 139, 155, 160, 173, 174, 179, 182, 350
Вордсворт Уильям 67, 207
воскрешение / воскресение 25, 110, 162, 164, 168, 173, 187, 188, 197, 200, 224–226, 230, 238, 243, 251, 255, 256, 258, 262, 263, 266, 337, 341
Востоков Владимир 319, 324
Временное правительство 30, 286, 317, 318, 320

Врубель Михаил Александрович 28, 32, 275, 276
Вселенская церковь 25, 36, 83, 84, 205, 303, 334
Галахов Яков Яковлевич 302
Гаранин Тихон 320, 321
Геккель Эрнст 27
Герцен Александр Иванович 53, 71, 72, 74
Гершензон Михаил Осипович 68–71, 73, 83, 90, 91, 192–198, 200, 351
Гёте Иоганн Вольфганг фон 87
Гиппиус Зинаида Николаевна 30, 32, 34, 83–86, 120, 121, 128, 167, 171, 343, 350
Глинка-Волжский Александр Сергеевич 163, 173
голод 1891 года 51, 54
Гончарова Наталья 275
Граббе Павел Христофорович 318
грехопадение 213, 214, 224, 225, 228, 230, 248, 251–256, 258, 265, 341; и воскресение 213, 224, 225, 228, 230, 231, 248, 251, 258. *См. также* воскрешение
Громогласов Илья 284, 299
Гуревич Любовь Яковлевна 171
Давид Эдуард 62
дарвинизм 108, 238, 251
Декарт Рене 231
Добролюбов Николай Александрович 48–50, 103
Добронравов Николай 291
Достоевский Федор Михайлович 11, 23–26, 71, 80, 84–86, 88, 89, 94–97, 99, 107, 117, 120, 165, 204, 271, 307

Дума: Первая 127, 143, 163, 168, 172–175, 179, 184, 185; Вторая 31, 126, 127, 170, 172, 175–178, 182–187, 189, 211, 215, 216, 219, 286, 292, 295, 296, 348

душа 30, 48, 66, 67, 72, 81, 87, 92, 100, 103, 105, 106, 144, 146, 152, 154, 156, 164, 190, 193, 194, 198, 199, 202–205, 211, 222, 236, 270, 302, 333, 337–339, 342, 351

Дягилев Сергей Павлович 23, 28, 33

Елец (Орловская губерния) 44, 51, 83; Елецкое землячество, 131

Земский собор 171, 179, 183

Зеньковский Василий Васильевич 335

Зиммель Георг 27, 38, 68, 69

Золотой век 19, 55, 92, 262, 263, 266. *См. также* романтизм

Иван Карамазов 79–81, 83, 94–98, 105, 107, 131

Иванов Вячеслав 14, 29, 36, 83, 119, 128, 203, 204, 270, 284, 308, 315, 350

Иванцов-Платонов, А. М. 285

идеализм 9, 10, 26, 29, 30, 32, 36, 38, 75, 79, 81, 89–92, 94–96, 100–102, 104–106, 111–115, 123, 124, 126, 127, 132–134, 140, 142, 143, 152, 167, 181, 201, 203, 231–233, 240, 304, 331, 348; vs. материализм, 9, 26, 201. *См. также* неокантианство

Из глубины 29, 100, 331

Иларион 304, 305

именование 310–312

имяславие / имябожие 307/304–307, 315

интеллигентщина 49, 52

интеллигенция 8, 9, 18, 26–28, 31–36, 39, 54, 59, 72, 80, 82, 83, 85, 88, 90, 91, 93, 97–99, 102–104, 114, 115, 117, 126–132, 136, 143–146, 149, 150, 163, 168, 170–173, 176, 185, 191–195, 201, 203, 206, 207, 211, 215, 228, 266, 276–279, 283–285, 288, 298, 299, 304, 305, 328, 331, 332, 349, 352, 354. *См. также* «новые люди»

Иорданский Иван Феоктистович 302, 303

Исихазм 305–307; и божественная энергия 305–308, 312, 337. *См. также* именование

история 11, 12, 15, 17, 19–22, 24, 27, 35, 37, 38, 40, 44, 45, 51, 91, 94, 96, 108, 111, 117, 123, 129, 149, 176, 206, 237, 249, 251, 253–255, 259, 263, 265, 266, 269, 295, 332–334; и причинность / каузальность 56–59; и телеология 56, 59, 95, 266; и отсталость 107, 114, 125. *См. также* прогресса, теория

Кавказ, предгорья 37, 67, 69, 196

Кажанов Николай Николаевич 226, 227

Кандинский Василий Васильевич 32, 275

Кант / кантианство 36, 55, 57–60, 65, 112, 181, 212, 231–236, 240, 245, 257, 336. *См. также* неокантианство

Карташёв Антон Владимирович 86, 103, 282, 283, 287, 291, 295, 299, 335, 349

католицизм 69, 137, 166, 312, 346
Каутский Карл 38, 55, 65, 68, 191
Кауфманн Мориц 152
Киевский политехнический институт 79, 138
Кингсли Чарльз 152, 163
Кистяковский Богдан Александрович 89, 101, 133, 173
Ключевский Василий Осипович 44, 71
Коковцев Владимир Николаевич 139
Комиссаржевская Вера 275
конституционные демократы (кадеты) 129, 134, 140, 143, 144, 146, 147, 149, 150, 152, 160, 163, 166–168, 184, 216
Конт Огюст 81, 91–93, 153, 155, 260
Коген Герман 231
крестьянская община 54, 75, 141, 215, 218, 220
кружок Новоселова 152, 350
Кудрявцев Петр Павлович 297
Кузнецов Николай 284, 299
Кунцевич Лев Захарович 321
Кускова Екатерина 133
Лавров Петр Лаврович 145
Ламенне Фелисите Робер де 152
Ларионов Михаил Федорович 275
Ленин (Ульянов) Владимир Ильич 31, 33, 55, 58, 65, 68, 148–150, 215, 328, 356
Леонтьев Константин Николаевич 27, 307
либерализм 21, 30, 31, 115, 117, 123, 128, 141, 166, 168, 169, 329
Либкнехт Карл 68
Ливны (Орловской губернии) 43–45

Логос 29, 119, 156, 203, 205, 257, 268, 275, 301, 304, 308, 315, 342, 349. *См. также* Слово
Лосский Владимир Онуфриевич 214
Луначарский Анатолий Васильевич 30, 104–112, 238, 244
Львов В. Н. 278, 327
Люгер Карл 169
Маковский Сергей Константинович 21, 85
Малевич Казимир 32, 275
Манн Томас 38
Маркс / марксизм 8, 10, 26, 36, 38, 53, 54, 56–65, 72, 75, 80, 89, 92–95, 104, 106, 110, 111, 115, 131–133, 135, 140, 153–155, 157, 162, 163, 187, 191, 192, 205, 214, 223, 224, 230, 231, 238, 240, 251, 262, 269, 348, 356. *См. также* материализм
Маслов П. П. 221
материализм: экономический 54, 60, 155, 214, 223, 224, 230, 237, 238, 245, 254, 268, 269; исторический 56–58, 60, 94, 269; «религиозный» 203
Матфей, архимандрит 326
Мах Эрнст 27
Мейерхольд Всеволод Эмильевич 275
Мережковский, Дмитрий Сергеевич 8, 23 28, 30, 34, 36, 52, 83–86, 88, 99, 114, 117–124, 128, 129, 135, 136, 153, 167, 171, 173, 179, 283, 284, 314, 329, 343, 350, 353, 354
Метнер Николай 28
Милюков Павел Николаевич 127, 129, 152, 216

Милютин Дмитрий Алексеевич 171
Минский Николай 85, 136
Мир искусства 23, 28, 84
Мировая Душа 87, 203, 204, 222, 236. См. также Вечная Женственность; София
«миры иные» 70, 75, 86, 88, 103, 126, 343
Митрофан епископ 317, 318
Михайловский Николай 54, 74, 108, 109, 238, 265
модернизм 8, 9, 14, 16, 36, 122, 241, 265, 304, 332, 354, 356
Морозова Маргарита 200
Московский коммерческий институт 53, 188, 286
Московский университет 51, 53, 131, 188, 286, 330
Московское психологическое общество 90
Народ (газета) 163–166, 176–178, 182
народ 48, 108, 134, 152, 163–166, 168, 176, 180, 182, 193, 204, 247, 270, 280, 282, 316, 317, 320, 321, 323, 355. См. также народничество / народники
народничество / народники 27, 28, 35, 47, 104, 110, 116, 134, 135, 145, 148, 149/ 32–34, 54, 59, 74, 79, 99, 102, 104, 107–115, 125, 126, 128, 145, 146, 148, 149, 215, 354. См. также народ; «особый путь»; субъективизм
Науман Фридрих 169, 191
национализм 101
национальности 116, 188
неокантианство 11, 30, 38, 58, 81, 82, 90, 212, 230–232, 235–237, 239, 271, 304

неоромантизм 38, 87, 238, 239, 247, 248, 258
«неотложная задача» 146–148, 151, 160, 163, 167
Несмелов Владимир Иванович 351
Нестеров Михаил Васильевич 200
Ницше / ницшеанство 26, 36, 81, 90, 97, 107, 109, 112, 257
Новалис 204, 241, 252, 259, 262, 263
Новгородцев Павел Иванович 89, 91, 101, 189
новое религиозное сознание 31, 33, 117, 119, 121, 127, 132, 135–137, 142, 146, 204
Новое слово 68
Новый путь 103, 114, 116, 120, 121, 124, 173, 350
«новые люди» 32, 33, 82, 83, 86, 117, 124, 174, 187
освободительное движение 101, 123, 127, 129, 133, 134, 141, 151, 153, 167, 168, 175, 179, 182–184, 194. См. также Союз освобождения
осенения 75, 196, 197, 333
«особый путь» 54, 59. См. также народничество / народники
патриаршество 290, 322, 324, 328
Петрункевич Иван Ильич 171
Пешехонов Алексей Васильевич 112, 113
Плеханов Георгий Валентинович 55, 56
Победоносцев Константин Петрович 51, 85, 127, 136, 166, 167, 173, 353, 354
позитивизм 11, 23–25, 30, 34, 38, 39, 54, 55, 81, 82, 88–90, 93–95, 102, 104–107, 110, 114, 124, 132,

166, 167, 223, 226, 230, 231, 237–241, 248, 258, 265, 266, 271, 285, 352

«позитивисты» 104–106, 109–115, 128, 221, 251

посланцы Владимира 333, 334

православие 14, 31, 32, 52, 83, 122, 123, 136, 137, 174, 180, 185, 200, 207, 225, 228, 249, 276, 293, 295, 306, 307, 312, 313, 320, 333, 335, 339, 340, 351, 354, 355

православное вероучение, обновление 121, 135, 203, 278, 283, 328, 329, 349, 350

природа 47, 67, 116, 159, 202, 203, 207, 213, 214, 224, 231, 233, 234, 239, 243, 249, 251, 252, 254–266, 341; покорение 105, 109, 124, 239; человек и 25, 62, 63, 107–110, 115, 189, 213, 226, 238, 244, 246, 252, 254, 257, 259, 263, 264, 342

Проблемы идеализма 29, 83, 90, 91, 100, 111, 113, 133, 331. *См. также* идеализм

прогресса, теория 91–93, 95, 96, 105, 107, 110, 153, 162, 188, 265, 266

производство 56, 58, 59, 61–64, 140, 205, 222, 227, 243–245, 251 См. также труд

Прокопович Сергей Николаевич 133

Рачинский Григорий Алексеевич 197, 198, 200, 351

реализм 23, 87–89, наивный реализм 245, 246; экономический реализм 242, 247, 248, 251, 258

«реалисты» 104, 114, 304

революции: 1905 года 8, 9, 35, 127, 143, 146, 170, 192, 215, 283, 350; 1917 г. 17, 19, 20, 30, 188, 277, 278, 280, 292, 316, 319, 320, 332, 338, 344, 355

религиозно-философские общества / кружки 6, 23, 85, 137, 117, 151, 152, 167, 275, 350

Рескин Джон 159

реформа семинарий 45, 50, 51

Риккерт Генрих 27, 58

Родзянко Михаил Владимирович 284

Розанов Василий Васильевич 83, 85, 114, 117, 129, 314, 351

романтизм 11, 19, 38, 89, 101, 124, 230, 231, 236, 238–241, 244, 258, 260, 262, 267, 271, 355. *См. также* неоромантизм

Руднев С. П. 281, 282

«русская реформация» 86, 123, 136, 292, 348–350

Русское студенческое христианское движение 336, 339, 345

Русско-японская война 129, 142, 170, 175

рынки 54, 55, 58–62

Савинков Борис Викторович 30, 128

Сад Эдемский 199, 213, 214

Свет невечерний 115, 196, 231, 248–250, 253, 254, 257, 260, 263, 264, 268, 277, 344

свобода и необходимость 58, 266, 267

свободная воля 56, 58–60, 108, 141, 298

Свято-Сергиевский православный богословский институт 335, 339

Священный Синод 174, 278–280, 284, 287, 289, 306, 318, 320, 321, 349, 353

сельское хозяйство 39, 53, 54, 61–65, 93, 140, 171, 172, 189, 212, 214, 215, 217, 220–222, 226, 227

Серебряный век 7–39, 75, 80, 82, 84, 85, 89, 119, 129, 173, 228, 229, 265–267, 269–271, 276, 332, 335, 339, 341, 343, 344, 347–349, 352, 356

Сикстинская Мадонна 73, 74, 196

Символизм 12, 18, 27, 29, 36, 81, 87, 119, 121, 203, 230, 275, 303, 308, 349

Симферопольский университет 331

симфония церкви и государства 280, 296, 299, 316, 322, 329, 353, 354

Скрябин Александр Николаевич 32, 270, 276

славофилы / славянофилы 25, 143, 180, 223, 236, 247,

славофильство / славянофильство 290, 331, 333

Слово 260, 261, 275, 301, 304, 308, 311, 315, 325. *См. также* Логос

смерть 47, 67, 105, 106, 110, 162, 186, 195–198, 200, 201, 205, 238, 239, 243, 251, 252, 254, 256, 324, 329, 336–339, 344, 345

соборность 146, 278, 279, 289, 290, 292, 293, 299, 302/, 303, 313, 315, 316, 329; и демократия 290, 292–294, 316

Соловьев Владимир Сергеевич 8, 9, 11, 14, 24–27, 29, 38, 39, 84, 87–89, 92–94, 99, 114, 129, 133, 155–159, 163, 165, 169, 173, 180, 200–205, 228, 230, 247, 271, 307, 331, 340–346, 349, 351, 352

Соссюр Фердинанд де 27, 39, 82

софийность хозяйства 37, 157, 207, 211–215, 220, 222, 223, 225, 228–230, 264, 341, 342

софиология 13, 229, 339, 343–345

София 10, 29, 36, 87, 156, 203, 204, 213, 222, 224–226, 228, 229, 248, 252, 255–258, 260–264, 266–268, 313, 333, 341–343, 346, 347, 349

Социал-демократическая партия (России) 33, 128, 140, 143. *См. также* большевики

Социал-демократическая партия (СДПГ; Германии и Австрии) 39, 161, 162

социал-демократия 30, 33, 65, 68, 69, 71, 111, 128, 130, 131, 133, 141, 149, 153, 155, 159–162, 167, 168, 183, 293

социализм 28, 75, 96, 97, 147, 149, 154, 155, 188, 192, 286, 298, 331, 356

социалисты-революционеры (эсэры) 30, 33, 36, 128, 140, 143, 147, 281, 329

Союз освобождения 31, 33, 128–130, 132–135, 138, 140–146, 149, 150, 152, 172, 192, 216

Союз русского народа 175, 176, 182

Союз христианской политики 31, 151, 152, 167, 168

Столыпин Петр Аркадьевич 182, 183, 186, 189, 215–217, 219, 220, 222, 226, 228, 351; и землеустройство 217, 218

столыпинские реформы 40, 187, 189, 211, 215, 350

Стравинский Игорь Федорович 275
Струве Петр Бернгардович 8, 30, 54, 56, 58, 59, 83, 85, 89, 90, 127, 128, 132–138, 141–143, 147–150, 152, 192, 211, 218–222, 351
субъект 38, 92, 212, 223, 227, 231–251, 256–258, 260, 267, 268, 303, 313, 341, 342; грамматический 309–311; трансцендентальный 213, 234–236, 250, 251
субъективизм 54, 201
субъект-объект 11, 25, 26, 201, 233, 234, 241, 244, 256, 260
творчество / творение 19, 39, 156, 162, 190, 211, 222, 224, 225, 252, 257, 258, 261, 265, 307, 315, 340, 341
Тернавцев Валентин Александрович 85, 351
Тесленко Николай Васильевич 171
Титлинов Борис Васильевич 284, 299
Тихон (патриарх) 281, 323
Ткачев Петр Никитич 148
Токмакова Елена 69, 130
Толстой Лев Николаевич 23–26, 71–73, 75, 84, 85, 99, 117, 200, 204, 275, 307
Трёльч Эрнст 191, 353
Троица 119, 260, 261, 301–303, 306, 332
Троицкий Сергей Викторович 306
Трубецкой Евгений Николаевич 175, 200, 203, 283, 291, 297, 299
Трубецкой Сергей Николаевич 89, 91, 119, 149, 159
труд 10, 62, 64, 131, 139, 159, 161, 212–214, 220, 223–226, 228, 230, 236, 239, 242, 244–246, 252, 255, 256, 258, 259, 263, 266, 341, 342 353

Туган-Барановский Михаил Иванович 54
Тютчев Федор Иванович 307
Университет Шанявского 189
Успенский Глеб 72, 74
Успенский Леонид 214
Учредительное собрание 40, 278, 286, 295–297, 322, 329
Федоров Николай Федорович 11, 24–26, 89, 110, 142, 159, 230, 238, 247, 262, 266, 271, 307
Фейербах Людвиг 50, 153–157, 162, 312
Фет Афанасий Афанасьевич 27
Философов Дмитрий Владимирович 85, 86, 113, 114, 284, 299
Фихте Иоганн Готлиб 92
Флоренский Павел Александрович 189, 190, 199, 200, 211, 260, 261, 270, 338, 351, 352
Флоровский Жорж (Георгий Флоровский) 21, 26, 31, 80, 228, 339, 340, 343, 353
формализм 12, 27, 275, 356
Франк Семен Людвигович 8, 14, 30, 54, 83, 89, 100, 101, 128, 133, 171, 173, 192, 211, 270, 335, 338, 351
Фрейд Зигмунд 26, 39, 82
футуристы / футуризм 12, 18, 27, 275, 308, 329, 349 *См.* авангард
Ходасевич Владислав Фелицианович 34, 270
хозяин (собственник) 217, 219, 220, 222, 223, 225–228, 341, 351; крестьянин-собственник 64, 218, 220
хозяйство (хозяйство / экономика) 10, 11, 14, 37, 205, 212–214, 223, 224, 226–231, 236–271, 356

Хомяков Алексей Степанович 269, 313
«христианская политика» 38, 39, 153, 158–160, 166, 298
христианский социализм (Австрия, Англия, Франция, Германия) 38, 39, 152
христианский социализм (Россия) 10, 38, 151–153, 158–161, 165–169, 180, 181, 187, 205, 207, 298
Христианское братство борьбы 138, 152, 168, 179, 189
христологические споры 286, 301, 304, 315
Христос, Его человеческая и божественная природа 156, 164, 203, 263, 298, 303, 328, 349. *См. также* Логос; Троица
Христос-младенец, 196, 199
Цветков Николай 291
церковная реформа 124, 125, 136, 164, 170, 184
церковные соборы 85, 125, 164, 178–180, 184, 185, 303, 320–322, 350; в Московии 323; Вселенские 301, 302, 306, 312, 346; 1917–1918 гг. 14, 35, 40, 125, 184, 275, 278–302, 304, 313–317, 324, 327, 332, 338, 348, 350, 354, 355
церковь и государство 85, 122, 124, 174, 178, 185, 190, 279, 280, 295, 299, 315–330, 353, 354
Чайковский Николай Васильевич 163
Чаянов Александр Васильевич 227
Чернышев И. В. 215, 219, 220
Чернышевский Николай Гаврилович 29, 32, 48, 50, 82, 103, 228, 247
Чулков Георгий Иванович 30, 128
Чупров Александр Иванович 53
Шавельский Григорий Иванович 291
Шеллинг Фридрих Вильгельм Йозеф 87, 232–234, 236, 241, 343
Шестов Лев Исаакович 8, 128, 190, 191, 351
Шипов Дмитрий Николаевич 134, 149
Шлегель Фридрих 243, 258, 259
Штайнер Рудольф 36, 276
Штаммлер Рудольф 56, 59, 60, 68
Щапов Афанасий Прокопьевич 103
«экономический реализм» 242, 247, 348, 251, 258
эмиграция 13, 276, 278, 286, 328, 329, 335, 338, 339, 344–346
«этика радостного труда» 225, 228, 351, 356
Энгельс Фридрих 55, 154
Эрн Владимир Францевич 85, 200, 203, 351
Юстиниан, император 280, 295, 333, 353
Я / яйность 96, 211, 240, 244, 246, 267, 336, 339, 340, 345; и человеческое достоинство 30, 91, 95, 267, и личная ответственность 80, 82. См. также либерализм; душа
fin de siècle 7, 14, 21, 23, 38, 80, 81, 111, 344. *См. также* модернизм
Rerum novarum 166, 353

Содержание

Предисловие к русскому изданию 7
Введение. Серебряный век как историческая эпоха 17

Часть I. СОЦИАЛЬНЫЙ ПРОФИЛЬ ПОКОЛЕНИЯ

Глава первая. Сын провинциального священника 43
Глава вторая. Университет и марксизм 53
«Миги»: Откровения и развенчание иллюзий 66

Часть II. ВСТРЕЧА ИДЕАЛИЗМА С ПРАКТИКОЙ: ФИЛОСОФИЯ И РЕВОЛЮЦИОННАЯ ПОЛИТИКА, 1901–1907

Глава третья. Идеализм в философии: зори 79
Глава четвертая. Отклики: панорама общественной мысли
    накануне 1905 года 102
Глава пятая. Идеализм в политике: революция 126
Глава шестая. Христианский социализм 151
Глава седьмая. Конституционная политика или
    религиозная реформация? Вторая Дума 170
«Миги»: Смерть Ивашечки 186

Часть III. СДВИГ В СОЗНАНИИ: РЕЛИГИОЗНАЯ ФИЛОСОФИЯ БУЛГАКОВА

Глава восьмая. Что такое софийность хозяйства?
    Переосмысление аграрного вопроса 211
Глава девятая. «Дух синтеза» 230

Часть IV. НА ПУТИ К НОВОЙ РОССИИ?

Глава десятая. Церковный собор 1917–1918 годов 275
Глава одиннадцатая. Диспут об Имени Божием:
    неоисихазм 300
Глава двенадцатая. Пути церкви и государства
    расходятся 316
«Миги»: В Айя-Софии 330

Эпилог. Из Москвы в Париж 335
Заключение 348

Хронология жизни Сергея Булгакова 357
Архивы 359
Сочинения Сергея Булгакова (до 1922 года) 361
Источники 372
Библиография 379
Предметно-именной указатель 389

Научное издание

**Екатерина Евтухова
СЕРП И КРЕСТ
Сергей Булгаков и судьбы русской
религиозной философии (1890–1920)**

Директор издательства *И. В. Немировский*
Заведующий редакцией *М. Вальдеррама*

Ответственный редактор *И. Знаешева*
Дизайн *И. Граве*
Редактор *И. Знаешева*
Корректоры *А. Нотик, А. Филимонова*
Верстка *Е. Падалки*

Подписано в печать 30.09.2021.
Формат издания 60 × 90 $^1/_{16}$. Усл. печ. л. 25,0.
Тираж 500 экз.

Academic Studies Press
1577 Beacon Street, Brookline, MA 02446 USA
https://www.academicstudiespress.com

ООО «Библиороссика».
190005, Санкт-Петербург, 7-я Красноармейская ул., д. 25а

Эксклюзивные дистрибьюторы:
ООО «Караван»
ООО «КНИЖНЫЙ КЛУБ 36.6»
http://www.club366.ru
Тел./факс: 8(495)9264544
email: club366@club366.ru

Книги издательства можно купить
в интернет-магазине: www.bibliorossicapress.com
e-mail: sales@bibliorossicapress.ru

*Знак информационной продукции согласно
Федеральному закону от 29.12.2010 № 436-ФЗ*

www.ingramcontent.com/pod-product-compliance
Ingram Content Group UK Ltd.
Pitfield, Milton Keynes, MK11 3LW, UK
UKHW022229200326
4878IPUK00006B/13